公共管理系列教材

公共经济学

主　编　蒲艳萍

副主编　龙少波　宋　鹏

重庆大学出版社

内容提要

本书是由重庆大学公共管理学院组织编写的院级精品教材。

本书全面系统地阐述了公共经济学的基本概念、基本原理和政策实践,形成了完整严密、条理分明的公共经济学框架体系。全书共十四章,包括绪论、资源配置与政府经济职能、公共产品理论、公共选择理论、外部性理论、公共预算、公共支出、公共收入、政府间财政关系、公共经济政策概述、财政政策、货币政策、公共规制政策、中国公共经济政策的特色与实践。

本书既可作为高等院校经济学、财政学、公共管理类专业本科生的教材,也可作为MPA课程的基本教材,还可作为相关专业高校教师、研究生和研究人员的参考用书。

图书在版编目(CIP)数据

公共经济学 / 蒲艳萍主编. -- 重庆 : 重庆大学出

版社,2024.7. --(公共管理系列教材). -- ISBN 978-7-5689-4618-6

Ⅰ. F062.6

中国国家版本馆 CIP 数据核字第 2024BD1150 号

公共经济学

主　编　蒲艳萍
副主编　龙少波　宋　鹏
策划编辑:龙沛瑶

责任编辑:杨育彪　　版式设计:龙沛瑶
责任校对:王　倩　　责任印制:张　策

*

重庆大学出版社出版发行
出版人:陈晓阳
社址:重庆市沙坪坝区大学城西路 21 号
邮编:401331
电话:(023) 88617190　88617185(中小学)
传真:(023) 88617186　88617166
网址:http://www.cqup.com.cn
邮箱:fxk@ cqup.com.cn(营销中心)
全国新华书店经销
重庆长虹印务有限公司印刷

*

开本:787mm×1092mm　1/16　印张:18.5　字数:408 千
2024 年 7 月第 1 版　　2024 年 7 月第 1 次印刷
ISBN 978-7-5689-4618-6　定价:49.00 元

前言

　　本书是由重庆大学公共管理学院组织编写的公共经济与公共管理类本科专业院级精品教材。参与本书编写的学校及教师有：华南理工大学李胜会，西南政法大学张芨，西南大学刘培森，云南大学王燕玲，贵州大学蒋雪梅，重庆大学蒲艳萍、张鹏、刘燕、周孝坤、陈本凤、龙少波、宋鹏、黄洪和刘俐。本书由重庆大学蒲艳萍任主编，龙少波、宋鹏任副主编。

　　本书的编写分工如下：蒲艳萍编写第一章绪论，并负责全书的统稿；张鹏编写第二章资源配置与政府经济职能；蒋雪梅编写第三章公共产品理论；王燕玲编写第四章公共选择理论；刘燕编写第五章外部性理论；张芨编写第六章公共预算；周孝坤编写第七章公共支出；陈本凤编写第八章公共收入；刘俐编写第九章政府间财政关系；李胜会编写第十章公共经济政策概述；黄洪编写第十一章财政政策；刘培森编写第十二章货币政策；宋鹏编写第十三章公共规制政策；龙少波编写第十四章中国公共经济政策的特色与实践；龙少波和宋鹏还参与了本书书稿的校对工作。在此，对兄弟院校的大力支持及各位参编老师、校对老师付出的辛勤劳动表示由衷的感谢。

　　受编写人员知识水平和教学经验所限，本书的不足和疏漏之处在所难免，真诚欢迎读者批评和指正，这是锻造真正精品教材之最大必需。

《公共经济学》教材编写组
2023 年夏

目录

第一章 绪 论

经济学是在稀缺性约束下研究资源配置的科学,作为公共部门典型代表的政府,同样面临着稀缺性资源的配置问题,同样需要有经济学相关理论作为理论基础。公共经济学是一门多学科交叉的新兴学科,它侧重于从经济学的角度研究以政府为代表的公共部门的职能和作用。公共经济学的研究对象是公共部门的经济活动或经济行为及其产生的结果。在现代经济发展中,政府、第三部门等公共部门,与企业和家庭一样,是经济发展中的重要部门。

本章简要介绍公共经济学的定义及其特征、公共经济学的产生与发展、公共经济学与其他学科的关系、公共经济学的基本假设与研究方法。

第一节 公共经济学及其特征

一、公共经济学的定义

公共经济学(Public Economics),又称为公共部门经济学(Economics of the Public Sector),是研究经济系统中公共部门的经济活动及其经济行为的科学。

经济学把参与经济运行的所有经济主体分为私人部门和公共部门两大类。私人部门(Private Sector),指企业和家庭;公共部门(Public Sector),指政府、第三部门及其附属物。私人部门和公共部门在市场运行中扮演不同的经济角色,并以各自的方式参与国民经济的运行,在国民经济发展中发挥不同的经济功能,影响国民经济发展的方向、速度和质量。在西方经济学中,政府、企业和家庭是三个平等的经济主体,三者之间相互关联,又各有自己的运行规律。虽然政府、企业与家庭共同参与国民经济活动,但各自的行为方式和目的完全不同。企业和家庭作为私人部门,以资源约束条件下实现利润最大化(或效用最大化)为目标,其经济活动具有强烈的利益动机,其行为方式以有利于自己的方式进行。私人部门在市场力量"看不见的手"的引导下,做出大部分的经济决策。家庭向企业提供劳动、资本、土地、企业家才能等各种生产要素,并从企业获得相应的报酬,家庭再以这些报酬向企业购买商品和劳务。企业向家庭购买各种生产要素进行生产,并向家庭提供诸如面包、牛奶、服装、电视、电影以及其他能满足人类需要的私人物品(Private Goods)。政府通过税收和公共支出与企业和家庭发生联系,参与国民经济运行。政府作为公共部门的核心,主要为了社会目标而存在,在资源约束下追求全社会福利最大化或公共利益最大化,其行为更多地考虑社会公正和公平。公共部门基于公共利益最大化原则,通过非市场的政治程序制定决策,向纳税人或公民提供诸如国防、法律、基础教育、社会安全网、免费公园等公共产品(Public Goods)。现代经济是由私人部门主导的市场经济和公共部门主导的公共经济融合而成的典型的混合经济。在混合经济中,公共部门与私人部门并存,稀缺资源的公共产权与私人产权并存,公共部门的经济活动与私人部门的经济活动之间存在复杂的互动关系。公共部门经济活动的资源来自私人部门的经济活动,公共部门经济活动又为私人部门经济活动的正常运转提供保障。公共部门和私人部门各自在特定的领域做出经济决策并相互作用,这些决策与相互作用决定了整个国民经济中的资源配置格局和资源配置效率。

早期的市场经济是以私人部门的完全竞争为主的市场运行模式或资源配置方式,政府部门只是充当"守夜人"的职能,在经济运行中的作用不明显。为此,政府被作为经济系统的外生变量。随着经济系统规模的不断扩张,由于信息不完全、信息不对称、公共产品、垄断、外部性等,出现了市场失灵(Market Failure)的现象。市场经济是有生命力的,但并不是任何时候都有效。单纯依靠市场机制,难以保障社会经济体系的有效运行和社会资源的有效配置与充分利用,所以弥补市场失灵的重担自然落到了政府身上。因此,以政府为主体的公共部门直接介入经济体系成为必然的选择。在市场经济对资源配置发挥决定性作用的条件下,政府主要发挥社会资源配置、宏观经济稳定、收入再分配三大功能。政府通过制定和实施经济政策,发挥其在提供公共服务、维护市场秩序、优化资源配置、稳定宏观经济、影响收入分配等方面的作用,实现经济增长、物价稳定、充分就业和国际收支平衡的经济运行目标。公共经济学是专门研究以政府为主体的公共部门经济行为规律的科学。要了解现代经济是如何运转的,必须了解公共部门和私人部门的相互关系和相互作用。

公共部门是指从事公共经济活动的组织,其核心成员是政府(Government),也包括由政府所拥有或控制的机构(Agency)和实体(Entity)。国际上被广泛认可的公共部门的定义是:在一国领土或管辖范围内,通过政治或法律程序建立的、具有强制性和垄断权的、制定和实施公共政策的机构或单元,其主要职责是向社会大多数人提供非商业性公共服务。公共部门主要包括政府部门、公共企业、非政府组织、非营利组织、政策性金融机构、民间社会团体等。

政府部门是公共部门中不从事产品或服务的生产与销售,主要依靠税收获取收入,免费或部分免费地为社会提供产品或服务的单位的总称。狭义上,政府部门指通过政治程序设立,在一定区域内行使立法、司法和行政权力的实体组织,通常指中央和各级地方政府。广义上,政府部门还包括政府出资设立的各种事业单位,这些单位虽然不拥有行政权力,但它们实际上在执行政府的政策。如政府兴办的公立学校实施的政府的教育政策,政府建立的公立医院执行的医疗保健政策,政府投资设立养老基金组织为政府雇员提供养老服务,等等。

公共企业通常是指政府拥有的以提供公共物品和公共服务为目的的企业,以及以提供公共物品和公共服务为目的的非国有企业。如供水、供电、供气、公共交通等部门,它们主要以销售收入作为生产活动的资金来源,也可以获得政府的财政补贴。

非营利组织是指以从事公共事务为目的,在营利组织和政府之外的公益组织。如各种基金会、慈善组织、学会、协会、研究会等,它们主要提供社会福利、教育培训、医疗保健、救灾赈灾等非营利性服务。

国际组织是指由两个以上国家或其政府、人民、民间团体基于特定目的,以一定协议形式而建立的跨国界的组织或机构。如联合国、欧洲联盟、世界银行、国际货币基金组织、世界卫生组织、国际红十字会等,它们通常由各成员单位共同出资从事公益性活动,但这些活动不属于商业行为。

政策性金融机构是指信贷资金全部来源于政府部门,不以储蓄存款方式向社会筹集资金,其收入自动流向政府的贷款机构。如中国的进出口银行、国家开发银行、农业发展银行等政策性银行。

此外,由民间自发形成的以救助为目的的各种公益性团体,也属于公共部门的范畴。

二、公共经济学的特征

(一)公共经济学是主要研究政府及其行为的学科

经济学家通常用市场失灵来解释公共部门的存在和政府干预的合理前提。实际上,公共部门与人类社会相伴而生,公共部门存在的历史比现代市场经济要悠久得多。在生产(自给自足)主导的早期社会,或者排斥市场作用的计划经济社会,根本没有现代市场经济模式,当然也就无所谓市场失灵的问题,但是,即便在这样的环境下,公共部门的存在仍然有其合理的经济学理由。因此,用市场失灵理论来解释"为何需要公共部门"并不完全恰当,但市场失灵确实为理解公共部门在现代经济中的适当角色和作用提供了一个理想的视角。市场失灵理论有助于表明,在控制零和(得失相抵为零)与负和(得不偿失)游戏,发展正和游戏(互利互惠),促进经济发展与社会繁荣方面,公共部门的适当角色和作用是不可或缺的。实践也证明,一个有效的公共部门是促进混合经济良好运转的先决条件。但是,和市场一样,政府也并非万能。由于政府垄断、信息不充分、政府官员的"经济人"特征、政治市场运作的特殊性等,政府干预同样存在所谓的失灵问题。可见,市场失灵并不是把问题转交给政府处理的充分条件,市场解决不好的问题,政府也未必能解决得好。因此,需要对政府干预经济的行为进行科学的研究与界定。公共经济学就是研究政府为什么要干预经济活动? 什么时候干预? 如何干预? 政府从事经济活动的边界、方式、途径及其效果是什么? 致力于从三个方面探讨公共部门的经济作用:公共部门可以参与的经济活动、预测这些经济活动的结果、评估这些经济活动的实际效果。

（二）公共经济学是以经济学的方法来研究政府的经济行为

对政府行为的研究可以从不同视角进行，比如从社会学的角度、从政治学的角度、从伦理学的角度、从管理学的角度，等等。但是，经济学认为，每一个从事经济活动的人都是利己的，人们通过理性的利己主义行为，利用价格机制和竞争机制，在商品货币关系中完成自己的交易行为，力图以最小的经济代价获得最大的经济利益。经济学认为，政治是一个经济学意义上的市场，政府和公众分别是政治市场中的供给者和需求者，政府机构并非具有强烈独立倾向的集体，而是由"经济人"组成的。无论是作为个体的人还是组织，都有自己的利益，都需要与他人、与其他组织发生联系与利益关系。因此，政府机构需要通过选择"生产什么""怎样生产"和"为谁生产"配置公共资源，以求得最大公共利益的实现。

（三）公共经济学更加注重对实际问题的研究

公共经济学在研究提供公共物品、政府管制、外部性与政府行为、政府政策与经济自由度、权力寻租等问题时，运用了委托-代理理论、博弈理论、信息理论、公共选择理论、产权理论等，这些理论和方法对解决实际问题起到了非常重要的作用。作为经济活动主体的政府，在实际工作中解决实际问题时，也迫切需要这些理论进行指导，既完成社会目标，又提高经济效益。

第二节　公共经济学的产生与发展

公共经济学是从公共财政学发展而来的，是经济学中相对年轻但又发展迅速的分支之一。围绕公共部门的经济作用这一主线，公共经济学经历了200多年的演变与发展，形成了一些具有深远影响的学术流派，为理解公共部门的作用、改进公共部门决策制订提供了重要原理和分析工具。

一、斯密的国家理论和公共财政理论

1776年，英国经济学家亚当·斯密在其经济学巨著《国民财富的性质和原因的研究》（简称《国富论》）中，讨论了"支出""收入"和"公债"问题，提出了一套国家理论和公共财政理论，基本确立了西方早期财政学的理论框架。亚当·斯密认为国家的主要职责包括三个方面：保护社会不受其他社会的侵犯；保护个人不受其他人的侵犯和压迫；建设并维持某些由个人或少数人经营无法补偿其花费的公共事业和公共设施。

可见，亚当·斯密将国家职能限定在狭窄的范围之内，国家主要承担保护职能，这是任何社会都必须由公共部门履行的最低限度的职能。这一思想是亚当·斯密关于市场有效思想的逻辑结果。亚当·斯密认为，经济本身有其运行的客观规律，能够在市场这只"看不见的手"的引导下，自发调整市场秩序，使市场活动的参与者在追求自己利益最大化的过程中，实现他人或公众利益，完成资源的优化配置。政府只需要提供适当的法律框架,以规范和保护市场参与者的行为,就会使经济人的利己动机在市场竞争的压力下,产生一种自发的市场秩序,即要利己必须对别人好。人们的利己行为在不经意中产生利他的效果,而且这种利他效果比从刻意利他出发行事对他人的结果更好。有鉴于此,亚当·斯密认为政府干预几乎不会对市场的运行带来帮助,只会使事情变得更糟。

亚当·斯密主张的是"小政府,大市场"的理念,奉行的是谨慎财政行为。亚当·斯密认为政府应节制征税和开支,在正常年份应尽可能保持财政预算平衡;微小的财政赤字和盈余不可避免,但大量的、持续的赤字是一种愚蠢的财政行为。为此,在财政预算中,应留有适当的盈余,以便将产生赤字的可能性降到最低限度。政府只有在发生战争或重大自然灾害的情况下,才适宜举债,但在举债的同时,需要建立偿债基金,明确偿债计划和偿债资金来源。

在亚当·斯密看来,公共财政和个人(家庭)理财是同一概念,所以他认为个人(家庭)收支平衡的谨慎理财行为,对国家同样适用。无论个人(家庭)还是国家,节俭都是人们接受的基本美德,个人(家庭)的节俭行为,一个国家也是可以做到的。

亚当·斯密"谨慎财政"的思想对后世影响深远。财政节俭的观点支配着18世纪和19世纪欧洲国家的财政活动。虽然在20世纪30年代中期"凯恩斯革命"带来的财政理论变革已经开始,但直到第二次世界大战以前,几乎所有西方(民主)国家仍然采用的是财政平衡预算准则。

二、功能财政和周期平衡理论

1929—1933年资本主义世界经济危机的大爆发,改变了对传统市场机制有效与政府作用的看法。1936年,凯恩斯的巨著《就业、利息和货币通论》的出版,开辟了宏观经济研究的处女地。凯恩斯提出了"赤字财政"的革命性观点,改变了财政的作用只限于维持政府自身存续的传统理念,主张政府全面干预经济以弥补市场的不足。凯恩斯认为,大萧条的主要原因是有效需求不足,包括消费需求不足和投资需求不足,财政赤字是一种积极的刺激私人部门有效需求的手段。凯恩斯这一思想,使财政管理摆脱了狭隘的预算平衡的理念,产生了以财政支出的周期平衡促进宏观经济实现充分就业的理念。美国总统罗斯福推行的新政,为凯恩斯的国家干预提供了完整的注释和成功典范。经过"凯恩斯革命"的洗礼,财政政策与经济相联结的功能财政观点,取代了古典理论将公共财政与经济相割裂的观点,财政政策被作为国民经济调控的有力政策工具和重要手段[①]。

随着凯恩斯主义经济理论取代古典理论的正统地位,政府对经济运行的干预,不仅取代了传统的自由放任的市场经济理论,而且政府对经济干预的广度和深度,也远远超越了古典理论认可的范围。在西方主要资本主义国家中,政府的经济活动和作用日益扩大,从单向财政收支,扩张到对经济的管理和调控,政府直接介入生产领域,并形成一定

---

① 王雍君.公共经济学[M].北京:高等教育出版社,2013:21-22.

公共规模的公共企事业和公共生产,政府公共收支的规模随之大大扩张①。在此背景下,宏观经济学和公共财政均有了巨大的发展。阿巴·勒纳(1941,1943)发表的两篇关于政府宏观经济政策规划的著名论文,理查德·阿贝尔·马斯格雷夫(1959)出版的《财政学原理》一书,不仅使人们对公共支出的重要性有了全新的认识,而且使公共支出分析的重点,从传统的财政健全领域转移到功能财政领域,公共支出对宏观经济稳定、资源配置与经济平等的影响及其后果,被提到了前所未有的高度。

新凯恩斯主义者勒纳(1941,1943)对作为指导宏观经济政策的财政规则进行了研究,对功能财政做了最好的阐述,他指出:"功能财政的中心思想是,政府的财政政策,它的支出和税收,它的借债和支付,它的新货币的发行和货币的回笼,都应将注意力集中于这些行动对于经济的后果上,而不应该去注意已经建立起来的关于什么是健康的或不健康的传统学说。"

但是,对于预算功能更为全面的阐述是由理查德·阿贝尔·马斯格雷夫(1959)完成的。他在《财政学原理》一书中,系统地将"财政影响经济"的看法表述为政府预算的资源配置、经济稳定和再分配三大功能,为功能财政理论奠定了基础,至今仍然是人们分析财政与经济相互作用的逻辑起点,对公共财政理论的发展与变革产生了极其深远的影响。

关于周期平衡理论的思想,由凯恩斯以后的许多经济学家加以发展。保罗·A.萨缪尔森将周期平衡理论与成本和收益分析结合起来,提出政府预算管理应遵循两条指导性原则:"第一,税收、开支和赤字的总的平衡,应以控制经济周期的需要为准绳,应以平衡现在和未来的消费为准绳,以及以平衡私人和公共的需要为准绳。第二,具体的政府方案应服从于严格的成本和收益分析。这两条原则形成关于政府的规模和构成的规范经济理论的核心②。"

三、公共选择理论

公共经济学是从公共财政学发展而来的。这种"发展"不仅反映在研究范围的扩展上,而且主要反映在方法论的转变上,这种转变标志着传统公共财政理论向公共选择理论的演变。

20世纪70年代,詹姆斯·M.布坎南创立的被称为"新政治经济学"的公共选择理论出现了明显的国际化趋势。公共选择理论抛弃了国家拟人化的思想,采用个人主义的分析方法,将经济学关于人类行为的理性经济人假设应用于政治领域,认为政治家与官僚的行为,与经济学研究的其他人的行为并无差异。公共选择理论将个人而非集体(政府或民族国家)作为分析单位,将政府目标设定为收入最大化而非公共利益最大化。

公共选择理论的这些特点,使其与关于公共财政的传统理论明显地区别开来。传统财政理论假定政府是一个全能的、仁慈的调控者,在市场失灵时,政府基于社会利益极大化纠正市场失灵。公共选择理论则告诫人们,必须破除凡是国家都会全心全意为公众服

---

① 王雍君.公共经济学[M].北京:高等教育出版社,2013:22.
② 保罗·A.萨缪尔森,威廉·D.诺德豪斯.经济学[M].12版.北京:中国发展出版社,1992:588.

务的理念;政府本身也存在缺陷,包括有限信息、政策失当和政府制度本身的缺陷引起的低效率、自我扩张和权力寻租等[①]。

除采用个人主义分析方法外,公共选择理论还指出了传统财政理论的两大缺陷:没有讨论预算的支出方;忽视了集体决策的过程。现代公共选择学派秉承和发扬了19世纪80年代由欧洲大陆经济学家维克赛尔和帕累托的传统,将公共部门的支出和税收整合在一起进行分析,从而清楚地揭示出公共部门的决策过程,原本是追求效用最大化的个人参与政治实践和集体选择的过程。

四、公共经济学发展脉络梳理

公共经济学发展的脉络可以进一步梳理如下:

自1776年亚当·斯密《国富论》的出版到20世纪50年代,公共经济学的著述多称为"公共财政学"。

20世纪中叶以来,时代的发展、经济环境的变化以及经济理论的创新,在很大程度上共同推动了公共经济学的产生和发展。

1959年理查德·阿贝尔·马斯格雷夫在其出版的经典著作《财政学原理》中,首次引入"公共经济"的概念。理查德·阿贝尔·马斯格雷夫指出"我一开始就不愿把本书看作对财政理论的研究……,最好把本书看成是对公共经济的考察。围绕着政府收入支出过程中出现的复杂问题,传统上称为财政学。……虽然政府的活动也涉及收入和支出,但基本问题不是财政问题,而是资源分配、收入分配、充分就业、价格稳定与经济增长的问题。因此,把本书看成是研究公共经济的原理,或者更准确地说是研究预算管理中出现的经济政策问题。"理查德·阿贝尔·马斯格雷夫因此也被称为"公共经济学之父"。

1964年瑟奇·克里斯多芬·科尔姆以法文出版的《公共经济学基础——国家经济作用理论概述》,在出版物名称中首次使用"公共经济学"术语。

1965年列夫·约翰森以英文正式出版《公共经济学》;1966年开始,有了在公共经济学名义下召开的定期会议和A. B.阿特金森创办的公共经济学学会及会刊,此后的财政学家大多采用公共经济学术语。

1972年,美国《公共经济学杂志》出刊。在此之后,公共经济学进入了一个快速发展时期,一批高水平的公共经济学著作不断涌现。

自20世纪60—70年代以来,随着福利国家危机的出现,一批主张经济自由的经济学家纷纷开始怀疑政府作为公共产品唯一供给者的合理性。1977年,爱德华·普雷斯科特把公共经济学中公共产品的研究范围扩展到发展中国家;1980年,阿特金森和斯蒂格利茨合著的《公共经济学讲义》,把公共产品问题的研究推向了更高阶段。

20世纪80年代开始,"新公共经济学"取代此前的旧公共经济学,公共经济学理论被西方经济学界广为接受。

[①]　陈宪.市场经济中的政府行为[M].上海:立信会计出版社,1995:178.

20世纪90年代以来,随着经济发展和社会进步,经济结构和经济环境变得日益复杂,不仅客观上要求对公共部门的经济活动做出更加广泛和更为深入的研究,而且研究的重点也从财政学主要研究的政府收支问题,转向更加注重研究政府收支活动的经济影响,转向对公共部门经济活动的合理性和绩效水平的分析,转向对各种类型的公共政策进行评价[1]。很显然,这些都不是财政学所能回答的问题。在这样深刻的背景下,许多著名的西方财政学家撰写的相关著作,都将财政学(Public Finance)改称为公共经济学(Public Economics)或公共部门经济学(Public Sector Economics)。

特别是20世纪中叶以来,西方经济学、福利经济学的日臻成熟与公共选择学说的发展,为公共经济学的发展提供了更为坚实的理论基础、更加有效的思维路径和研究方法。公共经济学的发展不仅体现在内容上比传统的财政学有很大的拓展,如研究公共经济学存在的合理性及其合理范围的界定,研究政府选择和政府决策的内容及其政治程序的经济效应,注重分析政府收支的社会经济效应,重视研究政府对宏观经济的调控与管理,重视研究政府政策对经济的影响效应,把公共生产及其定价、公共产品的供给与生产的关系等问题引入公共经济学的研究,而且在研究方法上也有了很大的改进,如演绎研究与归纳研究相结合,定性研究与定量研究相结合,规范研究与实证研究相结合,增加案例研究,等等[2]。研究内容的拓展与研究方法的改进,使公共经济学的研究更加深入、更为具体,极大地推进了公共经济学的发展。

第三节　公共经济学与其他学科的关系

经济学研究选择问题——个体、组织和政府如何进行选择,以及这些选择如何决定稀缺资源的配置。选择包括生产什么、怎样生产、为谁生产、如何进行决策四个基本问题,公共经济学也涉及这四个基本问题。

公共经济学是一门交叉性学科。在其发展过程中,不仅与财政学、微观经济学、宏观经济学、制度经济学、博弈论与信息经济学等经济学科有密切的关联,而且受政治学、社会学、伦理学等其他非经济学科的影响和渗透。

一、公共经济学与财政学的边界

目前主流的观点是:公共经济学脱胎于财政学,是对财政学的继承。公共部门的经济行为要依赖于国家财政的支持,但是,公共经济学无论是在研究领域还是研究方法上,都大大拓展和创新了财政学的内容。财政学主要研究政府财政的收入、支出与平衡问题。公共经济学除研究国家自身的财政收支与平衡以外,还研究公共部门的经济行为及

---

① 王宁.公共经济学理论与案例[M].郑州:郑州大学出版社,2018:7.
② 卢洪友,祁毓.公共经济学:研究脉络与发展趋势[J].财经问题研究,2013(7):65-71.

其对经济的影响、公共部门与私人部门的经济关系、非政府公共部门与政府部门的关系、经济决策的影响及其作用机制等。经济学家彼得·杰克逊认为,传统的财政学侧重财政中的税收方面,忽略了公共支出与公共选择。他认为,与财政学相比,公共部门经济学发展的一个重要特征是:经济学家们更加注重公共产品与公共政策的供求研究[①]。约瑟夫·斯蒂格利茨认为,公共财政学家关注的是如何有效公正地进行课税和使用税收,但当代研究的许多内容已经不能由公共财政学所涵盖。"公共经济学很好地包含了这些内容:国家财政的控制;谁拥有,谁控制,谁管理和制定政策,以及谁关注政府的经济政策[②]。"在研究方法上,财政学侧重实证考察政府如何进行收支;公共经济学则融入了规范分析、均衡分析、计量分析、案例分析等现代经济分析方法,在与其他相关学科的不断融合与渗透过程中,将理论与实践结合起来。

也有学者认为,如果因为公共经济学起源于财政学,就仅仅将公共经济学看作对财政学的扩展,并不恰当[③]。首先,财政学是政治学、史学、管理学、法学、社会学、经济学的交汇点,具有明显的交叉学科的特征。公共经济学与财政学的交叉主要体现在经济学视角的财政理论方面,部分体现在管理学视角的财政理论方面。

其次,完整的财政学理论体系包括财政职能与政府间财政关系(纵向和横向关系)、财政收入(税收、非税收入、债务融资)、公共预算与财务、财政政策与财政效应、公共支出管理和财政风险管理六个板块的内容。这些板块既可以从政治学、史学、管理学、法学和社会学角度研究,也可以从经济学的角度研究。只有在经济学角度上,将公共经济学视为财政学的扩展才是适当的。

最后,财政学理论体系的六个板块都依赖于一套系统的财政制度加以约束和引导。因此,财政学的理论体系还应包括财政制度理论。目前,财政学已经综合吸收了包括公共经济学在内的来自许多相关领域的研究成果。由于财政学具有多个学科维度,将公共经济学视为财政学的扩展并不适当,公共经济学只是从经济学的角度扩展了对公共财政问题的分析视野和方法,并未包括财政学的全部。

二、公共经济学与微观经济学

微观经济学是经济学中发展最早和最成熟的一个分支,也是经济学其他分支的基础。微观经济学以单个经济单位为研究对象,通过研究单个经济单位的经济行为和相应的经济变量单项数值的决定,说明市场经济如何通过价格机制解决稀缺资源的配置问题。微观经济学的理论体系包括均衡价格理论、消费者行为理论、生产者行为理论、分配理论以及价格管制、消费与生产调节、收入分配均等化政策的理论等基本内容[④]。公共经

① 彼得·M.杰克逊.公共部门经济学的前沿问题[M].北京:北京税务出版社,2000:2-3.
② 约瑟夫·E.斯蒂格利茨.政府为什么干预经济:政府在市场经济中的角色[M].北京:中国物资出版社,1998:153.
③ 王雍君.公共经济学[M].2版.北京:高等教育出版社,2016:31-33.
④ 陈仲常,蒲艳萍.经济学理论与实践[M].重庆:重庆大学出版社,2002:6-7.

济学将微观经济学的基本原理、研究方法和分析工具广泛融入对公共部门的经济分析中,使微观经济学成为与公共经济学关系最为紧密的经济学分支。

在微观经济学看来,居民和厂商是最基本的单个经济单位,居民是经济中的消费者,厂商是经济中的生产者。根据经济学的理性人假设,微观经济学对于居民的研究,从居民如何将有限的收入用于各种物品的消费上,以实现总效用最大化而展开;对于厂商的研究,从厂商如何将有限的资源用于生产上,以实现利润最大化而展开。微观经济学通过对居民效用最大化和厂商利润最大化行为的研究,探讨整个社会稀缺资源的最优配置问题。当每个经济单位都实现了最优化,整个经济社会的资源配置也就达到了最优化①。

价格机制(俗称"看不见的手")是市场经济条件下实现资源最优配置的核心手段,居民、厂商的行为均受其支配。在资源约束与价格机制的作用下,居民和厂商以最大化行为为目标,理性地做出每一个经济选择,解决生产什么、怎样生产和为谁生产的问题。价格是一个信使,向生产者传递市场稀缺的信息,使生产者理性选择生产什么;价格能够提供刺激,激励人们以最节省成本的生产方法,把有限的资源用于最有价值的生产,理性选择怎样生产;价格能做出奖惩,决定谁可以获得多少产品,即指导社会产品在各阶级、各集团之间的分配,解决为谁生产的问题。

公共经济学与微观经济学之间第一个连接点表现在:公共经济学把政府本身也看成单个经济单位,对其经济行为是否实现最大化进行分析。在公共经济学看来,政府本身既是一个巨大的消费者,又是一个巨大的生产者,它本身也需要解决最大化问题。研究政府的经济行为,也是社会资源配置最优化的组成部分②。

公共经济学与微观经济学之间第二个连接点是公共经济学完全引进了微观经济学的成本收益分析。在某种意义上,公共经济学把税收看成政府的成本和价格,通过对财政收支的研究来弄清楚纳税人的每一笔税金是否实现了最大化,政府的每一笔开支是否实现了最大化③。

边际分析是微观经济学的基本分析工具,在公共经济学和公共部门决策中,边际分析法具有广泛而重要的应用。边际分析得出的著名定理是,当边际收益等于边际成本时,厂商生产的产量最优。这个著名的结论也用于定价决策:产品的最优定价取决于边际成本,这就是众所周知的边际成本定价法。它所包含的基本思想是:资源最优利用要求对资源最优定价,而最优定价要求必须能够反映资源的稀缺程度,如果价格不能反映资源的稀缺性,就会造成资源使用的浪费和低效率。

此外,微观经济学的一些主要分析工具,如个量分析、经济变量的单项数值如何决定、供求理论、成本收益分析、均衡分析、边际报酬递减理论等,也被广泛应用于公共经济学分析中。

三、公共经济学与宏观经济学

公共部门需要处理许多与宏观经济相关的问题。宏观经济学以整个国民经济为研

---

①②③ 樊勇明,杜莉.公共经济学[M].上海:复旦大学出版社,2014:9.

究对象,通过研究国民经济中各有关总量的决定及其变动,来说明经济资源如何才能充分利用[1]。这里的整个国民经济(又称为整体经济)可以是一个国家,也可以是国家内部某个特定辖区,还可以是全球或由若干个国家与地区组成的区域(如欧盟、东盟等)。

宏观经济学由国民收入决定理论、失业与通货膨胀理论、经济周期与经济增长理论、开放经济理论以及宏观经济政策五个基本方面组成[2]。宏观经济学是从整个国民经济体系中寻求经济资源的优化配置。宏观经济学以国民收入的决定为中心,通过对国民收入的决定及其变化,来分析整个国民经济的运行方式和规律,揭示经济资源尚未充分利用的原因,探索经济资源充分利用的途径,以实现充分的经济增长。

在第二次世界大战以来的相当长时期内,宏观经济学均以凯恩斯的有效需求理论和国家干预论为主导。尽管20世纪70年代以后,由于市场经济国家出现了经济"滞胀"的局面,货币主义和供给学派占了上风,但是凯恩斯主义仍然对宏观经济学和各国经济政策产生重大影响。而且,货币主义和供给学派与凯恩斯主义之间的争论,也只是国家干预的程度和干预方式之争,从未主张完全不要国家干预。

公共经济学与宏观经济学之间的渊源深远。不仅公共经济学的兴起离不开宏观经济学,政府的职能与宏观经济学更是密切相关。经济的发展是从非均衡到均衡的不断过渡过程,是实现数量的扩张和质量的提高的过程。微观层面,在完全的市场经济条件下,政府尽管可以管制价格和工资,通过税收调节分配,但其作用效果极其有限,很难实现全局性长期有效。在宏观层面,相当多地是靠一个能代表全民意志的集体进行非价格调节,这个集体就是政府。

公共经济学涉及对大量宏观经济问题的分析,特别是宏观经济学中关于总供给、总需求、经济周期、财政政策、货币政策等理论研究成果,不仅对公共经济学的研究思路、研究方法具有总体性的指导作用,而且也是公共经济学不可或缺的理论范畴。

正因为如此,理查德·阿贝尔·马斯格雷夫把政府的职能和经济行为归纳为配置、稳定和分配三个方面。配置职能强调的是公共部门和私人部门之间的资源有效配置,研究如何在公共事务领域界定政府与市场之间的关系,提高公共经济资源的利用效率,从而实现公共经济资源的优化配置;稳定职能强调的是通过税收、公共支出以及国债的利用,以实现对经济的短期供需管理,从宏观角度减少资源浪费,提高全社会资源的利用效率;分配职能强调的是运用公共权力在社会的每个成员之间重新分配收入。作为公共经济学研究对象的公共部门所具有的配置、稳定和分配的职能,是与宏观经济学提出的充分就业、物价稳定、经济增长和国际收支平衡的宏观经济政策目标一致的[3]。

四、公共经济学与福利经济学

福利经济学是由 H. C. 庇古创立,C. J. 希克斯、N. 卡尔多和 A. P. 拉那等发展起来的

---

①② 陈仲常,蒲艳萍. 经济学理论与实践[M]. 重庆:重庆大学出版社,2002:7.
③ 樊勇明,杜莉. 公共经济学[M]. 上海:复旦大学出版社,2014:9,11-12.

关于社会福利和个人分配最大化的经济学分支学科。

福利经济学在理论上围绕以下三个问题进行构建①：

第一，共同利益问题。试图回答在一个相互竞争的经济体中，买者和卖者之间是否有共同利益。

第二，公平分配问题。在一个经济体系中，分配方案由有眼光的统治者制定。他们在制订分配方案时，必须考虑共同利益是通过对市场机制的补充来获得，还是共同利益与市场机制完全对立，以致为了共同利益而必须取消市场机制。

第三，社会福利问题。社会福利是指个人对日益增长的社会物质文明和精神文明的满足程度。探讨社会福利的提高和公共利益的实现，是通过市场机制还是通过政治过程完成。

福利经济学与其他经济学科一样，都以研究如何增加社会财富为出发点。但是，福利经济学更关心在增加国家财富基础上，如何增加社会福利的问题，即社会成员如何从全社会财富增长中获得更多的满足。

福利经济学认为，增加社会福利首先要使社会资源配置得到最优化，从而实现全社会财富的增加，强调国民收入的增加不能损害穷人的绝对份额，或增加穷人的份额不至于影响国民收入总量。因此，福利经济学主张减轻社会分配不公，是增进社会财富和社会福利的必要条件。由于分配机制是由统治者制定的，政府对资源分配与再分配的干预不可避免，福利经济学的根本任务就是，评估各种资源的配置和分配方式②。

福利经济学中的帕累托最优原则，已经成为公共经济学的重要组成部分，在公共经济学中有着广泛的运用。为了实现社会财富的增长和社会福利的增加，帕累托最优原则已经成为公共部门从事经济管理和衡量资源分配有效性的基本原则。

五、公共经济学与制度经济学

制度经济学是与公共经济学密切相关的另一个学科领域③。制度经济学主要致力于产权、激励和经济行为的关系研究，尤其是探讨不同产权结构对于收益——报酬制度及资源配置的影响，以及权利在经济交易中的突出作用。

科斯(1960)在《社会成本问题》一文中，提出了权利界定和安排在经济交易中的重要性。科斯认为传统的用一种损害(比如征税)制止外部性的做法，其损害具有相互性。实现社会福利极大化，要求当事人受到的损失都要尽可能最小化。因此，应该明确界定权利归属，即允许谁损害谁。这个问题在零交易成本下，只具有财富效应(从不拥有权利的人向拥有权利的人转移)，但并不会影响产出结果。但是，在交易成本不为零的现实世界中，权利界定至关重要。一般而言，社会福利最大化，要求权利应该界定给最优生产率的人使用，以避免他们需要向那些较低生产率的人支付费用以获取权利。

---

① 樊勇明,杜莉.公共经济学[M].上海:复旦大学出版社,2014:11.

② 樊勇明,杜莉.公共经济学[M].上海:复旦大学出版社,2014:9.

③ R.科斯,A.阿尔钦,D.诺斯,等.财产权利与制度变迁[M].上海:上海三联书店,1994.

交易成本是产权经济理论的核心概念。狭义的交易成本指完成或实现特定交易所花费的成本,包括搜寻成本、谈判成本和履约成本。广义的交易成本还包括社会为建立和维护旨在促进交易安全性和便利性的制度安排与实施机制所花费的成本。亚当·斯密认为,市场经济下,价格机制的运转是不需要成本的,因此"看不见的手"建立在交易成本为零的基础上。但是,在现实的某些市场中,过高的交易成本和风险,大大缩小了互利交易的规模和范围,降低了个人和社会的福利水平。比如:过高的税收水平、变化无常的税法和税收政策,都会大大增加交易成本,但交易成本的增加主要源于现代经济中分工的深化。此外,以互联网的发明与应用为标志的技术进步,大大降低了交易成本,但仍然不足以抵消分工和其他因素带来的交易成本增加,净结果是交易成本在现代社会中趋于增加①。公共经济学的重要任务之一就是,发现那些能够降低交易成本的制度安排和政策措施。

经济学家普遍认为,由于私人产权具有排他性(如果未经产权所有者授权或许可,其他人不能从这项产权中获益)和可转让性(使资源从较低生产率者转向较高生产率者,确保资源有效配置),私人产权安排对于确保激励是必不可少的。"在资源共有的条件下,没有任何对于技术和学习的激励。相反,排他性的产权却能给所有者提供提高效率与生产的直接激励……正是这种激励的变迁,使人类在经历了漫长的、发展缓慢的原始狩猎和采集经济之后,在最后的 1000 年里,实现了经济的迅速增长②。"

制度可以通过改变人们的相对收益和偏好次序来限制人们的选择范围,从而引导人们干某些事,不干另外一些事。制度建设通过提高某些行为的代价,并奖赏另一些行为来解决激励机制问题。经济学对制度问题的研究早已有之。在亚当·斯密"看不见的手"的论述中就包含了制度的作用:只要有适当的法律和制度的构架,个人追逐他们自己的利益的行动,可以不经意地产生有利于整个社会利益的结果。经济学家依靠理性经济人假设,去分析人们在市场和公共选择中的行为,分析制度本身的作用。经济学家们相信,制度是一个国家长期经济绩效的首要决定因素,其重要性超过资源、劳动力和技术。据此,发展政策的核心是,建立能产生和实施有效率的产权的政治制度③。

六、公共经济学与政治学、伦理学

公共经济学作为经济学的分支,与政治学、伦理学、社会学的关系十分密切。本书的公共产品理论和公共选择理论,是公共经济学与政治学之间的理论桥梁。

如果说凯恩斯的国家干预理论是纠正市场失灵的理论,那么,布坎南创立的公共选择理论则是纠正政府缺陷的理论。政府可以通过财政收支、经济政策和公有企事业来提供公共产品和干预市场运行。但是,由于主观和客观的原因,这种公共干预也是有缺陷

①　思拉恩·埃格特森. 新制度经济学[M]. 吴经邦,等译. 北京:商务印书馆,1996:18.

②　NORTH D C,THOMAS R P. The first economic revolution[J]. The Economic History Review,1977,30(2):229-241.

③　王列. 时间进程中的经济成效[J]. 经济社会体制比较,1995(6):18-23.

的,是需要逐渐完善的。就财政收支这一公共经济学中的古老问题而言,公共选择是十分必要的。现实中,政府的公共行为是一种政治过程,是政治权力的反映。因此,公共经济学有必要从规范政府经济行为的视角引入公共选择理论,把政府的经济行为同选民的政治投票联系在一起,让选民用投票来决定生产什么公共产品,生产多少公共产品,让选民用投票来选择符合大多数选民愿望的政府经济行为,以此对政府的经济行为做出约束与规范。为了使社会福利不断增加和分配更为合理,公共选择理论提出了抉择、交换与讨价还价、调查和民意测验等观察与参与政治进程的方法,为选择政府合理的公共经济行为、合理的财政开支和税收、合理的公共企事业和合理的经济政策提供了理论依据[①]。

在选择的过程中,必然会涉及伦理标准和社会结构问题,从而使公共经济学又与伦理学和社会学有了内在的联系。

公共经济学除与上述学科密切相关以外,伴随20世纪80年代以来博弈论在经济学中的广泛应用,博弈问题开始出现在公共经济学的许多领域,博弈论也由此成为公共经济学一个有力的分析武器。如冲突与协调、竞争与合作这类相互影响的决策及其均衡问题,是博弈论关注的重点。我们所处的社会是一个冲突与协调、竞争与合作并存的社会,如何选择以实现利益均衡,博弈论给我们提供了许多有益的启示。博弈论对公共经济学及其未来发展的最大意义在于,强调合作的极端重要性。从某种意义上讲,公共部门建立和实施制度规则,就是为了在全社会范围内激励和约束人们的合作。这种大范围的合作,不仅是建立秩序所必需的,也是互利交易得以扩展,进而提升人类社会福利的先决条件。

第四节　公共经济学的基本假设与研究方法

一、公共经济学的基本假设

现实世界是纷繁复杂的,没有任何理论能够百分之百地反映它。为了处理现实世界的复杂性,任何学科都必须从中抽象,通过假设使复杂的问题简单化,以方便驾驭与理解。所有的科学,最突出的特征就是,都有自己的假设。不同的假设是区分不同学科的重要标志。比如牛顿力学,假设时空是绝对的;爱因斯坦的相对论,假设光速是不变的。经济学也是从假设开始的,是研究在假设条件下人们如何进行选择的学科。经济学的基本原理和研究结论,也是建立在假设基础之上的,没有假设就没有经济学,公共经济学也是如此。虽然根据研究问题的不同,具体的经济假设会有所差异,但经济学的基本假设是相同的。公共经济学与其他经济学一样,基本假设是理性经济人假设。

经济学遵循标准的"理性经济人"假设(简称"理性人"假设或者"经济人"假设):每

---

① 樊勇明,杜莉.公共经济学[M].上海:复旦大学出版社,2014:12.

个人(包括自然人与厂商),都在给定约束下追求自己利益的极大化。即每个从事经济活动的人所采取的经济行为,都是力图以自己最小的经济代价去获得自己最大的经济利益。在任何经济活动中,只有这样的人才是"合乎理性的人",否则,就是非理性的。

由于社会资源是稀缺的,所以人要受到资源稀缺的约束,比如收入有限、时间有限、生命有限等等。人们只能在这些约束下去追求自己利益的极大化。

人都追求自己的利益,而且追求自己利益的极大化。为什么可以这样看待人的行为呢?经济学家们认为,动物都有趋利避害的本能,人作为高等动物,也是趋利避害的。趋利避害就是在追求自己利益的极大化,在任何情况下都是如此,这是人性。实际生活中,利己行为是人性中更具普遍性、深刻性和持久性的特征。对大量经验事实的观察也发现,大多数人在大多数时候,确实采取的是利己主义的行为模式。如政府征税时,纳税人总是想方设法避税甚至逃税。因此,人类行为的利己假设与经验事实大体相符。

但人们也会对利己假设质疑,认为这一假设不能解释现实生活中某些非"常规"但并不鲜见的利他行为。例如,有的人经常做好事,关心别人,为别人着想。现实中,确实有一部分人的偏好具有明显的利他倾向。对他们而言,事情于己有利是快乐的,但是帮助别人,让别人快乐,他们会觉得更快乐。如果他们不做利他的事,快乐反而会减少。

制度经济学从利他的收益与代价的比较来解释利他主义行为,认为当利他行为获得的好处(声誉、荣誉感等)大于付出的代价时,人们选择利他。间接互惠主义认为,无私的帮助能获得好名声,使其他人乐于与其合作,增加了他人"回报"恩惠的机会,有助于改善个体在小群体或社会中的利益。生物学家则认为,利他主义可以成为一种群体的进化优势,因为一个更好的集体有利于所有人,因此,利他的背后是利己。例如,做好事,为别人好,在客观上,他们的行为是好的,甚至是高尚的;但是主观上,他们也是为自己更快乐。所以,利他行为与利己行为,其本质上是一致的,可以统一为利己行为①。

需要强调的是,经济学中的利己,是在不损害他人利益的前提下,增进自己的利益,通常情况下是增进了双方的利益。一切以损人为代价的行为,都具有不可持续性。那么,如果每个人都从利他出发做事,社会是否会更加美好呢?亚当·斯密认为,每个人是不知道如何去增进他人利益的,甚至都不知道他人的利益是什么,每个人只知道自己的利益,因此只能从自己的利益出发行事。但是,当每个人从自身利益出发行事的时候,有一只"看不见的手"会引导他在追求自己利益的过程中,去实现他人利益或公众的利益。因为当人们从自己的利益出发去做事时,竞争的压力会使得他必须对别人好,必须关心他人的利益,这就是市场上"看不见的手"的力量。市场的本质是个人在利己心的诱导下的选择行为,在主观上是利己的,但在客观上必然利他②。正如亚当·斯密在《国富论》中所说:"每一个人,不需要自己关心社会福利,他也不知道自己怎么去推动社会福利。他只需要关心自己,追求他自己的福利就可以了。但是他在追求自己福利的过程中,会有

---

① 王福重. 人人都爱经济学[M].北京:人民邮电出版社,2010:34.
② 王福重. 人人都爱经济学[M].北京:人民邮电出版社,2010:35.

一只看不见的手,让他的努力转变为对公共事业的推动。这只看不见的手,会让他的自私自利推动社会福利的改进。"即利己的人们在价格机制的引导下,最终产生利他的结果。

利己原则并不意味着理性经济人可以不受约束地或自行其是地做决策。理性经济人的决策自由是受信息可得性、认知能力以及法律制度和道德约束的。商场上拼搏厮杀的人,血液里也应流淌着道德因子。高度制度化和高度道德约束的社会,不仅约束和引导理性经济人的行为,也是个体理性自利和自由竞争导致社会最优结果得以成立的基本条件。理性经济人不必是道德高尚者,但绝非道德沦丧者。不加害他人是其利己行为的底线。真正意义上的市场经济不可能在道德腐坏的社会中建立起来,更不可能在道德腐坏的社会中有效运转。在理解理性经济人假设和"看不见的手"时,要记住斯密在《道德情操论》中的教导:人性不全是负面的,而是包含许多积极和正面的因素,这些因素对支撑市场经济至关重要。这是亚当·斯密关于市场秘密的伟大发现:只要具备适当的法律框架,利己行为即便对社会福利最大化目标而言也是必需的。

亚当·斯密这一思想对于公共经济学具有重要意义。公共部门虽然追求的目标与私人部门不同,但公共部门不必摒弃市场经济,也不必设法驱除人们的利己之心。只需要建立适当的法律和制度框架,让价格机制作为"看不见的手"发挥作用,引导人们的利己行为在不经意间产生利他的结果。

理性经济人的假设也有其局限性。首先,由于信息和认知能力的局限,经济决策者的理性是有限的,而不是完全的。大量经验事实表明,经济人的决策在很大程度上受情感因素影响,并不遵循纯粹的理性原则。其次,个体理性和集体理性之间存在冲突。即使个体决策完全理性,对于集体理性而言,也很可能是不合意的(如著名的"囚徒困境""公地悲哀"等)。再次,理性经济人假设排斥人性中的利他因素并不恰当。正如亚当·斯密所言,"无论设想人类有多自私,其天性中显然有些原则使他考虑别人的福祉,使得别人的快乐成为他的必需,尽管他除了看着别人的幸福会感到一点快乐外,他从他们的幸福中得不到什么①。"最后,如果个体理性能够达成集体理性,或者说追求个人利益能够带来社会利益,那么,道德问题也就消失了。事实上,正如亚当·斯密在《道德情操论》中所言:市场体系的有效运转,离不开人们的道德和同情心。

二、公共经济学的研究方法

公共经济学的研究方法与一般的经济学研究方法类似,主要有演绎分析与归纳分析方法、实证分析与规范分析方法、案例研究方法,等等。

(一)演绎分析与归纳分析

演绎分析是指人们以一定的反映客观规律的理论认识为依据,从服从该认识的已知部分,推知事物的未知部分的思维方法,是一种由一般到特殊、由抽象到具体的认识过

---

① SMITH A. The Theory of Moral Sentiments[M]. London:Penguin Classics,2009.

程。归纳分析是建立在大量事实论证的基础之上,通过列举大量事实来证明论点,归纳与揭示事物所包含的共性特征的思维方法,是一种由特殊到一般的认识过程。

演绎分析和归纳分析在认识过程中紧密联系,互为补充。演绎分析的一般性知识,来自归纳分析的概括和总结,没有归纳分析就没有演绎分析。在归纳分析过程中,人们常常应用演绎分析,对某些归纳的前提或结论进行论证,没有演绎分析也不可能有归纳分析。正如恩格斯所言,"归纳和演绎,正如分析和综合一样,是必然相互联系着的"。现实中,我们通过对不同的公共经济理论、不同的公共经济实践模式、不同国家的公共经济形态、不同历史时期的公共经济形态进行研究,从而把握公共经济中一般与个别之间的关系。公共经济学一般理论的形成,需要对各国公共经济事件进行描述、分析和揭示,提炼其共同点。同时,这些共同点是否适用于某个个别国家或地区,需要比较不同国家或地区公共经济运行的条件和制约因素,找出不同公共经济形态的特殊性。通过对公共经济各要素的比较,对公共经济发展的比较,对不同历史阶段公共经济形态、结构、运行、机制的比较,帮助研究者清晰认识不同国家和地区公共经济的特点,为采取不同的公共经济模式提供借鉴。

大部分经济理论都是依据逻辑演绎方法建立起来的:理论就是由假设和从这些假设中得出的结论构成的。如果假设是正确的,那么必然导致相应的结果。经济学家也用假设做出预言:假设市场是竞争性的,如果政府增税或增加支出,将会引起什么后果。在这样做时,经济学家经常使用模型(文字模型、方程式、图表)来描述经济变量之间的关系或做出预测。

(二)实证分析与规范分析

实证分析是指按照事物的本来面目去描述事物,确认事物本身,说明研究对象究竟"是什么"。实证分析方法的主要特点,是通过对客观存在物的验证(即所谓"实证"),来概括和说明已有的结论是否正确。实证分析的重点,是"说"清楚事物的来龙去脉,进而做出事物究竟是什么的结论。将实证分析方法运用于公共经济学,就是通过对公共经济活动实际情况的分析与描述,讲清楚公共部门经济活动是一种什么样的活动,它对经济活动已经产生了什么样的影响,以及将来会产生什么样的影响;讲清楚在各层级政府之间政府职责、政府收入和政府支出究竟如何划分,这种划分对经济、社会以及政府本身产生了什么影响;讲清楚政府制定的公共政策是如何发挥作用的,以及政策发挥作用的结果会怎样;等等。

规范分析是基于一定的价值判断提出某些标准,并将这些标准作为分析与处理经济问题、确立经济理论、制定经济政策的依据,研究如何达到这些标准。将规范分析方法运用于公共经济学,就是要根据一系列事先确定的准则,分析和判断现行的公共部门的经济活动是否与既定准则相符合,如果不符合,应当怎样调整。如将规范分析方法用于对现行税制研究,就需要根据"效率""公平"等税制设计原则,分析和判断现行税制是否符合这些原则,如果不符合,究竟在哪些方面存在偏离,应当如何调整税制使之与上述原则要求相一致。

规范分析更多关注政策问题,回答的是"应该是什么"的问题。为此,规范分析通常要建立社会和政策目标,并寻求实现目标的有效方法。规范分析涉及价值判断,如公共政策应该更多地追求公平目标还是效率目标?经济蛋糕做大更好还是分配更公平更好?应该提高富人的税率(如个人所得税的边际税率)吗?等等。在这些问题上,经济学家们的意见经常不一致,这种不一致的部分原因在于价值取向的差异。

在公共经济学的研究中,实证分析和规范分析相互联系、相互补充,具有同等重要的作用。一方面,在运用规范分析研究某些问题时,常常需要运用实证分析论证研究对象与给定规则之间的符合程度;另一方面,在运用实证分析研究某类公共活动问题时,常常需要运用某些既定准则来验证分析结果。此外,某些规范分析准则,实际上也是在实践探索的基础上,运用实证分析概括和总结出来的。公共经济学以效率、公平、稳定为目标,追求社会福利(或公共利益)最大化。通过实证分析,可以揭示公共经济学中最基本的效率、公平、福利的增加与损失等范畴与原理;通过规范分析可以给处理效率与公平的关系、公共产品供给的主体、政府在市场经济中作用的定位等问题以合理的解释与明确的答案。

(三)案例研究方法

案例研究方法是一种对发生在自然场景中的某种现象进行探索、描述或解释,并试图从中推导出新的假说或结论的研究方法。案例研究方法是一种综合研究方法。一个案例可以运用多种方法对其进行描述、揭示和说明。在公共经济研究中,可以通过一个具体的公共经济事件,对公共经济行为、公共经济政策、公共经济制度等做出详细的描述和深入的剖析。案例分析可以是纯粹的描述,从大量的历史事实中,总结出公共经济规律;也可以是用公共经济理论作为指导,检验理论在具体的公共经济活动中的适用性。通过公共经济案例的研究,可以深化对公共经济理论的认识,并在案例研究中发现理论与实践的差异,找出公共经济存在的问题,在解决问题的过程中,深化公共经济理论与公共经济政策研究。与其他研究方法相比,案例研究方法具有综合性、直接现实性、真实性、实践性的特征,但在应用案例研究方法时,要充分考虑案例选择的典型性和可靠性。

内容小结

1. 公共经济学由财政学发展而来,是研究经济系统中公共部门的经济活动及其经济行为的科学。它主要致力于探讨公共部门可以参与哪些经济活动、预测这些经济活动的结果、评估这些经济活动的实际效果。

2. 公共经济学经历了200多年的演变与发展。亚当·斯密于1776年出版的《国富论》,为公共经济学的发展奠定了基础。斯密提出的有限政府理论和"谨慎财政"思想,与"看不见的手"一脉相承。凯恩斯提出的功能财政理论和周期平衡理论,使我们对政府与市场相互关系的认识有了全新的看法。布坎南提出的公共选择理论,将经济学关于人类行为的理性经济人假设应用于政治领域,实现了公共经济学研究方法论的转变。

3.公共经济学是一门新兴的交叉学科,不仅与财政学、微观经济学、宏观经济学、制度经济学和博弈论密切关联,同时从政治学、社会学乃至伦理学中吸取了丰富的学术营养。

4.理性经济人假设是经济学最基本的假设,公共经济学也遵循这一假设。公共部门主要为社会目标而存在,在资源约束下追求全社会福利最大化或公共利益最大化,其行为更多地考虑社会公正和公平。

5.公共经济学的研究方法主要有演绎分析与归纳分析方法、规范分析与实证分析方法、案例研究方法,逻辑演绎的方法是最基本的方法。

复习思考题

1.什么是公共经济学?公共经济学研究的主要内容是什么?

2.公共部门包括哪些部门和组织?

3.公共经济学的发展经历了哪几个阶段?

4.公共经济学与财政学的相互关系如何?

5.公共经济学与微观经济学、宏观经济学、制度经济学有什么关系?

6.公共经济学常用的研究方法有哪些?

第二章 资源配置与政府经济职能

资源有限性与人类欲望无限性之间的矛盾导致如何优化配置资源成为社会管理者不可回避的议题,也是公共经济学的核心问题。现代经济中,政府行使着资源配置、收入分配、经济稳定与发展等主要经济职能。政府经济职能反映了政府对经济的干预,很大程度上也是对市场失灵的反映。本章在对资源配置的内涵、资源配置方式和资源配置的原则进行介绍的基础上,分析市场失灵及其表现,探讨政府经济职能和政府失灵问题,阐述治理政府失灵的对策。

第一节 资源配置

一、资源配置的含义与方式

(一)资源配置的内涵

资源配置(Resource Allocation)有广义与狭义之分。狭义的资源配置主要是指生产要素配置的效率问题,即经济学的三个基本问题,土地等自然资源、劳动、资本、技术、数据等要素应该用来生产什么?如何生产?为谁生产?社会应该如何运用有限的要素资源,形成社会资产结构、产业结构、技术结构、劳动力结构、生产力结构,生产出尽可能多的产品与劳务,满足消费者的不同需求。这需要我们思考既定的资源生产何种产品才能满足消费者的差异化偏好,在消费者收入一定的情况下,所生产的产品通过交换使消费者需求得到最大程度的满足。狭义的资源配置主要是通常所说的"效率"问题。

广义的资源配置不仅要考虑"效率"问题,还要考虑如何让资源配置"公平"与"稳定"。萨缪尔森等人认为:"市场是买者和卖者相互作用并共同决定商品或劳务的价格和交易数量的机制"[1],作为市场主体的消费者的收入分配,不仅对要素的分配具有重要的影响,而且影响市场体系的合理运转。因此,公共经济学无法回避收入应该如何在社会

---

[1] 保罗·萨缪尔森,威廉·诺德豪斯.经济学[M].19版.萧琛,译.北京:商务印书馆,2014.

成员之间"公平"分配,即资源配置绕不开社会成员的福利问题。此外,一个经济体系要正常运转,必须保持宏观经济的"稳定"。所以,广义的资源配置需要解决效率、公平、稳定三个问题,这三个方面的内容也构成评价社会经济活动的三条基本原则。

(二)资源配置方式

资源配置方式随社会生产力与生产关系的发展发生变化,从传统的社会习惯到市场机制、政府机制,不同社会阶段其力量组合与配置方式各有不同。传统社会的习惯是人们在长期社会经济活动中形成,并共同接受和普遍遵守的惯例,这种惯例是传统社会中人们用以处理社会基本经济问题、进行资源配置的一种方法和制度性约束,直到今天在某些区域和场合仍然对资源配置产生影响。在社会化大生产条件下,资源配置既有完全依靠市场力量即市场经济来实现,也有完全依靠政府计划指令即计划经济来实现,还有既包含市场机制也包含政府干预的混合经济来实现。到了近现代社会,主要存在市场经济、计划经济、混合经济三种资源配置的基本模式,这三种资源配置模式在解决经济学三大基本问题时,其解决方式与发挥的作用各不相同。

1.市场经济(Market Economy)

市场经济下资源配置主要通过市场中供给与需求形成的价格来决定,通过市场竞争配置社会资源。市场机制是市场运行的实现机制,主要包含供求机制、价格机制、竞争机制和风险机制等,市场机制通过市场价格的波动、市场主体对利益的追求和市场供求的变化,实现社会资源配置,调节经济运行。

在市场经济中,理性的消费者、生产者和要素所有者拥有充分的自由选择权,他们从各自的经济利益出发,分散地、个别地进行经济决策,并通过市场交换和竞争达到其目的,调整其经济行为。

市场经济下,无论是产品市场还是要素市场,买方和卖方通过互相竞争决定其产品(要素)的交易价格和数量。当一种产品(要素)的需求增加,在有限供给下,利润驱动卖方提高该产品(要素)的价格,较高的价格会导致更多的要素投入,从而产生更多的供给。如果一种产品(要素)的数量超过市场主体在现有市场价格下意愿的购买数量,急于将自己拥有的产品(要素)出手的卖方就会降价销售,价格下降会刺激需求增加,未来的供给将会减少,从而实现市场供给与需求新的均衡。

市场机制在提高社会资源配置效率方面具有巨大优越性。市场经济下企业与市场发生直接的联系,企业根据市场供求关系的变化,在竞争中实现生产要素的合理配置,但市场机制配置资源并非完美无缺。由于市场机制作用的盲目性、滞后性,可能带来社会总供给与社会总需求的失衡,进而造成产业结构、投资结构、生产力结构不合理,以及市场秩序混乱等现象。

2.计划经济(Command Economy)

在计划经济下,政府部门根据社会需要,通过计划配额、行政命令统管和分配资源。

在计划经济模式下,政府直接决定全社会生产什么产品,这些产品以何种价格进行销售,以及销售获得的收入在社会各阶层中如何分配。在一定条件下,这种方式有利于从整体利益上协调经济发展,集中力量完成重点工程项目和大型项目。但是,采取配额排斥选择、统管代替竞争,市场机制消极被动,会造成资源闲置、资源浪费的现象。

计划经济模式下,政府处于资源配置的核心地位,决策者是政府,市场和价格不能发挥引导资源流动的作用。计划经济下资源配置的帕累托最优能否实现,完全取决于政府决策的科学性,以及政府的计划能否实现社会总供给与社会总需求之间的平衡。

3.混合经济(Mixed Economy)

混合经济主要依靠市场体系中的私人部门通过价格信号来引导资源配置,同时通过政府干预弥补市场失灵,以实现市场稳定和宏观经济目标。混合经济中市场和政府两者都发挥作用,既有以市场为核心的资源配置体系,又有政府对资源配置的调节。混合经济下资源配置的帕累托最优通过市场竞争与政府干预的共同作用实现。

混合经济下,市场中的私人部门通过供给与需求形成价格信号来引导资源配置和决定自己的行为,政府通过税收、购买、转移支付、财政政策、产业政策、投资政策等直接和间接手段,从外部维持市场的运行,并矫正市场自身的失灵现象,通过宏观调控实现主要宏观经济目标,进而实现资源配置的帕累托最优。

当今世界,纯粹的市场经济和计划经济都不存在,基本上属于混合经济。美国、英国、法国、德国等资本主义国家的政府也对市场进行调节和干预,中国、越南等社会主义国家也发挥市场对资源配置的作用。但是,不同国家资源配置的市场化程度存在差异,政府干预的手段和程度也存在差异。

二、资源配置原则

(一)效率原则

1.资源配置效率的含义

"效率"是衡量资源配置状况的标准。帕累托最优是主流经济学界普遍认同的对资源配置效率做出的最严谨的解释,又称为帕累托效率。

帕累托最优标准由意大利经济学家维弗雷多·帕累托在《政治经济学》一书中论述生产资源的最适度配置问题时提出。帕累托最优的含义是:在给定现有资源条件下,不存在任何其他配置结果使某些人情况更好,而又不使任何其他人处境更坏。即任何资源配置的重新调整都不可能在不使其他任何人境况变坏的情况下,而使任何一人的境况更好,这种资源配置的状况就是最佳的,具有效率的。换句话说,如果任何一种改变现状的资源配置方式或措施都会至少使其中一方受损,那么原来的资源配置方式就是帕累托最优;如果达不到这种状况,即可以通过资源的重新调整而使得某人的境况变好,而同时又不使任何一人的境况变坏,则说明资源配置的状况不是最佳的,也就是缺乏效率。

帕累托最优是一个理想市场状态,当资源配置尚未处于帕累托最优状态时,就存在"帕累托改进"。"帕累托改进"是指由一部分人利益的改善引起群体利益的改善,而且其他任何人的利益没有受损。帕累托改进可以在资源闲置或市场失效的情况下实现。

2.资源配置效率的实现条件

在市场经济下,实现资源配置的帕累托最优存在制约条件。可以通过边际分析的方法加以论证。一种物品的社会总效益（Total Social Benefit, TSB）是人们从消费一定数量的该物品中所得到的总的满足程度。一种物品的社会边际效益（Marginal Social Benefit, MSB）是指人们对该种物品的消费量每增加一个单位所增加的满足程度。社会边际效益可以通过人们为增加一个单位的某种物品的消费量而愿意支付的货币最高额度来测定。一种物品的社会边际效益随着其消费数量的增加而倾向于递减。一种物品的社会总成本（Total Social Cost, TSC）是指为生产一定数量的物品所需要消耗的全部资源的价值。一种物品的社会边际成本（Marginal Social Cost, MSC）是指每增加一个单位该物品的生产量所需要增加的资源消耗的价值。社会边际成本可以通过为补偿因增加一个单位的某种物品的生产量所消耗的资源价值而需要付出的货币最低额度来测定。一种物品的社会边际成本随其消耗数量的增加而倾向于递增。

　　某种物品的最佳产量的决定条件可以用图 2-1 加以说明。图 2-1 中表示不同服装产量条件下的社会边际效益（MSB）和社会边际成本（MSC）。

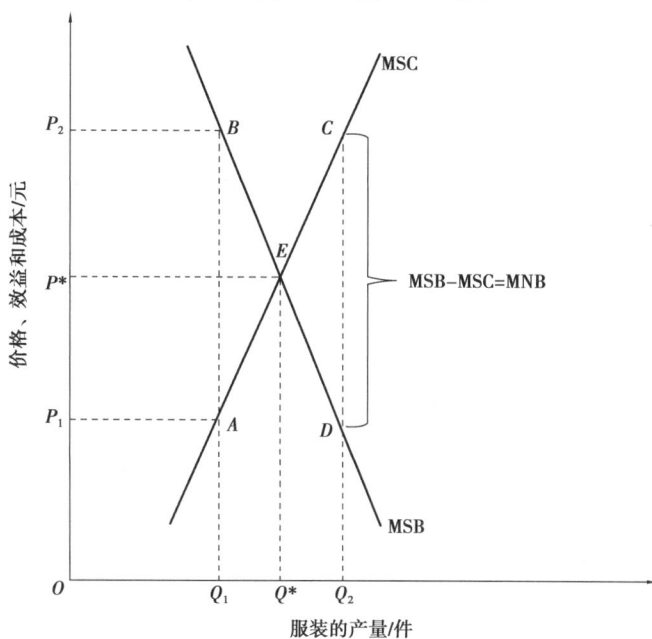

图 2-1　最佳产量的决定

　　服装的最佳产量可以通过比较其在不同产量水平上的社会边际效益和社会边际成本来决定。从图 2-1 看出，生产 Q_1 数量的服装产量并不是产量的最佳点，因为此产量水平上服装的社会边际效益大于其社会边际成本。消费者为增加消费一件服装所意愿付出的货币最高额度超过了生产者为补偿因增加生产一件服装所消耗的生产要素而需要付出的货币最低额度，且其境况并未因此而较之前变坏。

　　假如在 Q_1 产量水平上，MSB = 20 元，MSC = 10 元，如果消费者为了购买一件服装而支付了 20 元，则其境况并不因此而较之前变坏，因为该消费者的社会边际效益为 20 元。如果生产者出售每件服装可以从消费者那里获得 20 元，其境况就会因此而较之前变好，因为该生产者的社会边际成本只有 10 元。这表明 Q_1 不是最佳产量，生产者在这个产量水平上可以在不使任何消费者境况变坏的条件下,通过生产更多的服装而使自己的境况变好。

同理,在 Q_1 产量水平上,如果消费者为获得一件服装所付出的货币额为 10 元,其境况就会因此而较之前变好,原因是他为获得一件服装而实际支付的货币额小于其愿意支付的货币最高额。如果生产者出售一件服装所得到的货币额为 10 元,则其境况并不会因此而较之前变坏,因为其边际成本已经得到了补偿。因此,在社会边际效益大于社会边际成本的条件下,至少会有一个消费者可以在不使服装生产者境况变坏的同时,使自己的境况较之前变好。

一种物品的社会边际效益与其社会边际成本的差额叫净边际效益(Marginal Net Benefit,MNB)。从上述分析可知,只要 MSB 大于其 MSC,至少有一人会随着这种物品产量的增加而使自己的境况较之前变得更好,同时又不会使其他任何人的境况较之前变坏。即只要一种物品的 MNB 是正值,将更多的资源配置在该物品的生产上,就会获得追加的效益。

因此,为了使某种物品的效益最大化,应该使该物品的产量持续增加到社会边际效益等于社会边际成本,即净边际效益为 0,此时产量为 Q^*。一旦该物品的产量超过 Q^*,则社会边际效益就会低于社会边际成本,即净边际效益为负值。此时,用于该物品生产的资源的追加,反而减少了该物品的效益。即消费者为获得一件服装而愿意支付的货币额将不足以补偿生产者因为增加一件服装的生产而需要消耗的生产要素的价值。所以,当服装产量超过 Q^* 后,消费者就不能在不使生产者境况变坏的条件下而使自己的境况较之前变好。

实现资源配置帕累托最优的条件是:配置在生产每一种物品或服务上的资源的社会边际效益等于其社会边际成本。公式为:

$$MSB = MSC \tag{2-1}$$

基于上述分析得出结论:一种有效率的经济制度,可以使其全社会的资源配置满足这样一种条件,即每一种物品或服务的社会边际效益均等于其社会边际成本。

经济学的理论分析认为帕累托最优的实现条件,包括最优生产条件、最优交换条件以及交换和生产同时最优,而且是完全竞争的市场。在完全竞争条件下,产品的均衡价格实现了生产和交换的帕累托最优状态。也就是说,帕累托最优的实现不能离开充分市场竞争。这也是福利经济学第一定理:任何一个帕累托有效配置都能够由完全竞争市场机制来实现。

当然,帕累托最优是一种理想市场状态。现实经济活动中,将帕累托效率准则的实际含义解释为:经济活动上的任何措施,都应当使"得者的所得多于失者的所失",从全社会看,"宏观上的所得要大于宏观上的所失"。可以用帕累托最优这个理想标准去衡量、评价现实经济活动中各类经济制度安排的好坏,比较它们距离这个理想目标的差距,从而判断改进经济效益的情况,使资源配置尽可能地接近帕累托最优状态。

(二)公平原则

公平与效率是一个经济体制追求的两个目标,如何能够在关注效率的同时兼顾公平的实现,是公共经济学关心的另一个问题。

福利经济学第二定理认为,如果某种社会资源配置状况虽然满足帕累托最优,但这种分配假如存在不公平,政府可以介入加以矫正,进行社会收入转移,然后由竞争性市场机制发挥作用,同样可以达到帕累托最优。这表明,效率与公平问题可以通过不同路径来实现,市场机制主要解决效率问题,政府主要解决公平问题。福利经济学第二定理为政府干预市场提供了理论基础,成为公共经济学产生与发展的基础。

不同的社会制度依据不同的道德规范对什么是公平,如何鉴定公平有不同的解释。从"规则公平"的视角看,效率准则有其公平的一面,但在大部分时候如果没有特别说明,讨论公平时主要关心的是收入分配结果的公平。

为了对公平程度进行衡量,经济学家通常运用洛伦兹曲线(Lorenz Curve)和基尼系数(Gini Coefficient)指标加以分析。

图 2-2 中,纵轴衡量社会总财富的百分比,横轴从左至右表示从最贫穷者家庭到最富有者家庭的占比。按照五等分进行社会财富与家庭财富的划分,纵轴和横轴每一等分分别表示 20% 的社会财富和 20% 的家庭财富。将每一百分比的家庭所拥有的财富进行百分比累计,并将相应的点绘在图中,便得到一条洛伦兹曲线,该曲线能够直观地表现出社会财富是如何在不同阶层的家庭中进行分配的。

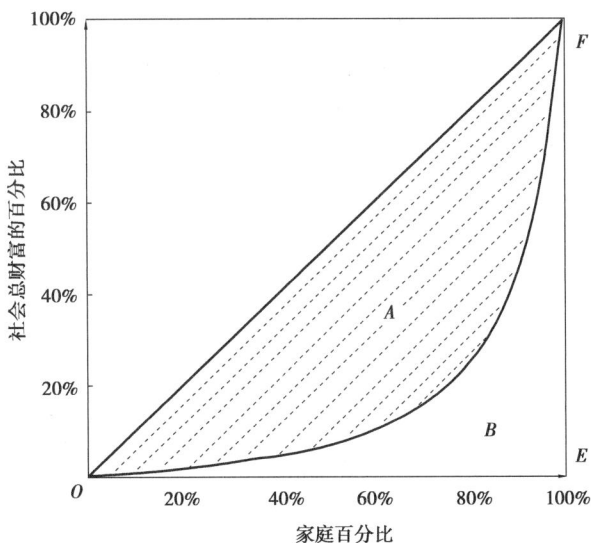

图 2-2　洛伦兹曲线

洛伦兹曲线表明,如果社会总财富平均分配到所有家庭,则洛伦兹曲线就是对角线 OF,OF 称为绝对平均线。洛伦兹曲线如果是 OEF,则称为完全不平等状态,唯一的一个家庭拥有 100% 的财富,其他家庭却一无所有。当然,现实经济社会中社会财富分配往往处于两个极端情况之间,图中的弧形曲线 OF 越靠近对角线,则社会财富的分配越平等,越靠近边框 OEF,则社会财富的分配越不平等。

为了测度财富分配的平等程度,可以用基尼系数加以计算。即计算图 2-2 中由绝对平等线和实际洛伦兹曲线所围成的部分面积(A)与由绝对平等线和绝对不平等线围成的

三角形 OEF 的面积($A+B$)的比例,基尼系数 $=A/(A+B)$。基尼系数可以在 0(绝对平等)到 1(绝对不平等)之间变动。

基尼系数仅是给出了一个客观的衡量财富分配公平程度的参考指标,通常认为,当基尼系数超过 0.45 时,意味着社会不公平已经超越了警戒线。

对公平问题的认识,西方不同学者从不同角度提出自己的观点。英国哲学家边沁提出功利主义标准,认为整个社会福利是所有人的效用之和,社会福利最大化是总福利的最大化或平均福利的最大化。假定社会中的每个人的边际效用曲线相同,且边际效用递减,那么,富人最后一个单位收入所带来的效用肯定低于穷人,从总福利提高的角度看,富人应该把边际效用较低的收入转移给穷人,从而增加社会福利。边沁的结论是,边际效用曲线相同的个人的收入应该一样,即相应的公平含义表现为平均主义。

美国著名的政治哲学家约翰·罗尔斯在《正义论》一书中提出罗尔斯标准,2001 年又出版《作为公平的正义》一书。他认为,一个社会的公平状况,取决于该社会中生活处境最差的那个人。无论人们实际所处的社会地位如何,分配制度应该保障人们获得均等的收入。罗尔斯标准是基于"无知面纱"假设,在选择分配方式之前,如果人们既不知道自己现在所处的社会地位的相对高低,又不知道将来的分配结果对自己有利与否,出于规避风险的考虑,人们总是要求均等地分配收入。罗尔斯公平观的实质就是使境况最糟糕的人的效用最大化。罗尔斯主张公平优先。罗尔斯的两个正义原则中,第一个原则即最大的均等自由原则,要优于第二个原则即差异原则。

美国经济学家阿瑟·奥肯主张兼顾公平与效率。奥肯分析了平等与效率的替换关系,提出了调和"平等"与"效率"两大价值目标的所谓"第三条道路",从而形成了抉择理论。奥肯认为,平等包括权利平等、经济平等,经济上的不平等会影响甚至侵害到政治的平等。在社会和政治领域中,原则上平等优先于经济效率;在经济领域,效率有明显的优先权,因此要在有效率的经济体基础上增进平等。他认为"我们无法在保留市场效率这块蛋糕的同时又平等地分享它",因为"平等和经济效率之间的冲突是无法避免的",两者之间存在着此消彼长的交替关系,要做到平等(实现收入均等化),就要牺牲效率(实现资源有效配置),要提高效率就要扩大收入差距,因此,"在平等中注入一些合理性,在效率中注入一些人道"[①],要采取协调平等和效率的政策措施。

1978 年中国实行改革开放,打破平均主义"大锅饭",强调"效率优先,兼顾公平",促进了经济的快速发展。但如果过分强调效率而忽视公平,会导致贫富差距扩大。为了改善收入差距,党的十八大报告提出"初次分配和再分配都要兼顾效率和公平,再分配更加注重公平"的改革思路;党的十九大报告再次明确"坚持在经济增长的同时实现居民收入同步增长、在劳动生产率提高的同时实现劳动报酬同步提高";党的二十大报告进一步强调"分配制度是促进共同富裕的基础性制度。坚持按劳分配为主体、多种分配方式并存,构建初次分配、再分配、第三次分配协调配套的制度体系"。其核心内涵就是要将效率和

---

① 阿瑟·奥肯.平等与效率:重大的决策[M].王奔洲,译.北京:华夏出版社,1987.

公平原则贯穿于收入分配各环节,实现初次分配效率原则的公平性与再分配公平原则的效率性辩证统一。

第二节　市场失灵

一、市场失灵及其表现

(一)市场失灵含义

市场失灵是指由于市场机制不能充分地发挥作用而导致的资源配置缺乏效率或资源配置失当的情况。市场失灵也通常被用于描述市场力量无法满足公共利益的状况。

完全竞争市场是一种理想状态,当不具备完全竞争市场条件时,资源最优配置或者帕累托最优状态通常不能实现。如果完全竞争的条件被破坏,或者即使存在完全竞争条件,市场机制在很多场合不能实现资源最优配置,就会出现所谓的市场失灵。

(二)市场失灵的表现

1.公共产品失灵

公共产品是指具有共同消费性质的产品或服务。保罗·萨缪尔森(Paul A. Samuelson)认为,纯粹的公共产品或劳务是每个人消费这种物品或劳务不会导致别人对该种产品或劳务消费的减少[①]。公共产品是以整个社会为单位共同提出的需要,如国防、公路、法律、环境等。公共产品在消费上具有非排他性和非竞争性两个特征。

公共产品的共同消费性意味着消费者可以"搭便车"。"搭便车"问题揭示出,公共产品效用的不可分割性及人性自私与利己使得消费者不愿为此付出价格,而又要享受公共产品的好处,但市场无法通过供求双方的力量为其求得一种均衡价格。因为私人边际效益和社会边际效益、私人边际成本和社会边际成本在这类公共物品上发生了分离,从而市场不能按照有效的产量水平供给这类物品。

公共产品的满足状况反映了一个国家的福利水平。公共产品生产的不足同社会成员需求的矛盾在现实社会经济发展中客观存在。从本质上讲,公共产品与市场机制的作用存在矛盾性,私人生产者不会主动生产公共产品,但全社会成员都需要消费公共产品。由于市场机制出现失灵,就决定了需要政府部门介入,担当公共产品供给的责任。

2.外部效应

外部效应又称外部性,是指私人边际成本和社会边际成本之间或私人边际效益和社会边际效益之间的非一致性。即某个人或厂商的行为活动影响他人或其他厂商,却没有为之承担相应的成本费用或没有获得应有的报酬。

---

① SAMUELSON P A. Samuelson. The pure theory of public expenditure[J]. The Review of Economics and Statistics, 1954,36(4):387-389.

外部效应分为正外部性和负外部性。正(负)外部性又可以分为生产上的正(负)外部性和消费上的正(负)外部性。如果边际私人成本低于边际社会成本,那么生产或消费水平会高于最优水平,反之生产或消费水平则低于最优水平。这就决定了带有外部效应的物品,如果由市场机制发挥作用,负外部效应会导致坏东西过量供给,正外部效应会带来好东西供给过少,无法达到最佳资源配置状态。所以,这就需要政府发挥作用,以非市场方式干预有外部效应的物品的供给问题。

3. 垄断性失灵

市场的良好状态是竞争状态,只有保持竞争,市场机制才能有效地发挥作用。但现实经济活动中,当市场上只有一个厂商或少数几家厂商,而个别厂商可以通过减少其所出售的物品的供给量,从而使得物品的出售价格高于其边际生产成本时,市场均衡作用失灵,此时就会出现垄断性失灵。垄断者实现利润最大化的办法是将其产量确定在边际效益等于其私人边际成本的水平上。

自然垄断、资源垄断、行政性垄断等是市场不完善的表现。垄断的出现会破坏市场的正常秩序,抑制市场机制的有效运作,降低市场效率;垄断造成寻租,妨碍资源的有效配置,降低经济效率,造成社会福利损失。

4. 不完全信息

完全竞争市场的一个重要假定是完全信息,市场交易中的买方和卖方对所交易的商品与服务有充分的信息,厂商知晓其经营活动的各种因素及未来发展,消费者清楚商品与服务的质量、价格等情况。但是现实中,市场主体对市场信息的掌握程度存在差异性,参与经济活动的当事人往往具有不完全信息,对于掌握市场信息更多的一方,在交易中就会处于有利地位,交易结果往往有利于掌握信息更多的交易者。经济学上把这种情况成为"信息不对称",掌握信息少的一方处于"不完全信息"状态。

市场交易的复杂性带来不完全信息。市场信息不对称会带来逆向选择和道德风险等问题。

逆向选择是指市场消费者因为信息不完全做出违反常规的决定,导致市场中出现"劣胜优汰"的情况。道德风险是指市场交易的一方享有自己行为的收益,而将成本转嫁给他人,造成他人损失的可能性。社会经济活动中,由于存在信息不对称,市场交易的一方会处于掌握信息不足的劣势地位,普遍存在逆向选择和道德风险,造成交易市场的萎缩和社会资源的浪费,降低资源配置的效率。

5. 公平分配失灵

市场机制难以实现收入和财富分配的社会公平。原因是,市场经济下,决定收入分配的因素主要有两个方面,一是每个人所能够提供的生产要素,如劳动力、资本、土地等数量和质量,二是这些要素在市场上所获得的价格。但由于人们所拥有或继承的资本、土地等要素情况以及自身劳动力的差异性,由市场决定的收入分配就存在差异性。从市场效率来看,收入分配的收入差异性在一定程度上能够提升效率;但从社会公平来看,这种差异性如果太大,就会违背公平原则,产生社会矛盾,导致社会断裂。

由于市场这只"看不见的手"在收入分配上产生失灵,这就需要政府通过非生产方式加以矫正,弥补市场的缺陷,运用政府职能实现社会收入分配的公平。

6. 经济周期波动

经济周期是指经济活动沿着经济发展的总体趋势所经历的规律性的扩张和收缩。经济周期性波动是市场机制的基本特征,一般分为繁荣、衰退、萧条和复苏四个阶段,它以大多数经济部门的扩张与收缩为标志。

宏观经济领域资源配置效率的评判指标与微观比较更具多元性,包含经济增长、充分就业、物价稳定等,但自发的市场机制不能自行倾向于充分就业、物价稳定、经济增长,常常发生因为总供给与总需求的矛盾导致的经济波动。尽管自由资本主义认为,厂商和社会的经济活动完全受经济规律的自发调节,市场机制本身能够自我调节,但事实上,无论是 20 世纪 30 年代的世界性经济危机,还是 2007 年美国次贷危机引发的国际金融危机,都深刻表明,市场机制本身出现的周期性经济波动,单靠市场机制是无法克服的,需要政府运用宏观经济手段和行政手段来加以调节,才能实现经济平稳运行。

二、政府经济活动的范围

市场失灵都与一个共同的领域有关,即社会公共需求。社会公共需求是相对私人需求而言的,指社会作为一个整体或以整个社会为单元而提出的需求。它是满足社会公共利益的、具有不可分割性的共同利益的需求。

社会公共需求在不同社会阶段的具体内容和表现形式具有差异性,具有整体性、集中性、强制性、无差异性和代价的非对称性等突出特点。社会公共需求是由所有社会成员作为一个整体共同提出,而不是由某一个体或组织单独或分别提出;社会公共需求由整个社会集中执行和组织,而不能由某一个或某些社会成员通过分散的活动来加以满足;社会公共需求只能依托政治权利、动用强制性的手段,而不是依托个人意愿、通过市场交换的行为加以实现;社会公共需求是为了满足社会公共需要而提供的公共产品,可以无差别地由每个社会成员共同享用。即某个或某些社会成员享用这种公共产品,并不排斥其他社会成员享用;社会公共需求是社会公众在生产、生活和工作中的共同需要,而不是普遍意义上的人人有份的个人需要或个别需要的数学加总,因此社会成员享用为满足社会需要的公共产品,可以无须付出代价,或只需支付与提供这些公共产品所花费的不对称的部分费用。

市场机制的缺陷难以靠其自身调节和修复,市场机制不能完全解决社会公共需求问题。这就需要发挥政府的作用加以矫正。世界经济发展的实践表明,以凯恩斯为代表的国家干预主义理论和政策的产生,帮助 20 世纪 30 年代资本主义世界走出了经济危机。之后,世界各国无论采用何种经济制度,都通过政府干预来矫正市场失灵的问题。

基于社会公共需求的角度,市场机制发生失灵的领域,正是需要政府部门发挥作用的范围。因此将市场经济中政府经济活动的范围概括如下。

①提供公共产品或服务。政府的角色就是做人人都需要,但私人都不愿意自己去做

的事情。个人和厂商从公共物品生产中所获收益不能抵补其生产成本,所以个体不愿意提供公共物品。那些社会边际效益大于私人边际效益或者社会边际成本大于私人边际成本的物品,不能通过市场有效供给得以实现,通常是通过公众向政府纳税,从政府那里得到所需要的各类公共物品。政府部门提供公共产品具有明显优势,不仅能够克服非竞争性和非排他性,也能够提高公共产品的生产与供给能力,减少其供需矛盾。

②调节收入和财富分配。市场力量的自发作用形成的收入与财富分配(初次分配)格局,可能与人们公认的平等价值观相冲突。对平等目标的追求驱使政府参与再分配活动,成为现代社会中政府经济职能的一个重要方面。政府具有其他社会组织没有的立法权、司法权、行政权,以及合法的强制力,政府部门可以运用经济、法规、行政等手段,对有失公平的收入与财富分配状况进行调节,解决市场经济下的收入和财富分配不公平问题。例如通过个人所得税、遗产税、房产税等调节富人和穷人之间的收入与财富分配,通过财政转移支付调节发达地区与落后地区的经济社会发展差距。

③矫正外部效应。由政府部门制定政策法规并采取措施以消除私人边际成本和社会边际成本以及私人边际效益和社会边际效益之间的非一致性。因为外部效应的存在降低了资源配置的效率,除通过市场机制外,政府可以通过管制、庇古税、补贴等方式进行干预。

④维持有效竞争。由政府部门制定有关政策法规,实施禁止垄断、维持市场有效竞争的措施,以保证竞争性市场在资源配置方面的效率。如制定反垄断法,实行公共管制,以促进效率改进和增进社会福利。

⑤促进经济稳定与协调发展。由政府部门根据经济发展状况,运用行政手段、经济手段、法律手段等多元手段与措施,调节经济运行,促进经济的稳定与协调发展。

第三节　政府经济职能和政府失灵

一、政府经济职能

政府和市场是两种配置资源与协调社会经济活动的主要机制或制度安排。在市场经济发展中,市场作用和政府作用是相辅相成、相互促进、互为补充的,要重视"有效市场"和"有为政府"的有机结合。"有为政府"既不应越位,也不应缺位,"充分发挥市场在资源配置中的决定性作用,更好发挥政府作用"

纵观世界经济发展的历史,从亚当·斯密提倡自由竞争,运用市场这只"看不见的手"调节经济,到20世纪30年代凯恩斯主张政府干预,弥补市场机制的不足,对于市场和政府调节经济作用的认识经历了从片面到辩证的过程。目前,运用市场机制和政府职能进行资源配置,实现社会经济的稳定发展,已经成为世界不同国家发展经济的共识。

政府经济职能是指政府从社会经济生活宏观的角度,履行对国民经济进行全局性地规划、协调、服务、监督的职能和功能,是政府为达到一定目的而采取的组织和干预社会经济活动的方法、方式、手段的总称,是政府在经济领域中所承担的职责和发挥的作用。政府经济职能主要包含资源配置、收入分配、经济稳定与发展等主要职能。

（一）资源配置职能

政府的资源配置职能是指政府通过经济手段、行政手段、法律手段等,引导社会资源合理流动,形成一定的产业结构、分配结构、交换结构、消费结构、技术结构等经济结构,优化资源配置结构,提高资源使用效率,从而提供无法通过市场机制提供的公共产品和公共服务,矫正市场机制造成的公共产品和服务不足。

在社会主义市场经济条件下,政府配置的资源主要是政府代表国家和全民所拥有的自然资源、经济资源和社会事业资源等公共资源。政府资源配置职能的内容,就是通过财政补贴、税收、财政政策与体制、产业政策、法治等手段,发挥政府作用,实现资源的合理分配。具体体现在以下方面。

①调节资源在产业部门之间的配置。资源在各产业部门之间的配置状况,影响到产业结构的合理化水平。产业结构的合理化有利于实现社会总供给和总需求的平衡,促进经济效益的提高,充分利用人力、物力和财力,形成良好的产业布局,实现资源的优化配置,从而保证产业安全,保持国民经济持续、健康发展。

②调节资源在区域之间的配置。资源在区域之间的配置状况,影响到区域之间经济社会的平衡与协调发展。不同区域由于自然禀赋、历史、文化等差异性,经济社会发展存在不平衡、不充分的情况,要实现区域间的均衡发展,政府就需要根据区域发展现状与发展目标,调节资源在不同地区之间的配置。

③调节资源在政府部门和非政府部门之间的配置。政府通过经济手段、行政手段等调节资源在政府部门与非政府部门之间的资源配置情况,可以实现社会资源配置的科学性。

④调节资源在政府部门内部的配置。政府部门内部的资源配置,主要是通过各级政府的预算及执行工作来实现。例如,政府通过实行部门预算制度、建立国库集中收付制度和绩效评价制度等体制和机制创新,可以提高财政自身管理和运营效率,实现资源优化配置。

⑤调节资源在消费和投资之间的配置。政府通过财政职能,使社会资源在消费和投资之间实现合理的配置。

（二）收入分配职能

政府的收入分配职能是指政府通过各种税收、政府转移支付、社会保障和社会福利等政策工具,参与一定时期国民收入的初次分配与再分配,实现收入、财富以及社会福利在全社会各部门、各地区、各单位,以及各社会成员之间进行合理分配,缩小收入差距,体现社会公平。

政府收入分配职能就是要矫正市场经济的自发性和盲目性带来的社会分配不公平,其目的是要调节社会收入与财富的分配,使之达到公平合理的分布状态。个人收入分配是通过微观层次和宏观层次两个环节进行的,仅依靠市场机制无法建立起公平分配的模式。微观环节的收入分配是以效率为准则,以各利益主体为社会提供生产要素的数量和质量为依据。个人收入分配取决于生产资源所有权的分配,以及向市场提供这些资源所能够获得的价格。个人收入分配要受个人能力、受教育程度、资本、土地所有权、财产继承等多种因素的影响。与此同时,市场机制也不能够解决失业、养老、医疗保健、扶贫等社会性问题。因此,政府要履行收入分配职能,调节各利益主体之间的收入分配,政府通过进行收入再分配和完善社会保障制度弥补市场机制造成的收入分配不公与社会矛盾。从纵向看,政府要调节不同经济地位和不同生产能力劳动者的差别待遇,调节过高的收入,关心经济地位低、收入低或无收入者;从横向看,政府要努力使同等经济地位和同等生产能力者具有同等待遇,实现国民收入、财富和社会福利在社会分布状态上的平等。

(三)经济稳定与发展职能

政府经济稳定与发展职能是指政府通过干预和调节国民经济运行,达到充分就业、物价稳定与国际收支平衡等目标,实现国民经济稳定增长与健康发展的职责与功能。这就需要政府正确分析和预测经济发展趋势,制定经济长期发展战略、措施和区域发展、产业发展、国际贸易等政策来刺激和引导经济增长,保持经济健康与可持续发展。政府促进经济稳定与发展还包括以下主要内容。

①促进社会总供需的平衡。促进社会总供需的平衡包括两个方面:一是调节社会总供求,实现供求总量的平衡;二是调节社会供求结构平衡。社会总供给与总需求的平衡是保证国民经济持续、稳定、协调发展的决定性因素,供求失衡会造成经济发展不稳定,市场机制不能解决经济波动,需要政府干预,进行宏观调控。

②抑制通货膨胀。通货膨胀、货币贬值、物价大幅上涨是导致经济增长不稳定的重要因素。货币主义经济学认为,当市场上货币发行量超过流通中所需要的货币量,就会出现纸币贬值,物价上涨,导致购买力下降。凯恩斯主义经济学则认为通货膨胀产生原因是经济体中总供给与总需求的变化导致物价水平的变动。为了实现经济稳定增长,政府除了实行宏观货币政策,还需要从社会总供给与总需求的具体情况出发,通过宏观调控手段对通货膨胀和物价水平进行控制,保持经济稳定增长。

③促进国际收支平衡。开放经济环境下,政府要通过运用货币政策、财政政策、产业政策、投资政策、国际收支政策、国际贸易政策等多元政策工具,宏观调控国际收支平衡,促进经济稳定增长。在经济发展中,一个国家可以把国内经济不平衡的矛盾适度转移到国际收支环节,从而维持一定时期内的国内经济稳定增长,但国际收支不平衡问题也会反过来影响国内经济的稳定增长。如果国际收支持续逆差,会导致外汇储备流失,本币汇率下跌,国际资本外逃,影响该国发展生产所需的生产资料的进口,抑制国民经济增长;国际收支持续顺差,会破坏国内总需求与总供给的均衡,冲击经济的正常增长。

二、政府失灵

(一)政府失灵的含义

美国经济学家萨缪尔森认为,"当政府政策或集体行动所采取的手段不能改善经济效率或道德上可接受的收入分配时,政府失灵便产生了"[①]。查尔斯·沃尔夫基于非市场缺陷视角分析市场失灵,认为政府为克服市场缺陷所采取的公共政策以及立法和行政等管理办法,在运行过程中,往往会出现各种事与愿违的结果和问题,最终导致政府干预经济的效率低下、分配不公和社会福利的损失[②]。公共选择学派的代表人物布坎南认为,"政府作为公共利益的代理人,其作用是弥补市场经济的不足,并使各经济人所作决定的社会效应比政府进行干预以前更高。否则,政府的存在就无任何经济意义。但是政府决策往往不能符合这一目标,有些政策的作用恰恰相反。它们削弱了国家干预的社会'正效应',也就是说,政策效果削弱而不是改善了社会福利"[③]。

所以,政府失灵与市场失灵一样,都是一种客观存在的现象。政府失灵是指政府为了弥补市场失灵而对经济、社会生活进行干预的过程中,由于政府组织内在缺陷或政府行为自身的局限性,以及其他客观因素的制约而产生的政府活动的高成本、低效率、分配不公、社会资源未能实现优化配置等非市场缺陷。

(二)政府失灵的主要表现

1.政府决策失效

政府决策失效包含三个方面:一是政府决策没有达到预期的社会公共目标;二是政府决策虽然达到了预期的社会公共目标,但成本大于收益;三是政府决策虽然达到了预期的社会公共目标,而且收益大于成本,但是带来了严重的负面效应。产生政府决策失效的原因有以下三个方面。

第一,政府的政策偏差带来政府决策失效。好的公共政策才能实现好的社会公共目标。评价一项公共政策的好坏,取决于该项公共政策对社会的贡献与社会为它所付出的成本之间的差异。如果政府政策发生偏差变成坏政策,则它带给社会中一部分人的额外满足低于那些为了支持这项政策而做出牺牲的人所付出的代价,或者该项政策的实施是以放弃若干其他同类政策作为代价的,但是与其他同类型政策比较,该项政策所带来的净收益(一部分人的额外收益之和减去另一部分人所付出的代价之和)最少,就会出现政策失效。

第二,政治决策程序的局限性带来政府决策失效。政府决策会影响社会公众,但真正做出决策的只是少数人,现代民主制度并不能很好地解决个别社会成员的偏好显示和偏好加总的问题,不管作为少数人的决策者是由选举产生还是其他方式委托的,他们的

---

① 保罗·A.萨缪尔森,威廉·D.诺德豪斯.经济学[M].12版.高鸿业,等译.北京:中国发展出版社,1992.
② 查尔斯·沃尔夫.市场或政府:权衡两种不完善的选择[M].谢旭,译.北京:中国发展出版社,1994.
③ J.M.布坎南.自由、市场与国家:80年代的政治经济学[M].平新乔,莫扶民,译.上海:上海三联书店,1989.

行为具有自由度和灵活性,有意或无意地为自身的"经济人"动机所影响,其决策总会带有利益倾向,不正确的利益倾向就会导致政府决策失效。

第三,决策时限与效率的限制带来政府决策失效。公共决策相对于私人部门决策一般会经历认识时滞、决策时滞、执行与生效时滞。现实中,当针对某一问题的政策真正开始实施时,情况可能已经发生变化,原有问题或许已经不再是重要问题,新问题重新产生,解决新问题的政策又要经过从认识时滞、决策时滞到执行与生效时滞,导致公共政策失效。

2. 公共产品和服务供给的低效率

第一,缺乏竞争压力和追求利润的动力,带来公共产品和服务供给的低效率。由于官僚机构垄断公共产品和服务的供给缺少竞争对手,约束政府机构人员活动的体制不以营利为目的,政府投资生产公共产品和服务经济效率低,加之政府雇员受终身雇佣条例保护、科层制的晋升机制等,缺乏足够的压力使工作效率最大化,提供公共产品与服务的政府部门之间竞争不足,从而导致政府机构公共产品和服务供给的低效率。

第二,缺乏降低成本的内在激励,带来公共产品和服务供给的低效率。一方面,政府机构的工作大多数具有一定的垄断性,加之政府部门承担的工作内容的复杂性,就会出现利用其垄断地位阻断部分公共产品和服务的生产职能、资源成本等信息传递,或者政府部门间沟通不畅,从而使执行管理预算职能和监督职能的部门无法准确掌握真实成本,不能科学评价运行效率,政府部门就可能因为这种垄断地位而降低公共产品和服务的供给效率。另一方面,由于政府雇员缺少产权约束,且政府部门的活动特征不同于企业经营活动,并非随时计算经济成本,即便计算经济成本,其精确化也较为困难,从而带来资源浪费,导致政府部门对公共产品和服务的供给不容易实现经济学意义上的最优状态。

第三,缺乏完善的监督,带来公共产品和服务供给的低效率。政府工作人员作为政府职能的实际执行者,必须服从公民代表的政治监督。现实中,由于信息不对称导致这种监督的效率会受到影响,从而影响到公共产品和服务的供给效率。

3. 政府机构和公共预算的扩张

政府部门的扩张包含两个方面,一是政府机构与组成人员的增加,二是政府部门支出水平的增长。公共选择理论认为,公共行为和公共目标在很大程度上受政治家和官员的动机支配。政治领域中的个人也是自利的,是以自己的利益最大化为行为准则的"经济人",他们总希望不断扩大机构规模,增加机构层次,从而相应地提高机构的级别和个人的待遇,结果降低资源配置效率,减少社会福利。

社会公共事务的管理过程,存在不同的利益机构和经济行为,包括特殊利益集团以及"财政幻觉",必然会有公共行动费用的分散性、利益分配的集中性以及政府机构的扩张性。从财政幻觉来看,由于政府收支过程的混沌性产生的对税收负担的错觉,纳税人往往低估税收价格,导致对公共产品的需求增加,以至于支持了较高的公共支出水平。纳税人用他们所支付的税款来测量政府规模,政府就可以用纳税人意识不到税收负担在增加的办法来扩充政府支出,政府支出的扩张就会导致财政赤字。反过来,财政赤字又会导致政府部门的扩张。

4.政府的寻租活动

寻租活动是指人类社会中非生产性的追求经济利益的活动。公共选择理论把一切由于行政权力干预市场经济活动造成不平等竞争环境而产生的收入称为"租金",认为对这部分利益的寻求与窃取行为就是寻租活动。现代社会中最常见的寻租活动是利用行政权力,阻碍生产要素在不同地区之间、不同产业部门之间自由流动、自由竞争,以维护和攫取既得利益。

所以,寻租活动是一些既得利益者对既得利益的维护和对既得利益进行的再分配的活动。权力寻租把权力商品化,往往使政府的决策或行政行为受到利益集团或个人的摆布,阻碍市场机制的有效运行,扭曲资源配置,造成社会资源浪费,减少社会财富产出,导致分配不公,瓦解社会规范体系。

(三)政府失灵的治理

1.合理界定政府作用的有效性边界

市场经济条件下,市场失灵需要政府干预加以矫正,但政府干预不能代替市场机制,这就需要合理界定政府作用的有效性边界。查尔斯·沃尔夫指出,"选择越倾向于市场,其体制就会面临更多导致市场缺陷的危险;选择越倾向于非市场,其体制就会面临更多导致非市场缺陷的危险[①]"。一方面,政府要基于社会经济活动的宏观视角,履行对国民经济进行全局性规划、协调、服务、监督的职能,监督市场运行和维护平等竞争,调节社会分配和组织社会保障,实现资源最优配置。另一方面,政府要把不该管、管不好或管不了的职能转移出去,交由市场调节。这样,政府才能成为有效政府。

政府与市场基于资源配置对象、配置方式、配置目标的差异性,政府功能发挥的范围主要是公共领域,市场功能发挥的范围主要是私人领域。发挥政府作用的有效性边界,在不同领域具有差异性。对于竞争性领域,政府需要制定法律、规章、制度并加以实施、监督,反对不正当竞争,维护市场秩序。政府一般不直接介入微观层次的经济活动。对于存在市场负外部效应的领域,如果是能够明确界定外部效应的受害者和获益者并涉及当事人数量相对少的领域,政府应合理界定产权,建立承担后果的法律规范;对于涉及面广、不能明确具体利害相关者的领域,政府应实施直接的限制或禁止行为。对于宏观经济的稳定、涉及国家经济安全领域,政府应担负职责,采取法律、经济、行政手段,达到稳定与发展的目的。对于社会收入分配领域,政府的作用是保障社会全体成员的权益,调节收入分配,实现社会公平。

2.确立政府干预原则

政府干预是为了矫正市场失灵,要避免或减轻政府失灵,需要明确政府干预的原则。世界银行1991年以政府和市场关系为主题的世界发展报告中提出了一种所谓"友善于

① 查尔斯·沃尔夫.市场或政府:权衡两种不完善的选择[M].谢旭,译.北京:中国发展出版社,1994.

市场的发展战略",该战略指出:"经济理论和实际经济都表明,干预只有在对市场能产生'友善'作用的情况下才可能是有益的。"认为对市场"友善"的干预应遵循三个原则:第一,不要主动干预,除非干预能产生更明显的良好效果,否则就让市场自行运转;第二,把干预持续地置于国际和国内市场的制约之下,确保干预不致造成相关价格的过度扭曲,如果市场显示出干预有误,则应取消干预;第三,公开干预,使干预简洁、透明,把干预置于制度、规范的约束之下,而不是由某些个人、官员的好恶或判断来左右①。

除上述三个原则之外,政府干预还要重视公共利益原则、成本—效益分析原则等。政府是公共利益的坚定维护者,政府干预要以公共利益为出发点和归宿点。从成本—效益视角看,政府干预还应考虑干预活动的成本与效益,政府干预获取的收益一般应高于其干预成本。

3. 提高政府决策的科学化程度

政府决策是一个复杂的过程,受多种因素的影响。政府决策目标不仅是为了履行行政职能,关键是还要解决各种公共问题,实现公共利益最大化。政府决策的科学化程度影响到政府决策的成败和效率。为了避免政府决策失误造成社会资源浪费,提高政府决策的科学化程度,应重视以下四个方面:

第一,建立科学的政府决策程序。政府决策程序包括发现决策问题、确定决策目标、调查研究、制订备选方案、科学评估论证和预测、确定最后方案、实施方案、决策反馈与完善等。政府决策程序的科学化要求政府决策程序系统化、规范化、法治化。

第二,健全决策制度。要重视建立完善政府决策中的调查研究制度、决策咨询论证制度、集体决策制度、决策公开制度、决策听证制度、决策监督制度、决策责任追究制度等。

第三,完善政府决策体制。政府决策体制包括政府决策信息系统、决策咨询系统、决策中枢系统、决策执行系统和决策监督系统等既分工又密切配合的子系统构成的有机整体,要使各子系统既相互独立、各司其职,又相互协调、密切配合。

第四,有效利用科学的决策理论、方法、技术和手段。政府决策科学化既需要科学的决策理论、方法,也需要科学的技术和手段。随着电子信息技术的发展,要大力推进数字政府建设,增强政府决策的准确性、实效性和预测性,有效提高政府决策的质量和水平。

4. 完善政府制度和体制,加强政府法治建设

布坎南认为,要克服政府干预行为的局限性,避免政府失灵,就要不断改进政府行政过程,完善政府制度和体制。这就需要建立健全公开行政制度,确保政府管理活动的透明度。要完善民主管理制度,引导公民参政议政和监督政府行政。要健全权力制衡机制,使组织的权力相互制约、权力与责任相匹配;要建立政府经济活动评估机制,评估其实施效果并适时改进。要健全政府部门人才竞争与激励机制,建设精干、高效、廉洁的政府。要强化反腐机制,防范、处罚公权私用的腐败违法行为。

---

① 世界银行.1991年世界发展报告·发展面临的挑战[M].北京:中国财政经济出版社,1991.

公共选择理论还强调政府行政要进行立宪改革,重视宪法、法律的建设。宪法的目的是促进社会财富的增加,减少社会财富被剥夺。随着国家法治建设的进程,依法治国就要注意把行政决策行为、执行行为、监督行为纳入法治化的框架中,制定有利于社会经济稳定发展的相关行政、市场、社会制度体系,保证政府行为的合法性和有效性。

内容小结

　　1. 实现资源配置的帕累托最优是资源配置的理想目标。资源配置存在计划经济、市场经济、混合经济三种基本模式,不同模式下影响资源配置的因素和配置方式具有差异性,但资源配置都遵循效率原则与公平原则。

　　2. 市场机制在资源配置中发挥决定性作用,但市场失灵与政府失灵在经济活动中客观存在,市场失灵表现为公共产品失灵、外部效应、垄断性失灵、不完全信息、公平分配失灵、经济周期波动。市场机制发生失灵的领域,正是需要政府部门发挥作用的范围。要推动"有效市场"和"有为政府"更好结合。

　　3. 政府和市场是两种配置资源的主要机制,政府运用经济职能干预经济能够矫正与克服市场失灵。政府经济职能主要包含资源配置、收入分配、经济稳定与发展等职能。

　　4. 政府失灵主要表现为政府决策失效、公共产品供给的低效率、政府机构和公共预算的扩张、政府的寻租活动。治理路径为合理界定政府作用的有效性边界、确立政府干预原则、提高政府决策的科学化程度、完善政府制度和体制,加强政府法治建设。

复习思考题

　　1. 资源有效配置的原则有哪些?

　　2. 什么是市场失灵? 市场失灵主要表现在哪些方面?

　　3. 什么是政府失灵? 政府失灵主要表现在哪些方面?

　　4. 如何理解"看得见的手"? 它与"看不见的手"有什么关系?

　　5. 政府的经济职能主要有哪些?

　　6. 结合中国经济发展实际论述如何实现资源的最优配置。

　　7. 论述政府失灵的原因及治理对策。

第三章　公共产品理论

公共产品理论是现代公共经济学的理论基石之一。在现代社会,各国政府比历史上任何时候提供的公共产品都要多,公众也比过去任何时候都消费到更多的公共产品,如何以合理的价格向公民提供公共产品,既是政府最基本的职能,也是现代公共经济学关注的核心问题。本章在介绍公共产品的特征及分类基础上,分析公共产品供需均衡的条件,公共产品市场失灵的原因,从理论和实践两个方面分析公共产品的有效供给问题。

第一节　公共产品概述

一、公共产品的定义

公共产品可以理解为"人人都需要,人人都不愿意自己提供的物品和服务"。个人和厂商之所以不愿意提供,是因为个人从中获得的收益远远不能抵补其成本。就像亚当·斯密(1776)在《国富论》中所讲的一样,"那些制度和公共工程,他们对于社会有很大利益,但就其性质来说,若由个人或少数人办理,则其所得绝不可能偿其所费"。可见,公共产品不能像牛奶和面包这些私人产品一样,通过市场(付费购买)机制得到,通常是通过公民向政府纳税,从政府那里得到所需要的各类公共产品。正因为提供公共产品是政府最基本的职能和责任,因此,可以简单地把公共产品理解为"由政府负责提供的物品与服务"。由此也可以将公共产品定义为由政府(或公共部门)提供的,用于满足全体社会成员共同需求的产品和服务。

在经济分析中,公共产品的正式定义是"具有非排他性和非竞争性的物品和服务"。国防、法律和司法、太空探险、环境保护、警察服务、基本卫生保健、不拥挤的公路和桥梁、免费的疫苗,乃至好的政府、好的公共政策,都是公共产品。人们能从这些公共产品中受益,没有人被排斥,且一个人的消费并不妨碍他人的消费。

二、公共产品的重要性

公共产品与人们对美好生活的需要息息相关。个体的生存状况不仅取决于自身收入水平的高低和财富的多少,很大程度上还取决于可获得的公共产品数量与质量。即使是一个很富有的人,如果所在辖区的水电供应、教育、医疗、交通、治安、环保等公共产品供给状况欠佳,就会严重影响其生活的品质。相反,如果辖区能够提供丰富的、高水准的公共产品与服务,即使是穷人,他的生活质量与幸福感也可以得到很大改善和提高。随着经济的发展和收入水平的提高,人们对于公共产品的数量、质量及其丰富性的需求日益增长,公共产品的供给状况将越来越影响人们的生活水准与品质。

政府提供公共产品的能力与意愿对经济繁荣与社会进步也产生极大的影响。公路、桥梁、港口、机场、水电、通信等公共基础设施投资,作为经济发展的基础条件,具有极大的外溢效应,对国家和地区经济发展具有积极作用。公立教育和国民培训通过积累和改善人力资本,促进技术进步与技术创新,驱动经济高质量发展。法律和秩序通过对社会公平和公正提供强有力的保障,降低交易成本,促进互利交易和经济壮大。环境和生态多样化保护,通过促进人与自然和谐共生,实现绿色发展、可持续发展。政府对产权的保护,激励人们将物质资源与智力资源投入财富创造的活动中,促进整体社会福利的增长。

三、公共产品的特征

萨缪尔森(1954)年在其论文《公共消费的纯粹理论》中,最早给出了关于私人产品和公共产品的分析性定义。他把纯公共产品定义为:"每个人对这种产品的消费,都不会导致其他人对该产品消费的减少。"他列举了一系列公共产品的例子。如社区的和平与安全、国防、法律、空气污染控制、防火、路灯、天气预报、大众电视等。萨缪尔森通过严格的数学公式表述了私人产品与公共产品的区别。

对于私人产品:

$$X_j = \sum_{i=0}^{n} x_j^i (j = 1, 2, \cdots, J) \tag{3-1}$$

在式(3-1)中,n表示消费者人数,总共有n个人;j表示私人产品的种类,总共有J种私人产品。式(3-1)的经济含义是:对某j种私人产品的消费总量X_j,等于所有n个消费者所拥有的或消费的该私人产品数量的总和。因此,对于消费者而言,私人产品是完全可分的。

对于公共产品:

$$X_k = x_k^i (i = 1, 2, \cdots, n; k = 1, 2, \cdots, K) \tag{3-2}$$

在式(3-2)中,i表示消费者人数,总共有n个人;k表示公共产品的种类,总共有K种公共产品。式(3-2)的经济含义是:对某k种公共产品的消费总量X_k,等于某个消费者i所拥有或消费的该公共产品的数量。因此,对于消费者而言,每个人都可以共同享有公共产品。

相对于私人产品而言,公共产品具有以下两个基本特征。

(一)非竞争性

非竞争性是公共产品区别于私人产品的关键特征,它意味着在总量既定的条件下,

"每个人对这种物品的消费并不会导致任何其他人消费的减少"①,也不会降低其他人的消费质量,因此,追加一个人消费的边际成本为零。对于私人产品来说,如果一个人消费了这种商品,其他人就无法再消费这种商品。例如,一个消费者喝了一杯牛奶,其他人就无法喝同一杯牛奶,除非重新再购买一杯牛奶。在牛奶总量既定的条件下,增加一个人消费牛奶,必须等量地减少其他人消费的牛奶数量,这就是私人产品典型的竞争性消费情形。对于公共产品而言,任何人对某一公共产品的消费都不会影响其他人对同一公共产品的消费,也不会影响整个社会的效益,这就是公共产品的非竞争性。非竞争性是指向额外增加的一个消费者提供商品或服务的边际成本为零②。例如国防和灯塔,新出生一个人口或新增加一个移民,并不会影响到原有居民的安全利益,因此不必为此增加国防开支。航道中的灯塔一经建成,增加一辆船只通过,不会对其他船只的通航安全产生影响,因此也无须增加新的费用。

(二)非排他性

公共产品的非排他性指排除某人(如不付费者)消费某产品是不可行的或者极其困难的(排斥成本很高),或者不必要的。比如航标灯的使用,要排斥某艘船只免受航标灯导航是十分困难的,也是不必要的;当两个邻居同时失火,只向其中一个住户提供消防服务而排斥另一个住户享受此项服务是不可行的。比如,对于私人产品来说,如果消费者购买了一件衣服或者一杯牛奶,那么他就取得了这件衣服或者这杯牛奶的所有权,其他人就不能再占有或者消费这件衣服或者这杯牛奶,这就是私人产品的排他性。对于公共产品而言,它们只能作为一个整体被共同消费,而不能在不同的消费者之间进行分割消费,也不能被独占,即公共产品的消费具有非排他性。例如国防和灯塔,我们无法把任何人排斥出这个服务范围之外。公共产品的非排他性意味着任何人都不能因为自己的消费而排除他人对该产品的消费。

公共产品也具有消费上的强制性。公共产品是向整个社会提供的,由整个社会成员共同享用它的效用。公共产品一经生产出来并提供给社会,社会成员一般没有选择余地,只能被动地接受。即公共产品不是自由竞争品,它具有高度的垄断性。例如,对于国家所提供的国防,一国居民是无法拒绝的,他也无法向其他人出售国防服务,除非他迁移去别的国家,因此公共产品的提供是强制性的。国家对于公共产品的融资手段也是强制性的,即税收的强制性。

四、公共产品分类

(一)按产品属性划分

只要一种产品具有非竞争性和非排他性,那么这种产品就是公共产品。但是,在实

---

① SAMUELSON P A. The pure theory of public expenditure[J]. Review of Economics and Statistics, 1954, 36(4):387-389.

② 这里的边际成本与微观经济学中边际成本的含义不同,是指增加一个消费者对供给者带来的成本增加量。例如,国防是公共产品,增加一颗导弹增加的成本不为零,但增加一个享受国防服务公民的边际成本却为零。

际生活中,能够严格满足这两种基本条件的产品数量极少。日常生活中的一些公共产品,大都或多或少包含着一些竞争性的成分。即使具有非竞争性,也不一定是完全非排他性的。萨缪尔森分析中的公共产品是指纯粹的公共产品,现实中的公共产品大多数都不是纯公共产品。私人产品是既具有竞争性又具有排他性的产品。根据某一产品所具有的这两种基本条件的多少,在纯公共产品与私人产品之间还可分为俱乐部产品、拥挤性公共产品以及公共资源,这些产品被称为混合产品、准公共产品或者非纯公共产品。混合产品是指既具有公共产品某些特征又具有私人产品某些特征的产品。

根据公共产品所具有的两个基本特征不同表现的组合,可以将混合产品进行进一步的细分。

1. 拥挤性公共产品

拥挤性公共产品是指随着消费者数量增加,某一个特定的消费者所能消费的公共产品数量或获得的效用随之减少的产品。例如:城市道路、公共图书馆和公园等。当一个人在图书馆借阅一本书时,其他人就不能同时借阅这本书。城市道路虽然具有非排他性,但在车辆较多的情况下也会影响每个人开车的体验。可见,拥挤性公共产品具有非排他性和一定的竞争性。

2. 俱乐部产品

俱乐部产品是指随着消费者数量的增加,消费者对该产品的消费不断趋于容量的约束范围,当超过该容量约束之后,该产品的消费就会变得拥挤。可见,俱乐部产品具有私人产品的基本特点,但却不像私人产品那样强烈;俱乐部产品在一定程度上具有准公共产品的特征,但其受益范围较准公共产品要小。例如:电影院、读书社、运动俱乐部等。当某运动俱乐部的人员达到核定人数后,再增加人员数量,就会降低参与人享受的质量,减少参与人享受的效用和收益。

俱乐部产品与拥挤性公共产品的区别是:拥挤性公共产品的消费只要不是一个消费者,就会互相影响对方对该产品的消费,减少消费的数量或降低消费的体验;俱乐部产品的消费者只有在达到一定的消费数量后,才会影响各自消费的质量。即俱乐部产品具有排他性和非竞争性。

3. 公共资源

一些产品,它们具有竞争性,在技术上也具有排他性,排他的成本可以接受,但由于某些原因却不可能将这些产品的产权分配给任何个人,这种产品就是公共资源。

根据产品的排他性和竞争性两个基本特征,可以将产品分为表3-1中的四类。即具有非排他性和非竞争性的公共产品,具有竞争性和排他性的私人产品,具有竞争性和非排他性的公共资源,以及具有非竞争性和排他性的俱乐部产品。

表3-1 公共产品的分类

	消费上的非竞争性	消费上的竞争性
受益上的非排他性	纯公共物品如国防、灯塔、航标等	公共资源如地下水、公有资源等
受益上的排他性	俱乐部产品如教育、高速公路等	私人产品如衣服、食品、电子设备等

（二）按受益范围划分

1. 国际性公共产品

国际性公共产品是指具有一定的非竞争性和非排他性且分布在不同国家的产品。国际公共产品可以分为三类：一是以专业化分工为基础，例如多边国际贸易体系、国际金融体系；二是国际性的救护组织，如国际红十字会；三是协调国际利益冲突的国际准则，如联合国宪章、WTO 规则等。

2. 全国性公共产品

全国性公共产品是指不会局限于特定的区域范围内，一般是指全国公民可以受益的公共产品。典型的全国性公共产品有国防、外交以及法律制度等。

3. 地方性公共产品

地方性公共产品是指由各级地方政府提供，只能满足某一特定区域范围内居民公共消费需求的产品和服务。地方性公共产品除具备非竞争性和非排他性这两个特征以外，还具有空间限制性。即它的受益被限定在非常小的区域内——一个自治市或者是一个都市区。公共安全系统即属于地方性公共产品。如 P 城的公共安全系统可以让当地所有人受益，但对于 M 城的居民而言，他们的受益却微乎其微。这一实例表明，受益范围仅局限于地方政府辖区之内的公共产品，就是地方性公共产品。

地方性公共产品具有明显的层次性，按不同的受益对象范围，地方性公共产品由不同层级的地方政府提供。如国防、外交的受益范围是全国，一般由中央政府提供。地方性的社会管理、基础设施、社会服务受益范围为不同范围的地方社会成员，由不同层级的地方政府负责提供。如果一条河流流经多个地方辖区，其受益范围是所有这些地区；如果只是在某一辖区范围内的河流，受益范围是单一地区。因此不同的河流需要不同层级的政府来管辖。

第二节　公共产品与市场失灵

一、鲍温模型

美国经济学家鲍温（1943）在论文《经济资源配置中投票的解释》中提出的鲍温模型，通过局部均衡分析，比较了私人产品和纯公共产品提供之间的差异，给出了公共产品提供的均衡条件。鲍温模型包括私人产品的市场均衡与公共产品的市场均衡两个内容。

（一）私人产品的市场均衡

私人产品的供需均衡如图 3-1 所示。图中，纵轴代表价格，横轴代表产量。d_1、d_2、d_3 是私人产品的个人需求曲线。个人需求曲线的差异反映了个人收入和偏好的差异。私人产品的需求总量是每个消费者的需求量之和，因此 $D = d_1 + d_2 + d_3$。市场需求曲线表示所有个人面对该商品相同价格时愿意并且能够消费的数量。在其他条件不变的情况下，私人商品价格和需求量呈反方向变动。

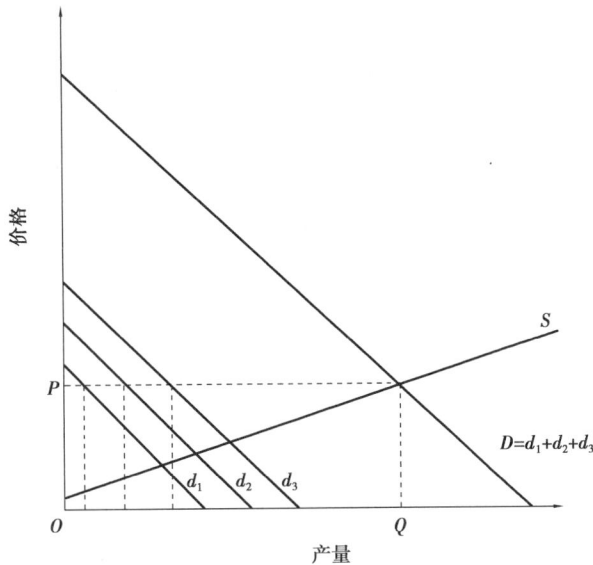

图3-1　私人产品的供需均衡

图3-1中 S 曲线是市场供给曲线。供给曲线由厂商面对私人产品的市场价格愿意并且能够提供的数量加总构成。需求曲线 D 和供给曲线 S 的交点就是均衡价格，即图中的 OP。在竞争性市场条件下，每个人都是价格的接受者。在完全竞争市场上，价格等于边际成本，即 $P=MC$。如果市场价格高于均衡价格，需求总量会小于供给总量，厂商之间的竞争会使市场价格下降；如果市场价格低于均衡价格，需求总量会大于供给总量，消费者之间的竞争会使市场价格上涨。通过市场竞争，最终必然形成均衡价格 OP，均衡数量 OQ。

（二）公共产品的市场均衡

公共产品由于不可分割性，其市场需求曲线不像私人产品市场需求曲线可以通过水平加总求得，而是通过垂直加总得到。

如图3-2所示，d_1、d_2、d_3 是公共产品的个人需求曲线，D 是公共产品的市场需求曲线。根据公共产品的定义，每个人对于公共产品的消费量是相同的，但是每个人愿意为公共产品所支付的成本（税收）是不同的。公共产品的成本等于每个消费者支付的价格（税收）之和。公共产品的市场供给曲线可以用生产公共产品的边际成本曲线表示，如图3-2中的 S 曲线。

公共产品的需求曲线和供给曲线的交点决定公共产品的均衡产量和均衡价格。图中的均衡产量为 OQ，是社会在有限资源下所提供的公共产品的产量，价格 OP 等于边际成本，是每个消费者所支付的价格之和，即 $P=MC=P_1+P_2+P_3$。如果公共产品的价格高于均衡价格，表明公共产品不能满足消费者的需求；如果公共产品的价格低于均衡价格，表明提供公共产品的成本无法得到补偿。

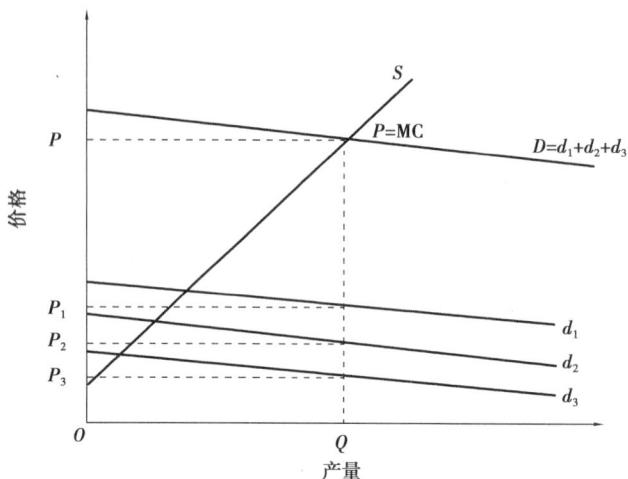

图 3-2　公共产品的供需均衡

二、"搭便车"理论

"搭便车"问题首先由奥尔森(1995)提出,是指由于参与者不需要支付任何成本就可以享受到与支付者完全等价的产品效用。"搭便车"影响公共产品供给成本分担的公平性,以及公共产品供给能否持续和永久。"搭便车"包含两种情形:一是享受组织提供的种种权利,却不尽个人对组织的义务;二是在此时此处享受组织提供的权利,却没有在此时此处尽义务,而是在其他时间或地点尽义务。有关"搭便车"问题的研究主要集中在解决方案的探讨上。认为虽然在"选择性激励"的条件下,多数集团不能向自己提供最优数量的集体产品,但是小集团成员间具有相互讨价还价的激励因素,最小的集团一定能够通过其成员的讨价还价来实现集体产品的最优供给。一些公共产品的消费总是与一定数量的私人产品消费联系在一起的。如免费高速公路的使用与汽车和汽油的私人消费密不可分,利用司法系统的公正性和权威性与自身所雇用的律师密切关联。因此,人们可以通过个人对私人产品的偏好来刻画他们对公共产品的偏好。

公共产品消费的非排他性和非竞争性,不仅使公共产品的消费和生产具有自己的特点,也给市场机制带来一个严重的问题——"搭便车"问题,"搭便车"问题往往导致市场失灵,使市场无法达到效率。

比如,一个拥挤的十字路口,由于没有红绿灯的控制,每辆车都急于通过路口,从而导致路口变得更加拥挤,每辆车都无法通过。设置一个红绿灯的成本为 5 万元,一年该路口通过 10 万辆汽车,每辆汽车由于能够顺利通过路口而节约的成本为 10 元。由于节约的成本 100 万元大于设置红绿灯的成本 5 万元,设置红绿灯是有效率的。

那么,市场会提供这种成本吗?公共产品的非排他性使通过市场交换获得公共产品的利益机制失灵。对红绿灯提供者而言,必须能够把那些不付钱而享受红绿灯的人排除在消费之外,否则将无法弥补生产成本。对于红绿灯的消费者而言,由于公共产品的非排他性,公共产品一旦生产出来,每个消费者都可以不支付就获得消费的权利,即每个消费者都可以搭便车。消费者搭便车的行为,意味着生产公共产品的厂商很有可能得不到弥补生产成本的收益,理性厂商不会提供这种产品,因此公共产品很难由市场提供。

假设某条街道有 25 家住户,该街道打算进行卫生设施改造,改造费用为 25 000 元,分摊到每家住户的改造费用为 1 000 元。虽然卫生设施改造会使所有住户都受益,但当费用是自愿支付时,有部分住户会盘算其他住户会分担卫生设施改造费用,此项卫生设施肯定会投入使用,为此一定会有一部分住户拒绝交纳。

解决"搭便车"行为的方法是,使 25 家相互独立的住户作为一个整体支付这笔费用,即集体意志代表个人意志。在此情况下,住户可以通过投票决定是否进行卫生设施改造。如果投票的结果认为应该进行卫生设施改造,则所有住户都必须交纳费用。当然,住户们还需要对费用的分摊比例进行讨论,因为平均分配费用的原则可能无法公平反映用户之间的差异。当考虑整个社会的卫生设施改造时,由于交易成本很大,只能用公共财政进行解决。这正是诸如国防、公共治安等公共服务必须由政府组织提供的原因。

由于公共产品的非排他性和非竞争性,导致市场在公共产品供给上是无效率的。理论上讲,纯公共产品一般由政府提供,准公共产品一般由市场和政府共同提供。政府提供公共产品并不等于政府生产全部公共产品,单纯由政府生产和经营公共产品,由于多种原因往往缺乏效率。因此,政府的基本职能是提供公共产品,而不是生产公共产品。特别是对准公共产品,政府常常通过预算或政策安排给企业甚至私人企业进行生产,政府也可能通过对生产公共产品的企业进行补贴的方式来鼓励公共产品的生产。

三、"公地悲剧"现象

1968 年英国加勒特·哈丁教授(Garrett Hardin)在 *The tragedy of the Commons* 一文中首先提出"公地悲剧"理论模型。哈丁认为,作为理性人,每个牧羊者都希望自己的收益最大化。在公共草地上,每增加一只羊会有两种结果:一是获得增加一只羊的收入;二是加重草地的负担,并有可能使草地过度放牧。经过思考,牧羊者决定不顾草地的承受能力而增加羊群数量。于是他便会因羊只数量的增加而收益增多。看到有利可图,许多牧羊者也纷纷加入这一行列。由于羊群的进入不受限制,所以牧场被过度使用,草地状况迅速恶化,悲剧就这样发生了。

公地作为一项资源或财产有许多拥有者,他们中的每一个人都有使用权,但没有权利阻止其他人使用,从而造成资源过度使用和枯竭。过度砍伐的森林、过度捕捞的渔业资源及污染严重的河流和空气,都是"公地悲剧"的典型例子。之所以叫悲剧,是因为每个当事人都知道资源将过度使用而枯竭,但每个人对阻止事态的继续恶化都感到无能为力。而且都抱着"及时捞一把"的心态加剧事态的恶化。公共资源因产权难以界定(界定产权的交易成本太高)而被竞争性地过度使用或侵占是必然的结果。

公地悲剧的成因是缺乏约束的条件,当存在过度放牧问题时,每个牧羊人虽然明知公地会退化,但个人博弈的最优策略仍然只能是增加牲畜数量,久而久之,牧场可能彻底退化或废弃。这就是"公地悲剧"。"公地悲剧"的发生,人性的自私或不足只是一个必要条件,而公地缺乏严格而有效的监管则是另一个必要条件。所以"公地悲剧"并非绝对地不可避免。

"公地悲剧"展现的是一幅私人利用免费午餐时的狼狈景象——无休止地掠夺。"悲剧"的意义就在于此。根据哈丁的讨论,结合我们对挣扎在生活磨难中的人们的理解,"公地悲剧"的发生机理似乎可以这样理解:勤劳的人为个人的生计而算计,在一番忽视远期利益的计算后,开始为眼前利益而"杀鸡取卵",没有规则,没有产权制度,没有强制。最后,导致公共财产——那个人们赖以生存的摇篮的崩溃。所以一些学者认为,公地悲剧发生的根源在于:当个人按自己的方式处置公共资源时,真正的公地悲剧才会发生。"公地悲剧"也就是:无节制的、开放式的、资源利用的灾难。比如环境污染,由于治污需要成本,私人必定千方百计企图把企业成本外部化。这就是赫尔曼·E.戴利所称的"看不见的脚"。"看不见的脚"导致私人的自利不自觉地把公共利益踢成碎片。因此必须清楚认识到"公地悲剧"源于公产的私人利用方式。事实上,针对如何防止公地的污染,哈丁提出的对策是共同赞同的相互强制,甚至政府强制,而不是私有化。

公地悲剧主要表现为两种形式:无形资产的流失与有形资产的流失。

(一)无形资产流失

无形资产是企业的一项重要资源,是企业核心竞争力的主要动力源,拥有无形资产企业就掌握了获取超额收益的能力。然而,伴随着越来越活跃的产权交易活动的展开,中国国有企业以各种形式流失的无形资产难以计数。无形资产流失既有客观上的原因,如无形资产具有的无形性、不稳定性等特性,也有主观上的原因,如缺乏利益主体的关注、缺乏有效的行为监督和约束机制等。要真正珍惜无形资产,就要把无形资产当作有价资产来监督与管理,这不仅需要落实产权,而且需要确立产权人和收益人。例如,凝结在中华老字号上的"无形资产",都是前人"有形注入"的结果。这种"有形注入",既是严格的质量管理,也是看得见的物力成本。

(二)有形资产流失

所谓有形资产流失,主要是指运用各种手段将国有产权、国有资产权益以及由此而产生出来的国有收益转化成非国有产权、非国有资产权益和非国有收益,或者以国有资产毁损、消失的形式形成流失。

第三节　公共产品的有效供给

一、公共产品有效供给的理论分析

(一)林达尔均衡

林达尔均衡是 1919 年瑞典经济学家林达尔(Lindahl)提出的。林达尔均衡是公共产品理论最早的成果之一。林达尔认为公共产品价格并非取决于某些政治选择机制和强制性税收,而是每个人都面临着根据自己意愿确定的价格,并均可按照这种价格购买公共产品总量。处于均衡状态时,这些价格使每个人需要的公用产品量相同,并与应该提供的公用产品量保持一致。因为每个人购买并消费了公用产品的总产量,按照这些价格的供给恰好就是每个人支付价格的总和。

林达尔均衡使人们在公共产品的供给水平问题上取得了一致,即分摊的成本与边际收益成比例。林达尔均衡指个人对公共产品的供给水平以及它们之间的成本分配进行讨价还价,并实现讨价还价的均衡。

林达尔通过一个新的定价方法来建立起一个类似于私人产品竞争性均衡的公共产品的均衡模型,称为林达尔均衡。在林达尔均衡中,不是所有消费者面临一个公共的(相同的)价格,而是全部消费者有一个公共的数量;不是总产量在全体消费者之间分配,而是总成本在消费者之间分摊。因此,要尽量使每个消费者面临的价格都符合其对公共产品的真实评价(或偏好)。这样就使得消费者愿意支付的价格总和正好等于公共产品的总成本。于是生产的约束条件就变成总收入等于总成本。

林达尔均衡的解就是在正常利润为零的约束条件下,使公共产品的定价采取与消费者的需求弹性相关的方式来确定,即依据每个消费者对公共产品的不同评价,分别确定不同的价格。

林达尔均衡的功绩在于从理论上论证了公共产品(包括信息商品)的市场均衡价格原理与私人产品的市场均衡价格原理之间的差异,为进一步探讨公共产品(包括信息商品)的价格问题提供了有力的理论依据。

假定一个社区中有三位消费者决定为了解决他们共同需要的安全保障问题进行合作,共同分担所需要雇佣保安的费用。那么这三位消费者可以将自己所拥有的资金集中起来用于雇佣保安,如果这种方式能够筹集到足够的资金,他们便可以通过这种方式雇佣保安使自己现今的安全状况变得更好,而这种情况他们中任何一人都不能独自承担,或者不愿意单独使用自己的资金来实现。因此,他们乐于合作雇佣保安,直到他们愿意出的资金不足以雇佣最后一位保安的费用为止。

如图 3-3 所示,假若他们试图只雇佣一位保安,a 愿意为第一位保安的雇佣花费 300元,b 愿意花费 250 元,c 愿意花费 200 元。这些数额表示三位消费者雇佣一位保安时所获得的边际效益,由于筹集的资金大于雇佣第一位保安的边际成本(450 元),因此这些人会得出雇佣第二位保安是值得的,由于预算存在剩余,这个社区所雇佣第一位保安的社会边际效益超过了其社会成本。

接下来看雇佣保安数量为两位的情形,雇佣两位保安时的边际效益总和为 600 元,同样,超过了雇佣第二位保安的边际成本,该社区用于安全保障的预算同样有剩余。

当保安的雇佣数量为三位时,$MB_a = 200$ 元,$MB_b = 150$ 元,$MB_c = 100$ 元。这时边际效益的总和为 450 元,恰好等于雇佣第三位保安的边际成本,此时总成本为 1 350 元。a 愿意为每一位保安捐献 200 元,共花费 600 元;b 愿意为每一位保安捐献 150 元,共花费 450元;c 愿意为每一位保安捐献 100 元,共花费 300 元。捐献的总额为 1 350 元,恰好等于雇佣三位保安的总成本,在图 3-3 中,这正是 E 点所决定的最佳雇佣量水平。在 E 点,这种

公共产品或服务的 $\sum$MB 曲线与其边际成本曲线相交,同时,满足 MSB = $\sum$MB = MC = MSC。

那么能否将雇佣的保安增加至超过三位呢?当保安的雇佣量大于三位时,以自愿捐献的方式筹集的资金将不足以抵付其成本。因为雇佣量大于三位时的边际效益总和小于边际成本。因此,无法通过自愿筹资的方式达到雇佣三位以上的保安。

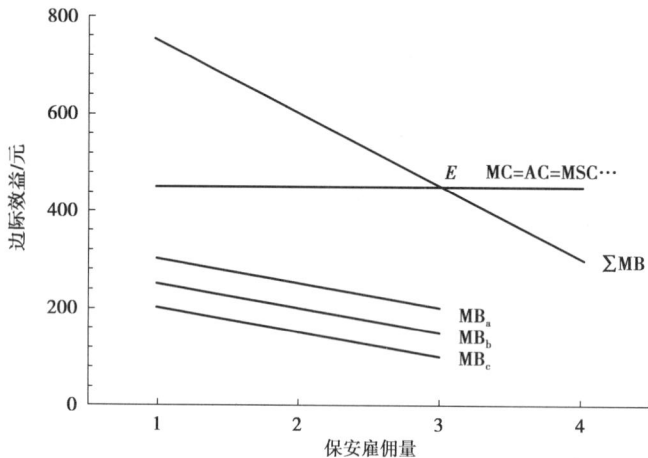

图 3-3　保安的有效供给

从上述分析得出结论:如果每一个社会成员都按照其所获得的公共产品或者服务的边际效益的大小捐献自己应当分担的公共产品或服务的资金费用,则公共产品或服务的供给量可以达到具有效率的最佳水平。在公共经济学中,这被称作林达尔均衡。

林达尔均衡说明公共产品的有效供给可以通过每个社会成员自愿承担从公共产品中获得的边际效用来实现。如果在一个小范围的熟人社会,社会成员无法隐瞒从公共产品中获得的满足程度,是可以通过自愿分担成本的方式实现公共产品的有效供给,比如协商解决一栋单元楼安装防盗门问题。但是,在一个大范围的陌生人社会,由于社会成员是"经济人",他们为了少承担或是不承担公共产品的成本,往往会刻意隐瞒从公共产品中获得的满足程度,从而成为免费"搭车者",由此导致公共产品有效供给失败。林达尔均衡隐含了一个严重的缺陷:要求每个人支付不同的公共产品成本,并且个人的价格取决于他本人对公共产品的评价。这里涉及一个激励或动力问题:什么样的制度能保证消费者诚实地报出自己对公共产品的评价?于是问题转化为著名的偏好加总和协调难题。如果没有排他性的机制,每个人都有动机故意降低自己对公共产品的效用评价,以便少承担甚至不承担公共产品的成本,这就是前面提到的"搭便车"问题。

(二)庇古均衡

在现代经济社会,通过自主协商、自愿分担的方式很难实现公共产品林达尔均衡,那么公共财政就成为解决公共产品有效供给的必然选择。由政府通过税收的方式对公共产品进行强制融资,并由政府提供公共产品。

庇古均衡是庇古在讨论税收的规范原则时讨论的资源如何在私人产品与公共产品

之间进行最佳配置的问题。庇古采用的是效用方法,他假定每个人在消费公共产品时得到了利益(效用);同时每个人为了支付这种公共产品而缴纳的税收产生了这个人的负效用。个人支付税收的负效用被定义为是放弃私人产品享受的机会成本。庇古认为,对于每个人来说,公共产品的最优供给发生在公共产品消费的边际效用等于纳税的边际负效用这一均衡点上。

庇古在讨论资源如何在私人产品与公共产品之间进行最佳配置时所采用的是基数效用理论,而基数效用论显然是有缺陷。另外,虽然每个人也许能在自己的预算内对公共产品与私人产品做出最佳配置,但并不存在将这些人的最佳配置结果加总的机制。如果社会作为整体能像个人那样行动,则通过使公共产品边际社会效用与纳税支出的边际负效用相等,庇古的方法是可行的。在均衡点上,可以确定最佳的公共产品数量。但每个人从均衡点的公共产品中得到的效用可能等于也可能不等于其负担的税收带来的负效用。可见,从庇古的分析出发,整个社会在公共产品供给上可能会达到均衡,但每一个人则不一定能达到均衡。

尽管庇古的观点存在不足,但他所采用的分析方法对公共产品有关问题的分析仍具有重要意义。因为他提出了许多公共产品理论必须回答的问题:不同的人对于公共产品与私人产品的偏好如何进行加总? 如何确定一个集体的总的偏好? 在一个社会中,边际效用与边际负效用该如何分布于不同的社会成员之间?

在庇古看来,一个社会的税收负担问题应根据个人的能力来进行分担。既然社会上存在着不平等,那么政府应有差别地落实税收负担,对福利进行再分配,即以不均等的方法对待不平等问题,这一思想正是资产税与累进收入税制的理论基础。

(三)布坎南俱乐部模型

俱乐部理论是研究非纯公共产品的供给、需求与均衡数量的理论。俱乐部经济理论最早可追溯到20世纪20年代初期A. C.庇古与F.奈特有关对拥挤的道路征收通行费的论述。现代俱乐部理论的真正奠基者是布坎南与蒂布特。俱乐部理论的真正目的是研究非纯公共产品的配置效率问题。

公共选择理论的创始人詹姆斯·布坎南在其《俱乐部的经济理论》一文中认为,现实世界中,大量存在的是介于公共产品和私人产品之间的产品,即俱乐部产品。其基本特征是由一些人共同生产、提供或享有,以付费为条件加入俱乐部就可以消费,退出就不能消费,加入与退出均属于自愿。俱乐部产品的消费具有排他性,可以以极低的成本将非俱乐部会员或者不交费者拒于门外,只给俱乐部成员带来好处。但是随着俱乐部消费者数量的增加,很可能出现拥挤现象,从而降低俱乐部成员的效用,因而俱乐部产品具有一定程度的竞争性,这个理论的目的在于确定俱乐部成员的最优数量和这类产品的最优供给量。

布坎南第一次使用模型研究了自愿俱乐部的效率性质,在他的模型中包含着这样的假设:一家俱乐部排除非会员不需要成本;俱乐部里的会员不致受到其他会员的歧视;会员分摊相同的成本和收益。其分析是通过考察俱乐部会员代表(用 I 表示)的行为来进行的。假设个人效用函数为：$\max U_i(Y_i, X, S)$。其中，Y_i 是第 i 个人对私人产品的消费，X 是公共产品，S 是群体规模。这便产生了如下分析性问题：①决定应当供应的公共产品的产量；②决定俱乐部成员数的最佳规模。

首先是公共产品最优供给量的确定。公共产品 X 最优供给的条件，称为"萨缪尔森条件"，它说明在最优点上，生产最后单位的 X 所消耗的以 Y 计算的边际成本刚好等于所有使用者同时消费时所获得的以 Y 计算的边际利益。

其次是俱乐部最优成员数的确定。假如俱乐部的产品规模及成本一定，对于某一成员 P 而言，随着成员数的增加，给他带来的边际成本为负值，因为成员数增加减少了分摊成本。另一方面，随着成员数的递增，带给某一成员的边际效用最初为正值或为零，然后逐渐为负值。所以，每位成员为了获得最大收益，必须保证总成员数带给自己的边际收益与边际成本相等。由于每位成员都是同质的，哪一位成员得到的最大效用也就意味着所有成员都得到最大效用，所以能满足上述条件的成员数就是俱乐部在产出既定情况下的最佳人数。

（四）蒂布特用脚投票模型

布坎南的俱乐部模型隐含着个人是同质的假设，解决俱乐部最优规模问题仅受公共产品的收益与拥挤程度的约束。但是，人们居住在不同的城镇和社区是因为他们的品位不同。美国公共经济学家查尔斯·蒂布特（Tiebout，1956）用脚投票理论强调个人差异在确定社区时的作用。蒂布特首先注意到大多数公共产品都具有地方性（而非国家性）的特征。这些地方性公共产品多数是由地方政府提供的。个人在提供地方公共物品的社区之间移居具有许多重要的含义。个人选择居住地的过程把人口从空间上划分为相同爱好的"俱乐部"，这种情况不需要投票，所有偏好都通过用脚投票来实现。如果存在足够多的社区，那么每个人都能满足自己对地方公共物品的真实偏好，并且不存在对相冲突的偏好进行协调的问题。

蒂布特（1956）在《地方支出的纯理论》一文中指出，地方社区彼此相互竞争向公民提供公共产品，与企业向公民提供私人产品一样，可以使公民有效地得到他们想要的公共产品数量和形式。就像私人企业之间的竞争会导致私人产品的有效供给一样，地方社区间的竞争将会导致地方性公共产品的有效供给，这就是著名的蒂布特假说。蒂布特假说的主要内容包括两方面：一是边际成本为零推动了地方政府在地方公共产品供应上的相互竞争；二是以自由迁徙为前提推动了"用脚投票"。每个居民从个人效用最大化出发，不断迁移，只有当其中个人迁徙的边际成本与边际收益相等时，才会停止寻找最佳地方政府而定居下来。这样一种地方公共产品的均衡将会是帕累托有效的。

蒂布特用脚投票模型有以下几个条件：第一，迁移无成本；第二，居民拥有关于社区间税收/服务组合的完全信息；第三，有足够的社区供不同偏好的成员选择；第四，没有生产公共产品方面的规模经济；第五，社区成员收入不存在地理性约束；第六，不存在辖区间的外部性。由于在现实经济生活中，满足上述六个条件的情况并不存在，因此，蒂布特模型存在明显的局限性。

　　布坎南的俱乐部理论和蒂布特用脚投票模型认为,将人们分成有相同志趣的群体,就能完成显示个人偏好的任务。由于公共产品有效供给首先就是要显示对公共产品的个人偏好,俱乐部的形成和用脚投票部分地解决了公共选择的问题,其方法是限制其选择的范围。

　　布坎南的俱乐部理论是论证地方政府分权合理性的基础,他的俱乐部理论为国家理论的形成提供了另一个解释。蒂布特提供了一个分析地方公共产品资源配置的独特视角,同时蒂布特模型在公共选择理论中的地位是很重要的,因为在约束政府机制中,不仅包括"选举",还包括退出。

二、公共产品有效供给的实践探索

　　由于公共产品的非排他性和非竞争性,市场机制在公共产品供给方面一定程度存在失灵。一般认为纯公共产品应该由政府提供,准公共产品或混合产品可以由政府和市场共同提供,纯私人产品由市场提供。这里的提供主体主要指由谁付费,政府提供又称公共提供,即由政府通过财政拨款方式付费。比如国防服务,就是由政府付费,社会成员不用付费(不包括税收)就能享受到国防服务;市场提供是指由私人付费,由市场机制实现有效供给。比如面包,社会成员需要付费才能享用。政府和市场共同提供是指这类产品由政府支付一部分费用,私人支付一部分费用。比如高等教育,一部分成本是政府支付,即财政拨款,一部分成本是私人支付,比如个人承担的学费。

　　这里需要区分提供和生产两个概念,提供是指谁为产品付费,生产是指组织生产要素加工生产出产品。政府提供不等于政府生产,纯公共产品由政府提供,其生产方式可以是政府生产,也可以是私人生产,或者是公私合作的生产方式。政府生产,又称公共生产,主要指生产主体的所有权属性为国有或地方政府所有,私人生产主要指生产主体的所有权属性为私有。

　　根据提供和生产主体的不同组合,公共产品的供给方式有六种:公共提供,公共生产;公共提供,私人生产;混合提供,私人生产;混合提供,公共生产;混合提供,混合生产;公共团体提供和生产。

　　(一)公共提供,公共生产

　　公共提供、公共生产,即政府为公共产品付费,并通过政府的企业来生产或者建造。对于纯公共产品,最合适的方式是公共部门生产经营,主要由政府生产经营。这是因为,纯公共产品非排他性和非竞争性特征的存在导致公共产品无法排除他人消费。对于纯公共产品来说,一是无法区分谁是具体受益者,谁是非受益者;二是即使能够区分,也很难确定某人从公共产品中所获利益的具体数额。因而只能采取由政府通过征税这种间接收费的方式向社会提供。在许多国家,造币厂、中央银行和气象服务等都是由政府直接经营的。

　　理论上,如果出现市场失灵,就需要政府对市场进行干预,改进市场配置效率或者实现社会公正。即使是非常推崇自由市场机制的弗里德曼也坦言:"某些东西市场无能为力,所以需要避开市场。例如,市场不能提供国防。"

市场经济国家中,公共提供、公共生产的形式主要有两种:一是中央政府直接生产。中央政府兴办国有企业直接进行经营,如造币厂、国防、法律、警察、公安、中央银行等。中国与西方国家在有些产品的供给方面有较大的差异,如医院、学校、军工等,西方国家更多由私人企业生产,政府采用管制方式;中国则更多由国有企业生产。二是地方政府直接生产。欧洲大多数国家,地方政府直接经营一些优效物品,如保健事业、医院、自然资源保护、实践法律条款的司法工作、街道、住宅、警察、防火、图书馆、博物馆等。

一般消费品如果具有完全的非排他性或很高的非排他性,或者外部性很强,适于政府提供,政府生产。比如各级政府机关、国防部、公检法等。

（二）公共提供,私人生产

公共提供、私人生产,即政府财政为产品付费,私人生产或者建造。纯公共产品由政府提供,但是并不意味着要政府生产。政府可以通过政府采购、合同出租、承包等方式将生产公共产品的任务交给私人部门,政府只需要确定一定的标准和数量。让私人通过市场竞争来生产公共产品,会使公共产品生产更具有效率。

市场经济国家公共提供、私人生产的方式有两种形式:一是政府购买。政府购买是公共提供、私人生产的主要形式,政府运转所需各种产品服务、基础研究、卫生防疫、市政工程建设、城市环卫绿化,国防所需武器装备等,都可以采用政府购买的方式,由私人部门通过竞争来生产这些公共产品。比如美国在实施阿波罗计划中,美国航天局在设备的布局、各级火箭的技术规格等方面都以合同的形式转包给私人部门。由此带来的利润动机激发的积极性和研究开发及生产经营上的专门知识,是阿波罗计划获得成功的重要因素。二是委托经营。公共产品可以由政府直接经营(生产),也可以由政府委托给非政府机构经营(生产)。当然,公共产品的委托经营应该是在政府管制下的委托经营,委托经营的具体方式可依不同行业、不同企业的差别而有所不同。承包经营、租赁经营以及其他方式都是可以选择的经营方式。适于这种方式的是那些外部效应显著的公共产品。比如航海灯塔。从16世纪起,英国航海业的浮标、信标和灯塔就是由国王向私人组织发放执照并授权经营的。

一般对于那些不是必须由政府直接生产的公共产品,政府完全可以引入市场机制,采取竞争性的政府采购或委托经营方式,促进供给效率的提高。

（三）混合提供,私人生产

混合提供、私人生产是指由政府与私人共同为产品付费,由私人来生产或者建造。这种公共产品的供给方式和公共提供、私人生产的不同之处在于是否完全依靠财政资金付费。比如基础教育是公共提供,如果是公立学校,全额财政拨款,就属于公共提供、公共生产;如果是私立学校,政府采用政府购买方式提供义务教育服务,就属于公共提供、私人生产。但是非义务教育属于混合提供,如果是公立学校,就是混合提供、公共生产;如果是私立学校,就是混合提供、私人生产。混合提供和公共提供的区别在于是不是全额财政拨款。

混合提供、私人生产的方式除政府购买、委托经营外,还有经济资助、政府参股等形式。这些形式主要适用于盈利性不高或者只有在未来才能盈利、风险大的公共产品。

经济资助的方式有补贴、优惠贷款、无偿赠款、减免税等。基础研究和高新技术,风险大、周期长、预付资本金大,是政府资助的主要领域。市场经济国家政府资助的主要领域有宇航、生物工程、微电子技术等,通过政府资助可在一定程度上促进科技进步。由政府资助的另一个重要领域是教育,在西方国家,教育由私人和政府共同承办,我国的私人教育也在蓬勃发展。财政补贴的领域还有公共卫生医疗、公共图书馆、博物馆等。

政府参股主要适用于投入大的基础设施项目,如桥梁、水坝、电厂、高速公路、铁路、电信、港口、机场和高科技等。政府参股又分为政府控股和政府入股。政府控股是针对那些具有重要作用而私人部门又无力大量投资的项目;政府入股主要是向私人企业提供资本和分散私人投资风险。政府参股的比例不是一成不变的,项目在建初期,政府投入一般较多,一旦项目进入正常经营、能获得稳定的正常利润,政府便开始卖出自己的股份,抽回资金转向其他项目。

（四）混合提供,公共生产

混合提供、公共生产,指由政府与私人共同为产品付费,由政府通过政府的企业来进行生产或者建造。即政府为某个特定的人群建造一定的设施或提供一定的服务,然后向设施的使用者和服务的对象收取一定的费用,比如政府建造高速公路,然后向过往车辆收取过路费,或者政府机关收取各种规费等。

在中国,城市的水、电、燃气的生产一般都是国有企业,用户需要支付一定费用,属于混合提供、公共生产。此外,中国的铁路、通信、石油、广播电视等也基本属于公共生产、混合提供。

（五）混合提供,混合生产

混合提供、混合生产,指由政府与私人共同为产品付费,由政府与私人共同进行生产或者建造。随着中国社会主义市场经济体制不断完善,人均收入水平不断提高,人们对地方公共产品的需求越来越大。首先,混合提供、混合生产可以避免公共产品纯市场化或者政府垄断行为;其次,地方公共产品混合供给是政府根据具体情况进行供给,确定合理的成本分摊机制。因此,部分公共产品选择混合提供、混合生产是有效的途径。混合提供、混合生产主要实现形式是PPP模式。

PPP模式是公私合作经营的统称,是近年来各国积极探索的领域,其实现方式很多,而且还在不断的探索中。目前常用的包括BOT、TOT、ABS等。BOT模式(Build-Operate-Transfer)由政府与私人资本签订项目特许经营协议,授权签约方的私人企业承担该基础设施的融资、建设和经营,在协议规定的特许期内,项目公司向该设施的使用者收取费用,用于收回投资成本,并取得合理的收益。特许期结束后,私人企业将这项基础设施无偿转让给政府。TOT模式(Transfer-Operate-Transfer)由委托方(政府)与被委托方(私人资本)签订协议,将已经建成投产运营的基础设施项目移交给被委托方在一定期限内经营,委托方凭借所移交的基础设施项目在未来若干年的收益,从被委托方获得一次性融资,再将这笔资金用于新的基础设施项目的建设。经营期满后,被委托方再将项目移交给委托方。ABS模式(Asset-backed-Securitization)即以资产为支持的证券化,是指以项目所属的资产为基础,以该项目资产所能带来的预期收益为保证,通过在资本市场上发行高档证券来募集资金的一种项目融资方式。

(六)公共团体提供和生产

公共团体提供和生产是指由社会公益组织等社会公共团体付费和生产。公共团体是区别于政府和私人企业的第三种力量,又称为非政府组织(NGO)或非营利组织。随着公共产品供给的社会化,公共团体在公共产品供给中的作用越来越大,如行业协会、红十字会、环保组织、动物保护组织、海洋保护组织等公共团体,在救灾、慈善、环保等领域发挥越来越大的作用,成为公共产品供给中不容忽视的力量。

中国的公共团体在20世纪80年代逐步发展,涉及教育、慈善、残疾人服务、老年人服务等领域。比如在社区服务中,各种综合性的社区服务中心、社区保障类组织以及居民自治组织等公共团体的数量发展迅速,成为基层公共产品供给的重要力量。

20世纪后期,公共产品市场领域市场力量的作用越来越大,一些原来由政府生产经营的准公共产品,甚至纯公共产品转由市场生产。减少政府生产和管制范围已成为一种世界范围现象,这种现象在基础设施领域表现得尤为明显。像美国、法国、英国、澳大利亚、日本和意大利等国家,政府都放松或取消了对运输、通信、能源和金融等行业的市场准入等方面的管制。大量国有企业被出售或以其他方式转给私人部门经营。通过引入市场竞争机制,由私人部门生产经营公共产品,一方面可以提高公共产品供给效率,另一方面可以减轻政府的财政负担。此外,科技的进步也使过去不具有排他性的产品逐渐具有排他性,比如闭路电视。这也使一些纯公共产品变为准公共产品,改变了其供给方式。

内容小结

1.公共产品是指与私人产品相对应、提供给社会成员共同享用的产品。公共产品具有非竞争性和非排他性的特征。

2.公共产品按照属性可以分为纯公共产品与准公共产品,准公共产品包括公共资源与俱乐部产品;按照受益范围可分为全国性公共产品与地方性公共产品。

3.公共产品的社会需求曲线是个人需求曲线纵向加总的结果。公共产品供给的最佳数量为社会边际效益(私人边际效益的总和)等于社会边际成本。

4.林达尔均衡表明,如果每个公民都能自愿承担其在公共产品中获得的效用的成本,公共产品供给是可以满足效率要求的。

5.由于公共产品的消费是非竞争性的,人们就有动机隐瞒他们对公共产品的真实偏好,这就是"搭便车"问题。此外,"公地的悲剧"导致外部效应的出现,使得市场对于公共产品的供给往往是缺乏效率的,公共财政成为解决的出路。

6.庇古均衡说明,公共产品的最优供给将发生在公共产品消费的边际效用等于税收的边际负效用之点上;俱乐部理论则为公共产品有效供给提供了另一种思路。

7.实践中公共产品的供给主体呈现政府、私人部门和社会团体多元化的格局。目前,公共产品的提供主要有公共提供、市场提供以及混合提供三种方式。

8.公共产品的提供和生产是两个不同的概念,提供主体是指谁付费,生产主体是指谁组织生产。

9.根据提供主体和生产主体的不同组合,公共产品的供给可以表现为公共提供,公共生产;公共提供,私人生产;混合提供,私人生产;混合提供,公共生产;混合提供,混合生产;公共团体提供和生产。公共产品供给的发展趋势是公共产品领域市场力量的作用越来越大。

复习思考题

1.什么是公共产品?公共产品具有哪些基本特征?

2.试诉"搭便车"的含义及其解决方式。

3.结合图形说明公共产品的局部均衡。

4.公共产品为什么会出现市场失灵?

5.市场经济下,政府对公共产品供给的方式有哪些?

6.蒂布特俱乐部模型对地方政府公共产品的供给有何启示意义?

第四章　公共选择理论

公共选择理论是证明政府经济活动合理性和合法性的基础理论。所谓合理性,就是用经济人理性分析在政府经济行为中存在的理性选择,并探讨政治过程中各主体的理性选择对公共选择的影响。政府经济活动的合法性,指的是政治经济行为是否符合某种公共选择的规则,从而得到社会的承认。从某种程度上来说,这里的合法性更多是指政府经济活动的正当性或者说是正义性,即公共选择程序对政府经济行为的影响及结果。本章将政治过程视为一种公共选择行为,探讨政治过程中的各参与主体的经济理性;通过分析公共选择的途径——投票理论,揭示公共选择的内在缺陷,政府失灵如市场失灵一样,是政府机制本身不可克服的问题。

第一节　公共选择理论概述

公共选择理论是 20 世纪 60 年代美国公共选择学派的主要理论,是介于经济学与政治学之间的交叉研究领域。该理论起源于肯尼思·阿罗和邓肯·布莱克等人以《社会选择与个人价值》(1951)及《委员会与选举理论》(1958)等著作开创的对政治公共选择的研究方法。此后,在 20 世纪 60—90 年代,通过布坎南和塔洛克等人的努力,该理论逐渐完善,形成了公共选择理论,并成为新政治经济学的研究领域。简言之,公共选择理论就是研究政治的经济学以新古典经济学的基本假设(尤其是理性人假设)、原理和方法作为分析工具,来研究政治市场上的主体(选民、利益集团、政党官员和政治家等)的决策行为和政治市场运行机制的理论。

一、公共选择理论的政治交易观

传统政治学的研究视角是高于生计的,探讨上层建筑的权利关系和结构,完成政治决策。与此同时,经济学则更关注普通人的生计决策在经济市场交易中的选择行为。由此,传统的政治学与经济学像两条平行线,各自进行着自己的研究和实践。而公共选择理论却大胆地提出:无论是进行生计决策还是进行政治决策,说到底都是人的活动,没有理由认为同一个人在政治决策中的理性会高于经济决策中的表现。那么,经济学用于探讨人们在市场决策中的方法也适用于人们在政治决策中的行为研究。因此,公共选择理论发展出了一个崭新的研究政治学的视角——将政治过程视为非市场决策,即政治过程本质上亦是一种交易行为。

如果说市场决策研究的是私人产品的供给与需求,通过生产者与消费者之间的讨价还价,形成市场均衡价格的话,那么在政治过程的非市场决策中,围绕政治过程中的公共产品的供给与需求,选民、官僚、政治家、利益集团等主体之间同样进行的亦是一种讨价还价的集体决策,最后形成公共产品供求的政治均衡结果。由此,公共选择理论以政治过程中的市场机制作为研究的切入点,运用市场决策的经济学方法论探讨非市场决策或称集体决策的政治过程。对比市场决策涉及的私人选择行为,非市场决策中涉及的交易被称为公共选择。

私人选择与公共选择的区别和联系见表4-1。

表4-1　私人选择与公共选择的区别和联系

	决策领域	内　容	媒　体	过　程	结　果	杠　杆	主　体	动力
私人选择	经济市场	私人产品	钞票	讨价还价	市场均衡商品或服务的价格与数量	价格（等价交换、平等自愿）	个人、厂商	个人利益最大化
公共选择	政治过程	公共产品	选票	投票	政治均衡税收份额与公共产品数量及水平	规则（不平等性和强制性服从）	选民、政治家、官僚	

二、公共选择的动力——"经济人"理性

尽管公共选择是集体行为,但公共选择理论认为,集体行为归根到底亦是由个体行为构成的,个人依然是集体决策的基础。因此,个人行为所追求的"利己倾向"——理性地追求个人利益最大化的行为动机,同样应成为分析公共选择的基本假设和前提。

"经济人"理性的引入,为公共利益的形成提供了一个微观分析基础,同时亦破除了传统上人们自然而然地对政治领域中政治角色赋予的大公无私的政治人假设,承认在政治过程中,每一个人都有自己的利益,都需要与他人进行利益关系进而寻求自身利益的最大化。"经济人"的逻辑起点,使政府不再被视为超级机构并天然地代表公共利益,相反,通过各主体"自利"倾向的分析,公共选择理论揭示了政府失败的必然性。然而,应该说,揭示政府失败并不是公共选择理论的目的,相反,公共选择理论想传递的思想主张,通过剖析政府失败的可能原因,提醒人们为了减少政府失败的损失,尽力完善政治过程,加强监督和约束的意义。

此外,"经济人"假设,由经济行为分析推广到政治行为分析,也开拓了运用经济学的前提假设与逻辑方法研究政治学相关主题的交叉研究领域,拆除了主流经济学与传统政

治学之间的藩篱,重建了新政治经济学的理论体系。

三、公共选择理论是财政学的扩展

公共选择理论是以公共财政理论为理论之源的,因为财政理论是关于政府税收和政府支出的理论,涉及公共产品的供给与消费。政府税收和政府支出是政府或者集体的活动,在政府的收支过程中,消费者面对的是国家或政府,而不像在经济市场上,他面对的是企业。这些特点把财政学与经济学中的其他分支学科区别开来。经济学理论大都集中研究非政府的决策人(如消费者、生产者)的活动,财政学则把公共经济引入解释私人经济活动的分析体系。为此,必须研究税收和支出选择的政治决策机制,而政治决策则是公共选择理论研究的主题。

四、公共选择理论是国家学说的发展

19 世纪的社会契约理论家们认为,人类生活在一种没有法律和政府的自然状态中,并且由于这种自然状态缺少一个公正的、强有力的裁判者而相互为敌。于是人们便通过订立契约,把部分自然权利让给社会,从而产生了国家和政府。政府的权力不是没有边际的,它受宪法的制约;统治者也必须遵守社会契约,否则选民有权推翻他。这种法思想和有限政府学说是构成公共选择理论中的国家学说的基础。

第二节　偏好难题与公共选择

一、"搭便车"与偏好失真

假设某小区要雇佣保安,但由于没有公共经费,因此针对这个公共服务,需要业主根据自己对安保的需求程度来集资,试想,在挨家挨户地询问意见并筹集资金的过程中会发生什么? 每个业主都会真实地表达自己对保安的偏好吗?

首先,雇佣保安这件事典型地具有消费的非竞争性和受益的非排他性,因此,保安事实上就带有"效用不可分割"的属性,即一旦这种公共品被提供出来,在同一小区内,就会为所有业主提供相同的安保服务,这一点对所有业主来说都是常识。同时,所有业主都具备"以最小投入获得最大产出"的"经济人"理性。因此,所有人心里都非常清楚,如果隐瞒自己的偏好,低评保安的作用,甚至说保安于自己无用,那么就可以少交钱。反正,只要有业主出钱请了保安,那自己就可以顺便跟着一起享受。结果可想而知,每个业主都抱着这种"免费搭车者"的心理的话,那么这个小区将最终无法筹集经费来雇佣保安。

这个案例揭示的正是在公共选择中的"搭便车"现象。由于公共产品在一定的时空中具有联合消费、共同受益的特点,结合人们"自利"的倾向,就会有人为了不付代价地享受他人提供的公共产品,隐瞒自己对公共产品的偏好。由此,这种"搭便车"心理导致的

偏好失真,在上述案例小区业主自觉筹资这样的市场机制下,将导致"公共物品有需求,但无人提供"的扭曲,使公共产品或服务的筹集的效用水平低于它本来应有的帕累托最优水平。

二、替代市场机制的政治程序——政治均衡

既然如上所述,在市场机制下,公共产品有需求无供给的畸形难以避免,则为了实现公共选择就要用政治程序来替代市场机制。

仍以小区雇佣保安为例,假设保安的工资为每人 450 元,且三位业主将平摊保安的工资,这个平摊机制事实上就是为购买保安这种公共服务而在成员间进行的税收分担,每位业主分摊的数量被称为税收份额(t_i),而所有税收份额的总和就是公共产品的平均成本。所以说,税收份额的大小取决于公共产品的生产成本。假设小区三位业主对保安的边际收益见表4-2。

表4-2　小区业主对保安服务的边际收益统计表

业主对保安的收益	保安数量			
	1	2	3	4
MB_A	300	250	200	150
MB_B	250	200	150	100
MB_C	200	150	100	50
$\sum MB$	750	600	450	300

在表4-2中,小区如果雇佣 1 个保安,则每个业主分摊的工资费用,即税收份额是150,而此时 3 人共享的总收益大于税收份额,因此 3 人都会同意。同理,小区如果雇佣 2 个保安,则税收份额为300,而此时 3 人共享的总收益是 600,3 人同样会同意。继续雇佣 3 个保安的时候,税收份额为450,而此时 3 人共享的公共收益亦是 450,实现了边际收益等于边际成本的最优水平。因此,这个小区会雇佣 3 个保安。或者说,3 个保安就是小区就安保这项公共服务形成的公共选择,实现政治均衡。

政治均衡就是公共选择的过程和目标,它是指人们根据既定的规则,就一种或几种公共产品或服务的供给量以及相应的税收份额的分配达成的协议。即投票者所须承担的税收份额恰好与该种产品或服务带给他的边际收益相等。即 $MB_i = t_i$。

如此,决定政治均衡(图4-1中 E 点),或者决定一项公共产品或服务能否达成公共选择的协议,要取决于以下因素:

第一,投票者个人所承担的税收份额的大小。这是每个决策者考量的代价水平。它相当于公共产品或服务的平均成本或边际成本。

第二,公共产品或服务的效益在投票者之间的分布状况。这是每个决策者考量的自己从公共产品或服务中获得的边际收益。

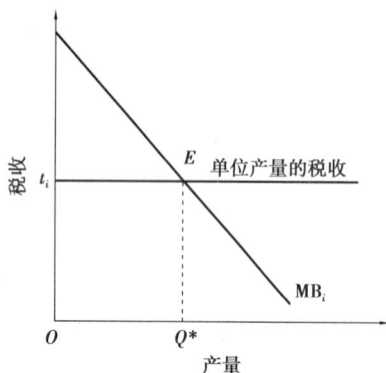

图 4-1　政治均衡示意图

第三,投票者获得与提案有关的成本的信息的难易程度。这个因素直接决定每个决策者对自己税收份额及边际收益水平的评价,即决定图 4-1 中两条曲线的位置。

第四,公共产品或服务的边际效益与边际成本的对比关系。即每个决策者会在公共选择的过程中比较自己税收份额与边际收益的大小。如果税收份额小于边际收益,则会投赞成票。反之则投反对票。

第五,公共选择规则。每个决策者根据自己的偏好决定投赞成或反对票,最后是否可以集合成一个结论,就需要确定一个形成最后公共偏好的规则。

三、偏好揭示与公共选择

(一)公共选择的形式

当人们根据自己在公共产品或服务中分摊的税收份额与获得的边际收益的比较而形成赞成或反对的偏好之后,需要进一步集合偏好形成公共偏好,这个过程较普遍地采用选票进行投票表决的方式。但除此之外,形成公共偏好的方式还包括迁徙、谏言甚至是革命等多种方式。

1. 用选票表达

这是形成公共选择最常见的规则,即每个选民将自己的个人偏好写在选票上,然后进行投票,再将所有选票上的偏好集合成公共偏好,完成公共选择。

2. 用迁徙表达

当选民用选票表达自己的偏好,却无法影响最后的公共选择,进而使自己的偏好在既定的公共政策环境中不得实现时,那么,选民就会考虑搬迁或移民,俗称"用脚投票",即以个体的迁徙行动寻找更有利于个人偏好实现的地域。尽管这种形式随着现代交通便捷性及移民管理政策开放性的提升,变得越来越常见。但选民并不能凡事只要不如意就"用脚投票",更多的时候还是要积极运用手中的选票去表达,参与政治过程。

3. 用谏言表达

谏言表达是在选票和迁徙都不能有效促成个人偏好成为公共选择的时候采取的更直接、更公开的方式。如"万民请命""联名信""实名举报"之类。但如果出现这种情况,往往说明正常的意见表达通道受阻,民主决策机制处于合法性危机之中。

4. 用革命表达

当公众意见汹涌之势不能被有效处置应对时,就有可能演变成极端的公共选择——革命。这种方式将使公共选择付出极大的代价,因此,各国都会努力避免这种公共选择方式的出现。

显而易见,在这些公共选择的形式中,投票因其更可行也更温和,成为主流的公共选择形式。而在投票这种形式中,最关键的因素就是形成公共偏好的规则。

（二）规则

规则就是将个人写在选票上的偏好集合成公共偏好时，确定所需赞成票占投票者总数的比例。如果"一人一票"，且公共选择要符合所有人偏好的民主原则，那么这个比例应该是100%，这就是"全体一致同意"原则。但并非所有公共选择都需要全票通过，故而在公共选择中还存在"多数原则"。

1. 全体一致同意

100%的规则被称为全体一致同意，或者叫一票否决。公共选择理论将一致同意规则视为帕累托最优的效率原则。认为在市场机制下供求双方的同意，意味着成交，进而达成帕累托最优。据此认为，在公共选择中，所有投票人一致同意自然也应成为政治均衡的规则，代表着政治过程中的帕累托最优。显然，如果是从公共选择的本意来讲，每一个选民的意见都应该被尊重，并且最后的公共决策应该满足所有人的意愿，那么，这个赞成率就应该是100%。从某种程度上讲，这样的规则才正当，才合法，才能让公共决策为所有人所认同并遵守。

因此，全体一致同意规则的优势很明显：一方面，每个决策成员都能享有平等的决策权，可以让每一个选民的意见都得到尊重，决策的结果能够充分照顾到每一个决策成员的利益偏好和要求，这显然是公平公正的。另一方面，个体选择对公共决策结果有决定性影响，这会让每一个选民更重视自己的选择权利，从而更热心于政治过程，对公共选择体现出应有的关心、关注和责任心，这是政治民主过程最重要的群众基础。

但是，这种规则的弊端也很明显：首先，凡事都要全票通过，这谈何容易。投票者往往为了坚守自己的利益，无休止地"讨价还价"，最后往往是议而不决，效率低下，决策成本高昂。更麻烦的是，不能保证每个选民都从公共利益的角度来进行决策，无法避免某些选民可能采取策略性行为，通过自己的一票否决阻止公共决策，形成"少数人对多数人的暴政"。事实上，并非所有的待决策方案都重要到值得每一个选民同意才行。除非非常重要的项目，如联合国安理会常任理事国形成决议时，一个基本条件就是要中、美、俄、英、法五国一致同意。日常更多的公共选择之规则并不需要100%。

2. 多数规则

不需要100%通过，当然也不能是1%，因为这样的规则不正当，意味着违背大多数人的意愿而成全了少数人的利益。所以这个百分比至少应该是大于50%的多数规则。由此，少数服从多数的多数表决制，就成为日常公共决策中最常用的规则。具体需要综合考虑待决策方案的重要性程度，以及决策成本等因素来确定投票的赞成率。

根据"多数"的程度，多数规则又可分为绝对多数和简单多数两种规则。

绝对多数规则是指在选择决策方案时，要求择定的方案得票数不仅要超过半数，还要求赞成票的比例达到2/3或3/4等多数票。这种方法看上去很合理，但也往往由于规定的赞成票百分比较高，而难以快速达成有效的公共决策，从而决策成本也较高。因此，这种规则在具体运作时，往往会结合一些更快速、更节约成本的改进规则来操作。例如，如果在第一轮未达到规定的数量，通常在两个得票最多的备选方案中进行第二轮投票，票数领先者为最终择定的决策方案。这样改进的规则比较省事，决策成本较低。但结果是,事实上没有实现真正的"大多数人利益"。在这样的两难处境下,产生了直接用"小多数"的简单多数规则。

简单多数,即过半数,三个人中两人同意就算通过。这种规则的优点是简便易行,便于操作。但局限是会形成"多数控制少数"的现象,形成多数偏好歧视,往往忽略了少数人的利益。结果不可避免的是:当"真理掌握在少数人手中"时,通过简单多数规则形成的公共决策,可能造成严重的失误,导致共同利益受损。

到底多少代表多数,在实践中成为可以由规则制定方挑选的决策机制。这就可以理解为什么要在政治均衡中把"规则"列为决定性因素。规则往往直接决定着公共选择是否可以实现,并事实上能决定公共选择到底要支持哪些人的偏好,进而影响公共利益通过政治过程的再分配结果。正如缪勒所言:"使用多数规则进行集体决策必然至少部分地把国家转变成一个再分配的国家。因为所有现代的民主在相当大的程度上都是利用多数通过规则进行集体决策的。实际上,多数通过规则的运用常常被认为是一个民主政府的标志。因此,如果不是太唐突的话,所有现代民主国家一定部分地是再分配的国家。"①这段话证明了多数规则在政治过程中的合法性和正当性,多数规则尽管存在局限,却是事实上在各民主国家大量使用的公共决策规则。

第三节　直接民主下的公共选择

直接民主是指由所有选民直接对公共产品或服务的决策进行投票,并以一定的规则形成公共选择的结果。简言之,直接民主就是每个选民都直接为有利于自己个人利益的方案进行投票。

一、投票悖论

现假定一个由甲、乙、丙三人组成的社会,需要就这个社会优先发展的三个产业进行投票表决,A 代表优先发展信息技术产业,B 代表优先发展教育事业,C 代表优先发展养老产业。现在由三人根据自己的偏好,按简单多数的规则进行投票,以此来决定这个社会最终对三个产业的发展次序。三人对三个项目的偏好如下:

- 甲:C<B<A
- 乙:A<C<B
- 丙:B<A<C

显然,按三个人当中两人同意就为通过的规则,甲丙两人都同意 A>B,而甲乙两人都同意 B>C,进而,按照逻辑可逆性,则肯定可以推论 A>C。由此,投票的结果就是 A>B>C。但再看看乙丙两人的意见,就会发现出问题了。即如果按简单多数规则,这二人都同

① 丹尼斯·缪勒.公共选择[M].北京:商务印书馆,1993.

意 C>A,与之前按人的基本理性推出的结论是直接相悖的。而且,要想把这种相悖的投票结果整理成一个公共选择结论的话,就会变成 A>B>C>A>B>C>A……这就叫"循环投票",说明投票"议而不决",无法决定到底应该优先发展哪一个项目。这种多数投票规则之下,可能无法形成稳定一致的均衡结果的现象,被称为"投票悖论"。

原因出在哪里呢? 如果把三个人对三个项目的偏好绘成曲线,则如图 4-2 所示。

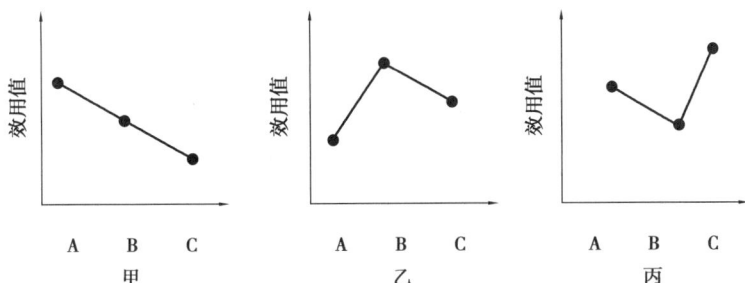

图 4-2　三位选民个人偏好效用曲线

可以发现,对甲、乙而言,最偏好的状态只有一个,任何对最优状态的偏离都只会导致效用递减,这样的偏好类型被称为"单峰偏好"。单峰偏好,是指个人在一组按某种标准(如数量大小)排列的备选方案中,有一个最偏好的方案,而从这个方案向任何方面的游离,其偏好程度或效用都是递减的。

相较而言,丙则具有"多峰偏好",即他从最为偏好的方案游离开,其偏好程度或效用会下降,但之后又会再上升。这种多峰偏好的存在,会对投票结果产生怎样的影响呢? 将甲、乙、丙三个人的效用曲线组合在一个坐标中,得到图 4-3。

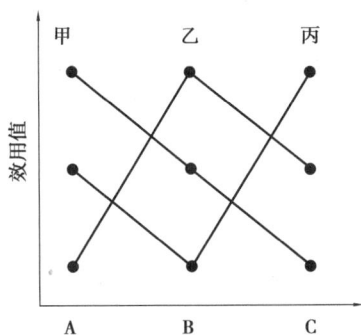

图 4-3　矫正前的选民偏好曲线叠加　　　图 4-4　矫正后的选民偏好曲线叠加

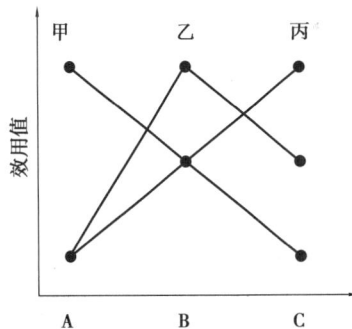

如果按照打分的方法,假设位置最高的效用值为 3 分,中间位置的效用是 2 分,最低的效用是 1 分,那么可以发现 A、B、C 三个项目的得分都是 6 分,这自然就无法确定哪个项目要优先发展。可见,多峰偏好的存在正是造成循环投票的根本原因,多峰偏好的结果使公共选择做无用功。那么,要如何才能纠正多峰偏好呢?

在投票决定三个产业优先发展次序的案例中,要纠正的是丙的偏好,如图 4-4 所示,将丙的效用曲线纠正成从左下向右上倾斜后,丙的偏好类型变成为典型的单峰偏好。再按照上述打分规则,A 项得 5 分,B 项得 7 分,C 项得 6 分,从而公共选择的有效决策结果就是 B>C>A,循环投票的问题得以解决。可见,单峰偏好是重要的公共选择条件,这也是为什么在论及中间投票人定理时,要强调其成立的前提是"所有投票者边际效益曲线向右下方倾斜",目的就是要保证所有人都是单峰偏好。

然而,丙的偏好真的值得纠正吗? 对丙的纠正是不是一种在简单多数规则"多数强制"之外的另一种强制呢? 强迫一个选民更改自己的偏好,这还是民主吗? 事实上,生活中存在多峰偏好的情况很普遍,当人们询问一个孩子喜欢爸爸还是喜欢妈妈的时候,他们的回答多数都是"两个都喜欢",典型的多峰偏好,如果被纠正为"只准说一个",那会不会让孩子觉得委屈呢? 就算这样能得到明确的答案,但此公共选择还能代表人们的共同利益吗? 这实际上是保证了"程序民主",形成了有效的公共选择,但却偏离了"实质民主"。

二、阿罗不可能定理

按照上面的分析,人们需要追求的正当的、合法的公共选择应该是这样的:不管用什么规则,都要既满足程序民主,又不伤及实质民主。那么,能不能找到一种既能排除循环投票困境又能满足所有选民偏好的决策机制呢? 对此,美国经济学家肯尼斯·阿罗提出了满足这种理想决策机制的五原则。阿罗认为,将个人偏好加总为社会偏好,必须首先满足以下 5 个条件,一般称之为"阿罗五原则"。

第一,理性原则。即所有备选项之间均具有可比性和可逆性。即如果 X 优于 Y,Y 优于 Z,那么 X 肯定优于 Z。

第二,帕累托改善原则。即选择的结果必须有利于对整体社会福利的增进,而不能以"少数人"的痛苦来成就公共利益。如分配利益时,为减少参与分配的人,由集体投票将某些人排除在外,如果是这样,即使程序严明,也代表了大多数人的真实偏好,但却破坏了整体改善的原则。

第三,独立原则。在针对不同的备选项进行选择的时候,只取决于人们对这些选项的偏好排序,而不会受到其他因素的影响。即对两个备选方案的任一选择,只取决于个人对这两个方案的排序,而与其他备选方案无关。如在询问选民意见或偏好时,附加"如果你同意就由你负责完成"这样的条件,就破坏了独立原则。

第四,非限制原则。个人按照自己的意愿进行自由选择,即不应对个人偏好的选择排列顺序作出任何限制。如"只准选一个"这样的限制,就破坏了选民自主选择的权利。

第五,非独裁原则。即排除将某一个人的偏好强加于全社会的可能性。

要同时满足这五条原则来完成公共选择几乎是不可能的。为此,阿罗继续提出了"阿罗不可能性定理":如果众多的社会成员具有不同的偏好,而社会又有多种备选方案,那么在民主的制度下不可能得到令所有的人都满意的结果,即既符合所有人偏好又能实现民主的公共选择是不存在的。

阿罗的不可能性定理,打破了一些被人们认为是真理的观点,向人们揭示了民主的不民主。因为人们所推崇的"少数服从多数"的社会选择方式不能满足"阿罗五条件",正如市场存在着失灵一样,大家最看好的这种公共选择原则,也会导致民主的失效。与此同时,阿罗不可能定理也让人们对公共选择和民主制度有了新的认识:既然依靠简单多数的投票原则,要在各种个人偏好中选择出一个共同一致的顺序是不可能的。那么,一个合理的公共产品决定,只能来自一个可以胜任的公共权力机关。从而,如何综合个体的偏好,怎样在理论上找到一个令人满意的形成公共福利的方法,成为一个世界性难题。

三、中位选民定理

假定某小区就雇佣保安的数量进行投票。每一个保安的雇佣费用为 350 元,即 $AC = MC = 350$ 元。该小区共有 7 人,每人的边际收益线分别为 MB_A、MB_B、MB_C、MB_D、MB_E、MB_F、MB_G。每个投票者为每一个保安的雇佣所承担的费用份额为 $t = 50$ 元,如图 4-5 所示。

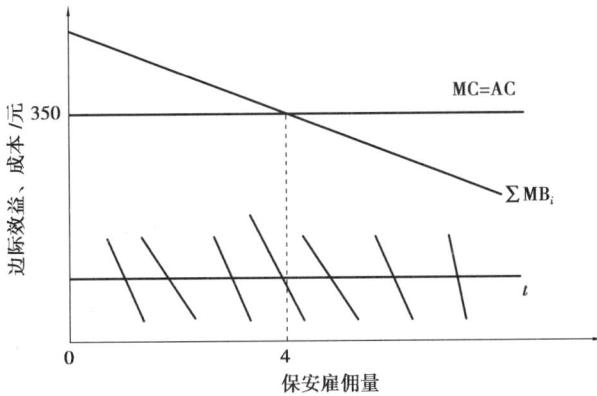

图 4-5　某小区 7 位业主对雇佣保安的政治均衡

可以发现从 A 到 G,7 位业主对保安雇佣量的政治均衡形成了不同的选择意见。假设这些意见按直接民主的方式,以简单多数规则,从小区雇佣 1 个保安的提案开始,每轮决策增加 1 个保安进入表决提案,那么整个公共选择的过程及结果见表 4-3。

表 4-3　某小区 7 位业主的表决过程及结果统计表

		每轮投票依次增加的待表决的保安雇佣人数						
		1 人	2 人	3 人	4 人	5 人	6 人	7 人
参加投票的业主	A	赞成	反对	反对	反对	反对	反对	反对
	B	赞成	赞成	反对	反对	反对	反对	反对
	C	赞成	赞成	赞成	反对	反对	反对	反对
	D	赞成	赞成	赞成	赞成	反对	反对	反对
	E	赞成	赞成	赞成	赞成	赞成	反对	反对
	F	赞成	赞成	赞成	赞成	赞成	赞成	反对
	G	赞成	赞成	赞成	赞成	赞成	赞成	赞成
选择结果		通过	通过	通过	通过	否决	否决	否决

从表4-3可以看到,经由七轮投票,小区按简单多数规则,直到对雇佣第 5 位保安进

行投票时,才出现反对票超过赞成票而提案被否决的结果,最后小区的公共选择结果是雇佣4位保安。这个公共选择的结果与选民D的偏好表达是一致的。D就是公共选择理论中所指的中位选民(又称中间投票者)。意指他的偏好位于所有选民偏好顺序的中间水平。这样的选民,由于其偏好位于总体选民意见的分水岭上,从而在简单多数规则的直接投票过程中,往往成为最后的公共选择结果。

美国管理学者唐斯(A. Downs)在1957年出版的《民主的经济理论》中将上述情况总结为:如果在一个多数决策的模型中,个人偏好都是单峰的,则反映中间投票人意愿的那种政策会最终获胜,因为选择该政策会使一个团体的福利损失最小,也即达成多数规则下的政治均衡。这就是著名的"中间投票者定理",也称中位选民定理。

中间投票人(或中位选民)定理是指其最偏好的结果处于所有投票者最偏好的中间状态。中间投票人定理说明,如果所有投票者对公共产品或服务的边际效益曲线均呈向右下方倾斜状态,那么,中间投票者最偏好的公共产品或服务的供给,就是多数规则下的政治均衡。

根据中位选民定理,任何一个政党或政治家如果想在直接选举中获胜,就需要使自己的竞选纲领和方案符合中位选民的意愿,要让自己的竞选方案符合中位选民的意愿,就需要事先调查中位选民的偏好。可想而知,无论中位选民的偏好是什么,至少应是中庸的、适中的、不极端的偏好,这样的偏好往往是社会中产阶级的偏好。因此,可以说中位选民大致就相当于一个社会的中产阶层。进而,一个稳定的社会可以通过保障中产阶级的扩大来保障社会福利,以实现大多数人的利益。即一个社会的中产阶层越多,这个社会越中庸、越不容易走极端,政治经济社会就越有条件理性化,进而社会越稳定。因此,通过中位选民定理,可以理解中产阶级与民主的稳定有着非常密切的关系。

四、互投赞成票

简单多数规则下,还存在一个问题就是,无法显示出选民对备选方案偏好的程度。换言之,无论是一个人特别青睐方案A,抑或勉强认为方案A优于方案B,都不能在选民的选票中反映出区别,反正,最终选民只会得出支持A的意见表达,并参与投票规则中去获得最终的公共选择决策。

这样的结果也是不合理的,进而会产生直接民主下的又一个新问题——互投赞成票。即选民通过互投对方所支持提案的选票,从而表达他们对不同方案的偏好程度。因为,如果投票者对不同方案的偏好程度不同,那么他们会就那些与其关系重大的提案进行投票交易,这种投票交易的过程被称为"互投赞成票"。

在图4-6中,可以发现对雇佣保安的提案,A、B、C三人每人负担100元的税收份额,A和B实现政治均衡偏好数量都小于1,所以A和B两人都会投反对票,按简单多数规则,雇佣保安的提案会被否决。

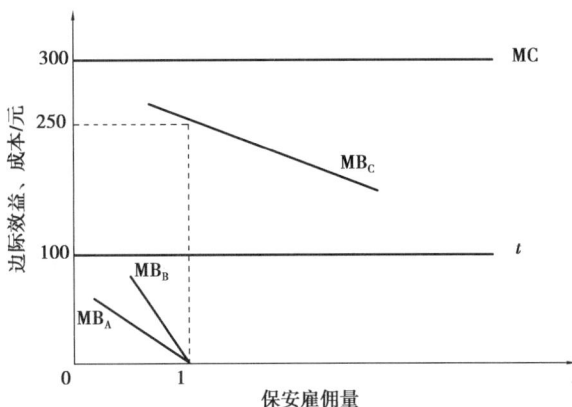

图 4-6 三位选民对保安提案的政治均衡

同理,如图 4-7 所示,在燃放焰火这个提案中,由于 B 和 C 政治均衡的数量都小于 1,这个提案也将被否决。

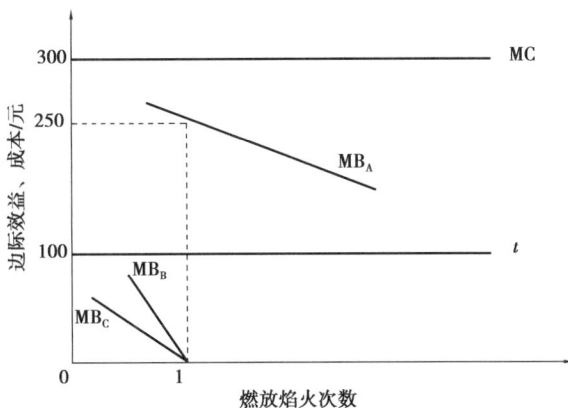

图 4-7 三位选民对焰火提案的政治均衡

但是,A 和 C 分别对两个提案有明显的强烈偏好,所以 A 和 C 两人为了促成自己强烈偏好的提案得以实现,会进行交易,互投赞成票,从而使两个提案都被通过。结果是,两个提案一共收获社会净效益为-100,且在这两个提案中,B 的收益都为零,其净收益为-200。可见,大多数人结成联盟,选择对自己有利的方案,会让少数人承担大部分成本,这足以证明现代民主国家为何要明文禁止任何形式的买卖选票的行为。

如果把假设条件调整一下,如图 4-8 所示。让 B 对其中一个方案有 100 的收益(即 B 的边际收益曲线变成 MB_b^*),那么,这时候的公共选择将是有效率的。如果继续调整增加 B 的边际收益,甚至可能社会净收益大于零,形成社会福利增进的结果。

可见,投票交易既可能使社会福利得到改善,也可能使社会福利受损。由此,也更能理解,尽管存在禁止买卖选票的法令,但事实上"互投赞成票"的行为却客观存在。经常是多数人结成一个联盟,对那些能为自己带来利益的项目投赞成票,由此产生的成本则主要由少数派承担。

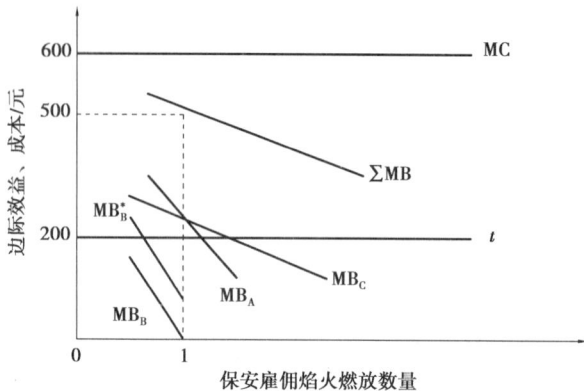

图 4-8　选民互投赞成票后的政治均衡

第四节　间接民主下的公共选择

直接民主是由人民直接行使公共选择权力的制度,但随着公共决策科学化和专业化的需要,国家事务越来越需要专业化的政治精英来决策和稳定的政治程序来执行。由此,间接民主作为精英主义与民主制相结合的受控的精英政治,日益成为现代国家民主的新发展。代议制——由代表代替选民参与公共事务决策的政治形式,成了间接民主的主要表现形式。

一、代议制下政治市场的三级结构

代议制下,选民不能直接参与公共决策,需要选出能代表自己利益的政党或政治家来替代自己参与公共事务,政治家在代行决策形成公共政策后,将公共政策交由行政机构的官僚去执行,通过政策执行实现选民的利益。

根据英国著名经济学家阿兰·皮科克(Alan Peacock)的研究,代议制下,选民、政治家、官员之间的相互关系形成了政治市场的三级结构,见表4-4。在不同的交易关系中,政治主体的经济人理性指向不同。

表4-4　政治市场的三级结构

政策选择市场	政策供给市场	政策执行市场
● 政治家出售政策给选民 ● 选民为购买合意的政策而支付选票	● 行政官员向当选政治家提供政策选项和实施政策的手段 ● 政治家向行政官员提供预算	● 行政官员向选民提供公共产品和服务 ● 选民向政府纳税

在初级政治市场上,政治家把自己的政策包装成商品,供选民在政治市场上用选票去挑选,选民则用选票购买(或称支持)其认为最有可能为自己带来福利的政治家及其政策。在政治家与选民这对政治交易关系中,各政党或政治家要想当选,最直接的利益诉求就是获得选民手中的选票。为此,公共选择理论认为,政治家的经济人理性指向"选票最大化"。

在政治家当选之后,代替选民完成公共选择,并形成公共政策,这些公共政策的实施需要手段、经验和技巧,由此专业化的行政官员作为执行政策的工具,成为政治过程的又一主体。对这些行政官员而言,个人利益最大化的指向在于个人职位的升迁及权力的扩大,但职位及权力所代表的个人利益,要依靠其对预算的分配和控制去实现。因此,官僚的经济人理性指向"预算最大化"。

在官僚获得政策执行权之后,具体的执行活动就是为选民提供公共产品和公共服务,但这些公共产品需要选民通过纳税来购买。因此,选民将为公共选择付出代价,一旦选民发现其付出的税收代价与其获得的公共产品和服务的福利不相匹配时,选民会因收益小于成本转而寻求选举新的政治家去代表自己,由此将开启新一轮政治市场交易。因此,选民在政治交易中的经济人理性指向"投票的净利益最大化"。

可见,无论是政治过程中的哪一个主体,都有不同的经济人理性指向,这些指向将引导政治主体在政治过程中表现出倾向个人利益而非公共利益的行为,这些行为会对政治均衡产生直接的影响。正如市场失灵一样,在政治过程中亦难免包含着一系列"失灵"。

二、政治均衡的影响因素

(一)选民的理性而无知

选民是政治金字塔的塔基,是拥有选举权的普通公民。选民在日常经济生活中随时都在用经济人理性做着成本与收益的权衡,然后再做出选择,在政治生活中也同样如此。投票是选民参与政治生活的主要方式,选民是否参与投票,是否会认真对待投票,取决于选民对投票成本与投票收益的比较。一方面,选民会考虑参与投票时发生的成本,包括搜集待表决事项的信息成本、参与投票的交通成本、投票的时间成本、投票可能产生的风险成本、投票的机会成本等等,甚至还会包括一些非货币成本的考虑。另一方面,选民也会思考投票给自己带来的收益,如代表自己需求偏好的公共政策被通过,将给选民带来个体福利的增进,或是投票者从选举权中获得的荣誉感和责任感,还可能包括参加投票可能获赠的礼品等等。通过对成本与收益的比较,形成决定选民是否积极参与投票的动机。只有当投票利益与投票成本的差额——投票净利益大于或等于零时,选民才会认真地对待投票,主动参与政治活动。

如果选民对参与投票的成本和收益进行比较,发现无论如何,自己为公共选择付出的代价都会小于自己的收益,即发现自己的投票净利益为负,意味着如果选民对投票所涉及的政治活动积极参与,将导致其亏本,这对选民显然是不划算的。那么,选民的经济人理性就会引导他对政治保持冷漠,进而无知无感。选民的这种"无知"行为,正是他在投票净利益最大化的经济人理性支配下的"理性选择",故被称为选民的"理性而无知"。

"理性而无知"成为选民远离政治的根本原因,其结果会使公共选择的政治过程中难以听到更多的来自选民的需求表达,由此造成公共产品和服务的供给无法满足公民的利益诉求,使公共政策招致更多的批评,公共政策的执行者——政府也将成为诟病的靶标。

为改变选民"理性而无知"的现状,推动选民积极参与政治活动,需要从投票净利益入手,通过扩大选民投票收益,降低选民投票成本,改变选民对投票行为的利益权衡结果。从这个意义上讲,为选民提供礼品应是最直接有效的积极改革。当然,希望网民参与投票能有更精致的利益收获,更轻松的成本代价,以此改变选民对政治冷淡的态度,让公共选择能收集更多数人的偏好表达,更大程度避免政府在提供公共产品或服务上的低效率失灵。

(二)政党或政治家的影响

政党是指通过合法方式在大选中获得政权、统治政府的政治团体。政治家是其所在政党的领袖或者代表。政党和政治家需要的是权力正当性,权力正当性需要获得选民的支持,即选票来实现。选票越多,政治家获得的权力正当性越大,因此,为了获得选票最大化而得到政权,政党和政治家会表现出包装政策和营销政策的行为。正如唐斯所言:"民主政治中的政党与经济中追求利润的企业家是类似的。为了达到个人的目的,他们制定他们相信能获得最多选票的政策,正像企业家生产将能获得最多利润的产品一样……"①

一方面,政治家为了获得人数众多的中位选民的支持,通常会采取符合中位选民偏好的政策,迎合、拉拢中位选民。结果是不同政党和政治家的政策都更倾向于选择中间立场,从而政治生态和社会关系会趋向稳定。另一方面,政治家追求选票最大化的理性,也不可避免地会带来社会周期性振荡。即政治家在竞选中为获得选民支持,会拣选民最关心的就业问题来做文章,政治家着眼于降低失业率的政策演说,对整个社会将形成就业利好的信息,在这样的利好预期影响下,消费增加,生产增加,就业增加,失业率会不断下降,一直到选举当日,失业率下降到最低点。与此同时,社会在经济发展趋势利好的影响下,物价将持续上升,同样在选举日达到峰值。一旦过了选举日,当竞选结果尘埃落定,政治家对选票的关注度下降,反过来寻求经济发展稳定,从而伴随着通货膨胀率得到控制,失业率开始回升。直至下一轮竞选开始,又将产生失业率下降,通胀率上升的循环。这种由政治活动导致的经济周期性波动,区别于经济系统因乘数和加速数作用产生的经济周期性波动,因此被称为政治经济周期,如图4-9所示。无论由什么因素导致,经济周期性波动都意味着经济效率损失和社会福利损失。

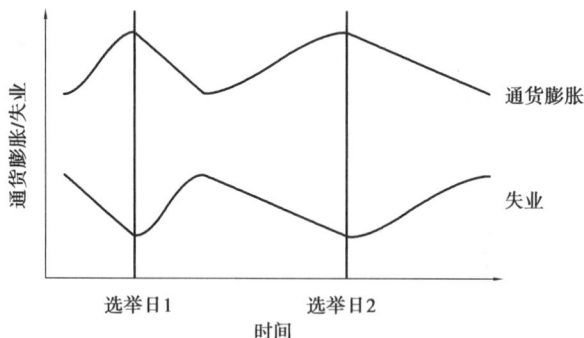

图4-9 政治经济周期示意图

(三)官僚行为的"做多"倾向

官僚作为政策执行者,运用专业的行政管理知识和手段执行政策,并在这个过程中

---

① 方福前.公共选择理论:政治的经济学[M].北京:中国人民大学出版社,2000:77.

以社会公共利益为最高遵从,这本是人们对行政官员政治行为的理想。但在现实中,官员也是经济人,他们的行为目标不会天然地指向公共利益或机构效率,而是更多地朴素地倾向于个人效用。为使个人效用最大,通过追求薪水、社会名望、权力或地位等来实现,而这些因素都与官员获得的预算正相关。因此,追求预算最大化是官僚的目标。

那么,如何才能获得更多的预算分配呢?这要取决于官员及其所属机构在公共管理中职责和能力的大小。职能越大,责任越多,为兑现职能所需的预算也越多。因此,官僚为了获得预算最大化,不仅需要想方设法证明自己及自己所属机构的存在是必须的,而且是越来越必须。要证明官僚自己及所属机构这种"存在感",就需要通过"多做事"来表现自己。无论这件事是否"必要","多做"才是官僚的目标。

在图 4-10 中,$B(G)$ 代表公共产品的总收益曲线,$C(G)$ 代表公共产品的总成本曲线,则两条曲线的切线相互平行时所对应的公共产品数量 G^* 应是该公共产品利益最大化的供给水平,即公共产品的供给量在 G^* 时实现 MB＝MC,实现有效率的生产。但官员追求的并非公共产品供给的效率,而是通过公共产品的供给,证明自己及自己所处机构或部门存在的必要性,职能的强有力性,这是要求更大预算的最有力的证据。故官员不会停步于效率最高的 G^* 的供给量,而是会更多地表现、突出自己,追求总成本等于总收益的 G_b 的供给量,结果自然是导致公共产品供给的过剩,形成无谓的浪费。这就是官僚"做多"行为倾向带来的公共利益的实际损失。

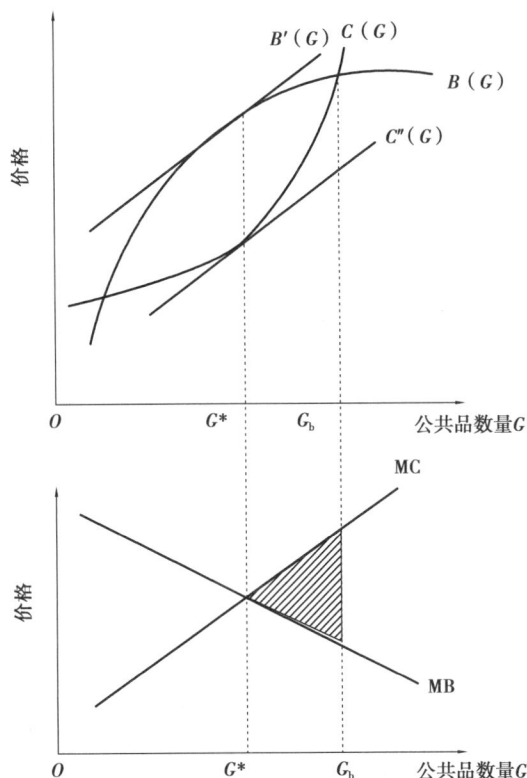

图 4-10　官僚"做多"的行为倾向

由于官僚在双边垄断的关系中有更大的信息优势,总能获得其需要的最大预算,其结果:一是生产量相对于社会需求过剩,造成效率低下。二是在需求约束下,存在着财政结余,由于结余不能据为己有,只有浪费性地使用掉——"只买贵的,不买对的",不可避免地造成公共支出随政府官员做多的行为倾向呈现不断膨胀的趋势。

(四)利益集团的院外活动

利益集团就是一部分人组织起来追求共同利益而对政治过程施加压力①。利益集团也叫压力集团,是指由共同利益组织起来的、对政府决策施加影响的团体。它们与政党的不同之处在于,利益集团的领导人并不执掌政治机构的权力,但他们却通过提供资金、游说、拉选票、威胁、恐吓等多种"院外活动"对包括选民、政治家和官僚在内的政治过程施加各种压力和影响,以谋求对其成员有利的提案获得支持并被通过。利益集团因其有效的院外活动,又被称为"隐形政府""无形帝国""制定政策的第二圈人物"。因此,利益集团在政治过程中是一股不可忽视的力量。

美国全国步枪协会(NRA)成立于1871年,是美国最大的拥枪组织和强大的利益集团,在美国的控枪运动中扮演着主要反对者的角色。从1977年开始,美国步枪协会每年都会公开支持反对枪支管制的总统。根据有关统计数据,该协会在2016年总统选举中捐出政治竞选资金5 440万美元,其中3 000万美元捐给了共和党候选人。此外,根据美国有线电视新闻网统计,目前美国国会两院的535名成员中,有307人要么直接从协会及其附属机构处获得过竞选资金,要么就是从协会的广告活动中受益。全美步枪协会被公认为是美国社会中最为强大的单一问题利益集团。它具有数量庞大的会员,组织严密,凝聚力强,具有枪支管制组织所难以企及的游说资源,对于国会具有巨大的影响力。在历次国会枪支立法的过程中,全美步枪协会都扮演了核心角色。1994年,美国国会以微弱多数通过了关于禁止19种攻击性枪支的制造、销售和进口的法案。此后10年,全美步枪协会一直将取消攻击性枪支禁令作为其首要目标,并因此极力阻挠任何支持禁枪的国会和总统候选人当选。直至2004年9月13日,这项禁止出售攻击性武器的联邦法令到期失效。虽然民意调查表明,三分之二以上的美国民众同意延长这项长达10年的禁枪令,但强大的游说集团与选举年复杂的政治考虑终于使民众利益被抛到了政客们的脑后。有人说,全国步枪协会有决心、有能力对每一位支持禁枪的政客穷追不舍,直到扼杀其政治前程。

不同的利益集团对政治决策将采取不同程度的影响,最终决策取决于各个利益集团在力量上的对比。可以说,公共选择是通过许多强大的利益集团相互作用、相互妥协的结果。因此,利益集团的存在,不仅使公共选择更加复杂,而且对公共福利的影响也是多方面的。对拥有共同利益和目标的个人来说,以集体的力量来影响公共选择,是实现个人利益的合理选择。所以,个人利益实现的有效途径是促成具有共同利益基础的集团的形成。某种程度上,力量越大的利益集团往往拥有越多的成员,也拥有更多的选票。因

---

① 程同顺. 当代比较政治学理论 [M]. 天津. 南开大学出版社,2001:231.

此，其为成员利益而对政策施加的压力，亦可以被视为多数社会成员利益的代表。由不同利益方向的人组成的为数众多的利益集团，都对政治过程施加压力，将可能促进产生一种让全社会满意的均衡结果。这可以被视为利益集团对政治过程的积极作用。

但奥尔森认为，各种社会组织采取集体行动的目标，几乎无一例外地都是为了争取重新分配财富，而不是为了增加总产出。换言之，利益集团将不可避免地造成寻租行为。寻租或反寻租都将导致生产资源的非生产性使用，造成社会资源无谓损失。因而，利益集团的存在降低了社会的经济效率，这种消极作用值得高度重视。

内容小结

1. 公共选择理论是传统政治学的经济学阐释，即运用经济学的理性经济学人假设，把政治过程视为非市场决策，运用交易观点探讨政治决策行为和政治市场运行机制的理论。

2. 在公共品供给市场由于选民"搭便车"的理性倾向导致公共选择的偏好失真，无法通过市场机制实现公共品的筹集，故以政治机制替代市场机制进行公共品的公共选择，选民通过其承担的税收份额与从公共品中获得的边际收益的比较进行选择，达成替代市场均衡的政治均衡。

3. 选民直接通过政治均衡表达个人对公共品的偏好，并依据偏好进行投票。但按照投票少数服从多数的基本规则，由于多峰偏好的普遍存在，决策过程无法回避投票悖论，阿罗不可能定理更进一步揭示了"民主的不民主"，中位选民及互投赞成票现象亦证明了直接民主的失败表现。

4. 间接民主成为现代民主制的新发展，代议制形成的三级政治市场结构中，各政治主体的理性诉求各不相同：政党和政治家追求选票最大化；选民追求投票净利益最大化；官僚追求预算最大化。由此，个体的理性选择不可避免地会对公共选择带来失败的风险。

复习思考题

1. 什么是公共选择？
2. 什么是政治均衡？
3. 决定政治均衡的因素有哪些？
4. 中位选民定理的启示是什么？
5. 政治过程中的政治家、选民及官僚分别追求怎样的利益最大化？
6. 利益集团对公共福利会产生怎样的影响？

7. 材料分析:近几年,随着美国等西方国家屡次陷入政治僵局,"民主实践"在中东溃败,越来越多的西方学者也开始反思西式民主制度,如福山曾提出了"否决政治"的概念。随着民粹主义在欧美抬头,西方的反思似乎也提高了调门。美国《国家利益》杂志于2017年7月刊登了乔治敦大学副教授贾森·布伦南的文章《反对民主》,其小标题更为直白,甚至提出"减少最无知者权利"。《国家利益》杂志在美国思想界、学术界具有一定地位;乔治敦大学是美国国际关系学重镇,被誉为"外交官的摇篮";布伦南本人则是著述颇丰的青年学者,对民主弊端的更多揭露将在同名新书中推出。这样一篇文章、这样一本书的问世,足够引人思考。

布伦南在文章中指出:通常来说,选民们愚昧无知,掌握的消息有误,而且带有偏见。但是,这当中存在巨大的差别。说到政治信息,有些人知道很多,多数人一无所知,很多人知道的东西都是错的,还不如不知道。……信息很重要。人们倾向于哪些政策,这在一定程度上取决于他们掌握了多少信息。就算控制性别、种族和收入等因素,掌握充分信息的公民,在政策倾向上完全不同于愚昧无知或掌握错误信息的选民。比如,前者支持自由贸易、全球化、移民和公民自由意志论;后者则无论人口构成如何,都支持相反的东西。

讨论:公共决策中应如何推进公民参与?

第五章　外部性理论

外部性理论是新古典经济学主张政府干预的重要理论依据。本章在梳理外部性的定义、特征、分类以及其产生原因的基础上,分析外部性对资源配置的影响,并从私人部门、公共部门以及私人与公共部门结合三重视角提出矫正外部效应的政策措施;最后围绕中国环境问题治理揭示外部性理论在实践中的运用。

第一节　外部性理论概述

一、外部性理论溯源

外部性(Externality)的概念源于 19 世纪末,在经济学文献中又常被称为外部经济(Externality Economic)或外部效应(Externality Effect)。一般认为,英国经济学家西奇威克(Sidgwick,1887)和马歇尔(Marshall,1890)是外部性理论的奠基者。西奇威克通过对穆勒(Mill,1848)"灯塔问题"的进一步研究认为,大量船只在位置恰当的灯塔的指引下安全航行,灯塔管理者却很难向它们收费。类似灯塔这样的公共设施,由于它们的性质,实际上不可能由建造者或愿意购买者所有。进而指出,通过自由交换,个人总能够为他所提供的劳务获得适当报酬的论断明显是错误的。这使人们认识到外部性的存在。

马歇尔首次提出了"外部经济"的概念。马歇尔在 1890 年出版的《经济学原理》一书中,将"工业组织"作为土地、劳动和资本以外影响生产规模扩大的第四类生产要素。工业组织包括分工、机器改良、有关产业的相对集中、大规模生产及企业管理等诸多要素。在研究工业组织变化如何导致产量增加时,马歇尔指出,"我们可把任何一种货物生产规模之扩大而发生的经济分为两类:第一是有赖于这个工业的一般发达的经济;第二是有赖于从事这个工业的个别企业的资源、组织和效率的经济。我们可称前者为外部经济,后者为内部经济"[①]。马歇尔的研究得到两个论断:"第一,任何货物的总产量之增加,一

---

① 马歇尔.经济学原理:上卷[M].朱志泰,译.北京:商务印书馆,1981:278-280.

般会增大这样一个代表性企业的规模,因而就会增加它所有的内部经济;第二,总生产量的增加,常会增加它所获得的外部经济,因而使它能花费在比例上较以前为少的劳动和代价来制造货物。"①由此可见,马歇尔所说的外部经济指生产规模扩大、企业外部的各种因素导致的生产成本下降,这些因素包括集聚效应、市场容量扩大、运输通信更便利、其他关联产业的发展、熟练劳动力的供给等;内部经济指企业内部专业化程度、劳动者工作热情和技能及管理水平提高等因素所带来的生产成本节约。马歇尔仅从解释经济规模产生原因的角度对"外部经济"进行了理论上的抽象和概括,并没有引用生动的案例对"外部经济"加以阐释。因此,克拉彭(Clapham,1922)称马歇尔的外部经济是一只"空盒子",现实世界中没有与之相对应的事实。

20世纪初,马歇尔的学生、福利经济学创始人庇古(Pigou,1920)扩充了外部性的概念和内容,对外部性进行了系统研究。在1920年出版的《福利经济学》一书中,庇古提出了边际社会净产值、边际私人净产值、边际社会成本、边际社会收益等概念,以此作为理论分析工具,从社会资源最优配置的角度出发,采用边际分析方法,阐释外部性产生原因及其经济影响,并提出通过政府干预(庇古税)使外部性内在化,最终形成外部性理论。庇古以灯塔、道路、污染等问题为例,说明经济活动中经常存在对第三者的经济影响,将这种影响界定为外部性,并指出外部性可以是正的(外部经济)也可以是负的(外部不经济)。经济活动中,如果某厂商给其他厂商或整个社会造成不须付出代价的损失,就是外部不经济。此时,厂商的边际私人净产值高于边际社会净产值。需要注意的是,庇古赋予外部经济的含义与马歇尔不同,马歇尔提出的外部经济指企业经济活动受到外部因素影响的效果,庇古所指的是企业经济活动对其他企业或居民的影响效果。

此后,外部性研究文献大量涌现。奈特(Knight,1924)、鲍莫尔(Boumol,1950,1988)、科斯(Coase,1960)、张五常(1970)等诸多经济学家对庇古提出的外部性理论进行了修正、补充和完善。相关研究的深入推动了外部性概念和理论的发展,丰富了运用这一理论解释、解决现实外部性问题的思路和政策设计。

二、外部性及其特征

(一)外部性的界定

外部性的概念自产生以来就存在诸多争议,至今还没有一种被普遍接受的定义。继庇古之后,诸多经济学家都曾给出外部性的定义(Meade,1952;Bator,1958;Heller and Starret,1976;黄有光,1986;Boumol and Oates,1988;Buchanan and Stubblebine,1962;萨缪尔森和诺德豪斯,1993;厉以宁等,1984)。但因研究角度的差异,这些定义各有侧重,范围也不完全一致。米德(1952)认为,外部性是一种事件,它使得一个(或一些)在做出直接或间接导致这一事件的决定时根本没有参与的人,得到可察觉的利益(或蒙受可察觉的损失),强调受到外部性影响的人是交易之外的第三方,以及这种影响可以被可察觉

---

① 马歇尔.经济学原理:上卷[M].朱志泰,译.北京:商务印书馆,1981:328.

到。赫勒和斯达雷特（Heller and Starret, 1976）则把市场的存在性与外部性后果联系在一起进行定义，即对于某种商品，如果没有足够的激励形成一个潜在的市场，而这种市场的不存在会导致非帕累托最优的均衡，此时就出现了外部性。贝特（1958）对外部性的界定最宽泛，他将外部性等同于市场失灵。张五常则认为，外部性概念过于空泛，"是模糊不清的理念"。由此，我们可以理解希托夫斯基（Scitovsky, 1954）所言，"外部经济概念是经济学文献中最令人费解的概念之一"[①]。

鲍莫尔和奥茨（Boumol and Oates, 1988）对各种外部性定义综合考察后，将其归为两大类：第一类是根据外部性的效应来定义，第二类是根据其存在的原因和后果来定义。第一类定义最常使用[②]。因研究视角不同，此类定义又分为两种。从外部性产生主体的角度，最具代表性的是萨缪尔森和诺德豪斯（1993）的定义。他们指出，生产或消费对其他人产生附带的成本或效益时，外部经济效果便发生了；这种成本或效益是经济活动的自动"外溢"，施加这种影响的行为者并没有为此付出代价或因此获益。进而将外部性定义为"一个经济人的行为对另一个人福利所产生的效果，而这种效果并没有从货币或市场交易中反映出来"[③]。从外部性承受主体的角度，布坎南和斯图布尔宾（1962）的定义最典型。他们把外部性解释为，某经济主体福利函数的实变量中包含了他人的行为，用函数关系表达为：

$$F_j = F_j(X_{1j}, X_{2j}, \cdots, X_{nj}, X_{mk}) \quad j \neq k \qquad (5\text{-}1)$$

其中，j 和 k 是指不同的个人（或厂商），F_j 表示 j 的福利函数，它可以表示某一个人的效用函数，也可以代表某一厂商的生产函数。$X_i(i=1,2,\cdots,n$ 或 $m)$ 是指经济活动。这个函数表明，某个经济主体 j 的福利不仅受到他自己所控制的经济活动（X_{ij}）的影响，还受到其他人 k 所控制的经济活动（X_{mk}）的影响，此时就出现了外部性。这里的影响不包括由于价格结构的变化而造成的影响，或者说这种影响没有通过市场价格得以反映。

上述两种定义就像一枚硬币的两面，其本质是一致的，即外部性是一种经济活动附带的成本或收益，它不仅存在于经济主体决策的外部，而且存在于市场运行机制的外部。外部性既可以是积极的，也可以是消极的。

（二）外部性的特征

外部性具有以下四个方面的特征。

1. 独立于市场机制之外

外部性独立于市场机制之外，这是外部性最重要的一个特征。外部性的影响不是通过市场机制发挥作用，不受价格体系支配。换言之，市场机制既无力使产生负外部性的

---

① SCITOVSKY T. Two Concepts of external economies[J]. The Journal of Political Economy. 1954, 62(2): 143-151.

② 第二类外部性定义如文中赫勒和斯达雷特（Heller and Starret, 1976）给出的定义。迈尔斯（2001）认为，在某个给定的制度框架下，第二类所认定的外部性是第一类的一个子集，但在大多数情况下，这两类定义认定的外部性完全相同。一般学者研究的都是市场制度下的外部性问题，故第一类定义最常使用。

③ 保罗·A. 萨缪尔森，威廉·D. 诺德豪斯. 经济学[M]. 12版. 高鸿业，等译. 北京：中国发展出版社，1992：1193.

经济主体承担相应成本,也无法让产生正外部性的经济主体获得应有的收益;同样,市场机制也没有激励外部性的承受者为其遭受的损失索赔,或为其获得的好处付费。例如,市场机制既不会主动对污染河流的化工厂予以惩罚,也不会对生活用水水质因此降低的居民给予补偿。

2. 产生于经济主体决策范围之外

个人或厂商的决策基于个人效用最大化或私人利润最大化,不会考虑其决策对他人的影响。例如,果农为了获得收入种植苹果,并没有考虑到附近养蜂场的利益。但实际情况是,果农在收获苹果的同时,因果园为邻近养蜂场提供了授粉服务,使养蜂者收入增加。对化工厂而言,将未经处理的生产污水直接排入河流,是因为直接排放较引入污水处理设施,生产成本更低。但是,这在增加化工厂收益的同时,可能使附近及下游地区的居民和企业因水质下降,身体健康受到危害,用水成本增加。因此说,外部性产生于经济主体的决策范围之外,外部性的影响是经济活动的一种副产品。

3. 外部性产生者与承受者相互作用

简单地说,外部性是经济主体的行为对他人的附带影响。这种影响的存在是由行为发出者和承受者共同决定的。以化工厂污水排放为例,化工厂将生产污水直接排入河流,对附近及河流下游的居民和企业的用水安全、用水成本有负面影响,但对河流上游或流域外部的居民和企业没有任何影响。后一种情况下,并不存在外部性。此外,如果化工厂污水排放总量较少,或者相对于河流的净污能力,该化工厂的污水排放量较少,未造成河流水质的显著下降,附近的居民和企业未察觉到水质变化对其生活、生产的影响,此时也不存在外部性。因此,在一个经济主体的活动辐射范围内,有其他的经济主体存在,并且还能察觉到这种经济活动对其福利的影响,此时才存在外部性[①]。

4. 公共产品是外部性的一个特例

公共产品具有不可分割性和消费的非排他性,如国防、洁净的空气等。公共产品一旦提供就可以使不止一个人受益,即可以同时进入许多人的效用函数或许多厂商的生产函数。如国防,在被某人消费的同时,并不排除其他人消费相同的数量,并且,也无法或无法低成本地排除不付费者的使用。因此,公共产品具有非常强的正外部性,是外部性的一个特例。

三、外部性的类型

外部性的表现形式多种多样,可从不同的角度、依据不同的标准进行分类。常见的外部性分类有以下几种。

(一)货币外部性和技术外部性

泛泛而言,外部性是第三方受到的影响。但是,有些第三方影响需要政府干预,有些

---

① 也有学者认为,外部性承受者对受到的影响不是漠不关心时,才存在外部性。黄有光(1991)举例说,水流从邻居家灌进了你的院子,使你出入不便,此时就产生了外部性。但如果你并不介意,就不能说有外部性存在。转引自余永定,张宇燕,等.西方经济学[M].北京:经济科学出版社,1997:202.

则不需要政府干预。根据外部性的影响能否通过价格体现出来,外部性可分为货币外部性和技术外部性。货币外部性的一个例子是,消费者对鞋的需求增加导致原材料皮革的价格上涨,可能使皮包生产商的生产成本提高。这会激励皮包制造商改进皮革裁剪技术、节约用料、提高劳动集约化程度,以抵消皮革价格上涨对其利润的负面影响。这个例子中,皮包生产商对市场中的价格信号做出反应,通过改进制造工艺、降低生产成本来实现自身利润最大化。由此可见,货币外部性完全可以通过价格机制得以解决,不会导致市场失灵。因此,不需要政府干预。

在工厂排放污水例子中,情况则不同。如果工厂将污水排放到河流中,致使河水污染,这使经常到河边散步、游玩的居民减少去河边的次数;同时,由于水质恶化,鱼群数量减少,渔民商业捕鱼需要投入更多的渔业资源,才能取得和污染水平较低时相同的业绩。工厂排放污水改变了居民的效用函数和渔民的生产函数,但二者都没有极力考虑这种污染,向排污工厂索赔。这即是技术外部性。它直接影响消费者和生产者,并且这种影响没有通过市场体现出来,需要政府干预以提高效率。本章所讨论的外部性就是技术外部性。

(二)正外部性和负外部性

根据外部性影响的结果,外部性可分为正外部性和负外部性。正外部性又称外部经济、外部收益或正外部效应,指一个(或一些)经济主体的行为对其他经济主体的福利产生了积极的影响。例如,私人花园的美景给过路人带来美的享受。再如,疫苗接种。在很多人接种传染病疫苗后,可以减少没有接种的人得病的机会。负外部性又称外部不经济、外部成本或负外部效应,指一个(或一些)经济主体的行为对其他经济主体的福利产生了消极的影响。最常见是各种空气和水污染的例子,如上文中提到的化工厂污染。其他的例子还包括高速公路拥堵。当一辆未在高速公路上的车驶入拥堵的高速公路时,会降低路上所有车辆的通行速度。

(三)生产的外部性和消费的外部性

生产者和消费者的行为都会产生外部性。据此,可将外部性分为生产的外部性和消费的外部性。无论生产的外部性,还是消费的外部性,其影响对承受者而言,有可能是"正"的,也可能是"负"的;承受者本身,也许是消费者,也许是生产者。由此,可以将生产的外部性和消费的外部性进一步划分为8个类别,见表5-1。

表5-1　生产的外部性和消费的外部性

类　型	外部性产生者	外部性承受者	影响	案　例
1	生产者	生产者	正	果农种植苹果为养蜂场提供授粉服务,蜂场产量提高。
2	生产者	生产者	负	上游造纸厂污水排放,下游水上乐场水质恶化,游客数量减少。
3	生产者	消费者	正	农民种植油菜,油菜花为游客提供了美的享受。

续表

类　型	外部性产生者	外部性承受者	影响	案　例
4	生产者	消费者	负	上游造纸厂排放污水,河流水质下降,危害下游居民饮水安全。
5	消费者	生产者	正	个人提高自己的受教育水平,为厂商提供高素质的劳动力。
6	消费者	生产者	负	消费者购买盗版软件,使正版软件生产商因需求降低,收益下降。
7	消费者	消费者	正	很多人接种传染病疫苗后,可以减少没有接种的人感染疾病的机会。
8	消费者	消费者	负	商场内吸烟者,使其他人遭受二手烟的危害。

(四)总体外部性和个体外部性

外部性的发出者可以是群体,也可以是个体。前者即总体外部性,后者即个体外部性。在总体外部性中,确认个体外部性的来源对外部性问题的解决毫无意义。在个体外部性中,确定个体来源对外部性的影响者而言很有意义。以工业空气污染为例。假设某一地区盛行风向是自西向东。因此,工厂排放的大部分空气污染主要影响工厂东边的居民和其他企业。考虑两种情况(图5-1),图5-1(a)中,4个工厂 F_1、F_2、F_3 和 F_4 都位于西侧上风方向,它们排放废气会危害所有的人 P。图5-1(b)中,工厂 F_1 和 F_2 位于人群 P_1 和 P_2 西侧,工厂 F_3 位于 P_1 的东侧和 P_2 西侧。工厂 F_4 位于所有人群的东侧,假设居住在 F_4 东侧的所有居民都距离遥远,不会受到影响。

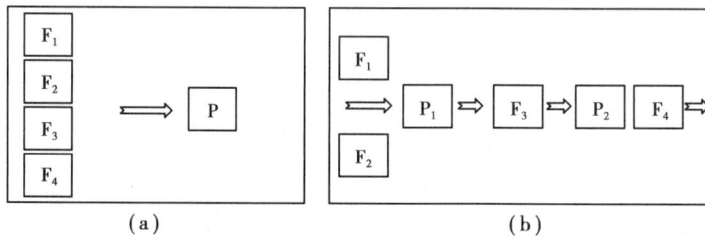

图5-1　工厂空气污染的外部性①

第一种情况中,4个工厂排放的废气在空气流动的作用下混合,人群 P 受到的危害可以被看作4个工厂排放的总体污染。此时,对被污染的群体来说,区分污染的某一部分来自其中某个工厂没有意义。这是总体外部性的一个例子。第二种情况,工厂 F_1 和 F_2 排放的废气危害了人群 P_1 和 P_2,F_3 排放的废气只危害了 P_2,F_4 排放的废气没有影响任何人。此时区分哪个工厂在排放污染对哪些人有影响则十分有必要。

---

① 理查德·W.特里西.公共部门经济学[M].薛涧坡,译.北京:中国人民大学出版社,2014:78.

四、外部性产生的原因

厘清外部性产生的原因是矫正外部性的前提。随着对外部性理论探讨和实际外部性问题研究的深入,学者们对外部性的产生原因也有多种解释,主要观点有以下三种。

(一) 市场机制论

市场机制论认为,外部效应的产生源于市场机制自身。在市场经济这一制度安排中,生产什么、生产多少等重大经济决策均由买卖双方自发决定。市场中,厂商和消费者都是理性的经济人,以利润最大化或效用最大化为目的从事经济活动,经济决策的依据是市场价格。而市场价格形成的基础往往是私人边际成本或私人边际收益。无论厂商还是消费者,为了实现自身利益最大化,都不会主动考虑其活动对他人及厂商的影响,即不会依据社会边际成本或社会边际收益做出经济决策;或者在技术上无法将生产和消费过程中产生的副作用纳入成本或收益之中。于是,当边际私人成本与边际社会成本不一致时,就会产生负外部性;当边际私人收益与边际社会收益不一致时,就会产生正外部效应。

(二) 产权论

产权论认为,外部性的产生源于产权界定不明晰或无法清晰界定。产权通常指某种资源的所有权、使用权、收益权和处置权等,是一种权利束。根据科斯第一定理,在交易成本为零的条件下,无论资源的初始权力界定给谁,交易双方通过谈判就能达成有效率的结果。只要资源是有主的(无论赋予谁),其价格就会反映出它在其他用途中的价值,这样资源就会得到有效率的利用。相反,如果全部或部分资源是共有的,就会被滥用,因为没有人会节约使用它。最典型的例子是"公地的悲剧"。1968 年美国学者哈丁在论文中讨论公共牧场的使用与管理问题,他描述了这样一种情形,假定一个对所有牧民开放的草场,草场是公有的,牲畜是私有的。每个牧民都力求使自己的牲畜头数增加,扩大自己的利益;当草场的牲畜承受能力达到极限时,再增加一头牲畜会降低草场的产草量。此时,每增加一头牲畜都会有正负两种后果。对增加牲畜的牧民而言,他得到增加牲畜的全部收益;草场过度放牧造成的产草量下降则由全体牧民承担,他自己只承担全体牧民每人平均分担的那一小部分。该牧民的行为对其他牧民产生了负外部性。如果每个牧民都如此行事,其结果必然是草场退化,所有牧民因草料不足而无法饲养牲畜,最终破产。

如今许多学者倾向于支持产权论,认为共有资源的存在是产生外部效应的根本原因。一切有用的资源如果被私有化了,就会得到合理的利用和有效的保护;反之,共有资源的存在只是因为制度上或技术上的原因,无法将其有效地划归私有,如大气、公海等。正是从这个角度上讲,产权界定不明或无法清晰界定产权是导致外部性产生的一个重要原因。

(三) 交易成本论

交易成本(Transaction Costs)又称交易费用,由诺贝尔经济学奖得主科斯(Coase,

1937）提出。交易成本指达成一笔交易所要花费的成本，也指买卖过程中所花费的全部时间和货币成本。具体包括交易中的搜寻成本、信息成本、议价成、决策成本、监督成本等。

同一种产品或服务往往具有多种不同的属性和特征，要完全掌握信息并对其进行准确测量十分困难。为了使交易保持在合理的范围内，只能是给最有价值、相对来说容易测量的属性和特征制定价格，而让另一些属性和特征处于无价格状态。这种无价格状态就是一种公共区域，任何人均可使用却不必付费。以森林的正外部性为例。森林不仅能产出木材、木本油料、果实等产品，还具有涵养水源、调节气候等生态服务功能。但过去人们对森林的估价通常仅考虑上述林木产品在市场上的实际经济价值。涵养水源、调节气候等生态服务的价值评估需要收集大量的信息、开发专门的技术、培训专业人员，这些都需要花费大量时间、精力和资金，并且这些生态服务受益者人数众多，又不具有排他性，产权界定不仅成本高昂，技术上也存在困难，交易市场通常不存在。此时，森林生态服务没有价格，处于一个任何人均可使用却不必付费的公共区域。

第二节　外部性对资源配置效率的影响

如前所述，外部性是指一个经济主体的活动对其他经济主体产生的成本或收益。但这种成本或收益没有通过市场作用反映出来，不受价格体系支配。因此，外部性出现时，市场对资源的配置缺乏效率。本节从生产的负外部性和正外部性两个方面阐释外部性对资源配置效率的影响。消费的外部性①对资源配置效率的影响类似，本节不再赘述。

一、负外部性对资源配置效率的影响

为了更清晰地分析外部性对资源配置效率的影响，假设外部性是市场面临的唯一问题。完全竞争市场条件下，厂商和消费者以自身利益最大化为目的进行决策，二者相互作用，共同决定市场上某种商品的价格和数量。图5-2中，供给曲线 S 代表厂商每生产额外一单位产品的边际成本，需求曲线 D 代表着消费者每增加一单位消费的边际收益；供给曲线与需求曲线相较于点 E_0，决定产品的均衡价格为 P_0 和均衡产量为 Q_0。均衡价格 P_0 等于消费者的边际私人收益 MPB 和生产者的边际私人成本 MPC，此时，资源实现最优配置。

当存在负外部性时，消费者或厂商的活动会使其他消费者或厂商遭受某种损害。以造纸厂为例，造纸厂将大量生产污水直接排入河流，水质下降使居民的饮水安全受到威胁，供水厂花更多的成本对水进行净化；水质恶化导致水产养殖的产量下降，养殖者不得不投入更多成本以维持往年的产量。这些都是造纸厂产生的真实成本，但造纸厂做生产

---

① 消费负外部性如道路拥挤、公共池塘资源等；消费的正外部性如疫苗接种、教育等。

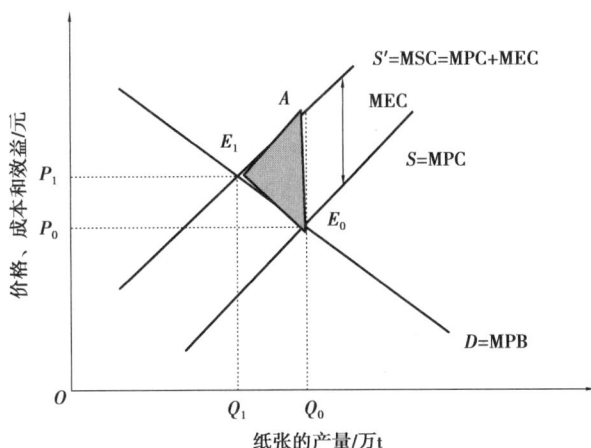

图 5-2　市场均衡、负外部性与资源配置效率

决策时通常不予考虑。这种生产活动产生的由社会中其他经济主体承担的成本,即是外部成本(External Costs)。从社会的角度看,厂商生产活动的成本不仅包括生产中投入的劳动力、原材料和资本等私人成本(Private Costs),还包括生产活动带来的空气、水污染等所造成的外部成本。因此,社会成本(Social Costs)是一种生产活动引起的所有成本,无论这些成本由谁承担,私人成本只是其中的一部分。边际外部成本(Marginal External Costs,MEC)表示因增加一个单位的某种产品的产量,而给其他经济主体造成的额外成本。边际社会成本(MSC)表示因增加一个单位的某种产品的产量,给社会总体带来的额外成本。边际私人成本低于社会成本,图 5-2 中,边际私人成本曲线 MPC 位于边际社会成本曲线 MSC 的右下方。边际外部成本 MEC 是生产某一产品的边际社会成本的一部分,即图 5-2 中曲线 MSC 与 MPC 之间的距离。

竞争市场上,厂商产量决策的依据是边际私人成本,并未包括边际外部成本。但是,要实现具有社会效率的产出水平,厂商的决策必须同时考虑边际私人成本和边际外部成本,即图 5-2 中边际社会成本曲线 MSC 与需求曲线 D 的交点 E_1 决定的产量 Q_1。比较 E_0 和 E_1 两点对应的产量和价格发现,市场形成的产出水平远远高于社会有效率的产出水平,而市场价格则远低于社会有效率的价格。

因此,存在负外部性时,较之于社会最优的产出水平,厂商产出过多。三角形 E_0E_1A 的面积表示产量超过 Q_1 时,消费者边际收益不足以弥补边际社会成本而带来的效率损失。负外部性的实质是边际私人成本低于边际社会成本,市场均衡价格没有完全反映厂商的边际社会成本。

二、正外部性对资源配置效率的影响

对正外部性的分析类似于对负外部性的分析。存在正外部性时,消费者或厂商的活动会使其他消费者或厂商获得的某种收益。商品林经营,即是正外部性的一个典型案例。显然,林场主关心的是林场经营获得的收益。但是,林场的立木可以净化空气、调节局地小气候、为鸟类及其他动物提供栖息地,由此减少周围居民患呼吸道疾病的医疗开支,给路人带来视觉享受,甚至因提高生物多样性水平使更多的人获益。这种生产活动为社会上其他经济主体带来了实际的收益,厂商却无法从中获得相应的报酬,对厂商而言是外部收益(External Benefits)。社会收益(Social Benefits)是一种生产活动产生的全部收益,既包括厂商自己获得的私人收益(Private Benefits),也包括环境改善等外部收益。增加一个单位某种产品的产量,而给其他经济主体带来的额外收益,即为边际外部收益(MEB);边际社会收益(MSB)则是增加一个单位某种产品的产量,给社会总体带来的额外收益。边际私人收益小于边际社会收益,图 5-3 中,边际私人收益曲线 MPB 位于边际社会收益曲线 MSB 的左下方。边际外部收益是边际社会收益的一部分,可用图 5-3 中曲线 MSB 与 MPB 之间的距离来表示。

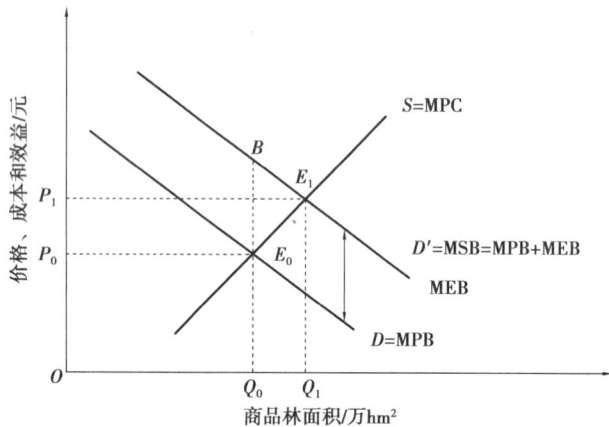

图 5-3　市场均衡、正外部性与资源配置效率

不存在外部性的情况与上文一致,即当市场均衡价格 P_0 等于边际私人收益和边际私人成本时,资源实现最优配置。存在正外部性时,从社会总体而言,边际社会收益曲线 MSB 与供给曲线 S 的交点 E_1 决定的产量 Q_1 是最有效率的产出水平,如图 5-3 所示。由于正外部收益没有回报,厂商做产量决策时,仍然仅考虑边际私人受益边际,市场均衡点为 E_0。比较 E_1 与 E_0 两点发现,此时市场均衡产量 Q_0 远远低于 Q_1,市场均衡价格 P_0 则远低于 P_1。

因此,存在正外部性时,较之于社会最优的产出水平,厂商产出不足,由此产生面积为三角形 E_0E_1B 的效率损失。正外部性的实质是边际私人收益低于边际社会收益,市场均衡价格未能充分反映消费者的边际社会收益。

综上所述,外部性存在时,边际私人成本与边际社会不一致、边际私人收益与边际社会收益不一致,厂商按照自身利润最大化决策,其结果是产出过多或生产不足,市场无法实现社会资源最优配置,出现市场失灵。

第三节　外部效应的矫正

由于外部性的存在,完全竞争市场无法实现资源的有效配置。因此,需要对外部性问题予以矫正,以减少甚至消除资源低效配置所造成的损失。矫正外部性的政策工具大致分为三类,基于市场机制的私人部门矫正、以政府为主导的公共部门矫正和多种工具相结合的联合矫正。

一、私人部门矫正

(一)产权界定

科斯等人主张外部性的产生源于产权界定不明晰或无法清晰界定,所以只需要界定产权并保护产权的有效性,随后产生的市场交易就能使外部性内部化。

以河流水污染为例。假设河流上游有一家化工厂,将生产废水排入河流。河流下游有一个水产养殖场,水质优劣决定了其渔获量。政府可以将河流产权赋予化工厂或水产养殖场。若化工厂拥有产权,可以向河流中排放任意数量的废水。假定其初始排污水平为e_0,如图5-4所示,即无须为治理污水投入任何资源。此时,水产养殖场受污水排放这一负外部性的影响,边际损失为r,化工厂的边际减排成本为零。为减少损失,水产养殖场会与化工厂谈判,要求降低排污水平,并愿意为此支付一定的费用。化工厂只要养殖场支付的费用高于化工厂的边际减排成本,后者就能从减排中获益,从而愿意将其产生的外部性内部化。养殖场支付的费用低于其遭受的边际损失(即减污的边际收益),养殖场也能从中获利。经过不断的协商和交易,双方议价的最终结果是将排污水平降低为e_1点。在这一点上,化工厂的边际减排成本等于养殖场的边际损失(即减污的边际收益)。

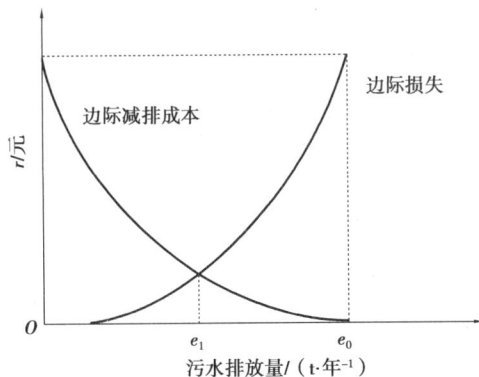

图5-4　负外部削减的产权方法

若政府将河流产权赋予水产养殖场,养殖场禁止任何降低水质的行为,化工厂的排污水平应为零或接近零。这种情况下,化工厂将愿意支付给养殖场一定的费用,以获取向河流排污的许可,将其产生的负外部性内部化。双方讨价还价的结果同上,但支付方是化工厂。河流中的污染物含量从最初较低的水平逐渐调整到有效率的水平e_1。此时,边际减排成本是化工厂为购买额外一单位排放权所愿意支付的费用上限,边际损失是养殖场所能接受的允许污染者为多排放一单位污染物而缴纳的费用下线。

在不考虑产权界定对财富分配影响的前提下,只要产权得以明确界定,并允许交易,无论最初权利给谁,市场的交易活动和权利买卖者互订的合约都能够实现有效率的资源配置。这就是著名的科斯第一定理。根据这一定理,将共有资源的产权赋予个人(或一个团体),市场交易或自愿协商会自动矫正共有资源过度使用的负外部性。例如,在一个共有湖泊中捕鱼的渔民,可以协商一个捕鱼的限量,油田上各个采油公司集体商定一个统一的产量,避免资源因过度利用而耗竭。

科斯定理解决外部性问题需满足三个前提条件:①交易费用为零;②产权或权利界定清楚;③允许产权或权利在当事人之间自由交易。因此,产权界定方法在实际运用中存在以下问题:第一,产权难以界定。大气、公海、臭氧层、生物多样性等共有资源的产权无法界定行,至少在目前的技术水平下不可行。第二,交易成本过高。科斯定理要求讨价还价的成本不会阻碍双方协商以找出有效率的解决方法。但是,像空气污染这样的外部性涉及人数往往众多(既包括污染者,也包括被污染者)。很难想象能以足够低的成本让他们聚在一起谈判。第三,产权明晰的前提下,交易成功要求资源的所有者能确定对其财产造成损害的根源,并合法地防止这种损害。同样以空气污染为例,即使空气的产权是确定的,空气的所有者能否从几千个可能的污染者中准确找到谁对污染空气负有责任,并确知每个人对破坏应当负多大的责任,这不得而知。

总之,产权界定的方法最适用于当事人少,交易成本低,造成外部性来源清楚的情况。

(二)组织一体化

从承受主体的角度外部性指某经济主体福利函数的实变量中包含了他人的行为。换言之,该经济主体的利益受到某项决策的影响,而他却没有参与该项决策的制订。因此,米德(Meade,1952)认为解决外部性的首选办法就是对社会的组织制度进行重组,使利益受到某项决定影响的人,在做出该决定时能作为参与者发挥作用,即组织方面的适当改革可以使外部性内在化。组织一体化就是指企业通过市场机制组织一个规模足够大的经济实体将外部成本或外部收益内在化,从而纠正外部性带来的效率损失。米德认为,使外部性内在化的组织可以采取多种形式,如家庭、社会俱乐部、商业公司协会或合营公司、政府等①。以苹果园与养蜂者为例,蜂场的蜜蜂飞到隔壁的果园采蜜,蜂场产量提高,但养蜂者不付任何费用给果农。蜜蜂采蜜的同时也传播花粉,提高果园的产量,果农也未向养蜂者支付服务费。果农和养蜂者都从对方的生产活动中获得了外部收益,此时蜂场养殖的蜜蜂数量、果园种植的果树数量均低于社会最有效率的水平,市场失效。如果果农同时经营养蜂生意,或养蜂者兼做果园生意,这样因一方存在而给另一方带来的外部收益就内在化了。

采用组织一体化这一方法的前提是,企业合并之后的管理成本必须小于市场的交易成本。而且要求企业规模足够大,因为只有规模足够大的时候才能将所有外部收益或成本内在化。比如,只有在果园的规模足够大,使所有的蜜蜂只能在这一个果园采蜜的情况下,才能完全实现外部性的内在化。但要达到企业规模足够大往往很困难,企业规模

---

① 詹姆斯·E.米德.效率、公平与产权[M].施仁,译.北京:北京经济学院出版社,1992:313-332.

扩大也将产生垄断等新的市场失灵。

因此,组织一体化通过组织规模的扩大,在实现规模经济的同时,降低、节省交易成本,将外部成本或外部收益内在化,从而解决外部性问题。但组织一体化也会面临一些困难:第一,在外部性规模过大时,组织一体化过程本身的支付成本可能很高;第二,为解决外部性问题而建立的组织,成员必须自愿参加。但存在外部性的情况下,当事人之间的利益冲突会阻碍其自愿参加组织一体化;第三,参与成员内部不同群体对组织一体化的利益预期多样化,组织一体化过程中必须提供或选择做出集体决策的规则,以满足不同群体多样化的利益诉求。集体决策规则的制定或选择成本可能非常高。这些因素都制约了组织一体化的实现。一般而言,运用组织一体化纠正外部性的适用情形是,外部性影响范围较小、组织成员或多或少是自愿的、集体决策规则较容易达成。

二、公共部门矫正

外部性是政府干预市场的重要原因之一。私人部门外部性矫正的方法,随着解决外部性问题的参与者数量增加,协商、谈判等交易成本快速上升。信息不完全、公共产品搭便车问题,更使得私人部门矫正外部性困难重重。在这种情况下,以政府为主体的公共部门矫正外部性比私人部门更具优势。

(一) 经济激励

只要外部性存在,私人成本与社会成本不一致,私人收益与社会收益不一致,完全竞争市场无法实现资源有效配置。据此,庇古(1920)、鲍莫尔(1950,1988)等经济学家主张通过政府采取干预来矫正。具体政策措施是税收和补贴。对负外部性产生者征收相当于边际外部成本的税收,使其边际私人成本等于边际社会成本;对正外部性产生者给予相当于边际外部收益的补贴,使其边际私人收益等于边际社会收益。受到税收或补贴的经济激励,追求自身效益最大化的厂商会主动调整产量(限制生产或是扩大生产),以达到社会最有效率的水平,从而实现资源配置的帕累托最优[①]。

1. 税收或收费

以造纸厂为例,因不考虑生产造成的水污染,企业边际私人成本低于边际社会成本,纸张产量过高。假定污染水平与产量水平成正比,且每单位污染的边际成本固定不变。通过对每单位产量的纸张征收与其边际污染成本(即边际外部成本 MEC)相等的固定费用,促使造纸厂将产量保持在具社会有效率水平,图5-5中的 Q_1 点。图中,距离 E_1A 表示每单位产量的污染税,矩形 E_1ABP_1 的面积代表造纸厂应付的污染税总额。由于废弃物排放直接污染环境,矫正厂商负外部性最有效的方式是直接对其排放的污染物征税。如对造纸厂排放的废水征税。但是,有时测量和监控厂商排污量的成本过高或技术上不可行,直接对污染物征税不现实。在此情形下,可以对形成污染的投入品或产出品征税。例如,农民生产中过量施用化肥导致水污染。与大多数非点源污染一样,化肥中导致水

---

① 本节对征税和补贴的分析主要涉及生产的外部性,分析方法和结果同样适用于消费的外部性。

污染的氮元素随着降雨、地表径流被稀释、扩散到相当广泛的地域,政府无法直接测量其排放量,也不可能根据农田径流中氮排放量征收相应的税费。一个次优的替代方案是对农民购买的化肥征税。对含硫燃料征税的情况也是如此。一个对产出品征税的例子是汽油税。汽车尾气是导致空气污染主要因素之一,但汽油消费与尾气排放所引起的环境损害之间的关系并不简单,对排放的尾气进行监控和估价过于复杂,因此,实际中往往对汽油征税。类似的例子还包括烟草税。

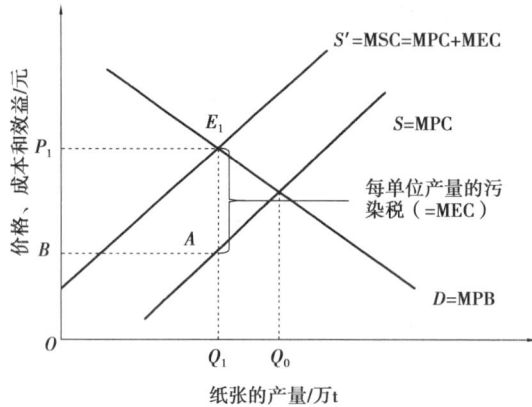

图 5-5　负外部性矫正税

通过税收矫正负外部性的好处在于,一方面,征税迫使厂商决策时将其产生的外部成本内部化,提高了边际私人成本,使污染物排放量下降;另一方面,税率确定后,厂商可以根据自身情况选择污染削减的最佳方式,如降低降产量、引入治污设备、使用新材料、改变生产过程中的投入组合等,使污染减排的成本最小化。由此给厂商提供了削减排污量的经济激励。此外,这与当前国际组织、各国政府和社会各界认同并倡导的"污染者付费原则"(Polluter Pay Principle,PPP)原理一致,接受度高。实际中,征收污染税也是各国政府普遍采纳的控污措施。

但这种政策工具在实践中面临以下问题。第一,恰当税率的确定。理想情况下,税率应等于负外部性造成的边际外部成本,但现实中由于信息不对称、信息不完全,政府无法确切掌握每个厂商排放的污染物种类、排放的数量,以及其产生的负外部影响,边际外部成本往往难以准确计算。无法确定厂商污染物减排边际成本曲线的形状,这也使政府确定恰当税率困难。如果税率定得太高,会将过多厂商挤出;如果税率定得过低,又会导致厂商排污量过大。第二,政策执行成本高。掌握征税对象的确切信息是税收正常发挥作用的前提。政府需要对厂商的排污量进行长期监测,这会增加政策的执行成本。第三,税收的适用前提是完全竞争市场。因为只有在竞争激烈的市场上,厂商才有持续降低污染物减排成本的动力。否则,厂商可以提高产品的售价,将税赋转嫁给消费者。

征税和收费矫正负外部性的原理和作用差别不大,部分学者在著作中也未对二者予以区分,并且交叉使用这两个术语①。在外部性矫正方面税和费最主要的区别是,税是由国家指定的税务机构收取,进入国库;费由行政部门收取,由地方或行政部门指定用途。如我国 2003 年开始征收的排污费,由县级以上环境保护行政主管部门征收,上缴当地财政,并规定全部专项用于环境污染防治。2018 年开始,国家征收环境保护税,排污费同时被废止。一般情况下,如果收费指定用于污染控制的公共开支,就会获得更多支持。这种指定用途的收费也是自然资源管理领域常用的政策工具。例如,对垂钓、狩猎执照的收费一般用于动植物栖息地保护。此外,对矿产、渔业、水、森林、土地等具有公共财产特征的自然资源征税或收使用费,以削减资源利用产生的负外部性,或矫正产权缺失或缺乏有效产权导致的负外部性。

2. 补贴

除对正外部性产生者进行补贴外,还有对负外部性损害者的补贴和对负外部性造成者的补贴。

第一,存在正外部性时,给予厂商相当于边际外部收益的补贴,可以使厂商增加产量,从而达到社会最有效率的产出水平。例如,对商品林经营者的补贴,会促使其扩大林业经营规模,或延长林木采伐周期,及时进行采伐迹地的更新造林,以维持森林净化空气质量、保持水土、调节局地气候等生态功能。正外部性通常是政府对各种经济活动予以补贴的合理依据。现实中的例子有很多,如对节能减排产品、生态保护、教育、博物馆、医疗等的补贴。当然,补贴也存在不足。一是补贴额度的确定。理想情况下最优补贴数量应该等于外部收益。但是,与对负外部性征税的情况一样,政府在计算最优补贴方面同样存在困难。二是补贴资金通常来自税收。因此,补贴的实施必须考虑为支付这笔资金而进行征税的成本,包括税费本身和税收制度的制定及征税的成本等,并确保这笔费用小于补贴的收益。

第二,补贴负外部性的受损者。如庇古所举,火车行驶时的火花使轨道旁种田者遭受减产的损失,政府应对火车征税,提高其运行费用,并将税入补贴受损的种田者。类似的例子还包括政府对航空公司征税,并补贴机场附近受飞机噪声困扰的居民;对火力发电厂征税,补贴周围因电厂排放废气健康受损的居民等。但实践中用矫正税补贴受害者应慎重。外部性的损害是行为发出者和承受者共同作用的结果。如果人们不居住在机场附近,就不会受到飞机噪声的影响。资源有效配置的原则要求对双方形成适当的激励,以避免损害。因此,通过矫正税使航空公司降低其噪声的外部性。但是,机场附近的居民也可以考虑搬家,以避免噪声污染。在没有补偿的前提下,这会激励他们搬离,外部成本得以降低。反之,噪声污染补偿会削弱这种搬家的激励,是一种低效率的工具。

第三,对负外部性产生者给予补贴。有人把这种补贴称之为向污染者行贿。通常,利润最大化原则使厂商不愿意且没有动力投资污染减排,因为他们只能获得其中一部分

---

① 刘传江等认为,税收和收费在负外部性治理中作用途径相差不大,并在其著作中明确写道"……这里的税收手段可以是征税,也可以是收费。"详见刘传江,候伟丽.环境经济学[M].武汉:武汉大学出版社,2006:188 。另,斯德纳(2005)和菲尔德(2010)的观点也是如此。

收益。从整个社会层面来说，厂商减排支出不足。政府不征排污税，代之以污染减排补贴。若补贴使厂商减排的边际私人收益等于边际社会收益，也可以达到有效率的减排支出水平。但许多经济学家认为，这种方法实施的结果并不能达到社会资源的最优配置，因为，此时厂商面临的边际社会成本包括了政府激励其减排的补贴成本，但厂商在决定其产出水平时并不会考虑这一点。其结果是，有补贴时的社会最优产量水平高于厂商没有减排激励时的社会最优产量水平。简而言之，减排补贴方式下，厂商没有面对真实的社会成本，因而缺乏效率。

减排补贴与排污征税相比较，厂商当然偏好前者，因为补贴使其获得更高利润。从减排效果而言，补贴倾向于鼓励排污厂商进入、增加产量或延迟退出，可能产生更多污染。避免这种低效率出现的方法是，对负外部性的受害者支付一次性补贴。如对准备搬迁的居民给予一次性的财产损失补贴，将有助于激励他们搬离机场，以防止未来的噪声损害。

（二）行政管制

行政管制一直是政府矫正外部性的重要工具。当市场和私人谈判、经济激励措施不能有效解决外部性问题时，政府可以对经济主体的活动施加某种限制和约束来实现资源的最优配置。常见的管制工具类型有进入规制、技术规制、投入规制、标准和禁令等。许可证制度是一种进入规制，常用于管理产权难以明确界定的共有资源。例如，对渔业、水、矿产等自然资源，政府根据可开发利用的资源总量水平授予企业开采或作业许可证，并规定作业标准（如捕鱼用网直径、资源回收利用率等），通过限制企业进入的数量及资源利用方式，减轻这些资源过度利用造成的低效率。对于工业企业，政府可禁止其使用某些等级的煤炭、要求企业加装洗涤塔和其他减排设备，或建造达到一定高度的烟囱，以降低空气污染的负外部性。制定各种污染物排放标准或直接规定污染物排放总量，更是政府常用的规制工具。企业若不遵守这些规制，将受到罚款、限产、停产等行政处罚。由此迫使企业将其产生的负外部性内部化。

科斯（1960）曾指出，政府在某种意义上是个超大型企业（Super Firm），其优势在于它有权以较低的费用办到一些私人机构极其费劲的事。这正是政府管制矫正外部性的优势所在。此外，管制的支持者认为，管制的好处是监管容易，结果的确定性更强。例如，测量从工厂烟囱排放出来的污染物数量可能困难重重，但如果使用洗涤塔（减少燃煤电厂的硫排放量的设备），排污量肯定会减少。如果禁止企业超标排放，人们就知道最大的污染水平是多少；若征税，污染程度则取决于企业降低污染的边际成本。

管制主要有两方面的缺陷：一是效率较低。例如污染物排放标准。一般情况下，政府对所有企业都采取一个统一的标准。但是，各企业减排的边际成本可能不同，这样的措施看似公平，却不能达到社会最优的污染排放水平。并且，一旦达到管制标准，企业几乎没有更进一步减少污染或将污染降低到管制标准以下的动力，无论这样做的成本有多低。二是规制制定和强制执行的成本可能相当高，信息不完全会使这一情况更严重。此外，直接管制还可能面临行政效率低和官僚主义，地方行政机关容易产生不公正和长期拖延等问题,造成"管制幻觉"。

(三)法律法规

法律是一套确保其他规制执行的规则。法律在规定个人或企业行为权利的同时,明确了对他人造成伤害或者经济损害时所需要承担的责任,这是法律工具与其他政策工具的区别。法律通过构造责任体系,使个人或企业将其忽略的负外部性内部化。斯蒂格利茨(1988)还指出,在这个系统下,有着直接利益的受害者,承担着执行法律的责任,而不是依靠政府来确保不发生外部性。因为受害者比政府更愿意弄清楚有害事件是否发生,显然,这个系统更有效。要建立有效的解决外部性的法律系统,首先必须确立一套严格定义、稳定不变的产权。

但是,通过法律来解决外部性会受到五个方面的限制:第一,诉讼的交易成本较大,外部性损失较小时,不值得动用法律武器;并且用行政规制和经济激励工具矫正外部性时,交易成本主要由公共部门负担,在法律系统中却由私人负担。第二,由于诉讼费用昂贵,厂商会把外部性的影响削减到接近但稍小于受损者诉讼的成本,这就意味着产生了较大的效率损失。第三,诉讼的结果具有未来不确定性,如果诉讼成本很大,受损者就不太情愿运用法律手段解决外部效应。第四,由于诉讼过程中存在着成本较高与未来结果不确定的因素,这就意味着与公平、正义相冲突。第五,在存在较多外部性的受损者的情况下,就个人而言,如果其损失价值较小而不足以使他去起诉,就会出现"搭便车"的现象,即每个人都想让别人去起诉,如果他人成功了,自己就可以坐享其成。

总而言之,法律的作用主要在于确定经济秩序和减少经济活动的不确定性,为解决外部性提供了重要的补救办法。但它难以解决类型不同的所有外部性,也有其局限性。

(四)社会准则

社会准则实际上是一种道德约束。个人或厂商的经济行为首先受到法律和政府经济政策的约束。但法律、法规、政策、规章并不能覆盖所有的经济活动。经济学家黄有光(1991)认为,任何一件外部性事件的产生,都或大或小地存在着良心效应,即"良心"发挥着一定的作用。一般说来,良心效应会产生两种不同的作用。第一,当外部性产生者给他人的福利带来不利的影响,且不给予补偿时,良心效应将会降低其自身的整体福利水平。第二,由于良心效应的缘故,庇古税实际上可能反而会提高产生外部性活动的水平。例如,歌唱爱好者在家练习唱歌,其歌声对隔壁午休的邻居而言是一种噪声,是一种负外部性。良心的谴责使他感到内疚,从而降低了他的边际效用曲线。若对此唱歌者征收噪声税,由于为自己造成的外部性付出了代价,他将不再内疚。因此,其边际效用曲线回到之前的水平。

斯蒂格利茨认为,进行社会准则的教育是解决外部性的一种方法。这种教育的具体内容就是"黄金律"教育。他认为,用经济学的语言来解释就是"要产生外部经济性,不要产生外部不经济性"。由于人们的行为是互相影响的,因此人们要时时刻刻用社会准则来要求自己,并且,父母也应该总是引导自己的孩子按"社会可接受的方式"行事,那就是不产生外部性。这种黄金律在家庭中一般来说成功地避免了外部性;但就社会化过程来说,却没有成功地解决现代社会所产生的各种各样的外部性问题。

实际上,社会准则和黄金律无非是一种道德教育。运用这种"思想教育"的方式来解决外部性问题在某种范围内可发挥很大的作用。毫无疑问,这也是管理者普遍采用的对付外部性的重要手段之一。

三、联合矫正

传统理论认为,市场在外部性问题上的失灵需要政府来矫正。但实践结果表明,政府也是外部性的一种根源,而且在很多情况下比市场导致的外部性更为严重。现实世界中,外部性问题普遍存在,单一的政策工具并不总是有效。因此,需要联合多种政策工具予以矫正。

(一)押金—退款

押金—退款制度(Deposit Refund System,DRS)是针对具有潜在负外部性的物品,消费者(或下游厂商)在购买时预先支付一定的押金,当其采取避免负外部性产生的行为后获得押金返还的制度。例如,消费者购买玻璃瓶装的啤酒时,要支付一定数额的押金,此押金包含在啤酒的售价中;当其将玻璃瓶归还至商家或指定地点时,可获得相应的押金返还。农民购买用塑料容器装的有毒杀虫剂时,情况亦如此。

押金—返还实际上是税收与补贴的结合。押金是对消费者(或下游厂商)不当处置的假定税收,以此筹集的资金用于补贴那些退还啤酒瓶的消费者或有毒杀虫剂塑料罐的下游厂商;那些不退还的人得不到退款,即为其产生的负外部性承担了相应的费用。为了达到有效率的资源配置水平,押金数量应等于与负外部性经济价值相当的边际社会成本,返还部分为押金减去废弃物回收循环利用的边际外部成本。这一制度激励人们避免以损害环境的方式处理物品,既能够减少废弃物排放量,又能够鼓励人们循环使用该资源。

押金—退款制度具有灵敏的显示机制,即当潜在的负外部性产生者退还已缴纳押金的物品,就显示了其对规则的服从,无须再对其不合法处置行为进行监控。这大大节约了交易成本。因此,该制度适用于产品的购买者众多、使用范围较广,或者政府很难甚至无法监控其处理过程的情形。前者如饮料罐、瓶子等一般消费品,含镉电池及车用蓄电池、轮胎等含有危险物质的消费品。后者如常规的工业污染。例如,工业企业购买矿物燃料时,根据燃料中硫的含量缴纳押金。当其从废气中回收分离出硫后,政府返还押金。

(二)可交易许可证

可交易许可证(Transferable Permission,TP)是这样一种制度,它以环境自净能力或自然资源可持续利用为约束来确定社会可接受的排污量或产出总量,即限额;以许可证或配额的形式将这一限额分配给排污者或生产者,并允许他们将许可证或配额以合理的价格转让。制度的创立主要是为了消除由于产权缺失或具有"公共产品"特征的环境资源使用而产生的负外部性。相应的政策工具在污染管理领域被称为可交易排污许可证(Transferable Discharge Permission,TDP),在渔业管理上被称为个体转让配额(Individual

Transferable Quota，ITQ）。类似的还有,可转让放牧权、发展权等。

以可交易排污许可证（TDP）为例,政府决定允许排放的污染物总量,根据排放总量确定许可证的数量,再按照一定的规则将许可证分配给企业,并允许企业出售其多余的排污许可证额度。若排污许可证允许排放的污染物数量少于当前的排污量,那么部分或者所有企业获得的排污许可数量将少于其当前的排污量。以火力发电行业硫的排放量削减为例。假设该行业有 A 和 B 两家发电厂,两厂当前每年硫的排放总量为 210 t,其中A 厂的排放量为 120 t,B 厂的排放量为 90 t。若政府希望将排污总量削减 50%,即每年排污总量为 105 t。为此,政府设定 105 个单位的排污许可证,每单位许可证允许电厂每年排放 1 t 的硫,并规定按照两个电厂当前的排放比例分配排污许可证,即 A 厂获得 60个单位,B 厂获得 45 个单位。在此情况下,两个电厂均面临三种选择:一是通过引入新的污染处理设备或技术改进,将排污量削减至许可证规定的排放水平;二是购买额外的许可证,满足其排污的需求;三是将电厂的排污量削减到低于起初获得的许可证规定的水平,然后出售富余的许可证。若 B 厂将排污量削减至 45 t 时的边际成本为 3 400 元/t,A厂将排污量削减至 60 t 时的边际成本为 1 000 元/t。对 B 厂而言,如果它能以低于 3 400元/t 的价格买到额外的许可证,就可以通过减少一部分减排的成本而获利。A 厂如果能以高于 1 000 元/t 的价格出售其拥有的排污许可证,而加大污染削减的幅度,出售许可证的收入将高于增加的污染控制成本,从而获得一部分利润。因此,只要许可证价格在 1 000 元/t 至 3 400 元/t 之间,交易将使双方获利。最终,两家电厂在最后一单位污染物削减的边际成本相等时停止交易,由此决定了排污许可证的市场价格。进一步,在一个由许多企业参与的市场中,只要企业之间污染物减排的边际成本不相等,排污许可证交易将激励每个企业寻找更优的方法削减排污量,减排边际成本较低的企业会更有效率地使用其许可证额度,再将剩余的许可证出售给污染物减排边际成本较高的企业。供需均衡时,各企业减排的边际成本相等,且等于排污许可证的市场价格。由此可见,可交易排污许可证可以在实现既定污染物排放总量目标的同时,运用市场机制确保了减排的经济效率。

可交易许可证在实施中面临如下困难:第一,许可证的初始分配。毫无疑问,每个企业都希望在初次分配中获得尽可能多的许可证,采用何种方式分配许可证却难以达成一致。每一种方法都有其不公平之处。例如,对于排放相同污染物的企业,在它们之间平均分配许可证,则忽略了企业间的规模差异,对规模大的企业不公平。若按当前排污量的比例分配许可证,则没有考虑到各企业之前在污染治理方面的投入差异。这对于重视污染治理,相应投入高,排污量少的企业不公平。第二,交易规则的建立。其中,最基本的是确定许可证市场的参与者,即规定许可证市场只限于排污者参与,还是允许任何人或机构都可以介入? 同时,政府还需规范交易程序,防止不合理的交易发生。但交易规则又不能制定得过于烦琐,否则会增加交易成本,妨碍许可证交易的进行。第三,许可证数量削减。如果排污水平随着技术进步降低,政府应该如何减少流通中的许可证? 政府可以借助许可证交易市场,在市场上回购一定数量的许可证,并将其报废,不再出售;也可以允许其他个人或组织尤其是环保组织购买许可证。但这又与政府制定的交易规制有关。

第四节　外部性矫正工具在中国的应用

或许因为给他人造成某种损害或经济损失，现实中负外部性受到更多关注。负外部性种类众多，其中最突出的一类可能是经济主体行为导致的环境损害及自然资源过快消耗。环境与资源利用问题正是当前中国政府和民众关注的焦点之一，本节将围绕环境治理来揭示外部性矫正工具在中国的实际运用。

一、中国环境治理法律和政策体系的形成

中国采用行政管制、法律工具矫正环境污染始于 20 世纪 70 年代。1973 年首次全国环境保护会议召开，制定了第一部环境保护政策文件《关于保护和改善环境的若干规定（试行草案）》。1979 年《中华人民共和国环境保护法（试行）》颁布，这是中国第一部保护环境和自然资源、防治污染和其他公害的综合性法律，其中明确规定了环境影响评价、"三同时"、排污收费和谁污染谁治理等基本制度和原则。

1983 年环境保护被确立为基本国策，环境保护在中国经济社会发展的地位提升。1989 年国务院召开的第三次全国环保会，确立了"三大政策""八项制度"[1]。同年，环保法经修订并颁布实施。截至 1991 年，国家共制定并颁布了包括《中华人民共和国水污染防治法》《中华人民共和国大气污染防治法》《中华人民共和国环境噪声污染防治条例》等在内的 12 部资源环境法律、20 多件行政法规及 20 多件部门规章[2]。至此，中国环境治理法律法规和政策体系初见雏形。

此后，随着 1992 年可持续发展战略实施、2003 年科学发展观的确立、2012 年生态文明建设的提出和 2018 年生态文明写入宪法，中国污染治理和环境保护的法律法规和政策工具在不断充实、反思和调整中逐步发展，并日臻完善、成熟。

二、中国环境治理法律和政策体系概览

就法律法规而言，一方面《中华人民共和国宪法》《中华人民共和国民法典》《中华人民共和国刑法》等基本法律中都明确了有关自然资源利用和生态环境保护的规范要求；另一方面，水、气、土、固废等各要素污染防治法以及环境影响评价、野生动植物保护等专项法或单行法出台实施并不断修缮，其中环境保护法律 13 部，自然资源保护与管理法律

---

① 三大政策指的是："预防为主、防治结合""谁污染，谁治理"以及"强化环境管理"；八项制度则包括："三同时"制度、排污收费制度、环境影响评价制度、环境目标责任制、城市环境综合整治定量考核制度、排放污染物许可证制度、污染集中控制制度以及限期治理制度。

② 张坤民.关于中国可持续发展的政策与行动[M].北京:中国环境科学出版社,2005:15.

20 余部,生态环保行政法规 30 余部①。这为其他类型环境治理政策工具的制定和实施提供了法律依据和保障。

目前,中国已经形成了包含私人部门矫正、公共部门矫正以及联合矫正各类政策工具在内的较为完善的环境治理政策体系。表 5-2 列示了部分中国正在实施的政策工具。以标准为例,标准是实现污染物减排、环境质量改善、环境风险防范的重要工具。中国目前已形成两级五类的环保标准体系,分别为国家级和地方级标准,类别包括环境质量标准、污染物排放(控制)标准、环境监测类标准、环境管理规范类标准和环境基础类标准。截至 2019 年,累计发布的国家环保标准多达 2 432 项(含现行有效标准 2 076 项、已废止标准 356 项),累计备案地方标准 266 项②。补贴类政策工具,除了对正外部性的补贴,还包括减少负外部性的补贴,补贴的具体措施多样。前者如对石化、冶金、化工等污染严重行业的中小企业,使用清洁能源和原料的补贴;对节能环保企业实行所得税"三免三减半③",对污水、再生水、垃圾处理行业免征或即征即退增值税,对脱硫产品增值税减半征收等。后者如对购置环保设备的投资抵免企业所得税,对排放浓度低于国家或地方污染物排放标准一定比例的应税大气污染物或水污染物减免部分环境保护税等。

表 5-2　外部性矫正工具在中国污染治理中的应用实例

类　型		政策工具	污染治理	来　源
私人部门矫正		产权界定	排污权有偿使用	国办发〔2014〕38 号
		自愿交易	国内外机构、企业、团体和个人参与温室气体自愿减排量交易	温室气体自愿减排交易管理暂行办法(发改气候〔2012〕1668 号)
公共部门矫正	经济激励	税收	对四大类污染物征税	中华人民共和国环境保护税法(2018)
		收费	污水处理费	中华人民共和国环境保护法(2015)
			排污权使用费	排污权出让收入管理暂行办法的通知(财税〔2015〕61 号)
		补贴	重点行业清洁生产技术和清洁能源补贴	中央补助地方清洁生产专项资金使用管理办法(财建〔2004〕343 号)
			对达标发电机组给予电价补贴、发电量奖励	全面实施燃煤电厂超低排放和节能改造工作方案(环发〔2015〕164 号)

---

① 王金南,董战峰,等.中国环境保护战略政策 70 年历史变迁与改革方向[J].环境科学研究.2019,32(10):1636-1644.

② 李瑞农.中国环境年鉴[M].北京:中国环境年鉴社,2020:308.

③ "三免三减半"是指符合条件的企业从取得经营收入的第一年至第三年可免交企业所得税,第四年至第六年减半征收。

续表

类　　型		政策工具	污染治理	来　　源
公共部门矫正	行政管制	进入规制	排污许可证	中华人民共和国水污染防治法（2018）
		投入/技术规制	高炉喷吹用煤技术条件（钢铁行业用煤）	GB/T 18512—2008 国家环保部（2008）
			燃煤机组必须安装高效脱硫脱硝除尘设施	环发〔2015〕164 号
		总量控制	地级及以上城市 PM$_{2.5}$ 浓度下降10%	"十四五"规划和2035年远景目标的发展环境（国务院，2021）
		标准	钢铁企业超低排放指标限值	关于推进实施钢铁行业超低排放的意见（环大气〔2019〕35 号）
			清洁生产标准 钢铁行业（铁合金）	HJ 470—2009 国家环保部（2009）
		禁令	禁止向水体倾倒有毒有害物质	中华人民共和国水污染防治法（2018）
	社会准则		爱护环境人人有责、环保健康的生产生活方式	
联合矫正	押金-退还		废弃农药包装物押金制度	关于推进农业废弃物资源化利用试点的方案（农计发〔2016〕90 号）
	可交易许可证		排污权交易	国办发〔2014〕38 号

注：①文件名为"关于进一步推进排污权有偿使用和交易试点工作的指导意见"。

②表中仅列示了很少一部分中国正在实施的政策工具，生态环境损害赔偿制度、绿色债券、环境污染责任险等并未包含其中，且每一类政策工具中仅列出了1～2项具体政策。

③许多政策工具或是通过法律法规确立或是基于特定法律法规制定，故未将法律法规作为单独一项在表中列示。

　　与欧盟、美国等经济发达国家的趋势相同，中国早期环境外部性矫正以禁令、总量控制和标准等行政管制工具为主。1993年后，随着社会主义市场经济制度的建立，经济激励工具被置于重要位置，环境标志、污水排放许可证、排污交易权、二氧化硫排污费等制度和工具得以推行或试点。2013年党的十八届三中全会以后，利用市场机制解决环境问题的私人部门工具得到重视。最突出的表现就是排污权交易制度的快速推广和全国碳交易市场的建立。中国从20世纪80年代开始排污交易权制度试点，但当时多是地方开展个案探索。2007年天津、河北、内蒙古等11个省（区、市）经国家批准开展排污权有偿使用和交易试点。在总结经验和教训的基础上，2014年国务院发布了《关于进一步推进排污权有偿使用与交易试点工作的指导意见》，明确要求试点省（区、市）在2015年底前完成现有排污单位排污权的初次审核，在2017年基本建立排污权有偿使用和交易制度。到2019年初，全国开展试点的省（区、市）数量多达28个，大多数试点地区选取火电、钢铁、水泥、造纸、印染等重点行业作为交易行业，浙江、重庆等部分地区扩展到全行业范围；近一半的试点地区选取二氧化硫、氮氧化物、化学需氧量和氨氮作为交易的污染因子。2021 年 7 月 16 日,全国碳排放权交易市场正式启动。交易首日,碳排放配额总成交量 410.40 万 t,总成交额高达到 21.02 亿元。

总之,经过四十多年的发展,中国已经形成了较为完善的环境治理法律法规体系和政策体系。实践中,具体环境问题的解决也往往得益于法律、市场和规制等多种政策工具的综合作用。

内容小结

1. 外部性是指一种经济活动附带的成本或收益。从产生主体的角度,外部性是一个经济主体的行为对其他人福利的影响,而施加这种影响的行为者并没有为此付出代价或因此获益;从承受主体的角度,外部性被解释为某经济主体福利函数的实变量中包含了他人的行为。

2. 外部性独立于市场机制之外,在经济主体决策范围之外产生,外部性的存在由外部性产生者和承受者相互作用共同决定,公共产品是外部性的一个特例。

3. 外部性表现形式多样,常见的分类有货币外部性和技术外部性、正外部性和外部性、生产的外部性和消费的外部性、总体外部性和个体外部性。

4. 外部性产生的原因主要有市场机制论、产权论和交易成本论三种。市场机制论认为外部性的产生源于市场机制自身;产权论将外部性的根源归结于产权不明晰或无法清晰界定产权;交易成本论则主张高交易成本是外部性存在的最终原因。

5. 外部性存在时,市场无法实现社会资源最优配置,造成效率损失。存在负外部性时,因边际私人成本低于边际社会成本,厂商按照利润最大化原则决定的产出超过均衡产出;存在正外部性时,因边际私人收益小于边际社会收益,会出现厂商产出不足。

6. 矫正外部性的目标是使边际私人收益与边际社会收益相一致,边际私人成本与边际社会成本相一致,从而实现资源最优配置。私人部门矫正、公共部门矫正、联合矫正是矫正外部性的常用手段。私人部门矫正包括产权界定和组织一体化;公共部门矫正包括税收和补贴、行政管制、法律法规以及社会准则;联合矫正包括押金—退款和可交易许可证。

复习思考题

1. 什么是外部性? 如何理解外部性?
2. 外部性有哪些重要特征? 如何对外部性分类?
3. 解释外部性产生原因的观点有哪些? 你支持哪种观点? 理由是什么?
4. 外部性对资源配置效率有何影响?
5. 矫正外部性的主要措施有哪些? 你认为私人部门和公共部门在矫正外部性问题上各自的优势和缺陷是什么?

第六章 公共预算

公共预算是公共经济学中的重要一环。公共预算帮助政府汲取和分配公共资源,以指导和保障公共产品和服务供给的公平和效率。在公共经济学中,公共预算既是政府与市场关系中的重要资源分配方式和政府职能表征,又是反映政府具体经济行为——公共收入与公共支出的晴雨表。本章由四节组成:第一节公共预算概述,第二节公共预算程序与模式,第三节公共预算赤字与债务,第四节中国公共预算实践。

第一节　公共预算概述

一、公共预算的历史发展、概念与基本问题

(一)公共预算的历史发展

预算,是一种社会生活中常见的经济行为,主要是对收入和支出进行的计划和管理,以反映各种活动的成本和效果。小到个人、家庭和企业,大到政府和国家,都需要对收入和支出进行规划和管理。通俗地讲,预算反映人们如何筹钱和花钱。但是,公共预算相对复杂。它在形式上是政府的公共资源,或者准确地说是公共财力资源的配置,其核心价值是公共性的问题①。

实际上,公共预算发展历史和国家建设的发展是联系在一起的。自国家诞生起,就有了财政管理活动,来进行公共经济行为。早期的财政管理活动主要反映为财政收支记录,它起源于税收,并考虑税收如何用于开支,这可以理解为"公共预算"的雏形。在 19 世纪之前,尽管所有国家都有财政活动,但是,"公共之财,取之于民,用之于民"的公共财政意识匮乏,收入支出管理零散,同时缺乏外部监督,即没有一个有效的财政制度将所有

---

① 王浦劬.公共预算与政治学[M]//马骏,王浦劬,谢庆奎,等.呼吁公共预算:来自政治学、公共行政学的声音.北京:中央编译出版社,2008:6-11.

收支都集中起来,优先配置和约束国家收支行为规范,保证国家更负责①②。公共预算的著名学者凯顿(Caiden,1978)将其称为"前预算时代"(prebudgeting era)③。因此,财政资金的收支效率低下,贪污、腐败、浪费以及财政危机频出。在进入 19 世纪以后,工业经济迅速发展,代议制民主开始确立,欧洲各国开始倡导预算改革来进行国家建设,规范政府的公共经济行为,保证政府更加负责。英国、法国和美国在不同程度上都开始在政府内部建立一个集中控制资金分配和使用的公共预算体系,并由议会进行年度预算的审批,以监督政府的各项公共经济活动及其财政纪律,保证国家更加负责。现代公共预算由此诞生。

(二)公共预算的概念

公共预算,建基于公共财政的理念,是约束政府行为、保证政府向人民负责的重要资源配置机制。但是,在公共经济学中,公共预算不是唯一的配置资源机制,市场也是其中的一种④。但是,公共预算过程和其他的资源配置机制的主要区别就在于公共预算需要资源申请,它和资源配置一起是根据一些专门为此目的而建立的程序与规则而进行的。预算过程规定了如何、什么时候、谁来申请资源和配置资源以保证政府提供公共产品和服务的纪律行为,以符合公共利益。而市场并没有这种资源配置的规则,市场交易仅以参加者的同意为原则。此外,除资源申请和资源配置外,公共预算还需要资源保护,即通过立法机关来支持那些有生产效率的资源申请,而抵制否决那些没有效率的资源申请。

基本上,公共预算可以总结为一种"必须经法定程序批准的、政府机关在一定时期的财政收支计划。它不仅是对财政数据的记录、汇集、估算和汇报,而且还是一个计划。这个计划由政府首脑准备,然后提交立法机构审查批准。它必须是全面的、有清晰分类的、统一的、准确的、严密的、有时效的、有约束力的,它必须经过立法机构批准与授权后方可实施,并公之于众⑤"。

公共预算的概念有三个关键点:第一,现代公共预算是由应该负责并且可以负责的行政首脑提交的财政收支计划,这是它区别于其他计划之处;第二,这个计划必须由代议机构审查批准,在代议机构批准政府的财政收支计划之前,政府不得收一分钱,花一分钱;第三,这个计划必须包括全面且详细的政府计划活动的各种信息⑥。其实,公共预算概念还有个重要的关键点,即公共预算必须公之于众。一个没有预算的政府是"看不见

①　中国发展研究基金会.公共预算读本[M].北京:中国发展出版社,2008:3.

②　MA J,NI X. Toward a clean government in China:Does the budget reform provide a hope? [J]. Crime,Law and Social Change,2008,49(2):119-138.

③　CAIDEN N. Patterns of budgeting[J]. Public Administration Review,1978,38(6):539-543.

④　马骏,於莉.公共预算研究:中国政治学和公共行政学亟待加强的研究领域[M]//马骏,王浦劬,谢庆奎,等.呼吁公共预算:来自政治学、公共行政学的声音[M].北京:中央编译出版社,2008:17-34.

⑤　王绍光.从税收国家到预算国家.[M]//马骏,侯一麟,林尚立.国家治理与公共预算.北京:中国财政经济出版社,2007:13-24.

⑥　王绍光,马骏.走向"预算国家":财政转型与国家建设[M]//牛美丽,马蔡琛.构建中国公共预算法律框架.北京:中央编译出版社,2012:3-38.

的政府",而一个"看不见的政府"不可能是负责的政府。如果政府没有预算,或者预算不向社会公开,那么"关于政府活动结果的公共信息缺乏,对政府的公开控制就是盲目的、摸索中的①。"

(三)公共预算的基本问题

1940 年,凯伊(Key)提出,将 X 元分配活动 A 而非 B 的标准是什么?为什么 A 要优于 B 呢?这一问题被称为"凯伊之问",是公共预算的基本问题。实际上,凯伊之问主要在于预算的优先权是如何确定的,而公共预算和其他公共经济活动一样,都需要通过政治程序加以确定,做出集体决策而非微观经济学中探讨的私人决策。这就导致了预算的本质在于政治而非仅仅只是一个简单的会计、经济或者技术问题。美国预算改革的奠基人、著名的公共预算专家克利夫兰(Cleveland,1915)就认为,现代的公共预算是一种与资源分配相关的决策选择艺术。

威尔达夫斯基(Wildavsky)对凯伊之问进行了经典的回答,并认为公共预算的政治意义决定了预算过程和最终的结果。当政治共识(即各方政治力量对政府扮演什么样的角色,应该做哪些活动来构建一个美好社会的认知)存在时,预算过程和结果就较为稳定,而政治共识不在,就会反映为预算的分歧。因此,和公共经济学的其他活动一样,作为集体决策,公共预算需要更多地考虑政治程序以及集体决策的影响。因此,它更是个政治的问题。

二、公共预算的目标、功能与原则

(一)公共预算的目标

现代公共预算还有四个基本目标:总额控制、配置效率、运作效率和财政问责②。

总额控制是指对财政收支总额进行控制,常见的做法为设定支出天花板,保障财政可持续以抵御财政风险。总额控制要求政府应该对预算收支平衡予以积极的关注。在19 世纪至 20 世纪 50 年代,大多数国家都能维持基本的预算平衡,即财政支出不能超出财政收入③。但是,20 世纪 50 年代以后,随着社会经济的发展,社会保障等权益性支出开始不断上升,导致预算平衡难以为继,再加上经济萧条、赤字和债务频出。因为伴随着经济社会发展水平的提高,对预算支出的需求是不断扩张的,而政府的财力却受到诸多因素的影响,不一定能够应对支出需求的增长。如果不能有效地协调和控制财政收入和支出之间的冲突,失去控制,政府支出膨胀会消耗过多的财力。一般通过两个办法来加以解决,一是征税,但是政治风险很高,因为提高税收需要征得人民的同意。二是借贷,这往往是政治家们的首选,因为最为容易。但是在国家财力汲取一定的情形下,如果不

---

① HENRY B. The New City Government[M]. New York:D. Appleton,1912:130.
②③ 中国发展研究基金会.公共预算读本[M].北京:中国发展出版社,2008:3.

对借贷以及支出实施总额控制,毫无节制的借贷和无约束的支出需求,最后会消耗政府的财力并引发财政危机。

配置效率是指科学有效地分配资金,将公共资金使用优化。"改进富裕国家的预算分配,可能会使人均收入上升几个百分点,而在穷国,它可能意味着从一贫如洗到满足基本需求之间的区别[1]"。和资源配置的另一个机制——市场不同,公共部门的预算配置效率还需要考虑公平性问题,并要根据国家执政理念和发展方针,结合更高的战略计划和具体政策来指导支出分配,同时还需要考虑支出结果问题,即需要考虑资金使用能带来多大的效果?能否满足计划政策目标?因此,配置效率是和预算绩效联系在一起的。

运作效率是指在预算执行过程中的组织管理要科学有效,遵循财政纪律,防止公共资金的贪腐、挪用和浪费,鼓励节约和创新,确保各部门在公共资金使用上能够协调一致,灵活有效地进行预算计划的实施。

财政问责包括两个方面,第一,预算必须公开且能够予以解释;第二,官员能够对预算结果负责。公共预算主要是"取之于民,用之于民",完整的公共预算报告可以告诉我们,政府政策、活动、公共产品和服务供给的真实成本,以及谁承担了这个成本,谁又享受了这种服务。这些预算信息会告诉公众,政府做的事情是否应该做,做得好还是不好。因此,财政问责是政治问责中最具实质意义的问责,因为最能反映政府活动的信息就是预算信息,通过对做得不好甚至违法使用公共资金的官员予以惩罚,可以保证政府更加负责。财政问责的重要性可见一斑。

（二）公共预算的功能

公共预算的功能主要是指公共预算发挥的作用。根据著名学者艾伦·希克（Allen Schick）对现代公共预算发展历史阶段进行了总结,归纳出三个功能。

第一,计划。一直以来,预算都被认为是将资金支出和计划目标的实现系统联系起来的过程。但是,计划并不是公共预算体系提供的唯一功能。在预算体系中,计划包括了目标的确定、对其他行动步骤的评估和可选择项目的授权三个部分[2]。具体而言,公共预算的计划功能主要表现在决定组织的目标及其变化,如何优先排序、筹资、使用和控制实现目标的公共资源[3]。

第二,管理。管理的过程贯穿整个预算周期,理论上,它是连接制定的目标和从事活动的桥梁,确保有效获得和利用人员和相关资源以实现组织目标[4]。

第三,控制。将预算执行官员与他们上级制定的政策和计划捆绑在一起的过程,确保有效地完成具体任务。它不仅决定了预算评估和拨款的方式,而且还在执行和审核阶

① 希克.现代公共支出管理方法[M].王卫星,译.北京:经济管理出版社,2000:37.
②③④ 艾伦.希克.通向计划项目预算之路:预算改革的各个阶段[M]//阿尔伯特·C.海迪,等.公共预算经典（第二卷）:现代预算之路（第三版）.荀燕楠,董静,译.上海:上海财经大学出版社,2006:64-84.

段占主导地位①。

(三)公共预算的原则

从 19 世纪开始,现代公共预算的编制与执行制度经过了 200 多年的发展,逐渐形成了一系列被理论和实践广泛认可的基本原则。中国发展研究基金会参考了诸多专家学者的观点后,在《公共预算读本》中总结了公共预算的八条原则。"第一,年度性原则。预算每年都必须重新制定一次并只能覆盖某一个特定时期。第二,事前批准原则。政府所有的支出—有时也包括收入—必须获得立法机构的批准。第三,全面性原则。全部政府收支必须纳入预算,受预算过程约束,即支出的部门控制。第四,平衡预算原则。在正常情况下,财政活动中的收入和支出必须平衡,即使在不可避免地出现赤字和盈余的情形下,也要做到财政收支在数量上的大致平衡。第五,严格性原则。预算经立法机构批准后,即成为具有法律效力的文件,执行机关必须照此执行,非经法定程序,不得改变。第六,审计原则。政府部门的收支活动与预算执行必须受到审计监督。第七,公开、透明原则。公共预算的制定过程是透明的、受公众监督的②。"

三、公共预算理论

(一)渐进主义理论

公共预算的渐进主义理论,也称为渐进预算,是威尔达夫斯基根据美国公共预算的过程提出来的,主要用来解释预算决策过程是如何做出来的,也是对凯伊之问的积极回应,是公共预算理论中的经典理论。基本上,渐进预算是针对现状进行的微调,强调议程稳定的重要性。预算决策的做出主要依据上一年度的预算基数,并不会做大幅度的改变,也很难发生大幅度的变化。由于他们对下一年预算的关注主要聚焦于所提出的增量上,通过批准不同比例的增量来显示他们的优先权。这种模式通常被视为一个被行政部门和国会的知情人支配的封闭过程③,在这个过程中,预算官员和立法者并未向社会开放对话,其对话的主体也仅限于行政部门(资源申请部门)和拨款委员会(资源审批部门)。行政部门和拨款委员会围绕着预算的确定性与变量数目来进行交流以及承诺的做出。如果过去的承诺能够被遵守,则当前的选择可在现存的基础上集中于一个小的部分(增量的部分)④。于是,过去的决策决定了大多数未来的支出。而对话双方,行政部门和拨款委员会往往会在支出的大小、范围和分配问题上达成协议。冲突也就局限于增量,即这个地方多一点,那个地方少一点⑤。政治的现实使预算制定者们只能将注意力放在他

---

① 艾伦.希克.通向计划项目预算之路:预算改革的各个阶段[M]//阿尔伯特·C.海迪,等.公共预算经典(第二卷):现代预算之路(第三版).苟燕楠,董静,译.上海:上海财经大学出版社,2006:64-84.

② 中国发展研究基金会.公共预算读本[M].北京:中国发展出版社,2008:3.

③ 勒屡普·T.兰斯.新世纪的预算理论[M]//阿曼·卡恩,W.巴特利·希尔德雷思.公共部门预算理论.韦曙林,译.上海:格致出版社,2010:1-26.

④ 阿伦·威尔达夫斯基,布莱登·斯瓦德洛.预算与治理[M].苟燕楠,译.上海:上海财经大学出版社,2009:175-176.

⑤ 阿伦·威尔达夫斯基,内奥米·凯顿.预算过程中的新政治学(第四版)[M].邓淑莲,魏陆,译.上海:上海财经大学出版社,2006:50.

们能够有所作为的项目上——几个新项目和可能削减支出的老项目上①。然而,重要的不是增量,而是当前的基础,因为它意味着对过去(承诺)的承认②。这种承诺来源于美国各方政治力量能够对怎样构建一个美好的社会,政府在其中所扮演的角色,能干什么、不能干什么等能够达到一种共识。稳定的基数代表着一种稳定的政治,都会在公共预算上予以反映。所以,在渐进主义模式下的预算过程往往被描述为稳定可预测的③。但是,渐进主义理论只是反映美国那个时代(第二次世界大战后到20世纪60年代)的预算环境理论,即在一个经济稳定扩张的时期,政府能够通过扩张即"预算增长"来吸收增长的财政收入。后来,随着社会经济的变迁,预算环境发生了很大变化,这个预算模式也变得不合时宜。

(二)间断平衡理论

间断平衡理论也是对凯伊之问的回应,它体现了对提到议程上的优先权的控制和转换的成果④。具体而言,渐进主义理论虽然承认预算的较大变动会偶然发生,但预算的特性是基于多数预算的变动较小的事实⑤。而间断平衡则是解释频繁变动与偶然大变动的一个理论,由鲍姆加特纳和琼斯(1996)提出。

间断平衡理论承认议程的稳定性。但是,当组织化努力(或动员)能够动摇现状时,就会产生不稳定。在这种情况下,短期的渐进政策制定是不够的,需要强大的动力以推动整个渐进的飞跃⑥。特鲁扩展了鲍姆加特纳和琼斯的预算理论。他认为,政策议题驱动着支出,并且预算实际上又由政策驱动。而政策转变会引起大的非渐进的转变,在一些情况下,优先权被重新调整,并反映在预算上⑦。琼斯等人进一步对政策注意力进行了研究,发现渐进主义意味着正态分布,而大规模预算变动频率比正态分布更高,呈现尖峰分布,这种尖峰分布就预示着偶发决策的存在。他们认为,这是由于无论个人或组织都不能同时关注所有的政策问题,因此,政策注意力的转变就引起了间断⑧。在预算应用中,它揭示了支出优先权的转变。间断预算活动是议程设置中不稳定性所衍生的结果。这些不常见但重大的不稳定瞬间,为非渐进变化的发生提供了机会⑨。

第二节　公共预算程序与模式

一、公共预算程序

公共预算程序需要厘清预算过程是"自上而下"还是"自下而上"。在一个自下而上的预算过程中,预算编制是从每个机构的预算请求开始的,然后由政府首脑及其预算部

① 阿伦·威尔达夫斯基,内奥米·凯顿.预算过程中的新政治学(第四版)[M].邓淑莲,魏陆,译.上海:上海财经大学出版社,2006:54.
②③ 勒屡普·T.兰斯.新世纪的预算理论[M]//阿曼·卡恩,W.巴特利·希尔德雷思.公共部门预算理论.韦曙林,译.上海:格致出版社,2010:1-26.
④⑤⑥⑦⑧⑨ 米根·乔丹.间断平衡:基于议程的预算理论[M]//阿曼·卡恩,W.巴特利·希尔德雷思.公共部门预算理论.韦曙林,译.上海:格致出版社,2010:236-252.

门或者议会审查。在自上而下的预算过程中,各个支出部门通常没有任何影响①。政府首脑及其预算部门会发布关于如何形成预算要求的指示,要求这些支出部门遵守。在自下而上的预算过程中,预算是在各个部门预算要求的基础上形成的,它可以较好地反映支出部门的要求。但是,它不利于在资金分配中贯彻政府首脑的政策意图,而且在这种预算体系下进行支出控制比较困难,因为各个部门都有扩张支出的冲动②。在现实中,预算体系通常是将自上而下与自下而上相互结合③。具体的公共预算程序包括三个方面:公共预算的编制、公共预算的审查和批准和公共预算的执行。

（一）公共预算的编制

公共预算的编制是预算程序的第一阶段,主要是指对公共部门各项收入和支出进行编制。在中国,根据《中华人民共和国预算法》(2018年修正),中国需要编制一般公共预算、政府性基金预算、国有资本经营预算和社会保险基金预算四本预算。根据《中华人民共和国预算法》(2018年修正)第四章第三十一条、三十二条,国务院应当及时下达关于编制下一年预算草案的通知。编制预算草案的具体事项由国务院财政部门部署。各级政府、各部门、各单位应当按照国务院规定的时间编制预算草案。各级预算应当根据年度经济社会发展目标、国家宏观调控总体要求和跨年度预算平衡的需要,参考上一年预算执行情况、有关支出绩效评价结果和本年度收支预测,按照规定程序征求各方面意见后,进行编制。同时,各级政府依据法定权限做出决定或者制定行政措施,凡涉及增加或者减少财政收入或者支出的,应当在预算批准前提出并在预算草案中做出相应的安排。各部门、各单位应当按照国务院财政部门制定的政府收支分类科目、预算支出标准和要求,以及绩效目标管理等预算编制规定,根据其依法履行职能和事业发展的需要以及存量资产情况,编制本部门、本单位预算草案。

中国的公共预算编制流程主要采取"两上两下"的程序,但是在一些地方也有"三上三下""四上四下"等流程,这主要取决于当地的支出部门与预算部门的沟通及互动情况。"两上两下"具体包括:"一上"是指支出部门先向财政部门上报预算建议数。"一下"是指财政部门审核各部门报上来的预算以后,下达预算控制数给各个支出部门。"二上"是指各部门根据财政部下达的预算控制数,编制部门预算草案并上报财政部门的过程。"二下"是指财政部门根据人民代表大会批准的政府预算草案批复部门预算的过程④。

（二）公共预算的审查和批准

公共预算的审查和批准主要是由立法机关来进行,在中国则由人民代表大会来予以审批,各级的政府预算需要报各级的人民代表大会予以审批。根据《中华人民共和国预算法》(2018年修正)第五章第四十六条,报送各级人民代表大会审查和批准的预算草案

---

①②③ 马骏,牛美丽.重构中国公共预算体制:权力与关系—基于地方预算的调研[J].中国发展观察,2007(2):13-16.

④ 中国发展研究基金会.公共预算读本[M].北京:中国发展出版社,2008.

应当细化。本级一般公共预算支出,按其功能分类应当编列到项;按其经济性质分类,基本支出应当编列到款。本级政府性基金预算、国有资本经营预算、社会保险基金预算支出,按其功能分类应当编列到项。《中华人民共和国预算法》(2018 年修正)第五章第五十一条指出,国务院和县级以上地方各级政府对下一级政府依照本法第五十条规定报送备案的预算,认为有同法律、行政法规相抵触或者有其他不适当之处,需要撤销批准预算决议的,应当提请本级人民代表大会常务委员会审议决定。

具体而言,各级人民代表大会对公共预算的审查包括编制审查、收入审查、支出审查、平衡审查四个方面①。编制审查的具体内容包括:第一,预算是否按程序编制。第二,编制预算资料是否齐全,预算报表与资料的衔接和联系是否准确、符合逻辑。第三,预算报告是否完整、准确和真实。第四,预算编制是否符合现行财政体制和规章制度要求。第五,预算指标调整是否遵守制度和手续②。

收入审查主要包括对收入的合法性审查、全面性审查、准确性审查和合理性审查③。这两个方面主要审查政府和公共部门是否依法征收,是否应收尽收,促进政府规范资金的管理和使用。准确性审查和合理性审查都要求政府部门需要时间上的纵向和功能上的横向比较,征收计划、范围是否合理且是否能够满足国家重大政策及社会经济发展计划的实际需求④。

支出审查是预算审查中的非常重要的一环,也是落实公共财政理念的重要问责机制。它主要考虑支出的效率、效果以及资金是否全部用于公共目的。特别是一些涉及国计民生、资金总量巨大、分配过程复杂的项目支出,人民代表大会在审查的时候需要重点考虑支出结构是否合理,是否有助于保证重点领域和经济社会中亟须解决的支出需求,转移支付以及支出绩效落实情况等⑤。

平衡审查主要考虑财政预算的可持续性问题,是否能够做到收支平衡。在现代社会里,公共预算的完全收支平衡已经很难做到。人民代表大会在审查的时候主要需要注意预算收支的抗风险能力,比如财政赤字规模控制情况,防范未来的财政风险,同时,还需要考虑政府债务的总体规模情况,其期限和利率结构的合理性等。

根据《中华人民共和国预算法》(2018 年修正)第五章第五十二条,各级预算经本级人民代表大会批准后,本级政府财政部门应当在二十日内向本级各部门批复预算。各部门应当在接到本级政府财政部门批复的本部门预算后十五日内向所属各单位批复预算。

(三)公共预算的执行

公共预算的执行反映公共预算的运作效率目标。公共预算的执行是指政府根据议

①③④　中国发展研究基金会.公共预算读本[M].中国发展出版社,2008.
②　陈工.政府预算与管理[M].北京:清华大学出版社,2004:151-52.
⑤　中国发展研究基金会.公共预算读本[M].北京:中国发展出版社,2008:3.

会批准的预算,实际运用资源实施预算政策①。公共预算的执行很关键,它关乎既定政策目标的实现与否。自建立现代预算之日起,预算执行的目标主要包括②:第一,在预算执行中确保预算执行与批准的预算保持一致,保证各个部门不能违反财经纪律。同时还需要保证预算执行与政府的各种规章制度保持一致。第二,防止浪费、欺骗以及滥用职权。在预算执行过程中需要实施有效的财政控制,保证政府和其他公共部门的资金使用更加负责。第三,确保项目的顺利实行。第四,适应收入与支出的变化。在预算执行的过程中,需要根据情境来反映并调整预算,但是,预算执行的灵活性和预算一致性的约束需要进行一个艰难的权衡,使其既能反映不断变化的情境,又能约束政府不能随意滥用公共资金,保证财政纪律。

二、公共预算模式

(一)渐进预算

渐进预算主要是基于公共预算的渐进主义理论发展起来的,由威尔达夫斯基发现并提出。渐进预算,简单地说,就是基数+增长的模式,即在现有的预算基数之上(一般以上年预算为基础),支出只会出现一些微小的和渐进的新改变,即各部门会再增加一个公平的份额③。基本上,过去的决策决定了未来大多数支出,预算决策者们对预算的关注聚焦于增量,而增量又依赖于政治上的讨价还价,最后,行政部门和拨款部门往往会达成预算的共识④。因此,渐进预算模式下围绕着一个问题来进行:即去年有没有做这个事？是如何来做的？

根据威尔达夫斯基(2006)的总结,渐进预算包括十个特点。第一,将预算编制基数与公平份额联系起来。基数指的是一种期望,即期望项目的执行情况与费用支出水平相接近。公平份额大致反映了一个机构与其他机构相比较时应该得到的预算的期望值。第二,预算是一致同意的意见,即需要在公共政策的总方向上达成协议。第三,预算编制采取历史性方法,即主要把过去的工作用于当今的现实。第四,预算编制是分散进行的。机构根据他们的特殊需求提出预算请求。之后,这些请求就被输入到国会内部多个不同层次的专门机构中。第五,预算编制要简化。第六,预算编制要有社会性,即需要考虑预算参与者的各种行为。第七,预算编制要令人信服。第八,预算的编制要看起来不分项目。当已经在大部分政策上达成协议的前提下,决策者可以将他们的大部分工作看作对已有项目资金上的边际调整。第九,预算编制要重复进行。由于很多问题不能一次性解

① 马骏,等.公共预算:比较研究[M].北京:中央编译出版社,2011:445-446.
② 亨德里克·R,弗雷斯特·J.P.预算执行[M]//罗伊·T.梅耶斯,等.公共预算经典(第一卷):面向绩效的新发展.苟燕楠,董静,译.上海:上海财经大学出版社,2005:480-503 .
③ 马骏,赵早早.公共预算:比较研究[M].北京:中央编译出版社,2011:445-446.
④ 阿伦·威尔达夫斯基,内奥米·凯顿.预算过程中的新政治学(第四版)[M].邓淑莲,魏陆,译.上海:上海财经大学出版社,2006:53-80.

决,或者永久性解决,因此,每年都必须反复面对和处理。第十,预算编制要连续。正是由于第九点的存在,大部分问题是在不同地点、不同时间予以处理,因此,以前年份做出的大部分决策可以毫无疑问地继续保持,或进行少许修正①。

(二)零基预算

零基预算在 20 世纪 70 年代由当时的乔治亚州州长卡特从商业部门引入政府部门,然后发展成为一种真正意义上的综合预算系统。这种预算模式的普及部分归因于卡特竞选总统时对零基预算效率的强调(可以削减政府机构的预算请求),还有部分原因可以归结于在 20 世纪 70 年代经济萧条时期对日常开支控制的需要②。零基预算取消了预算基数,一切从零开始,支出部门每年都必须对所有的预算请求进行重新确认。资源申请部门(支出部门、行政部门)围绕三点:目标,排序,选择最具价值者来对项目进行预算描述并提交立法同意。具体而言,行政部门必须先确定和定义决策单位,然后对决策单位和"决策包"(决策单位的预算诉求)进行陈述和分析,利用命令、授权等方式发展绩效报告,并只对项目支出决策包的排序信息和数据进行解释。最后管理者回顾所有的决策包,并建立他们的相对优先权排序。在排序的过程中,通常要把注意力放在那些处于可能边界线的合理范围内的决策包③。

(三)新绩效预算

新绩效预算探索支出与结果的关系,诞生于 20 世纪 70 年代末 80 年代初的新一轮预算改革之中。它主要有四个基本特征:目标和总额上的集中控制,手段分权,对结果负责,预算透明与沟通的改进④。第一,新绩效预算的一个非常重要的特点就是强调运用战略计划来引导资金配置和进行总额控制。通过对多年期的情境估计来确定支出框架,并试图发展参与者切合情境的意向性,并关注"下一步"该做什么⑤。第二,与新绩效预算采取了一种管理责任的支出控制模式,将支出控制的重点从投入转到了产出和结果,在赋予各个部门灵活性的同时,要求支出机构承担起对于产出和结果的管理决策责任⑥。第三,核心预算机构将与各支出部门签订绩效合同,列出该部门的目标,并将目标按重要性排列,然后要明确测量这些目标,发展出衡量这些目标是否实现以结果为导向的绩效

———

①　阿伦·威尔达夫斯基,内奥米·凯顿.预算过程中的新政治学(第四版)[M].邓淑莲,魏陆,译.上海:上海财经大学出版社,2006:54-58.

②　泰勒·M.格拉米.零基预算引论[M]//阿尔伯特·C.海迪,等.公共预算经典(第二卷):现代预算之路(第三版).苟燕楠,董静,译.上海:上海财经大学出版社,2006:624-641。

③⑤　张岌.后现代主义视角下的公共预算模式比较:审批者和申请者的对话[J].甘肃行政学院学报,2015(6):30-39。

④　COTHRAN D. Entrepreneurial budgeting:an emerging reform? [J] Public Administration Review,1993,53(5):445-454.

⑥　SCHICK A. A contemporary approach to public expenditure management[M]. Washington D. C. :The World Bank Institute,1998:113-114.

测量指标,并且要尽可能地将这些指标量化①。第四,尽可能地将预算信息开放给相关者,比如官员、公民、利益集团等,同时需要将项目、结果成本信息进行沟通,并予以改善。

第三节　公共预算赤字与债务

一、公共预算平衡

(一)预算赤字的概念

公共预算平衡是国家财政的基本原则。预算平衡规范包含了如下要素:支出节制、轻税、尽可能争取保持节余、借款最小化以及迅速偿还危机期间产生的债务等。当政府是小政府而支出有限时,就不需要大量税收。节制支出是轻税的必要前提。即便如此,总税收还是应该大于总支出,使节余有可能出现。这种规范并没有规定年度节余的总量②。相反,当支出大于收入时,就会出现预算赤字,即收不抵支,会计核算中会用红字对其进行处理。总之,预算赤字是指政府年度财政支出大于财政收入的差额,为政府税收、非税课收入与财产收入等收入,不足以支应一般政务支出或资本建设支出等支出③。

(二)预算赤字的类型

预算赤字可以根据造成预算赤字的不同原因划分为不同类型(表6-1)。造成赤字最为普遍的一个原因就是经济周期,即经济活动不是永远繁荣,而是波动的,扩张与紧缩交替进行。在经济不景气的时候,政府会采取扩大公共投资或支出方式,以振兴经济。因此,可能出现赤字,成为协助维持租税效率的工具,即一般常规性支出由税收支应,一旦出现临时性的支出时(如推动重大投资),则由公债来支应④。第二,国家安全因素。国家遭遇不可抗力的天灾或人祸,如战争、天然灾害(如地震、风灾等)重大事故发生时,基于国家安全或急难救助,政府必然增加支出来应对⑤。第三,结构性因素。国家政治与预算等制度因素可能是导致政府收支长期出现结构性差距的主因,例如,选举期间执政党为争取选票,会企图以扩大支出(特别是社会福利支出)与减税来取悦人民,而造成赤字的出现⑥。第一类、第二类赤字都源于经济衰退、战争或自然灾害等在政府可控范围之外或者违背政府意愿而发生的事件,即不可抗力,所以被称为被动赤字,是中央政府在没有

① COTHRAN D. Entrepreneurial budgeting:an emerging reform? [J] Public Administration Review,1993,53(5):445-454.

② 侯一麟,张光,刁大明.预算平衡规范的兴衰:探究美国联邦赤字背后的预算逻辑[J].公共行政评论,2008,1(2):1-37.

③④⑤⑥ 徐仁辉.金融风暴后的预算赤字与政策及其对中国的启示[J].公共行政评论,2010,3(3):120-139.

别的补救办法的情况下对付危机的后果[1]，也属于不常发生的偶然性赤字。那些与经济衰退相关的赤字才具有周期性，它们因在预算中列入的收入在实际上没有实现而产生。第三类赤字则是政策选择的结果，是决策者在处理危机时出现的预期后果。这类政策包括收入方面的减税、支出方面的社会福利项目、就业促进项目以及稳定国民收入项目等[2]，所以被称为主动赤字，它们是政府使用财政政策和预算来处理自然事件及其恶果时出现的结果，甚至是为了实现一定水平的就业和国民收入而出现的经济现象。前者主要是预算结构失衡造成的，而后者又是因为采用了一种经常收入不足以覆盖经常支出的预算制定方式造成的，又称为结构性赤字、经常性赤字[3]。

表6-1　预算赤字的类型与特点[4]

赤字类型		发生频率	周期性	性质	意图
第一类赤字	经济衰退	偶然性	周期性	被动性	无意图
第二类赤字	战争	偶然性	非周期性	被动性	无意图
	灾难	偶然性	非周期性	被动性	无意图
第三类赤字	减税	结构性	非周期性	主动性	政策
	社会福利/公民权利性项目	结构性	非周期性	主动性	政策
	增进就业	结构性	非周期性	主动性	政策
	推进经济增长	结构性	非周期性	主动性	政策

二、公共债务

(一)公共债务的概念与类型

预算赤字，特别是结构性赤字会逐年度累积，最终会导致债务像滚雪球一样越来越大。其中，伴随着社会经济人口的变迁，社保支出这类的中长期政策，还会导致代际债务的产生。可以说，公共债务是预算赤字的一种直接后果。当预算赤字出现，要么通过增税来进行，要么通过举债借贷。第一种方法的政治风险很高，实施起来较为困难。而举债借贷这种方法却相对简单，大多数国家政府都采取这种方式来解决财政的困境。公债主要包括期限、持有者和利率三个内容。公债的期限主要有短期、中期和长期三个类型。短期公债主要用于弥补当年财政赤字，中长期公债主要用于政府基础设施建设和发展。公债持有者主要是指资金来源，居民、企业和金融机构都可以成为持有者。针对不同需

　　①②③④　侯一麟,张光.刁大明.预算平衡规范的兴衰:探究美国联邦赤字背后的预算逻辑[J].公共行政评论,2008,1(2):1-37.

109

求所发行的公债,也有不同的利率水平,也对债券利息产生了重要影响。

在债务类型上,最为经典且广泛认可的是 Brixi(2003)的四维风险矩阵(表6-2)。她认为,政府每种负债都具有直接、或有、显性与隐性四个特征中的两个,并在理论上将社保支出所带来的财政风险被归类为或有负债或者隐性负债,并创造了财政风险矩阵。直接的负债主要是指任何情况下都会产生的责任,相对比较确定;或有的负债是指在某一或不确定性的事件发生的前提下才会实现的责任;显性的负债是指由特定法律或合同确认的政府负债;隐性的负债是指政府"道义"上的责任,主要反映了公众预期以及利益集团的压力[1]。

表6-2　财政风险来源矩阵[2]

负债类型		直接的	或有的
显性的		①对内和对外的主权借款(签订合同的政府借款和政府发行的债券)②预算法规定的支出③具有法律约束力的长期预算支出(公务员工资,公务员养老金)	①政府为非主权借款、地方政府以及公共部门和私人部门实体(开发银行)债务提供的担保②政府为抵押贷款、学生和小企业提供的贷款担保③国家保险计划(对存款、私人养老基金最低收益、农作物、洪水和战争风险提供的保险)
隐性的		①公共投资项目的未来经常性费用②未来养老金③社会保障计划④医疗保险	①地方政府、公共或私人实体对未担保的负债以及其他负债违约②银行破产(超出国家保险范围之外)③未担保的养老基金、失业保险基金和其他社会保险基金的投资失败④中央银行未能履行其责任(外汇合约、本国货币保护和国际收支稳定)⑤抵抗私人资本外逃的紧急财政救助⑥环境的破坏、自然灾害、军事行动等等

(二)李嘉图等价定律

李嘉图等价定律是大卫·李嘉图于19世纪初提出的,是西方公债理论中的经典理论。它主要对政府举债借贷会产生的经济影响进行了阐释。他认为,征税和举债所产生的经济效果都是相同或等价的,对人们的经济选择都是相同的。因为无论举债还是税收都会使得政府总的生产资本降低,也会造成劳动者收入下降,举债的利息也不过是将一部分人的收入转付给另一部分人而已。

①②　BIRIX P.政府或有负债:影响财政稳定的潜在风险.[M]//BRIXI H P,马骏.财政风险管理:新理念与国际经验.梅鸿,译.北京:中国财政经济出版社,2003:43-80.

巴罗利用无限生命周期模型和"利他主义学说"论述了公债引发的眼前减税与未来纳税间的关系、公债引起的消费在现在与未来间的替代关系以及公债对储蓄率的影响。他认为,如果个人与家庭是理性的,能够认识和预期到政府在债务与税收上不同选择的博弈规则及后果,那么未来予以偿还的公债本息总额的现值,应等于因借债而产生的即期减税额,由此政府储蓄的减少便被家庭和个人的储蓄增加所抵消,国民经济的总储蓄并没有因为政府是举债还是征税而变化,个人的消费和投资也不会发生变化[①]。

三、财政风险的防范措施

预算平衡是公共预算中的黄金法则。警醒于未来的财政风险并进行理性适当的财政风险管理,保证财政收支大致平衡并可持续是公共经济中的重要议题。

对于财政风险的管理,Allen Schick(2000)提出了七条原则,以保证公共预算的理性和可持续。第一,在接受新的或有负债前,政府应该评估对其财政带来的风险,其中包括将来付款的概率。风险评估应由独立机构来承担。第二,政府应定期汇编或有负债余额,并报告这些或有负债发生的法律依据和损失概率。第三,在年度预算和其他预算文件中,应该探讨影响下一个财政年度以及以后的财政收入和支出的因素。第四,政府应该有一套风险管理程序,来规范公营部门各种机构对负债和其他风险的控制。第五,政府应明确成本和风险分摊方法,抑制道德风险,以减少损失概率和数额。第六,预算应该限制担保或其他类型的或有负债的总额、年度增加额,以及每个授权发放担保机构的担保余额。第七,应该在总体预算约束范围内,为预期损失拨划出准备金[②]。

在中国,为了防范财政风险,在预算上也做出了诸多的努力。最为显著的就是建立了中期财政规划和权责发生制的综合财务报告制度。2013 年,中国共产党的十八届三中全会通过了《中共中央关于全面深化改革若干重大问题的决定》,并第一次提出了"建立跨年度预算平衡机制"。2015 年,中国政府继续出台了《国务院关于实行中期财政规划管理的意见》(国发〔2015〕3 号)。文件指出,中国政府先实行中期财政规划,并将其作为中期预算的过渡形态,是在对总体财政收支情况进行科学预判的基础上,重点研究确定财政收支政策,做到主要财政政策相对稳定,同时根据经济社会发展情况适时研究调整。在此基础上,各地在社保基金预算和其他预算一起展开了三年滚动预算编制的实践[③]。2014 年,中央出台了《国务院关于批转财政部权责发生制政府综合财务报告制度改革方案的通知》(国发〔2014〕63 号)。2015 年,《关于印发〈政府综合财务报告编制操作指南(试行)〉》(财社〔2015〕224 号)要求全国范围内开始编制综合财务报告。

① 杨志勇,张馨.公共经济学[M].4 版.北京:清华大学出版社,2018:297.

② SCHICK A.财政风险的预算管理[M]//BRIXI H P,马骏.财政风险管理:新理念与国际经验.梅鸿,译.北京:中国财政经济出版社,2003:158-180.

③ 张烺.福利国家社会保险基金预算管理的经验和启示[J].四川行政学院学报,2019(6):27-37.

第四节　中国公共预算实践

一、中国公共预算的历史发展

（一）计划经济时期的政府预算制度（1949—1978）

1949 年 12 月 2 日,在中央人民政府委员会第四次会议上,通过了《关于 1950 年度全国财政收支概算草案编成的报告》,这是新中国第一个财政概算,标志着新中国政府预算制度的诞生[①]。在 1953 年之前,国家计划委员会还没有成立,发展国民经济的五年计划还没制定出来,因此,当时国家预算的分配实际上起着制定国民经济计划的作用[②]。1953年,国家第一个五年计划开始实施。在计划经济阶段,资源配置主要由计划来进行,预算只是计划实施的工具[③]。这一时期的预算主要表现为高度集中、统收统支,并建立了统一领导、分级管理的预算管理体制。整个预算过程由行政权力主导,预算内容主要是对国有企业利税收入的匡算和对投资于国有企业的进一步安排[④]。中央政府统一编制国家预算,地方政府负责执行统一的预算计划,本级政府的预算只是执行统一国家预算的细则[⑤]。从维护财经纪律和支出控制的角度,这种计划主导的资源配置体制却有一定的优势[⑥]。

（二）转轨时期的政府预算制度（1978—1998）

1978 年,党的十一届三中全会召开,确定了市场化改革的方向,从此开始了全面的经济体制改革。经济体制的转型也决定了中国的财政模式经历了一个由计划型财政模式向市场型财政模式的转化过程,与此相适应,政府预算制度改革也进入了起步阶段[⑦]。这一时期财政改革的重点是财政收入,包括重新建立税收体系、重建政府债务体系、重新调整国家与国有企业之间的分配关系、不断调整中央和地方收入分配关系[⑧]。这一阶段,市场经济催生了"利改税",并带来了财政收入来源的变化,从"取自家之财"（来源于国有

---

① 卢荣春.我国政府预算管理：制度变迁、内在缺陷与改革动因[J].学术研究,2005(11)：85-90.

② 项怀诚.中国财政通史(当代卷)[M].北京：中国财政经济出版社,2006：41.

③ MA J,NI X. Toward a clean government in China：does the budget reform provide a hope? [J]Crime,Law and Social Change,2008,49(2)：119-138.

④⑤ 刘守刚.1978 年后现代预算在中国的成长[M]//牛美丽,马蔡琛.构建中国公共预算法律框架.北京：中央编译出版社,2012：29-54.

⑥ 马骏,侯一麟.中国省级预算中的非正式制度：一个交易费用理论框架[J].经济研究,2004,10：14-23.

⑦ 马蔡琛,赵早早.新中国预算建设 70 年[M].北京：中国财政经济出版社,2020：99.

⑧ 马骏.中国公共预算改革：理性化与民主化[M].北京：中央编译出版社,2005：113-114.

企业)到"取众人之财"(来源于非国有制部门的份额迅速上升)①。由于税收制度的改革,使得国家财政收入越来越依赖于社会(如个体和企业),于是,社会也开始对政府如何花钱越来越关注。因此,税收制度的改革促进了预算制度逐步规范。虽然这一时期的改革重点不是预算,但是,从 1979 年开始,政府行政部门正式恢复预算编制,并履行向全国人民代表大会提交的国家预算报告经审议批准后予以执行的法定程序,从而在内容和程序上恢复了预算的本来面目②。1994 年 3 月 22 日,第八届全国人民代表大会二次会议通过了《中华人民共和国预算法》,标志着预算制度法制化。与此同时,伴随着市场化经济改革,预算外资金管理和预算会计制度也逐步发展。

(三)公共财政框架下的现代预算改革(1999—2012)

在税制改革与政府间财政关系(财政体制)改革取得阶段性进展的基础上,中央政府从 1999 年开始陆续启动了包括部门预算、预算法修订、颁布实施《人大常委会监督法》、预算分类、国有资本经营预算、中央预算稳定调节基金在内的范围广泛的预算改革③。1999 年的预算改革,中国政府试图发展一个控制导向的预算体系④,并发展了"公共财政"的理念,即公共之财,取之于民,用之于民。从 20 世纪末开始,公共预算改革逐渐推动预算权力结构的重构,在重视财政收入汲取的同时,逐渐开始关注财政支出管理与公共资金使用绩效,同时推动配套制度包括财政问责制度改革和法治化建设⑤。这一时期的改革先从部门预算改革、国库集中收付体系改革、政府采购改革等入手,逐步推出全口径预算、财政支出绩效管理与评价制度,配套推进政府会计制度改革,不断完善审计监督和人大监督制度与方法⑥。部门预算改革主要是每个部门一本账,制定了标准化的预算格式和预算程序,每个支出部门遵照执行。同时,采用"收支两条线"规范预算外资金,放入部门预算中予以编制。部门预算改革使得财政部门可以在预算编制阶段集中预算权力。国库集中收付体制改革主要是采取单一账户和集中支付体制,即每一级政府只允许开设一个账户,所有收支都必须从该账户流出。在支出时,由财政部门直接从国库单一账户拨付给为各个部门提供商品和服务的供给者。政府采购改革则是建立多元竞争的采购体系,将原来分散到各个部门的采购活动集中到财政部门,同时通过国库集中支付进行。这两个改革都是在预算执行环节建立起事前控制,由财政部门监督各个部门的资金汲取和使用。

(四)现代预算管理制度深化(2012 年至今)

2012 年开始,中国经济进入新常态时期,全国财政收入增长减缓。那么,如何在这种

---

①⑤⑥ 刘守刚.1978 年后现代预算在中国的成长.[M]//牛美丽,马蔡琛.构建中国公共预算法律框架.北京:中央编译出版社,2012:29-54.

② 马蔡琛,赵早早.新中国预算建设 70 年[M].北京:中国财政经济出版社,2020:99.

③ 王雍君.中国的预算改革:评述与展望[J].经济社会体制比较,2008(1):38-46.

④ 马骏.中国公共预算改革:理性化与民主化[M].北京:中央编译出版社,2005:120.

情况下,负责任地花钱就成了必须关注的问题。2014 年,国家对运行了 20 年的《中华人民共和国预算法》进行了修正。《中华人民共和国预算法》(2014 年修正)具有重要的意义。第一,体现预算完整性原则,实行全口径预算管理,包括一般公共预算、政府性基金预算、国有资本预算、社会保险基金预算,这"四本账"全部报送人民代表大会审议。第二,突出支出预算与政策之间的协调关系,引入多年期预算平衡机制。第三,加强预算一致性原则,减少专项转移支付规模,削弱各部委的"二次预算分配权"。第四,加大落实预算公开透明原则,重点公开转移支付、政府债务、机关运行经费等事项,细化预算编制,便于公众及时且准确地获得预算公开信息[①]。十八届三中全会提出国家治理体系和治理能力现代化,并指出财政是国家治理的基础和重要支柱。预算改革开始进入全面深化和持续发展阶段。2017 年,党的十九大召开,提出了"全面规范透明、标准可续、约束有力的预算制度",进一步明确并推动了预算改革的相关制度建设。

二、中国公共预算改革的成绩

(一)绩效预算

党的十九大明确了"建立全面规范透明、标准可续、约束有力的预算制度,全面实施绩效管理"。2018 年 9 月,《中共中央 国务院关于全面实施预算绩效管理的意见》正式发布,各地开始全面铺开绩效预算管理。目前,一般公共预算、政府性基金预算、国有资本经营预算和社会保险基金预算全部纳入绩效管理,绩效预算管理逐渐由事后绩效评价转为涵盖事前绩效评估、预算绩效目标管理、绩效运营监控、绩效评价和结果应用的全过程预算绩效管理链条,同时,预算绩效管理聚焦于政策和项目拓展至政府预算绩效管理、部门和单位预算绩效管理,实现了"三层级"的预算绩效管理格局[②]。我国的预算绩效管理实践主要集中于事前绩效评估、预算绩效目标管理、预算绩效评价和预算指标建设四个方面[③]。

第一,根据《中共中央 国务院关于全面实施预算绩效管理的意见》,事前绩效评估主要是需要结合预算评审、项目审批等,对新出台的重大政策、项目开展重点论证,证明立项必要性、投入经济性、绩效目标合理性、实施方案可行性、凑资合规性等,投资主管部门要加强基建投资绩效评估,评估结果作为申请预算的必备要件。各级财政部门要加强新增重大政策和项目预算审核,必要时可以组织第三方机构独立开展绩效评估,审核和评估结果作为预算安排的重要参考依据。目前,中国的事前绩效评估仍处于起步阶段,

---

① 马海涛,肖鹏.全面深化财税体制改革视野下中国《预算法》的修订研究:中国《预算法》修订的背景、内容与效应分析[J].新疆财经,2014(6):5-11.

②③ 刘守刚.1978 年后现代预算在中国的成长[M]∥牛美丽,马蔡琛.构建中国公共预算法律框架.北京:中央编译出版社,2012:29-54.

评价内容多为项目支出,评价主体多为第三方机构①。

第二,根据《中央部门预算绩效目标管理办法》,依据预算支出的范围和内容,将绩效目标划分为基本支出绩效目标、项目支出绩效目标和部门(单位)整体支出绩效目标。绩效目标是建设项目库、编制部门预算、实施绩效监控、开展绩效评价等的重要基础和依据②。目前,我国在绩效目标管理领域将预算绩效目标的覆盖范围不断扩大,并将其审核和公开不断强化。

第三,绩效评价在我国开展的时间最长。在评价内容上,纳入绩效评价的资金规模逐步扩大,在评价主体上,第三方评价逐渐兴起,在评价方式上,再评价机制、整体支出评价和政策评价逐步出现,并互相融合、互相补充。

第四,2013 年财政部制定的《预算绩效评价共性指标体系框架》建立了项目支出、部门整体支出和财政预算的共性指标体系框架。在这一框架体系内,中央部门和地方政府的预算绩效指标体系可以分为三类③:一是,按照投入—过程—产出—决策的一级指标设定模式,构建其项目支出、部门整体支出、财政预算绩效评价指标框架。二是,按照项目决策—项目管理—项目绩效一级指标表述模式,构建项目支出绩效评价共性指标体系。三是,少部分省份独立构造了财政专项资金绩效评价指标体系。

(二)预算透明

1999 年 6 月,审计署代表国务院在全国人大常委会第十次会议上所做的《关于 1998 年中央预算执行情况和其他财政收支的审计工作报告》是我国首次预算公开④。随着预算改革的推进,部门预算改革使得每个部门按照标准统一化的格式编制预算,同时细化并全面反映预算信息,这提高了预算透明度,并利于人民代表大会和人民的监督。同时,国库集中收支体制改革以及政府采购改革,如单一账户体系和多元化的竞争招标体系,都不同程度地促进了预算透明。2008 年,国务院颁布了《中华人民共和国政府信息公开条例》,在预算透明上,迈出了第一步。2008 年 9 月,财政部主动公开月度财政收支执行情况。2009 年,首次向社会公开了经全国人民代表大会批准后的中央财政收入预算表、中央本级财政支出预算表、中央对地方税收返还和转移支付预算表等四张报表⑤。2010 年 3 月,财政部下发《关于进一步推进财政预算信息公开的指导意见》后,地方各级财政部门公开了财政体制、预算程序、预算政策等预算制度和决算报告,其中部分省(市)还向社会公开了公共财政预算和政府性基金预算报表。2014 年,新修订的《中华人民共和国预算法》为"建立健全全面规范、公开透明的预算制度"提供了法律制度。

(三)中期预算框架

党的十八届三中全会明确指出,预算管理制度改革中,需要建立跨年度预算平衡机制,建立权责发生制的政府综合财务报告制度。目前,中国实行三年滚动预算编制和中

---

①② 马骏,侯一麟. 中国省级预算中的非正式制度:一个交易费用理论框架[J]. 经济研究,2004(10):14-23.

③ 马蔡琛,陈蕾宇. 我国预算绩效指标体系的发展演进与实践探索[J]. 理论与现代化,2019(2):84-92.

④ 孙文基. 公共治理和政治民主:我国政府预算透明问题研究[J]. 财经问题研究,2013(8):84-88.

⑤ 王雍君. 中国的预算改革:评述与展望[J]. 经济社会体制比较,2008(1):38-46.

期财政规划的改革。《中共中央关于全面深化改革若干重大问题的决定》《国务院关于深化预算管理制度改革的决定》《国务院关于实行中期财政规划管理的意见》及《中华人民共和国预算法》(2018 修正)都强调了建立跨年度预算平衡机制和中期财政规划。2015年,国务院颁发《国务院关于实行中期财政规划管理的意见》(国发〔2015〕3 号)提出了具体的改革方案。其中指出,"中期财政规划是中期预算的过渡形态",目前仍属于中期支出框架的初级阶段,主要采用三年滚动方式编制中期财政规划。自此,中央各部门和地方政府开始在编制本年度预算的同时也编制往后三年滚动财政规划。

内容小结

1. 公共预算主要考察政府如何筹钱和花钱,是一种公共权力对财政资源的配置。渐进预算理论和间断-平衡理论是其中的重要理论。

2. 公共预算需要政府首脑提出全面的收支计划,并由立法机构审议通过才能支配,最后还必须公之于众。目标在于总额控制、配置效率、运作效率和财政问责。

3. 在程序上,公共预算是"自上而下"和"自下而上"相互结合的,具体包括预算编制、预算执行和预算的审查和批准;渐进预算、零基预算和新绩效预算是先后出现的三种预算模式。

4. 预算平衡对公共财政可持续具有重要的影响,但预算赤字与债务在当今社会不可避免,如何进行合理的债务规模控制已经成为世界各国所必须面对的问题。

5. 预算赤字可分为经济衰退导致的被动赤字、战争和自然灾害等不可抗力导致的被动赤字,以及政策选择导致的主动赤字三种类型,不同类型的赤字,政府应对手段也有所不同;债务分为隐性的、显性的、直接的、或有的,不同维度的债务,政府需要采取不同的财政风险控制方式。

6. 李嘉图等价定理将征税和举债所产生的经济效果视为相同或等价的,认为对人们的经济选择的影响是相同的。

复习思考题

1. 简述公共预算的特征、目标与原则。
2. 比较公共预算模式,阐述各个模式的特征。
3. 简述不同预算赤字类型对经济的影响。
4. 简述中国预算改革的发展与现代预算制度建立面临的挑战。

第七章 公共支出

公共支出是政府发生的支付行为,是政府干预经济、纠正市场失灵的主要工具。公共支出通过影响经济稳定、资源配置和再分配,对一国的经济运行产生广泛而重要的影响。一方面,公共财政对经济的影响主要表现在公共支出上;另一方面,政府干预、调节经济的职能主要通过公共支出来实现。公共经济学的中心议题之一是提高公共支出的效益,并对现代社会中公共支出的增长做出合理的解释。本章在对公共支出相关基础概念和基础理论进行介绍的基础上,从公共支出的规模、公共支出结构与公共支出效率三重维度,探讨公共支出的数量扩张与质量提升问题,最后考察中国的公共支出实践。

第一节 公共支出概述

一、公共支出及其特征

(一)公共支出的含义

公共支出又称为政府支出、财政支出,是指政府为履行其职能而支出的费用总和,是为了弥补市场失灵而提供公共产品和服务所安排的支出,同时也是政府行为的成本。中国政府的公共支出方向主要有两大类:第一类主要是弥补市场缺陷或者说对市场失败领域的支出。如满足社会对国防安全、社会秩序、行政管理、外交事务等方面的需要;满足社会对诸如社会基础性文化、教育、科技、卫生事业及社会保障等社会公益事业的需要;满足社会对诸如道路、桥梁、邮电通信、自然资源和生态环境保护等社会公共设施的需要等。第二类是矫正市场偏差的支出。如调节总量平衡和结构优化的支出;调节地区之间、产业之间和个人之间的利益关系,实现效率和公平兼顾的支出等。

(二)公共支出的特征

1.满足社会的共同需要

公共支出是满足社会公共需要的社会资源配置活动,这是认识和界定公共支出范围的基本依据。社会公共需要是公共支出的逻辑起点,公共支出是在一定的社会条件下对某些需要具有共同性的支出,如国家安全、保护环境等。马克思认为社会公共需求体现在三个方面:一是只有政府组织才能实现的事务,如国防、治安等;二是只有政府才能协调各方利益的事务,如环保、卫生保健等;三是私人部门不愿意提供的但又是社会发展所必不可少的事务,如科研、基建等。

2. 为社会全体所共享

公共支出具有公共享用的特征。这不仅体现在政府应该为社会提供满足其共同需要的产品或服务,还体现在一旦这种产品或服务被提供出来,社会上的所有成员都可以享受到。比如,国家提供的国防,一旦被提供出来,生活在该国家的每个公民就能平等地享受到其带来的好处,并且这种好处既不会被某个成员独自享用,也不会因为社会成员的增加而被"摊薄",它是全体成员共同享有的。

3. 不以营利为目的

公共支出具有非营利性的特征,凡是具有市场盈利性质的活动,都不属于公共支出的范围。政府资金的主体来源是税收,政府从纳税人手中筹集资金,再通过政府的公共支出将这些资金配置到相应的社会领域。政府资金来源的特性决定了其支出不应以营利为目的。政府无偿地让纳税人进行纳税,就应当以非营利为目标,为纳税人提供满足其共同需求的事务。由于存在单个纳税人不愿意花钱做的事务,如提供国防、治安管理等,因此,政府通过行使国家权力从不同纳税人手中筹集到这些资金,然后将它们配置在此类事务上。

二、公共支出的分类

公共支出的分类是公共经济学的理论问题,也是公共部门的实践问题,合理的分类对经济分析和公共部门管理具有重要意义。

(一)按照公共支出发挥效益的时间分类

1. 经常性支出

经常性支出是指维护国家实现其职能正常需要和满足社会公共部门正常运转需要的必需支出,主要包括人员经费、公用经费及社会保障支出。这种支出的特点是,它的消耗会使社会直接受益或当期受益,直接构成了当期公共产品的成本。经常性支出包括事业发展和社会保障支出、国家政权建设支出、对外援助支出、政策性补贴支出、税务等部门的事业费、其他支出、预备费和行政事业单位离退休经费等。

2. 资本性支出

资本性支出是指政府为购置固定资产、战略性和应急性储备、土地或者无形资产的支付等方面的支出,主要包括固定资产购置、储备购置、土地和无形资产的购置、资本性项目的转移等。资本性支出耗费的结果是形成一年以上的可供长期使用的固定资产,这些固定资产在当期以及以后的较长时间内发挥作用。根据折旧原理,资本性支出的一部分应在当期得到补偿,而大部分应分摊到未来的使用期。资本性支出的补偿方式一般有两种:一是税收,用来补偿本期享用的公共产品的成本;二是公债,用来分担未来发挥作用的公共产品的成本。

(二)按照公共支出在经济上是否直接获得补偿分类

1.购买性支出

购买性支出是指政府机构或其他公共机构为了履行各种职责购买商品或劳务的行为,包括购买进行日常政务活动所需的或用于进行国家投资所需的各种物品、工程或劳务的支出。购买性支出有两个特征:一是政府的所有采购均遵循等价交换原则,体现政府的市场性再分配;二是所有支出与采购的目的都是为了履行公共职能,满足公共需要。

购买性支出是公共部门直接以商品和服务的购买者身份出现在市场上,对社会的生产和就业有直接的影响,对分配也有间接的影响。

2.转移性支出

转移性支出也称为转移支付,是指政府将一部分公共资金单方面、无偿地转移给居民或非居民的支出,主要包括政府部门用于养老金、补贴、公债利息、失业救济、抚恤金等方面的支出。转移性支出是政府的无偿给付,体现政府的非市场性再分配。转移性支出有三种形式:①一般性补助,或无条件拨款;②专项拨款或有条件拨款;③中央政府采取不同的区域经济社会发展政策或其他方式,使得一些地区获得财政体制外的收益。

转移性支出是通过支出过程使公共部门的资金转移到领受者手中,是资金使用权的转移,之后领受者究竟是否用于购买商品和服务以及购买哪些商品和服务,已脱离了公共部门的控制。因此,转移性支出直接影响收入分配,但对生产和就业的影响是间接的。

在公共支出总额中,若购买性支出所占的比重较大,说明直接通过公共部门所配置的社会资源的规模较大,履行资源配置的职能较强;在公共支出总额中,若转移性支出所占比重较大,说明公共部门经济活动对国民收入分配的直接影响较大,履行调节收入分配的职能较强。

(三)按照公共支出费用类别分类

1.经济建设支出

经济建设支出是指国家财政支出中用于发展生产和扩大再生产的支出,主要包括基本建设支出、国有企业挖潜改造资金、科学技术三项费用(新产品试制费、中间试验费、重要科学研究补助费)、简易建筑费、地质勘探费、支援农村生产支出、国家物资储备支出、城市维护费、支援经济不发达地区发展资金、增拨国有企业流动资金、工业事业费支出、交通事业费支出、商业部门事业费支出等。

2.科教文卫支出

科教文卫支出包括用于文化、教育、科学、卫生、出版、通信、广播、文物、体育、地震、海洋等方面的经费、研究费和补助费等。

3.行政管理支出

行政管理支出包括用于国家行政机关、事业单位、公安机关、司法机关、检察机关、驻外机构的各种经费、业务费、干部培训费等。

4.国防支出

国防支出包括各种武器和军事设备支出、军事人员给养支出、有关军事科研支出、对外军事援助支出、民兵建设事业费支出、用于实行兵役制的部队等经费、防空经费等。

5.其他支出

其他支出为除上述支出以外的支出。

（四）按照经济性质分类

按照经济性质将公共支出分为生产性支出和非生产性支出。生产性支出是指与社会物质生产直接相关的支出，如农村生产支出、农业部门基金支出、企业挖潜改造支出等。非生产性支出是指与社会物质生产无直接关系的支出，如国防支出、武装警察部队支出、文教卫生事业支出、抚恤和社会福利救济式支出等。

（五）按照公共支出最终用途分类

按照公共支出最终用途可将公共支出分为补偿性支出、积累性支出与消费性支出。补偿性支出主要是指对在生产过程中固定资产的耗费部分进行弥补的支出，如挖潜改造资金。积累性支出是指最终用于社会扩大再生产和增加社会储备的支出，如基本建设支出、工业交通部门基金支出等，这部分支出是社会扩大再生产的保证。消费性支出指用于社会福利救济等方面的支出，这部分支出对提高整个社会的物质文化生活水平起着重要的作用。

（六）按照公共支出目的分类

按照公共支出目的可将公共支出分为预防性支出和创造性支出。预防性支出是指用于维持社会秩序和保卫国家安全、保障人民生命财产安全与生活稳定的支出，主要包括国防、警察、监狱、法庭及政府行政部门的支出。创造性支出是指用于经济发展和人民生活改善的支出，主要包括经济、文教、卫生和福利等支出。

（七）按照政府对公共支出的控制能力分类

按照政府对公共支出的控制能力不同，公共支出可以分为可控制性支出和不可控制性支出。可控制性支出是指不受法律和契约的约束，可由政府部门根据每个预算年度的需要进行增减的支出。不可控制性支出是指根据法律和契约必须按时如数支付，不能任意削减数额也不能任意停付或逾期支付的支出，如国家法律已有明文规定的失业救济支出、最低收入保障支出等。

（八）按照公共支出的受益范围分类

按照公共支出的受益范围不同，公共支出可以分为一般利益支出和特殊利益支出。一般利益支出是指全体社会成员共同消费、联合受益的支出，如国防支出、司法支出、行政管理费支出等。特殊利益支出是指对社会中某些特定居民或企业给予特殊利益的支出，如教育支出、居民补助支出、企业补助支出等，这些支出所提供的效益只涉及一部分社会成员。

三、公共支出的原则

公共支出的基本职能主要表现在三个方面：一是通过资源的有效配置促进经济发展，二是通过对社会收入和财富的分配促进社会分配的公平，三是通过对社会产品供需关系的调节使社会经济保持均衡稳定的发展。与这三个基本职能相对应，在实践中各国政府公共支出普遍坚持如下三个原则。

（一）效益原则

效益原则是指通过政府支出使资源得到最优化的配置，以最小的社会成本取得最大的社会效益。政府支出的范围限定在私人或私人团体不愿、不能或不宜经办的事项上，限定在市场自身无法解决的领域。效益原则可以从两个方面理解：一是要求政府通过公共支出使社会资源在公共部门和私人部门之间达到最优配置。在一定时期内，整个社会的资源总量是有限的，政府支配的社会资源多，可供私人部门支配的社会资源就会减少，因此，要求社会资源在公共部门和私人部门之间的最优化配置，既保证私人部门的发展，又能满足公共部门的需要，从而使社会效益最大。当公共部门和私人部门中的社会资源的边际效益相等时，即达到了社会资源配置的帕累托状态。二是在政府使用由财政配置的资源时也应以获得最大社会效益为原则。公共支出使用的是公共财富，必须更加注重节约和效益，对社会资源高效率使用，尽可能避免效率损失，应当以最小的支出成本换取最大的社会效益。

（二）公平原则

市场经济条件下，市场机制本身无法实现社会公平，政府运用公共支出工具进行再分配，提高大多数社会成员的福利水平。公平原则要求公共支出的效益、成本能够在不同社会群体和个人间被公平地分配。一方面，公共支出不能只为某些个人或群体的利益服务，更不能以牺牲公共利益去满足特殊群体的利益；另一方面，公共支出要兼顾横向公平和纵向公平，即同等对待同等情况的阶层和群体，差别对待不同情况的阶层和群体。横向公平意味着政府在公共支出的安排上要一视同仁，不能厚此薄彼，尤其是不能差别对待同等情况的人。纵向公平意味着公共支出要考虑个人受益能力及社会公共利益最大化问题。公民的收入水平决定了其受益能力，收入水平越低，补助金对其产生的效用越大，从全社会角度衡量的总效用就越大。公共支出对收入不超过规定水平的社会成员给予补助，对老弱病残及失业人员的福利支出，对某些关乎公众利益的企业的补贴等，这些纵向的差别化的公共支出，可以起到维护社会稳定、扩大就业、稳定经济等作用，体现了社会公平。

（三）统筹兼顾原则

政府公共支出的结构安排，必须结合各个方面的实际需要和自身财力，从全局出发，妥善分配社会资源，合理安排公共支出的项目以及各项公共支出的规模，分清轻重缓急和主次先后，以保证政府各项职能的实现以及国民经济的协调发展。国家经济建设各部门和国家各级行政管理部门的事业发展需要大量的资金，公共支出在数量上的矛盾不仅体现在总量上,还体现在有限的财政资金在各部门的分配上。公共支出的安排要处理好积累性支出和消费性支出、生产性支出和非生产性支出的关系,做到统筹兼顾,全面安排。

第二节　公共支出规模

一、公共支出规模的含义及衡量

(一)公共支出规模的含义

公共支出规模一般是指政府部门为实现其职能而发生的商品和劳务的购买及转移支付的总和,通常被理解为公共支出总量的货币表现。公共支出规模是衡量一定时期内政府支配社会资源的多少、提供公共产品的数量、满足社会公共需要的能力高低的指标。

根据不同国家政府资金预算管理制度的差异,公共支出规模可以分为狭义的公共支出规模和广义的公共支出规模。前者是指政府预算中公共支出的规模,反映一定财政年度内政府通过预算形成的公共支出的数量;后者是指某一财政年度内通过政府安排的用于社会共同需要方面的所有支出,即除狭义的公共支出外,还包括未纳入预算管理范围的预算外支出等。

(二)公共支出规模的衡量

衡量政府公共支出规模的指标可以分为绝对数指标和相对数指标。

绝对数指标也可以称为公共支出的绝对规模,是直接以一国货币量表示的公共支出的实际数额。使用绝对数指标可以直观、具体地反映一定时期内政府支配的社会资源的总量,以及政府所提供的社会公共事务的规模。它反映的只是名义上的公共支出规模,当需要对政府支出进行动态分析和横向或纵向比较时,存在较大的局限性。

相对数指标通常用公共支出占 GNP 或 GDP 的比重来表示,是国际上对公共支出规模进行比较时常用的指标类型。它反映了一定时期内全社会创造的财富中由政府直接支配和使用的数额,也反映了社会资源在市场配置和政府配置之间的比例,体现了公共支出与宏观经济运行以及国民收入分配的相互关联、相互制约的关系以及社会财力的集散程度。该指标可以全面衡量政府经济活动在整个国民经济活动中的重要性。

二、公共支出规模增长趋势的理论解释

从世界范围和各国不同发展阶段来看,政府公共支出无论从绝对量还是相对量上都呈上升趋势,经济学家们从国家收入分配、政府职能扩大乃至社会渐进发展等角度进行了不同的解释。

(一)瓦格纳法则

瓦格纳法则也称为政府扩张论。这一理论的基本内容可以概括为:政府支出的增长

幅度大于经济增长幅度是一种必然趋势;政府消费性支出占国民所得的比例是不断增加的;随着经济发展和人均所得上升,公共部门的活动将越来越重要,政府支出也就逐渐增加。

瓦格纳的结论是建立在经验分析基础之上的,他考察了19世纪许多欧洲国家和日本、美国的公共部门的增长情况,认为现代工业的发展会引起社会进步的要求,社会进步必然导致国家活动的扩张。瓦格纳认为导致政府职能扩大有两个因素:一是政治因素,二是经济因素。政治因素是指随着工业化进程的加快,对政府保护、调节和管理服务活动提出了更多、更高的要求。劳动分工和生产的专业化使经济和社会活动的复杂性与互相依赖性增加,市场经济主体之间的关系越来越复杂。市场关系的复杂化提高了对商业法律和契约的要求以及建立司法组织以执行法律的要求,由此需要把更多的资源用于提供治安和法律设施。经济因素是指工业的发展推动了都市化的进程,人口的居住将密集化,由此将产生拥挤等外部性问题,需要公共部门进行管理与调节。

(二)皮科克和怀斯曼的"梯度渐进增长理论"

20世纪60年代,英国经济学家皮科克(Peacock)和怀斯曼(Wiseman)对1890—1955年英国的公共支出历史数据进行了经验分析,认为公共支出的增长并不是均衡地以同一速度向前发展,而是在不断增长的过程中不时出现跳跃式发展。公共支出在正常年份随着税收收入的增长而逐步上升,但当社会经历"激变"(如战争、经济大萧条或严重灾害等)时,公共支出会急剧上涨,当这种"激变"时期结束之后,公共支出水平将下降,但不会低于原来的趋势水平。皮科克和怀斯曼通过公共支出增长在正常时期的内在因素和非正常时期的外在因素的分析,认为公共支出呈现"梯度渐进"的主要原因是公民"可容忍税收水平"的提高。

1.内在因素

政府倾向于扩大公共支出以便提供更多的公共产品和公共服务,公民既希望多享受公共产品,又不愿意为此多纳税。因此,公民可容忍的税收水平是政府公共支出的约束条件。在社会正常发展时期,国民可容忍的税收水平比较稳定,公共支出不可能有较大幅度的上升,但随着经济发展和国民收入的增加,即使税率不变,政府税收收入也会增加,相应的公共支出水平也会同步增长。

2.外在因素

当社会发展过程中遇到战争、经济大萧条或严重的自然灾害等状况时,政府为了稳定经济和社会发展,不得不提高税率增加公共支出,而公民在社会"激变"期往往能容忍更高的税收负担水平,于是公共支出呈阶梯式上升。当社会"激变"结束后,遗留问题的处理、公民税收容忍能力的提高以及公共物产品的福利刚性,导致公共支出水平虽有所下降,但难以回到原来的水平。

(三)马斯格雷夫和罗斯托的经济发展阶段论

美国经济学家马斯格雷夫和罗斯托根据经济发展阶段的不同需要,解释公共支出总量及结构变化的趋势。他们认为,不同时期由于公共支出作用的不同,公共支出数量也会发生变化。在经济发展早期,百业待兴,为了启动经济、促进经济尽快地增长,公共部门要为经济的发展提供诸如公路、铁路、桥梁、电力、环境卫生系统、法律与秩序等社会基础设施,使得政府投资在社会总投资中所占比重较高,这些投资成为经济起飞的必备条件。但随着经济的发展及民间经济的成熟,政府的投资比例会下降。经济进入成熟阶段后,公共支出将从基础设施转向教育、保健、社会保障等领域,这些方面支出的增长将大于其他支出的增长。

(四)鲍莫尔的非均衡增长理论

美国经济学家威廉·杰克·鲍莫尔(William Jack Baumol)将经济分为进步部门和非进步部门。进步部门的生产率高,非进步部门的生产率相对较低。因为进步部门在规模经济和技术革新上有优势,劳动生产率的累积性得以提高。劳动要素在生产过程中所发挥的作用存在差异是导致生产率差异的直接原因。在进步部门,劳动主要是作为工具使用,是生产最终产品所不可或缺的要素,而在非进步部门,劳动本身就是最终产品。进步部门可以用资本代替劳动而不影响产品的性质,而非进步部门由于劳动服务本身就是提供消费的产品的一部分,劳动量的减少就会改变所生产的产品的性质。非进步部门通常包括服务性行业,这些行业的生产和服务都是劳动密集型的,其生产率的提高并非不可能,但只是偶然发生,且速度缓慢。

鲍莫尔把私人部门视为进步部门,把公共部门视为非进步部门,并对公共支出的增长提供了一种解释。他认为,公共部门生产力相对落后是公共支出增长的主要原因。相对于私人部门而言,公共经济部门平均劳动生产率具有相对下降趋势,为了维持私人经济部门和公共经济部门之间的平衡,需要将更多的要素投入公共经济部门中,如公共部门的工资应与私人部门的工资呈同方向且等速度递增,这便导致了公共支出的增长。

第三节　公共支出结构

一、公共支出结构的含义及其特点

(一)公共支出结构的含义

公共支出结构是指公共支出总额中各类支出的组合,以及各类支出在支出总额中所占的比重,也称作公共支出构成。从日常形态上看,一国在一定时期内的公共支出结构体现为各类支出的集合,并呈现出一种数量关系。

从财政分配自身角度分析,公共支出的结构是该时期政府财政职能和政策的映射,体现了一定时期内国家财政政策取向和政府财政活动的范围、支出责任和重点。对财政支出结构进行分析,可以探索财政支出的内在联系及其规律性,为优化公共支出结构提供依据,提高财政资金使用效率。

从宏观经济运行角度分析,公共支出覆盖社会生活的各个方面,公共支出结构体现出社会经济生活中各种比例关系的客观要求。在社会主义市场经济条件下,生产要素的配置和调整主要通过市场进行,财政分配主要通过调整财政支出结构来发挥其宏观调控作用,协调、引导、控制经济结构、产业结构、消费结构和社会结构。对公共支出结构的分析和调整,是国家宏观调控的重要手段,也是实现宏观调控目标的重要途径。

（二）公共支出结构的特点

1. 稳定性与变动性

公共支出结构与政府的工作重心关系密切,是对政府政策倾向的反映。政府的工作重心短期内不会发生明显变化,所以公共支出结构在一定时期内具有稳定性。但是公共支出结构不是一成不变的,而是随着经济发展阶段不同而不断发生改变。

2. 质的规定性和量的稳定性

质的规定性是指公共支出各要素自身所具有的特点,量的稳定性则是指公共支出各构成要素在数量上的比例关系。公共支出结构不仅仅是由比例构成的,在很大程度上也反映着诸多要素在公共支出中所占的地位和所起的作用,以及提示人们该如何调整各要素之间的关系等。

3. 自我调整性

在市场经济体制下,公共支出实质上是一种民主决策支出,这就决定了公共支出发生作用的根本途径是通过市场机制的自发调节方式。但是由于公共支出既有经济特点,又有政治特点,政府也可能会有意识地进行宏观调控。

4. 影响市场经济发展

公共支出结构对市场经济的重要影响体现在三个方面:一是随着政府管理经济职能的加强和政府采购制度的健全,政府作为市场经济中最大的买主,其公共支出用于哪些方面,都会对市场经济活动产生重大的影响。二是政府的公共支出会对当地的经济发展带来一定的影响。三是政府在收入与支出对比关系上的调整会对物价总体水平产生影响。

二、公共支出结构的优化

公共支出是政府配置资源、满足社会需要的重要途径和方式,其结构直接关系着公共支出本身的效率和效果,进而影响国民经济发展和人民福利等重大问题。公共支出结构的优化关系到整个国民经济的发展。科学合理的公共支出结构可以促进社会的发展,同时也可以优化经济结构,有利于社会资源在私人部门和公共部门之间的合理配置,实现社会福利最大化。优化公共支出结构,建立与公共财政相适应的公共支出结构,成为财政改革和决定资源配置效果的核心内容。优化的公共支出结构应具备以下特点。

（一）优化的公共支出结构应与支出目的、财政体制、经济发展阶段有较强的适应性

公共支出结构必须与支出目的相适应,不可偏离政府工作重点所要求的发展方向。公共支出的目的总体来说是为了满足不同层次、不同种类的社会公共需要。随着社会经

济发展阶段和其他条件的变化,公共支出满足社会公共需要的侧重点会有所不同,因此,就要求公共支出结构的构成要素以及相互之间的关系能够反映支出目的的变化方向。

公共支出结构是特定财政体制下的结构,必须与一定的财政体制相适应。与财政体制相适应的支出结构,能够获得财政体制的有力推动而不断优化;反之,与财政体制不相适应的支出结构,由于其与财政体制之间存在经常性摩擦,会削弱结构优化的能力,使结构发展与财政经济发展出现停滞或加剧二者之间的不协调。

不同的经济发展阶段会出现不同的支出结构,支出结构的转换和经济增长密切相关。经济增长会影响支出结构的转换,支出结构的转换也会反作用于经济增长,起到助推作用。当然,由于受到人的意识的影响,公共支出结构的转换并不是完全意义上的自发组织过程,其转换有可能超前或滞后于经济发展阶段,但无论超前或滞后,都不利于公共支出结构的优化,也不利于经济发展。

(二)优化的公共支出结构内部各组成要素之间应具有协调性

优化的公共支出结构的内部协调是动态的协调,各个要素既相互独立又相互联系,不断打破原有的平衡,又不断实现新的平衡。公共支出结构的协调是结构内部多个要素的相互适应,这种意义上的平衡并不意味着各个要素不分主次地平均发展,而是明确重点与非重点的协调发展,使构成支出结构的各要素在差别的基础上实现相互促进的协调发展。

(三)优化的公共支出结构是具有高效益的结构

公共支出结构效益包括经济效益和社会效益,评估支出结构效益时不仅要考察经济效益,还要考察社会效益。一个效益较高的支出结构,其构成要素的个体效益也应该较高,因此,提高公共支出结构效益,应该从提高构成要素的个体效益开始。社会的公共需求是多方面的,公共支出也是多方面的,所以,公共支出结构效益会从政治、经济、文化、科学、社会等多方面表现出来,提高公共支出结构效益的过程实际上是公共支出结构在以上多方面转换优化的过程。

总之,公共支出结构的优化,不仅有利于加强财政宏观调控和支持经济社会可持续发展,也有利于保证社会安定和谐。在公共支出"缺位"和"越位"问题日益严重、财政收支矛盾日益尖锐的情况下,按照公共财政的理念,进一步转换政府职能,规范财政支出管理,优化公共支出结构,成为当前世界各国财政改革与发展的一项重要任务。

三、影响公共支出结构的因素

(一)宏观因素

1.政府职能

公共支出结构和政府职能有着直接的关系,政府的经济职能和公共职能都是随着人类社会的演进和科技的发展不断变化的,公共支出结构调整必须服从于政府职能的发展变化趋势。国家职能的具体体现是政府活动,国家职能的大小决定了政府的活动范围。国家职能表现为社会管理职能和经济管理职能两个方面。一般说来,在以生产资料私有制为经济基础的国家,政府不介入或很少介入微观经济活动,其组织管理经济活动的功能较弱,国家职能主要集中于对社会活动的管理,政府的活动范围也主要集中于社会活动领域。由此决定其财政支出中用于社会公益事业支出和社会保障支出等的比例较高,用于经济建设支出的比例较低。而在以生产资料公有制为经济基础的国家,国有经济是国民经济的主导力量,国家具有组织领导经济建设的职能,相应承担国有资产的投资建设和为经济建设提供基础设施的任务,因而,国家的经济职能较强,政府的活动范围在经济领域的覆盖面较宽,其财政支出中直接用于经济建设和与经济建设有关的支出所占比例较高,用于社会公益事业支出和社会保障支出等的比重则相对较低。这样的公共支出结构,是与国家的职能及政府的活动范围相适应的,也就能够较好地保证国家职能的实现,并为政府的活动提供相应的财力保证。

2. 经济发展水平与经济体制

在一定时期内,一国的经济发展水平决定着社会需求水平和结构。在经济发展的不同阶段,政府支出结构是不同的。在经济发展初期,政府的投资性支出所占比重较大;在经济发展中期,财政投资在社会总投资及在公共总支出中的比重都呈下降趋势;在比较成熟的市场经济中,公共品方面的支出在公共总支出中的比重大幅度上升。

经济体制与财政支出结构有着密切的内在联系。经济体制决定资源的配置方式,也就决定着财政支出的结构。实行计划经济体制的国家,是由政府垄断社会资源,资源配置方式以政府集中配置为主,政府既承担了"社会公共需要"方面的事务,也承担了大量竞争性、经营性等方面的事务。因此,财政支出中经济建设支出所占的比重较高,而用于社会公益事业开支和社会保障开支等的比重较低。实行市场经济体制的国家,以市场配置为资源配置的主要方式,政府的职能主要集中于社会管理领域,因此,财政支出中经济建设支出所占比重较低,而用于社会公益事业和社会保障等方面的开支比例明显较高,几乎没有用于竞争性、营利性领域的支出。从发达国家和发展中国家对比来看,发达国家用于社会福利性方面等的转移性支出增长较快,国防支出、交通等购买性支出的增长相对较慢,发展中国家的公共支出增长主要集中在购买性支出方面,特别是公共投资方面。这是因为发达国家的经济发展水平已经很高,政府更加关注社会公平的问题,而发展中国家一方面要追求经济发展的高速度,另一方面,也要考虑提高经济的效率,体现"效率优先,兼顾公平"的公共支出政策思想。

3. 政府的工作重心及社会发展状况

政府的工作重心不同,以及政府的经济与社会发展目标不同,会直接影响公共支出结构。一定时期内财政基金的流向及比例,必须同该时期政府的工作重心及经济与社会发展目标相适应,才能保证政府所承担的政治经济任务的完成及发展目标的实现。如人口、就业、医疗卫生、社会救济、社会保障以及城镇化等因素,都会在相当大的程度上影响公共支出规模及结构。在人口基数大、人口增长较快的发展中国家,相应的义务教育、卫生保健、社会保障、失业和贫困救济、生态环境保护以及城镇化等支出的增长压力也大。比如,中国在尚未实现工业化之前,人口的老龄化已经来临,农村富余劳动力的增加迫切要求加快城镇化速度,加快经济建设与生态环境保护的矛盾日益突出,诸如此类的许多社会问题,会对公共支出不断提出新的要求,构成扩大公共支出规模的重要因素,也影响了公共支出结构的构成。

(二)微观因素

为了寻求合理的公共支出结构,不仅需要分析影响公共支出的宏观因素,而且需要分析和控制影响公共支出的微观因素。福利经济学对公共支出的分析主要从微观角度进行,它采用效用最大化的分析方法,将市场有效供给原理运用到公共部门公共产品的供应中,通过影响公共支出的变量,如公共产品的需求、公共产品的成本和价格、公共产品的质量、生产组织形式等,来分析和研究公共支出结构。

第四节 公共支出效率与效益

公共支出效率与效益会影响市场经济效率、社会公平与发展等,提高公共支出效率与效益意义重大。

一、公共支出效率与效益分析

公共支出效率由公共资源配置效率和公共产品(包括准公共产品)的"生产效率"组成。

(一)公共支出效率的分析

1.公共支出的配置效率

公共支出的配置效率与财政配置职能密切相关。确定一个评价效率的标准是解决资源配置效率的首要问题。将社会净所得最大化标准设定为效率标准,即当改变资源配置时,社会的所得要大于社会的所失,其差额越大越好。公共支出所获得的包括经济效益和社会效益等各种效益之和,应当大于聚集公共收入过程中对经济所形成的代价或成本,即产生效益剩余或净效益为正。

在现实情况下,公共产品只能通过特定的预算安排或政治程序,经由财政的资源配置来满足社会公共需求。所以,公共支出的配置效率首先是公共支出占 GDP 的比重适度,即公共部门的资源配置与私人部门的资源配置恰当结合的问题。

2.公共支出的生产效率

公共支出的生产效率是指如果把政府机关和公共部门视为提供公共产品的"生产部门",那么,在资源配置既定的前提下,公共部门内部的组织管理状况决定着提供公共产品的数量和质量,从而决定公共支出效率。一方面,公共部门内部的组织管理模式对于提高公共支出效率具有重大影响,可通过精兵简政、倡廉反腐、加强审计和监督等措施提高公共支出效率。但如何评价公共部门的管理状况依旧是一个难点。另一方面,社会经济的稳定和发展是公共支出效率的集中体现。但在宏观经济的分析视野中,公共支出的运行结果和评价与社会经济的稳定和发展联系在一起。社会经济的稳定与发展态势,既是包括财政资源在内的社会资源有效配置的综合结果,也是评价公共支出配置效率和生产效率的综合性指标。

(二)公共支出效益的分析

公共支出效率具体表现为公共支出效益,衡量公共支出效率就是分析和评价公共支出效益。公共支出效益是指一国政府在配置资源过程中以社会福利最大化为目标,以最小的公共支出获取最大的社会福利。提高公共支出效益是公共支出的核心问题。只有资源集中在公共部门手中能够发挥更大的效益时,公共部门占有资源才是对社会有益的。通常来说,公共支出的规模应当适当,结构应当适当,机构应当合理,完善支出制度并加强管理,根本目标都是提高公共支出效益。

效益是某种活动所要产生的有益效果及其所达到的程度,是效果和利益的总称。其中,经济效益是人们在社会经济活动中所取得的收益性成果。对于微观经济主体来说,提高经济效益是根本目的。从某种意义上来说,公共支出效益与微观经济主体支出效益有相同之处,但因公共部门处于宏观调控主体的地位,其与微观经济主体支出效益又有重大差别:一是两者计算的所费与所得的范围不同。微观经济主体只需分析发生在自身范围内的直接的和有形的所费与所得;公共部门则不仅要分析直接的和有形的所费与所得,还需分析长期的、间接的和无形的所费与所得。二是两者的选优标准不同。微观经济主体的目标是经济效益最大化;公共部门追求的则是整个社会的最大效益,为达此目标,可以放弃部分经济效益。公共部门在提高公共支出效益的过程中,会面临着来自更多层面的复杂问题。所以,财政对公共资源配置是否达到了最优化,公共产品提供成本是否最低,提供的水平和结构是否合理,是否达到社会福利最大化的目标,是财政公共支出活动所追寻的永恒主题。资源稀缺性往往会表现为公共收入不能满足公共支出,公共支出又不能满足公共需要,这就要求公共支出的安排和使用,必须效率优先,保证重点,照顾一般,厉行节约,提高效益。

1. 公共支出内源性效益

公共支出内源性效益是指公共支出本身所产生的效益,包括直接效益和间接效益。直接效益是指某些通过公共支出开展的项目直接产生的可计量的经济效益,如经济建设项目支出所产生的效益。间接效益是指某些项目不直接产生经济效益但却存在社会效益,其产生的一部分社会效益可能无法被精确地量化,如事业性支出和行政性支出项目所产生的效益。

公共支出内源性效益又可分为以下三个方面:一是公共支出总量效益,是指对公共支出总规模所产生的效益,包括公共支出规模与国民经济发展是否相匹配,公共支出对GDP 的贡献率、公共支出的公共产品产出率等。由于各国社会制度和经济体制存在差异,即使是同一国家在不同发展时期的社会经济发展阶段目标也是不同的,使得公共支出总量的影响因素具有不确定性,因此,对公共支出总效益的评价是一个复杂而困难的问题。二是公共支出结构效益,即公共支出项目间的组合效益。支出结构的合理性,对发挥公共支出的整体效益具有巨大影响。公共支出结构效益主要评价各类支出占总支出的比重是否合理,以寻求最优的支出结构。衡量结构效益可选择直接经济效益指标、间接经济效益指标、直接社会效益指标和间接社会效益指标,寻求结构效益的平衡点尤为重要。三是公共支出项目效益,是指具体支出项目所产生的效益,是支出效益的细化。按照中国现行的公共支出功能分类,公共支出分为一般公共服务、教育、医疗卫生、科学技术、农林水、交通运输等。对具体项目所产生的效益进行评价,主要难点在于,项目之间不具有可比性,难以建立一个标准的衡量体系。现阶段,衡量公共支出项目的效益,一般是根据某一类项目的特点建立具体的评价指标,测算出支出-产出率。比如,教育支出的经济效益,可通过新增的 GDP 与教育经费支出总数之比进行衡量,教育支出的社会效益可通过入学率、毕业率等进行评价。

2. 公共支出的部门绩效评价

公共支出的部门绩效评价包括两个方面:一是对部门资源配置的总体状况和整体进行评价,财政资源的使用是否得到应有的产出或成果;二是对部门本身的工作绩效评价,如既定的社会经济发展指标完成情况,部门内资金使用的效率等。公共部门应增强使用财政资金状况的透明度,除特殊部门外,应向社会大众公开,年度终结后应向财政部门报告部门绩效。财政部门则应根据国民经济及社会发展总体目标制定公共部门绩效评价体系,分部门确定相应的评价指标,对公共部门的绩效进行评价和考核。

3. 公共支出的单位绩效评价

在公共支出的使用环节中,资金使用单位既是支出链中的最终环节,又是资金使用效益的直接体现者。因此,使用单位对资金的使用决定着公共支出能否得到相应的产出,能否发挥最大的效益。对单位绩效的评价应着重于以下四个方面:一是预算及相关决策的执行情况,如果执行结果与预算发生偏差,要有足够的理由说明其原因,还要注意在资金的使用过程中,是否始终保持与国家的财政经济政策的一致性;二是单位的资金管理机制是否完备;三是资金使用的最终效益(包括当期效益和周期性效益)是否得到完全体现;四是要对同类型项目进行历史的、区域性的比较分析。单位绩效评价工作应由其主管的公共部门实施。每年度结束后,主管部门应对所属承载公共支出的单位的支出效益状况进行评价,其评价结果抄报同级财政部门,以利于财政部门对支出效益的全过程监控。

二、公共支出效益的评价方法

评估公共支出效益是一项复杂且困难的工作,主要包括以下几点原因:一是公共支出的部分效益或成本难以用货币单位准确计量;二是有些效益是无形的;三是效益具有长期性,不一定在短期体现;四是不同支出项目的短期和长期效益表现不同。因此,评估公共支出项目的效益时,应采用定性与定量相结合、单项分析与综合分析相结合、动态分析与静态分析相结合的分析方法,而且对不同项目必须采取不同的评估方法。这里介绍两种常用的评价方法。

（一）成本-效益分析法

成本-效益分析法是根据政府确定的建设目标提出若干备选项目方案,通过比较各种方案的全部预期收益和全部预期成本,从中选出最优的政府投资项目的分析方法。成本-效益分析法可以为某些特定公共支出项目进行经济评估和财务分析提供一种科学决策的工具和技术,有利于减少公共支出决策的随意性和决策失误。该方法适用于成本和效益都能准确计量的项目评价,以社会效益为主的公共支出项目一般不宜采用此方法。

1936 年,美国政府在一项防洪工程的投资决策中首次运用了成本-效益分析法。目前,该方法已经广泛应用于许多国家的中央政府和地方政府的公共支出效益评估。成本-效益分析法的具体评价方式主要有以下三种。

1. 净现值(NPV)法

假设政府筹建一个项目的寿命为 n 年,r 为第 i 年的贴现率,第 i 年的收益和成本分别为 B_i 和 C_i,$i = 0, 1, 2, 3, \cdots, n$,则第 i 年的净收益为 $B_i - C_i$。那么该项目未来收益的净现值(NPV)的计算公式为:

$$NPV = \sum_{i=0}^{n} \frac{B_i - C_i}{(1 + r)^i} \tag{7-1}$$

根据式(7-1)计算出来的未来收益的净现值(NPV)的结果,就可以对项目的投资可行性做出判断:如果 NPV>0,则该项目可行;如果 NPV<0,则该项目不可行;对不同项目进行选择时,则比较它们未来收益的净现值(NPV)的大小,同等条件下选择净现值高的项目。

2. 效益成本比率(BCR)法

效益成本比率法是将各公共支出方案的成本效益量化后,折为现值,求出效益现值和成本现值的比值用以评价投资项目效益的大小,并以此作为决策依据。计算公式为:

$$BCR = \frac{\sum\limits_{i=0}^{n} \dfrac{B_i}{(1 + r)^i}}{\sum\limits_{i=0}^{n} \dfrac{C_i}{(1 + r)^i}} \tag{7-2}$$

效益成本比率法判断的原则是:如果 BCR≥1,则该项目可行;如果 BCR<1,则该项目不可行。当有多个方案进行比较选择时,效益成本比率最高的为最佳方案。

3. 内部收益率(IRR)法

内部收益率是指能够使未来现金流入量现值等于未来现金流出量现值的折现率,或者说是使公共投资项目净现值为零的折现率。该指标越大越好。如果 IRR 等于或者超过预期的收益率,该公共支出就有效率,则该项目可行;如果 IRR 小于预期的收益率,该公共支出就无效率,则该项目不可行。如果对多个项目进行选择,则优先选择具有较高内部收益率的项目。

运用成本-效益分析法的关键是确定公共支出项目的收益、成本和贴现率。由于社会效益和社会成本非常复杂,因而要全面深入地分析、鉴定和衡量。

采用成本-效益分析法进行公共支出项目决策时,要注意以下两点:

一是对贴现率的选择,应采用社会贴现率,这种贴现率以企业部门的贴现率为基础,但是又有别于企业部门的贴现率。这是因为社会贴现率是从国家宏观经济角度出发,制定对其投资所应达到的收益率标准,它不仅要考虑项目现阶段的收益,也要考虑未来的福利。此外,政府支出项目通常会带来外部效应,这种外部效应也要纳入项目效益之中。

二是可采用"影子价格"对不反映为市场价格的公共支出项目的效益和成本进行估算。所谓影子价格,是指对无价可循或有价不当的商品或劳务所规定的一个较合理的替代价格。这种价格在市场上并不真正存在,是一种社会价格。存在影子价格的原因主要有两个:一是某些公共产品本身就不存在价格,比如,政府修建市政公园或者公共绿化给人民带来的好处;二是由于市场的不完美性使某些产品的价格与正常的市场价格有偏差。在运用成本-效益分析法评估公共支出项目时,社会效益和成本如果不反映为市场价格,就有必要引入影子价格。

作为一种政府公共支出决策工具,成本-效益分析法的目标是帮助公共部门实现稀缺公共资源的有效配置,它使公共支出决策有了相当程度的科学依据,改善了公共支出的决策水平和效益水平。另外,由于外部效应的干扰、社会贴现率的高低、度量方法、决策人员的偏好等因素的影响,用成本-效益分析法定出的公共支出方案并不一定是最佳方案,因此,成本-效益分析法并不是一种完美的公共支出效益分析方法。

(二)最低费用选择法

最低费用选择法是指不用货币单位来计量备选的公共支出项目的社会效益,只计算每个备选项目的有形成本,并以有形成本的高低作为选择标准的分析方法。由于通常选择有形成本最低的项目,因此,也被称为最低成本法。此方法避开了对备选公共支出项目效益衡量的难题,适用于对军事、政治、文化、卫生等公共项目进行评估。

运用最低费用选择法来确定公共支出项目的步骤与成本-效益分析法的步骤基本相同,但由于免去了计算支出效益与无形成本的麻烦,其步骤更加简单。运用最低费用选择法的基本步骤为:首先,根据政府确定的公共支出项目的目标提出多种备选方案;其次,以货币为统一尺度,分别计算出备选方案的各种有形费用并予以加总计算项目的总成本;最后,按照费用的高低排出顺序,供决策者选择。

三、公共支出效益评价体系

(一)评价指标体系设置的基本原则

1.经济性、效率性和有效性兼顾原则("3E"原则)

从指标内涵来看,"3E"原则主要强调经济性,要节约成本,这是"3E"评价法的基本价值准则。该方法被应用于政府部门的主要目的和意图就是加强对政府成本的控制。许多西方国家的实践证实了"3E"原则是公共支出评价的有效原则,例如,美国政府运用"3E"原则评价公共支出效益之后,政府的财政支出更加有度、更加合理,所以应当结合中国的实际充分借鉴这一原则。

2. 针对性与兼容性相结合的原则

评价指标的设置应直接体现公共支出管理关注的重点,为此,指标设置的选取必须具有较强的针对性,同时也要注意指标选取的兼容性,以便更好地把握各地区公共支出中的共性与个性指标的衔接问题。

3. 定量分析与定性分析相结合的原则

定性分析是对公共支出效益做出判断,而定量分析则是判断公共支出效益的客观依据。定量分析可以使定性分析更加准确,得出更深入的结论,因此,在评价工作中要重视定量分析,定性分析要以定量分析为基础和依据,使评价结果更加客观、准确、合理。但是,在实际操作中,并不是所有的公共支出项目执行的结果都能够用量化标准进行衡量,所以,要遵循定量分析与定性分析相结合的原则。

4. 工作需要与可操作性相结合的原则

从一项评价工作的开展来看,评价结果的合理性与指标设定的详细程度呈正相关,但受限于各种客观因素,有些指标的数据可能无法获得,所以设置具体评价指标以及选取指标的数量还要考虑现实性、数据可得性及可操作性。

(二)评价指标体系的设计

公共支出评价指标的设置应遵从公共部门的既定工作目标。根据前面所介绍的公共支出效益的内涵和范围,评价指标体系的设计一般包括支出规模、支出结构、项目效益及部门(单位)效益四个方面。在实践中,还可根据支出项目及部门的具体情况建立相应的子指标体系。

1. 规模效益指标体系

①公共支出(分类别支出)占 GDP 的比重 = (当期公共支出(分类别支出)/当期 GDP)×100% ;

②公共支出(分类别支出)贡献率 = (当期 GDP 的增加值/当期公共支出(分类别支出)总额)×100% ;

③公共支出(分类别支出)公共产品产出率 = (当期公共产品总额/当期公共支出(分类别支出))×100% 。

2. 结构效益指标体系

①本级公共支出占本区域比重 = (当期本级公共支出总额/当期本区域公共支出总额)×100% ;

②各类支出占财政总支出比重 = (当期某类支出总额/当期财政总支出)×100% ;

③各项目支出类别的比重 = (当期某项目支出总额/当期类别支出总额)×100% 。

3. 支出项目效益指标体系

①支出项目的成本收益率 = (期间支出项目的经济收益/期间项目支出总额)×100% ;

②财政资源使用成果率 = (公共支出项目成果/财政项目支出总额)×100% 。

这两个指标仅提供了一种思路,在具体的指标设计中,还需综合考虑社会经济可持续发展能力、生态环境的保护、社会收入公平分配等多种因素的影响,针对不同公共支出项目设立不同的评价指标体系。

4. 公共部门(单位)效益指标体系

①履行职能的标准成本率＝(履行某项职能的实际成本/履行某项职能的标准成本)×100%；

②政策目标(计划)完成率＝(政策目标(计划)数量/政策目标(计划)完成数量)×100%。

对公共部门(单位)的准确评价是相对复杂的工作,无论是行政管理成本的高低还是政策目标(计划)的完成情况,其中的影响因素复杂多样,且具有不确定性和部门性质的差异性。因此,对部门(单位)进行准确的评价和制定"标准成本"难度很大,这些指标只能是一个大致的参考,还需具体情况具体分析。

第五节 中国的公共支出实践

公共支出作为政府财政政策的重要组成部分,在国家的政策执行和经济发展中占有重要的位置。改革开放以来,中国公共支出的总量规模、支出结构等都发生了巨大的变化,对经济的高速增长起到了强有力的支撑和调节作用。

一、中国公共支出规模发展趋势

表 7-1 显示,改革开放以来中国政府的财政支出规模呈逐年增长趋势,尤其是在1998 年突破 1 万亿元大关后,中国财政支出规模呈快速增长态势,财政支出增速基本上保持在 8% 以上。随着中国经济的高速发展,2015 年后中国财政支出增速有所放缓。

表 7-1　中国改革开放以来公共支出规模变动情况

年份	财政支出/亿元	GDP/亿元	公共财政支出占 GDP 比重/%	公共财政支出增长率/%	GDP增速/%	财政支出弹性	财政支出边际系数
1978	1 122.09	3 678.7	30.50	—	—	—	—
1985	2 004.25	9 098.9	22.03	17.83	25.01	0.71	0.17
1990	3 083.59	18 872.9	16.34	9.20	9.86	0.93	0.15
1995	6 823.72	61 339.9	11.12	17.80	26.12	0.68	0.08
1996	7 937.55	71 813.6	11.05	16.32	17.07	0.96	0.11
1998	10 798.18	85 195.5	12.67	16.94	6.88	2.46	0.29
2000	15 886.5	100 280.1	15.84	20.46	10.73	1.91	0.28
2005	33 930.28	187 318.9	18.11	19.11	15.74	1.21	0.21
2010	89 874.16	412 119.3	21.81	17.79	18.25	0.97	0.21
2015	175 877.77	688 858.2	25.53	15.87	7.04	2.26	0.53
2016	187 755.21	746 395.1	25.15	6.75	8.35	0.81	0.21

续表

年份	财政支出/亿元	GDP/亿元	公共财政支出占GDP比重/%	公共财政支出增长率/%	GDP增速/%	财政支出弹性	财政支出边际系数
2017	203 085.49	832 035.9	24.41	8.17	11.47	0.71	0.18
2018	220 904.13	919 281.1	24.03	8.77	10.49	0.84	0.20
2019	238 874	990 865.1	24.11	8.13	7.79	1.04	0.25

数据来源:《中国统计年鉴》。

注:财政支出弹性=年度财政支出变化率/年度国内生产总值变化率;财政支出边际系数=年度财政支出增加额/年度国内生产总值增加额

从公共支出的相对规模看,1978—2019年,中国公共支出占GDP的比重呈"V"形变化趋势,以1996年为转折点。1978—1996年,公共支出占GDP比重从30.50%下降到11.05%,随后又逐步回升反弹至2019年的24.11%。改革开放初期,公共支出占GDP的比重呈下降趋势的原因主要是经济体制改革,从高度集中的计划经济体制向有计划的商品经济体制转变,又向社会主义市场经济体制迈进。在经济体制转变的过程中,政府为了加大市场机制配置社会资源的比重,推出了一系列以"减税让利""放权让利"为主的改革措施,实现政府职能的转变,并降低公共支出占GDP的比重从而加快中国市场化改革的进程。20世纪90年代中期,公共支出占GDP的比重逐步回升的原因主要有三个方面:一是1994年税收制度改革后公共收入增加,为公共支出占GDP的比重上升奠定了基础;二是自1998年以来积极财政政策的实施,国家大规模增加公共支出,刺激内需,带动社会资本的投资;三是中国政府在构建符合市场经济体制的公共财政框架的过程中不断转变自身职能,矫正"越位"和"缺位"的情况,财政在提供公共产品和服务、实现社会公平和维护经济稳定等方面的支出增加,所以财政支出的规模不断扩大,财政支出占GDP的比重也相应增加。

在社会主义市场经济条件下,可以预期中国的公共支出仍会呈一个不断增长的趋势。一是随着经济社会的不断发展,经济生活和市场关系更为复杂。需要更加完善的社会保障体系和司法系统的建立,需要政府加大对各个领域的投入以保持经济的持续增长。二是建设服务型政府的需要。公共财政框架的构建,要求从以经济建设为主转向以提供公共服务为主,政府要履行公共服务的职能,就要把更多的公共资源投入社会公共需要的领域,财政支出的规模必然会增加。

二、改革开放以来中国公共支出的发展阶段

根据经济体制和财政管理体制的差异,改革开放以来中国公共支出的演进大致可以划分为三个阶段,每个阶段呈现出不同的特点。

(一)计划经济体制改革公共支出萌芽期(1978—1991)

1978年之前,中国实行高度集中的计划经济管理体制,改革开放后的市场化改革,迫切要求对长期以来统收统支、高度集中的财政体制进行调整。赋予地方一定的财政自主

权成为自上而下分权改革的第一步,20世纪80年代初,财政分级包干制开始试点并全面推行,中央与地方财政形成了相应的收支分工。中央政府主要承担国防、外交、中央承担的基本建设投资、所属企业的资金、所属事业单位的科教文卫支出和行政管理经费等,地方政府主要负责统筹基本建设投资、所属企业流动资金、农林水气象等事业支出、城市维护建设费、抚恤和社会救济费以及行政管理费等。从大包大揽逐步过渡到重点支持各项改革和提供部分重点公共产品,成了这阶段公共支出一个鲜明特点。

(二)建立市场经济体制公共支出形成期(1992—2006)

1992年,中国提出建立社会主义市场经济体制的改革目标,与此相适应,地方政府的财政职能范围需要做出相应调整。公共财政逐渐取代先前计划经济体制下的生产建设性财政,地方财政支出也在此推动下压缩过去大而宽的财政支出范围。1993年12月,国务院发布《关于实行分税制财政管理体制的决定》,从1994年1月1日开始在全国实施。分税制改革进一步理顺了中央和地方财政收支权限划分上的关系,央地之间的事权与财权进行了重大调整,重新界定了地方财政的收支范围。中国在1998年明确提出建立公共财政体制的改革目标,财政支出结构成为财政改革的重要内容。2003年以来,为了进一步完善地方政府社会管理和公共服务职能,民生支出成了公共财政建设的重点,通过对财政支出结构进一步调整和优化,中国初步形成了适应市场经济体制的公共支出框架体系。1992—2006年,中国公共支出结构处于不断优化中,经济建设仍旧是政府的重要职能之一,但是社会保障等改革发展中新出现的民生问题得到政府更多的重视。

(三)健全市场经济体制的公共支出发展期(2007年至今)

为完整、准确地反映政府收支活动,进一步规范预算管理、强化预算监督,中国从2007年1月1日起全面实施政府收支分类改革。2013年11月,党的十八届三中全会通过的《中共中央关于全面深化改革若干重大问题的决定》提出,财政是国家治理的基础和重要支柱,必须建立现代财政制度,发挥中央和地方两个积极性,要改进预算管理制度,建立事权和支出责任相适应的制度。2014年9月,国务院印发《关于深化预算管理制度改革的决定》,与公共支出相关的主要内容包括优化财政支出结构,加强结转结余资金管理,加强预算执行管理,提高财政支出绩效等,标志着预算管理制度改革进入实质操作阶段。2015年6月,财政部印发《关于加强和改进中央部门项目支出预算管理的通知》,要求从编制2016年部门预算起,项目支出按新的管理方式运行,力争用三年的时间构建起规模适度、结构合理、重点突出、管理规范、运转高效的中央部门项目支出预算管理新模式,充分发挥预算的资源配置功能和政策工具作用。2015年9月,财政部印发《中央对地方专项转移支付绩效目标管理暂行办法》,旨在进一步规范中央对地方专项转移支付绩效目标管理,提高财政资金使用效益。2018年2月,中共中央、国务院发布《关于实施乡村振兴战略的意见》,要求确保财政投入持续增长,建立健全实施乡村振兴战略财政投入保障制度,公共财政更大力度向"三农"倾斜,确保财政投入与乡村振兴目标任务相适应。2018年5月,财政部印发《地方财政预算执行支出进度考核办法》,督促地方加快预算执行支出进度,提高财政资金使用效益,更好促进经济社会高质量发展。2018年8月,《中

共中央 国务院关于打赢脱贫攻坚战三年行动的指导意见》正式公布,要求强化财政投入保障,坚持增加政府扶贫投入与提高资金使用效益并重,健全与脱贫攻坚任务相适应的投入保障机制,支持贫困地区围绕现行脱贫目标,尽快补齐脱贫攻坚短板。2018 年 9 月,财政部印发《财政部贯彻落实实施乡村振兴战略的意见》,对财政系统贯彻落实习近平新时代中国特色社会主义思想和党的十九大精神,积极发挥财政职能作用,保障乡村振兴战略顺利实施,加快推进农业农村现代化作出全面工作安排。总的来说,各级财政部门立足我国经济已转向高质量发展这一基本特征,聚力增效,统筹兼顾,突出重点,大力压减一般性支出,重点增加了对脱贫攻坚、"三农"、科技创新、生态环保,以及教育、卫生等民生重点领域的投入,财政支出的"公共性"更加凸显。

三、中国公共支出改革成绩

(一)对公共支出功能分类体系进行改革

公共支出改革的核心是对支出功能分类体系的改革。改革前,中国的公共支出是按照经费性质进行分类,这种分类较为抽象,不能体现出各部门不同的职责。改革后的支出功能分类是按照政府的职能和活动设置科目,支出分类设置类、款、项三级。类级科目反映政府的某一项职能,款级科目反映为完成某项政府职能所进行的某一方面工作,项级科目反映某一方面工作的具体支出。这种分类可以清晰反映政府职能活动的支出总量、结构与方向,使政府各项支出能直接从科目上看出来。

(二)对公共支出经济分类体系进行改革

公共支出经济分类是对公共支出的具体经济构成进行分类。公共支出功能分类是对政府"做了什么事"进行解释,公共支出经济分类则是反映政府"怎么去做"。比如,政府教育支出,究竟是盖了校舍、买了设备还是发了工资,可通过经济分类来反映。支出经济分类改革对以前的公共支出科目进行了扩充和完善,按照简便实用的原则,设置类、款两级。类级科目包括工资福利、商品和服务支出、转移支付、基本建设支出、其他资本性支出等。款级科目是对类级科目的细化,比如,其他资本性支出进一步细分为房屋建筑物购建、专用设备购置、土地资源开发等。全面、明细的支出经济分类为加强政府预算管理、部门财务管理以及政府统计分析提供了重要的工具和手段。

以上改革解决了支出预算"外行看不懂、内行说不清"的问题,不仅有利于完整、清晰地反映政府支出规模和教育、科技、农业、社会保障等政府重要职能活动,而且还有利于提高预算透明度,合理配置政府资源,从源头上防治腐败。

内容小结

1. 公共支出是公共部门为弥补市场失灵而提供公共产品和公共服务所发生的一切费用支出。公共支出是满足社会共同需要的支出,结果为社会全体所共享,不以营利为目的。

2.公共支出对宏观经济稳定、资源配置和收入再分配等经济运行产生重要影响,公共支出遵循效益、公平、统筹兼顾的基本原则。

3.公共支出的规模和结构反映了公共部门对经济和社会干预的力度和方向。针对公共支出不断增长的现象,经济学家们从不同角度进行了阐释。

4.公共支出的效率与效益影响市场经济的效率、社会公平与发展等方面。原则上所有的公共支出项目都应建立在成本-效益分析的基础上。

5.成本-效益分析法不仅能促使决策者考虑公共支出项目与公共机构的成本,而非仅考虑支出需要;而且能促使决策者要在考虑支出的效益后才决定是否值得开支,而非仅考虑开支的总额。

6.改革开放以来,中国整体与区域的公共支出规模、公共支出结构均发生了巨大的变化,对促进与稳定经济增长、改善资源配置和收入再分配起到了强有力的支撑和调节作用。

复习思考题

1.简述公共支出的特征、分类和原则。

2.购买性支出与转移性支出的区别是什么?

3.简述公共支出逐渐增长的趋势与瓦格纳法则。

4.简述皮考克和威斯曼的"梯度渐进增长理论"。

5.如何优化公共支出结构?

6.影响公共支出结构的因素有哪些?

7.简述公共支出效益评价方法及评价体系。

8.结合实际谈谈你和你的家庭享受了哪些公共支出带来的好处。

第八章　公共收入

　　从公共经济活动过程来看,公共经济主要由公共收入活动阶段或环节和公共支出活动阶段或环节构成,两者在时间上是继起,空间上是并存的。公共收入是公共支出的基础和前提。因此,公共收入是公共经济学的重要内容。本章对公共收入的相关理论基础与中国公共收入实践进行介绍,主要内容包括:公共收入概述、税收收入、公债收入、其他公共收入和中国公共收入实践。

第一节　公共收入概述

一、公共收入及其分类

(一)公共收入的概念

　　公共收入又称为政府收入或财政收入,是指政府为履行其职能而取得的所有社会资源或资金的总和。从公共经济活动过程来看,公共经济主要由公共收入活动阶段或环节和公共支出活动阶段或环节构成,两者在时间上是继起,空间上是并存的。公共收入是公共支出的基础和前提。没有收入就不可能有支出,而且公共收入的状况影响和决定着公共支出的状况。在市场经济条件下,公共收入也是政府调控宏观经济的重要手段。

(二)公共收入的分类

　　按照公共收入的形式,公共收入可以分为税收收入、收费收入、公债收入、国有资产收入;也可分为税收收入与非税收入。

　　按照公共收入的来源分类,可以有三种具体分类方法:一是按照公共收入来源的所有制性质,公共收入可以分为国有经济收入、集体经济收入、私营经济收入、股份经济收入、外商投资经济收入;二是按照公共收入来源的部门分类,可以分为工业部门收入、农业部门收入、商业部门收入、交通运输业部门收入、其他部门收入。其中,工业部门收入又分为重工业部门收入和轻工业部门收入;三是按照公共收入来源的产业分类,公共收入可以分为第一产业收入、第二产业收入、第三产业收入。

按照公共收入的管理权限分类,公共收入可以分为中央收入和地方收入。中央收入是按照预算法和财政体制的规定,由中央政府管理和支配的公共收入;地方收入是按照预算法和财政体制的规定,由地方政府管理和支配的公共收入。

(三)公共收入的原则

为了满足政府公共支出的需要,政府必须取得足额的公共收入。但是,取得公共收入必须坚持一定的原则。尽管不同公共收入形式的原则不同,但总体原则主要有以个两点。

1. 受益原则

受益原则是指政府要按照社会成员从政府提供的公共物品中受益的大小筹集公共收入,或者说政府提供公共物品的成本应由社会成员按其享用的份额来承担。按照受益原则,社会成员从政府提供的公共物品中受益多,就要多缴纳税费,受益少,就少缴纳税费。显然,受益原则是按照市场经济的"等价交换"原则实施的。如果这一原则能够有效实施,那么"免费搭车"现象就可以避免。现实中,政府提供的有些公共物品可以根据社会成员受益大小实施,如社会保险、高速公路等,政府可以按照社会成员享受社会保险的多少征收社会保险税,或按照享受的高速公路里程收取高速公路费等。然而,由于公共物品的特征决定了很多公共物品受益大小难以确定,如国防、政府部门提供的公共服务等。因此,不是所有的公共收入形式都能够按照受益原则实施。

2. 支付能力原则

支付能力原则是指政府应当以社会成员的支付能力为标准取得公共收入,而不考虑社会成员在政府提供的公共物品中受益的大小。也可以理解为,政府提供公共物品的成本应按照社会成员的实际支付能力进行分摊,支付能力强者多分摊,支付能力弱者少分摊。支付能力原则主要是从社会公平角度实施的。如果这一原则能够有效实施,就能够发挥收入再分配作用,实现收入分配的公平。支付能力原则的实施关键在于如何确定支付能力?即按照什么标准计量各社会成员的支付能力?关于支付能力标准,主要有主观说和客观说两种,主观说主张按照社会成员在享用公共物品时个人主观感受到的牺牲程度大小来度量其支付能力。事实上,主观说是难以度量的,最终变成了人为标准,难以付诸实践。客观说主张以个人的收入、所得、财产以及消费支出等客观标准度量其支付能力,这些标准是可以度量的,可以付诸实践。

二、公共收入效应

公共收入效应是指公共收入在一定的社会经济条件下所产生的影响和效果。这里的公共收入效应是指其经济效应。不同的公共收入形式在不同的条件下产生的经济效应不同。

(一)税收效应

税收效应即税收经济效应,是指因国家征税而在其经济选择或经济行为方面作出的反应或影响。税收的经济效应主要表现为收入效应和替代效应两个基本效应,但不同税种对不同主体的经济选择或经济行为的影响不同。

1. 税收的基本效应

①税收收入效应。指由于对纳税人征税或增税，减少了纳税人可支配收入而产生的效应。也就是纳税人因纳税将一部分收入转移到政府手中，从而对其经济选择或经济行为产生的影响。不同税种产生的税收收入效应大小不同。税收的收入效应对生产者和消费者的经济选择或经济行为的影响也不同。以图 8-1 说明政府征收个人所得税对消费者的收入效应。

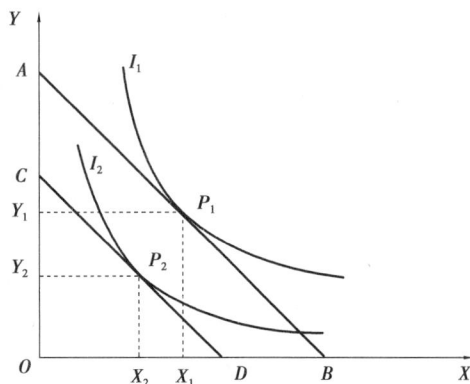

图 8-1　税收收入效应

图 8-1 中，横轴和纵轴分别代表 X 和 Y 两种商品的数量。假定纳税人的收入是固定的，而且以其收入用于购买 X 和 Y 两种商品，两种商品的比价是不变的，则将纳税人购买 X 和 Y 两种商品的数量组合连成一条直线，即为预算线，如图 8-1 中的 AB 线，此时纳税人对两种商品的需求都可以得到满足。纳税人的消费偏好可以由一组无差异曲线来表示，预算线 AB 线只与其中的一条无差异曲线相切，即图中的 I_1，切点为 P_1。在切点上，纳税人以其既定的收入购买两种商品所得到的效用或满足程度最大，此时购买 X 商品的数量为 X_1，购买 Y 商品的数量为 Y_1。

如果政府对纳税人个人收入所得征收或增收个人所得税，致使纳税人的税后可支配收入减少，从而使预算线 AB 平行移动至 CD。CD 线与无差异曲线 I_2 相切于 P_2，在这一切点上，纳税人以其税后收入购买两种商品所得到的效用或满足程度最大，此时购买 X 商品的数量是 X_2，购买 Y 商品的数量是 Y_2。

由此可见，政府对纳税人个人收入所得征收或增收个人所得税，会使纳税人购买商品的最佳选择点从 P_1 移至 P_2，X 商品的购买数量由 X_1 减少为 X_2，Y 商品的购买数量由 Y_1 减少为 Y_2，表明因政府征税或增税使纳税人可支配收入减少，减少了纳税人购买商品的数量或降低了纳税人的消费水平，但不改变两种商品的数量组合。

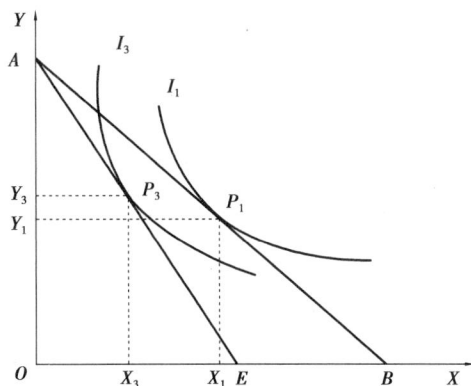

图 8-2　税收替代效应

②税收替代效应。指税收对商品购买者购买商品方面的影响，表现为政府对不同商品实行征税或不征税、重税或轻税时，会影响商品的相对价格，致使商品购买者减少征税或重税商品的购买量，增加无税或轻税商品的购买量，即以无税或轻税商品替代征税或重税商品。同样，不同税种产生的替代效应大小不同，而且税收替代效应对生产者和消费者的经济选择或经济行为影响也不同。图 8-2 说明政府对销售商品征收或增收流转税

对消费者的税收替代效应。

如果政府不征税或增税前购买两种商品的组合线为AB,消费者最佳购买选择点仍为切点P_1,在P_1点,纳税人以其既定的收入购买两种商品所得到的效用或满足程度最大,此时购买 X 商品的数量为X_1,购买 Y 商品的数量为Y_1。

假定政府只对 X 商品征税或增税而不对 Y 商品征税或增税,X 商品和 Y 商品的相对价格发生改变,消费者会减少 X 商品的购买数量,购买两种商品的组合线便由 AB 绕 A 点转动至 AE,与其相切的无差异曲线为I_3,切点为P_3,在切点P_3上,消费者购买两种商品所得到的效用或满足程度最大,此时购买 X 商品的数量X_3,购买 Y 商品的数量是Y_3。

由此可见,因政府只对 X 商品征税或增税而不对 Y 商品征税或增税,改变了消费者购买商品的选择,其最佳选择点由P_1移至P_3,消费者购买 X 商品的数量由X_1减少到X_3,购买 Y 商品的数量由 Y_1 增加到Y_3,相当于消费者以 Y 商品替代了一部分 X 商品,从而改变了消费者购买两种商品的数量组合,使消费者的满足程度下降。

2. 劳动供给的税收效应

①税收对纳税人劳动供给的收入效应。指政府征税或增税会直接降低纳税人可支配收入,从而促使其减少闲暇的享受。纳税人为维持征税或增税前的收入水平或消费水平,纳税人会增加工作时间,即政府征税或增税促使劳动者增加了劳动供给。劳动供给收入效应的大小与劳动者的总收入、税种及税率等多种因素有关。图 8-3 是政府对劳动者劳动所得或工薪所得征收或增收所得税的劳动供给收入效应。

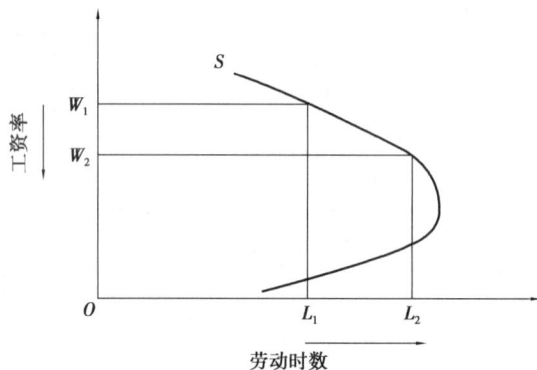

图 8-3 税收对劳动供给的收入效应

在图 8-3 中,S 曲线表示劳动供给曲线,在开始阶段,随着单位工资率的提高,劳动供给随之增加。但工资率达到一定水平后,劳动者对工资收入的需求下降,劳动供给不再趋向增加,而是趋向减少,致使劳动供给曲线 S 呈现向左后方弯曲的形状。

假设政府对劳动者的工资收入所得征收或增收个人所得税 W_1W_2,纳税人的单位可支配收入将由原来的 W_1 下降到 W_2,随着纳税人税后单位可支配收入的下降,劳动的供给倾向于增加,劳动时数会从原来的 L_1 增加到 L_2。可见,政府对劳动者工资收入所得征收或增收个人所得税,劳动者为维持收入水平或消费水平不变,会增加劳动供给,表现为税收对劳动供给的收入效应。

②税收对纳税人劳动供给的替代效应。指政府征税或增税会降低劳动相对于闲暇

的价格,从而使纳税人以闲暇替代劳动,即政府征税或增税会减少劳动供给。劳动供给替代效应的大小同样与劳动者总收入、税种及税率等多种因素有关。图8-4是政府对劳动者的劳动所得或工薪所得征收或增收所得税的劳动供给替代效应。

在图8-4中,S曲线表示劳动供给曲线,劳动供给与工资率同方向变动。假定政府对劳动者的劳动所得或工薪所得征收或增收所得税W_1W_2,纳税人在征税或增税前单位可支配收入为W_1,劳动时数为L_1。政府征税或增税后,纳税人的单位可支配收入降为W_2。随着劳动单位时间的可支配收入减少,劳动和闲暇的相对价格发生变化,劳动供给倾向于减少,劳动时数从原来的L_1减少到L_2。可见,如果劳动供给曲线是呈现向右上方倾斜,政府征税或增税可能促使纳税人减少劳动供给,表现为税收对劳动供给的替代效应。

由上可知,税收对劳动供给既会产生收入效应又会产生替代效应,收入效应会增加劳动供给,替代效应会减少劳动供给,因此,净效应是增加劳动供给、减少劳动供给或劳动供给不变,由收入效应和替代效应的大小决定。

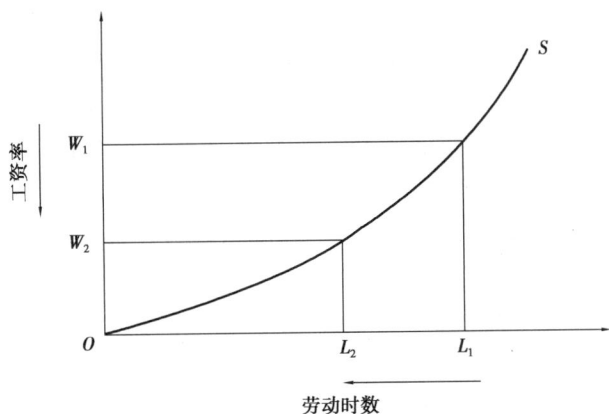

图8-4　税收对劳动供给的替代效应

3.私人储蓄的税收效应

税收对私人储蓄的效应主要通过政府对私人储蓄利息征税而实现,主要表现为收入效应和替代效应。

①税收对私人储蓄的收入效应。指政府征税或增税会降低纳税人的可支配收入,从而使纳税人当期消费减少,为维持既定的储蓄利息所得水平而增加储蓄。收入效应的大小,取决于税率水平的高低。图8-5以政府对储蓄利息征收或增收利息所得税说明税收对私人储蓄的收入效应。

在图8-5中,横轴代表当期消费,纵轴代表储蓄,在个人可支配收入既定的条件下,纳税人对储蓄和当期消费的选择组合构成一条直线,即AB线,也就是政府征税或增税前的预算线。AB线与无差异曲线I_1相切于P_1,在切点P_1,纳税人获得的效用最大,此时纳税人选择的既定储蓄额为S_1。假定政府对纳税人储蓄利息所得征收或增税,会使纳税人可支配收入减少,为维持既定储蓄利息所得,预算线会由AB绕A点转动至AE,与无差异曲线I_2相切于P_2点,此时,当期消费额由C_1减少为C_2,而储蓄额则由S_1增加到S_2。可见,政府对私人储蓄利息所得征税或增税,会导致纳税人可支配收入减少,纳税人为维持既定储蓄利息所得,会提高储蓄额,表现为税收对私人储蓄的收入效应。

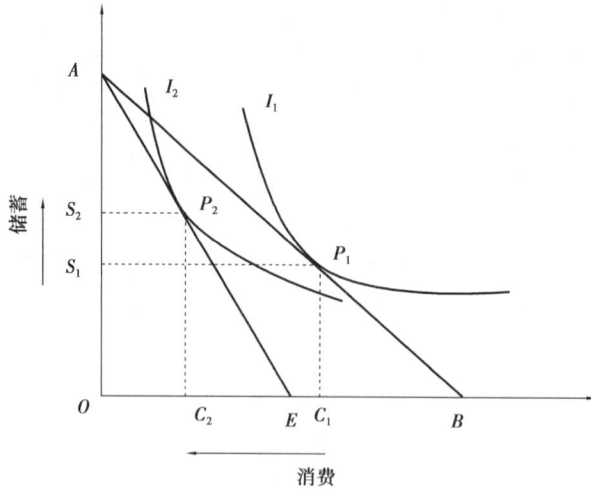

图 8-5　税收对私人储蓄的收入效应

②税收对纳税人私人储蓄的替代效应。指政府征税或增税会减少纳税人的实际利息收益,降低储蓄对纳税人的吸引力,从而使纳税人以当期消费代替储蓄。即政府对私人储蓄利息征税或增税,会使私人储蓄额下降。替代效应的大小,在征收利息所得税的条件下,与其边际税率有关。以图 8-6 说明政府对私人储蓄利息征收或增收所得税所产生的替代效应。

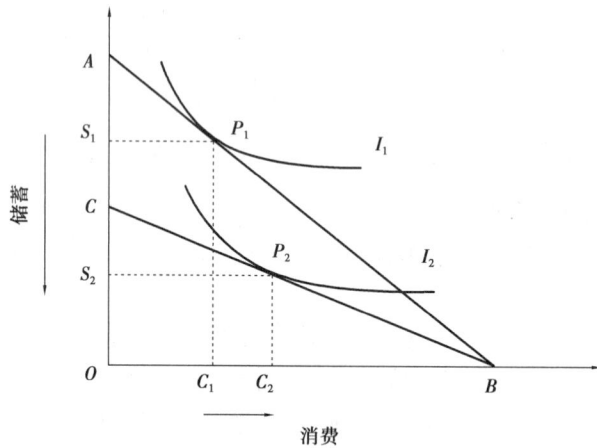

图 8-6　税收对私人储蓄的替代效应

在图 8-6 中,横轴与纵轴分别代表纳税人当期消费与储蓄。在个人可支配收入既定的条件下,政府征税或增税前,纳税人对储蓄与当期消费选择组合线为 AB 线,AB 线与无差异曲线 I_1 相切于 P_1 点,纳税人选择的当期消费额为 C_1,储蓄额为 S_1。假定政府对储蓄利息征收或增收所得税,纳税人的储蓄利息实际所得减少,储蓄与当期消费之间的价格发生变化,即当期消费价格降低,纳税人会选择减少储蓄额,增加当期消费额,纳税人对储蓄和消费的选择组合线从 AB 绕 B 点转动至 CB,与无差异曲线 I_2 相切于 P_2 点,此时,当期消费额由 C_1 增加为 C_2,储蓄额由 S_1 减少到 S_2。可见,政府对私人储蓄利息所得征税或增税,会导致纳税人储蓄利息实际所得减少,纳税人会减少储蓄额,相应增加当期消费额,即纳税人以当期消费替代了储蓄或未来消费,表现为税收对私人储蓄的替代效应。

由上可知,政府征税或增税对私人储蓄会产生收入效应和替代效应,收入效应会增加储蓄额,替代效应会减少储蓄额,净效应是增加储蓄额还是减少储蓄额或是不变,由两种效应的大小决定。

4.私人投资的税收效应

在现代市场经济条件下,储蓄主体主要是家庭,投资主体主要是企业,由于两个主体追求的最终目标不同,其经济选择或经济行为决策亦不同。

作为私人投资主体即企业,投资的最终目标是投资净收益最大化,这就决定了投资净收益的大小将直接影响其投资行为选择。投资净收益是指投资收益扣除向国家缴纳所得税后的余额,即税后收益。在投资收益一定的条件下,投资净收益大小的影响因素主要有税率、税前扣除、税收优惠等,即税收对投资的影响或效应是多方面的。其中,税收对私人投资效应的大小主要由税率决定,主要表现为收入效应与替代效应;税前扣除的一个重要项目就是税收制度规定扣除的投资固定资产的折旧额,也是影响私人投资行为的重要因素。考察私人投资的税收效应主要从政府对投资收益征收所得税与税前扣除的固定资产折旧额两方面的效应进行分析。

①税收对私人投资的收入效应与替代效应。税收对私人投资的收入效应,是指政府对投资收益征或增税会使投资净收益额下降,投资者为维持征税或增税前的投资净收益额水平而增加投资额。税收对投资的收入效应的大小主要取决于税率水平的高低。以图8-7说明政府对私人投资收益征收或增收企业所得税的收入效应。

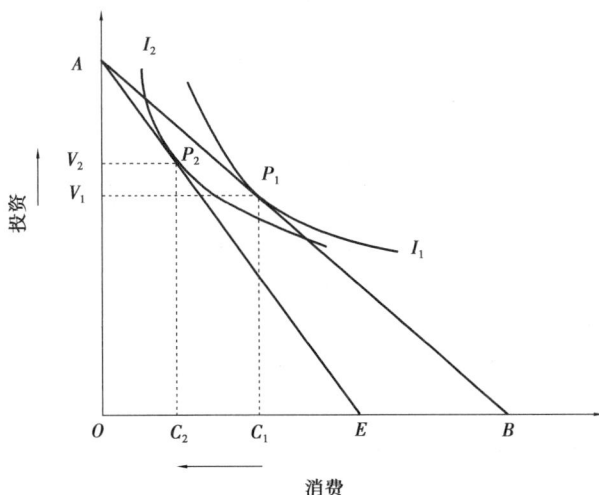

图8-7　税收对私人投资的收入效应

在图8-7中,纵轴代表纳税人对投资的选择,横轴代表纳税人对消费的选择。政府征税或增税前,纳税人对投资与消费的选择组合用 AB 线表示。AB 线与无差异曲线 I_1 相切于 P_1 点,表明 P_1 点的投资和消费组合可给纳税人带来最大效用。在 P_1 点,投资额

为 V_1，消费额为 C_1。假定政府对投资收益征收或增收企业所得税，在投资收益一定的条件下，纳税人的投资净收益会下降，为维持征税或增税前的净收益水平，纳税人会倾向于增加投资额，表现为投资与消费的组合 AB 线会绕 A 点转动至 AE。AE 与无差异曲线 I_2 相切于 P_2 点，在 P_2 点投资与消费组合可给纳税人带来最大效用，此组合的投资额为 V_2，消费额为 C_2。可见，V_2 大于税前的 V_1，C_2 小于税前的 C_1，说明税收对私人投资具有收入效应，即政府征税或增税增加了私人投资。

税收对私人投资的替代效应，是指政府对投资收益征税或增税会使投资净收益额下降，相对降低了投资对纳税人的吸引力，导致纳税人以消费替代投资，使投资额减少。税收对投资替代效应的大小主要取决于税率的高低。以图8-8说明政府对私人投资收益征收或增收企业所得税的替代效应。

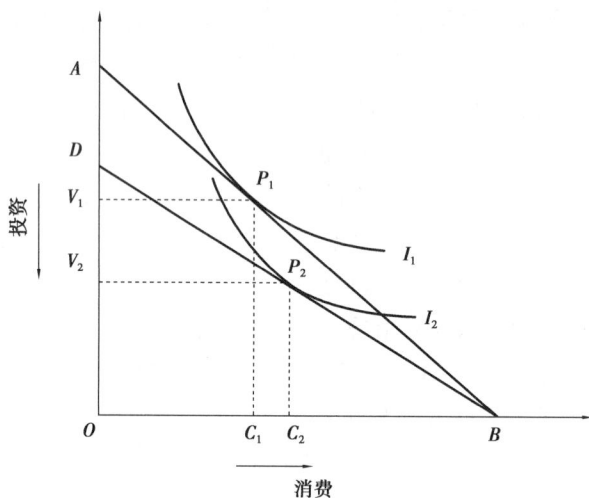

图 8-8　税收对私人投资的替代效应

在图8-8中，纵轴代表纳税人对投资的选择，横轴代表纳税人对消费的选择。政府征税或增税前，纳税人对投资与消费的选择组合用 AB 线表示。AB 线与无差异曲线 I_1 相切于 P_1 点，表明 P_1 点的投资和消费组合可给纳税人带来最大效用。在 P_1 点，投资额为 V_1，消费额为 C_1。假定政府对投资收益征收或增收企业所得税，导致纳税人投资的相对净收益额下降，纳税人倾向于减少投资额，对投资和消费的选择组合线从 AB 绕 B 点旋转至 BD，BD 与无差异曲线 I_2 相切于 P_2 点，在 P_2 点，最佳投资额已由 V_1 减少到 V_2，最佳消费额由 C_1 增加到 C_2，即纳税人因政府征税或增税而减少投资额，增加消费额，说明税收对私人投资具有替代效应。

从以上分析可见，税收对私人投资会产生收入效应和替代效应，两种效应对投资额的影响相反，因此，税收对投资的净效应需要进行综合分析。

②固定资产折旧额的税前扣除对私人投资的效应。固定资产折旧额作为成本的一部分，可以在计算应税所得额时直接扣除，从而减少纳税人的应纳税额，相对提高其投资净收益，因此，固定资产折旧额大小将通过影响纳税人投资净收益额大小，影响纳税人投资行为的选择。作为固定资产折旧额可以分为两种：一种是根据会计制度规定的固定资

产折旧方法计算的会计折旧额,即一般所说的实际折旧额;另一种是税收制度规定作为计算税应纳税所得额时可以扣除的折旧额,也就是计税折旧额。两种折旧额不一定相等,不同情况产生的效应亦不同。如果会计折旧额大于计税折旧额,税收对私人投资具有抑制效应,即纳税人倾向于减少投资额;如果会计折旧额小于计税折旧额,税收对私人投资具有刺激效应,即纳税人倾向于增加投资额。可见,固定资产折旧额的税前扣除对私人投资的效应,实际上是税收对私人投资的效应。

总之,不同税种会产生不同的税收效应,同一税种对不同主体也会产生不同的税收效应。

(二)公债效应

公债效应是指公债运行对社会经济产生的影响,主要通过公债功能的实现而产生。公债效应主要有分配效应和调节效应两种。

1.分配效应

公债的分配效应是指公债的发行、流通和偿还对国民财富的分配所产生的效应或影响。

①公债发行的分配效应。公债的发行表现为居民或企业的可支配财力转移到国家手中,表面看是货币资金使用权的暂时让渡,实质是对国民收入的再分配。不论政府发行公债是为了弥补财政赤字还是筹集建设资金,都会减少居民或企业的可支配财力,增加政府的可支配财力,这种分配格局的改变,在不同的经济条件下会产生不同的效应。

国民收入在政府、企业、个人之间的分配结构应该合理。如果政府在国民收入分配中所占份额不足、财力匮乏,政府适量发行公债在不影响认购者正常支出的同时增加财政支出,能够起到优化国民收入分配结构的效应。同时,政府财政支出增加还能促进经济增长,为优化国民收入分配结构创造条件。如果国民收入分配结构不合理或已经过度向政府倾斜,居民或企业的可支配财力在满足其生活消费或企业生产发展后已无剩余或闲置资金,政府若强制发行或摊派公债,则会对居民生活或企业生产发展产生消极影响,使得国民收入分配结构更不合理,即公债的挤出效应。公债的挤出效应是指公债活动引起资本投资减少的现象。它包括两个方面:一是直接挤出效应,是指由于公债发行而减少了私人部门可支配资源,进而减少私人部门的资本投资;二是间接挤出效应,是指由于公债发行可能提高市场利率,使私人部门因资本投资成本的提高而减少资本投资。

②公债使用的分配效应。它是指政府筹集的公债资金的使用对国民收入分配所产生影响。公债使用的分配效应与公债资金来源性质及公债资金使用方向有关。公债资金来源性质不同以及公债资金使用方向不同,会产生不同的分配效应。具体效应主要有三种:一是积累效应。如果公债资金来源于消费者或企业用消费资金购买,政府将公债资金用于投资性支出,即是消费性支出转化为投资性支出,消费基金转化为积累基金,从而对国民收入分配产生积累效应。二是消费效应。如果公债资金来源于个人投资或企业投资资金购买,政府将公债资金用于消费性支出,即是投资性支出转化为消费性支出,积累基金转化为消费基金,从而对国民收入分配产生消费效应。三是内转效应。如果公

债资金来源于居民或企业的消费资金购买,政府将筹集的公债资金用于消费性支出,或者公债资金来源于居民或企业的投资资金购买,政府将筹集的公债资金用于投资性支出,即居民或企业的消费性支出资金转化为政府的消费性支出,或者居民或企业的投资性支出资金转化为政府的投资性支出,从而使国民收入分配在消费基金或积累基金内部发生相互转化的效应。

③公债偿还的分配效应。指政府偿还公债资金对国民收入分配所产生的影响。公债偿还的分配效应与偿还公债的资金来源有关,不同的资金来源会产生不同的分配效应。具体有三种情况:一是公债投资收益在政府和公债购买者之间进行分配。如果政府偿还公债利息的资金来源于公债投资收益,即公债投资收益在政府和公债购买者之间进行分配,不会形成债务人或纳税人的经济负担,产生的是一种良性的分配效应。二是偿债期提高税负,还债负担由纳税人承担。如果政府偿债资金来源于提高税负,则纳税人纳税负担将加重。三是借新债还旧债,信用关系的延续或替代。如果政府偿债资金来源于借新债,则会产生新、旧债权主体的替代效应,并延长政府公债期,使国家信用关系延续,同时,国民收入在新、旧债权主体之间转移。

2. 调节效应

公债的调节效应,是指公债作为国家宏观调控的重要手段,对社会经济运行产生的影响。公债的调节效应主要表现为三种效应:

①对社会总供求的调节效应。指通过公债的发行和公债利率水平的高低影响金融市场利率的升降,从而对经济产生扩张性或紧缩性效应,致使社会总供求发生变动。

②对社会经济结构的调节效应。政府发行公债筹集资金实际上是居民或企业支配的资金转移由政府支配,且政府筹集的公债资金主要用于投资性支出,政府投资性支出又重点投资于公益性设施与基础设施,从而调节社会经济结构。

③对货币流通的调节效应。公债对货币流通量的影响取决于公债认购者、公债资金来源及其与中央银行货币发行的关系。

第一,居民购买公债对货币流通量的影响。居民购买公债,表现为居民手持现金或储蓄存款减少,中央银行的财政性存款增加。如果中央银行将财政性存款安排了商业银行贷款,则可能引发货币流通量的增加;如果中央银行将其专供财政使用,则不会增加流通中的货币量,甚至会因商业银行储蓄存款减少,相应减少派生性存款,使流通中的货币量相应减少;如果国家将公债资金扣留国库不用,则会使流通中的货币量绝对减少。

第二,企业购买公债对货币流通量的影响。企业购买公债使企业资金转化为财政资金。如果企业用闲置的资金购买公债,则不会增加流通中的货币量;如果企业用生产或消费资金购买公债,则可能增加其对银行的贷款需求,商业银行贷款的增加,如果没有引起中央银行增发货币,则对流通中货币量的影响不大;如果商业银行自身难以满足企业贷款需求,并且不得不因此增加向中央银行借款,中央银行又以货币发行的方式来满足商业银行借款需求,则会增加流通中的货币量。

第三,商业银行认购公债对货币流通量的影响。如果商业银行是用闲置资金购买公债,或者是通过压缩其他贷款资金来满足购买公债资金的需要,则不会增加流通中的货币量;如果商业银行没有闲置资金,则只能通过向中央银行申请贷款来满足购买公债的资金需要,这可能成为中央银行增加货币发行的诱因,就可能使流通中的货币量增加;如果中央银行并未因此发行货币,则流通中的货币量不会改变。

(三)公共收费效应

公共收费效应主要有矫正外部性的效应和避免公共产品拥挤的效应。如果存在外部性的经济事项,由于外部收益或外部成本的存在,使私人收益小于社会收益或私人成本小于社会成本,则会出现供给不足或供给过度的问题,政府通过对供给方或者需求方收费,使私人收益与社会收益或私人成本与社会成本基本一致,从而矫正外部性,以达到供求平衡。由于公共物品具有非排他性和非竞争性特征,当使用者数量超过一定限度后,就会产生拥挤问题。如果政府收取一定费用,需求就会减少,避免公共物品发生拥挤问题。

三、公共收入适度规模

(一)影响公共收入规模的主要因素

公共收入规模有绝对规模和相对规模两种。公共收入绝对规模是指一个国家在一定时期(一般是指一个财政年度)公共收入总额;公共收入相对规模是指一个国家在一定时期公共收入占 GDP 的比重。一个国家的公共收入规模与其政治、经济、社会及历史文化传统等多种因素有关。其中,经济是决定政府公共收入规模的基本因素。影响公共收入规模的主要经济因素有以下四点。

1. 经济发展水平

一个国家经济发展水平反映了其社会产品的丰富程度和经济效益水平。一国经济发展水平高,社会产品就更丰富,GDP 规模就更大,经济效益水平就更高,政府公共收入规模扩大就有可能。所以,经济发展水平是影响公共收入规模最基本的因素。从世界各国实践考察,发达国家的公共收入规模往往高于发展中国家,而发展中国家的公共收入规模往往又高于落后国家。

2. 科学技术水平

随着社会经济的发展,经济发展方式的转变,科学技术水平对政府公共收入的影响越来越大。因为一定的经济发展水平总是与一定的科学技术水平相对应的,所以科学技术内含于经济发展水平之中,并影响公共收入规模。科学技术主要从两方面影响公共收入规模:一是技术进步能够促进生产速度加快,生产效率提高及产品质量提高,从而使 GDP 增长加快,于是公共收入规模扩大;二是技术进步带来物耗比例降低,产品附加值所占比例扩大,经济效益提高,由于公共收入主要来源于产品附加值,因此其规模扩大。

3. 分配体制与分配政策

公共收入是社会产品分配给政府的一部分。在经济发展水平一定条件下,一个国家的分配体制与分配政策直接影响公共收入规模的大小。一个国家的分配体制与分配政策与其经济体制、集权程度等多种因素有关,不同国家或同一国家不同时期,公共收入规模亦不同。如计划经济体制相比市场经济体制,公共收入规模相对更大;集权程度高的国家,公共收入规模相对更大。如果一定时期政府分配政策更重视社会福利,扩大福利范围,公共收入规模会相应扩大。

4.价格水平

公共收入是政府取得的一定量的货币收入,它是在一定价格体系下形成的,并且是按照一定时点的现价计算的,因此,价格变动引起 GDP 的变化也会影响公共收入规模。价格水平对公共收入规模的影响主要表现为:一是价格总水平变动。在社会总产品一定的条件下,价格上升,按现价计算的公共收入增加,即名义公共收入规模扩大,反之则减少。二是产品比价变动。价格总水平变动往往和产品比价变动同时发生,比价变动会引起货币收入在各个经济主体之间的转移,公共收入来源于不同产品、不同经济主体,是呈非均衡状态的,或者说不同产品、不同经济主体的税费水平是有差异的。因此,比价变动会引起公共收入规模变动。三是价格变动会通过不同税率影响公共收入规模。如果实行以累进税率为主的税收制度,在价格上升的情况下,会出现"档次爬升"效应,使现价计算的税收收入增加,从而使公共收入规模扩大,反之,公共收入规模缩小。

(二)公共收入适度规模的确定

公共收入适度规模越来越受到各国政府和理论界的重视。但是至今没有一种方法或一种指标能够确定一国的公共收入规模是否适度。不同国家在不同的历史阶段,政府的职能和社会发展的需求不同,公共收入规模必然不同。那么,应该如何确定一个国家公共收入的适度规模呢?总体来说,公共收入适度规模的下限是实现政府职能的最低公共收入,包括国防、司法、公安、检察、教育、卫生、科技等基本政府职能部门履行其职能的最低费用;公共收入适度规模的上限是一定时期国民经济所创造的财富总量。此外,一个国家在确定公共收入适度规模时还需要考虑以下几方面。

1.一定时期的社会经济发展水平

随着社会经济的发展,一方面可供支配的社会财富随之增多,使公共收入规模有扩大的空间;另一方面,随着社会经济的发展,人们的公共需要范围扩大,政府职能范围也随之扩大,这就要求一定的公共收入规模与之相匹配。因此,随着社会经济的发展,公共收入规模有不断扩大的趋势。但其规模受特定的社会经济发展水平制约,一定的社会经济总量是其上限。在既定条件下,社会经济的发展水平是公共收入规模的决定因素。

2.政府职能范围的大小

不同国家政府职能大小不同,同一国家在不同发展阶段,政府职能大小也不同。一个国家政府职能范围大小与国家的政治、经济体制、社会经济发展水平等多种因素有关。一般来说,集权程度高的国家,其政府职能范围更大;社会经济越发达的国家,其政府职能范围越大;同一国家经济发展成熟阶段比经济落后阶段或发展阶段的政府职能更大。政府职能范围越大,就要求政府公共收入的规模越大,才能保证政府职能的实现。

3.国家的宏观经济政策

在不同的经济发展时期,一国政府将采取不同的财政政策、货币政策等宏观经济政策,从而直接或间接影响公共收入规模。比如,在经济萧条时期,由于投资需求和消费需求不足,为了刺激投资和消费,政府往往采取减税、增加政府支出与扩大公债的财政政策,这将会直接影响公共收入规模;或者实行扩张性货币政策,这又会间接影响政府公共收入规模。

4.社会传统习俗

一个国家的社会传统习俗将制约其公共收入规模,如以瑞典、挪威为代表的北欧高福利国家,有将社会保障作为立国之本的社会传统,其社会保障经费占经济总量的比重一直很高。为了取得社会保障所需经费,政府往往对纳税人课以重税,因此,公共收入规模也一直保持较高水平。在一些自由市场经济国家,为了鼓励人们生产和投资,其税率往往保持一个较低水平,有时为了刺激经济,一般还采取减税政策,其公共收入规模相对会小一些。

5.公民的公共需要

随着经济发展和社会进步,公民要求政府提供的满足其公共需要的公共产品的范围不断扩大,质量与水平不断提高。政府为尽可能满足公民不断变化的公共需要,公共收入的规模将呈不断扩大趋势。

第二节　税收收入

一、税收的概念及其特征

(一)税收的概念

税收既是一个古老的政府收入范畴,也是现代国家政府公共收入的主要形式和主要来源。税收是人类社会发展到一定历史阶段的产物,是随着国家的产生而产生的。社会剩余产品和国家的存在是税收产生的基本前提。在现代经济生活中,税收几乎渗透到每个人的生活中。因此,税收已越来越受到人们的关注和重视。对税收概念中外学者表述各异,中国学者比较多的表述为:税收是指国家为了实现其职能,凭借政治权力,按照法定标准,强制地、无偿地取得公共收入或财政收入的一种形式。

(二)税收的特征

税收作为国家公共收入的一种形式,它的本质是国家为了满足社会公共需要而对社会产品进行的集中分配。税收与其他公共收入形式相比较具有以下三个基本特征。

1.强制性

税收是国家凭借政治权力征收的,是以法律形式加以固定的。对纳税人而言,税收是法律上的强制义务。国家以社会管理者的身份,用法律、法规等形式对征收的税收加以规定,纳税人必须依照税法规定履行纳税义务,如有违反,将受到法律制裁。

2.无偿性

国家依法向纳税人征税后,使一部分社会产品的所有权发生单向转移,形成国家的公共收入,无偿地归国家占有和使用。税款一旦缴纳,就不再归还给纳税人,也不向纳税人支付任何报酬。

3.固定性

国家在征税之前,就以法规的形式预先规定了纳税人、征税对象、税率和课税方法等,征什么税、向谁征、征多少、怎样征等等,都预先通过法规的形式固定下来。税收的固定性有利于保证国家公共收入,也利于维护纳税人的合法权益。

以上三个特征常常称为税收的"三性"特征。其中,无偿性是其核心,强制性是基本保障。税收的无偿性决定了税收的强制性,强制性和无偿性又决定和要求税收必须具备固定性。三个特征缺一不可,只有同时具备这三个特征,才能称为税收。

二、税制要素

税收制度简称税制,是指国家以法律或法令形式规定的各种有关税收的总称,包括税法、税收暂行条例、实施细则等。税收制度的核心是税法。税制要素即税收制度的构成要素,是指税制应当具备的必要因素。税制要素主要有纳税人、征税对象、税率、纳税环节、纳税期限、减税免税和违章处理等。

(一)纳税人

纳税人是纳税义务人的简称,是税收制度规定的直接负有纳税义务的单位和个人,它是课税的主体。纳税人是税收制度构成的最基本的要素之一,任何税种都有纳税人。从法律角度划分,纳税人包括法人和自然人两种。

(二)征税对象

征税对象又称为课税对象,是税收制度规定的征税的标的物,是征税的客体。征税对象是一种税种区别于另一种税种的主要标志,是税收制度的基本要素之一。每一种税都必须明确规定对什么征税,体现着税收范围的广度。一般来说,不同的税种有着不同的征税对象,不同的征税对象决定着税种所应有的不同性质。国家为了筹措公共收入资金和调节经济的需要,可以根据宏观经济状况选择征税对象。正确选择征税对象,是实现税制优化的关键。

(三)税率

税率是税额与课税对象之间的比例,是税收制度直接规定的,也是计算应纳税额的必备条件,它体现征税的深度。税率的设计,直接反映着国家的有关经济政策,直接关系着国家税收收入的多少和纳税人税收负担的高低,是税收制度的中心环节。税率可分为比例税率、定额税率、累进税率三种。

1.比例税率

比例税率就是对同一征税对象不论数额大小,都按同一比例征税。比例税率的主要特点是税率不随征税对象数额大小而变动。比例税率在具体运用上可分为行业比例税率、产品比例税率、地区差别比例税率、幅度比例税率等。行业比例税率,即按不同行业规定不同的税率;产品比例税率,即对不同产品规定不同税率;地区差别比例税率,即对不同地区实行不同税率;幅度比例税率,即中央只规定一个幅度税率,各地可在此幅度内,根据本地区实际情况,选择并确定一个比例税率作为本地适用税率。

2. 定额税率

定额税率是税率的一种特殊形式,是按照征税对象的计量单位规定固定税额,所以又称为固定税额,一般适用于从量计征的税种。定额税率的主要特点是税率与商品价格无关。在具体运用上又分为单一定额税率、地区差别定额税率、幅度定额税率、分类分级定额税率。单一定额税率是国家只统一规定一个固定税率;地区差别定额税率是为了照顾不同地区的自然资源、生产水平和盈利水平的差别,根据各地区经济发展的不同情况分别制定不同定额税率;幅度定额税率是中央只规定一个定额税率幅度,由各地根据本地区实际情况,在中央规定的幅度内,确定一个执行的定额税率;分类分级定额税率是把征税对象划分为若干个类别和等级,对各类各级征税对象规定由低到高的定额税率,等级高的税率高,等级低的税率低。

3. 累进税率

累进税率是指按征税对象数额的大小,划分若干等级,每个等级规定由低到高的税率,征税对象数额越大税率越高,数额越小税率越低。累进税率因计算方法和依据的不同,又分为以下四种。

①全额累进税率。即对征税对象的全部金额都按照与之相适应等级的税率计算应纳税额。在征税对象提高到高一等级时,对征税对象全部金额都按高一级的税率计算应纳税额。

②全率累进税率。与全额累进税率的原理相同,只是税率累进的依据不同。全额累进税率的依据是征税对象的数额,全率累进税率的依据是征税对象的某种比率,如增值率、销售利润率等。

③超额累进税率。把征税对象按数额大小划分为若干等级,每个等级由低到高规定相应的税率,每个等级的征税对象数额分别按该等级的税率计算其应纳税额。

④超率累进税率。与超额累进税率的原理相同,只是税率累进的依据不是征税对象的数额,而是征税对象的某种比率。

在以上几种不同形式的税率中,全额累进税率和全率累进税率的优点是计算简便,但在两个级距的临界点税额累进程度大,税收负担不合理。超额累进税率和超率累进税率的计算比较复杂,但累进程度较小,税收负担较为合理。

(四)纳税环节

纳税环节是指在商品生产流转过程中应当缴纳税款的环节。根据纳税环节不同,税制可以分为一次课征制、两次课征制、多次课征制。一次课征制,即在商品流转过程中只征收一次税,可以选择在生产环节征收,也可以选择在零售环节征收。两次课征制,即在商品的流转过程中征收两次税,可以在生产和零售环节都征税。多次课征制,即在商品流转过程中的每一个环节都征税,流转一次就征收一次税,即道道征税,多次课征制又叫道道课征制。

确定纳税环节,是课税的一个重要问题,关系到税制结构和税种的布局,关系到税款能否及时足额入库,关系到地区间税收收入的分配,同时关系到企业的经济核算和是否方便纳税人缴纳税款等问题。确定纳税环节,必须和价格制度、企业财务核算制度以及纯收入在各个环节的分布情况相适应,以利于经济发展和控制税源。

（五）纳税期限

纳税期限是指纳税义务发生后向国家缴纳税款的时间限制。各种税收都需要明确规定缴纳税款的期限,它是税收强制性、固定性在时间上的体现。

确定纳税期限,要根据课税对象和国民经济各部门生产经营的不同特点来决定。根据纳税期限不同,纳税期限有按期纳税和按次纳税两种。按期纳税,即规定一个纳税期,将纳税期内多次发生的同类纳税义务汇总计算缴纳税款。纳税期的长短可以是 1 日、3 日、5 日、10 日、15 日、1 月、1 季度、半年、1 年等。纳税期满后规定一个缴纳税款的时间期限,可以是 5 日、7 日、10 日、15 日、一个月等。按次纳税,就是按发生纳税义务的次数确定纳税期限,以发生一次纳税义务为一期,往往是对不经常发生的应税行为或按期纳税有困难的就实行按次纳税。规定纳税期限能够保证税款及时入库。

（六）减税免税

减税是对应纳税额少征一部分税款;免税是对应纳税额全部免征。减税免税是对某些纳税人和征税对象给予鼓励和照顾的一种措施。减税免税的类型有:一次性减税免税、一定期限的减税免税、困难照顾型减税免税、扶持发展型减税免税等。

与减税免税有直接关系的还有起征点和免征额两个要素。其中,起征点是指开始计征税款的界限。课税对象数额没达到起征点的不征,达到起征点的就全部数额征税。免征额是指在课税对象全部数额中免予征税的数额。它是按照一定标准从课税对象全部数额中预先扣除的数额,免征额部分不征税,只对超过免征额部分征税。起征点和免征额具有不同的作用。起征点的设置前提主要是纳税人的纳税能力,是对纳税能力弱的纳税人给予的照顾。免征额的设置虽然也有照顾纳税能力弱者的考量,但其他因素却是考虑的关键因素,例如,个人所得税的赡养老人支出的税前扣除免征额、子女教育费用税前扣除免征额等,考虑的是社会效应和公平原则。

（七）违章处理

违章处理是指对纳税人有违反税收法律、制度规定等所采取的处罚措施,包括加收滞纳金、罚款、追究刑事责任等。违章行为一般有滞纳、偷税、抗税、不按规定进行纳税登记、不按规定向税务机关提供纳税资料和不配合税务机关的纳税检查等。违章处理是税收强制性在税收制度中的体现,纳税人必须依法纳税,否则将受到处罚。

三、税收分类与税收原则

(一) 税收分类

当今世界各国实施的税收制度都是由多种税构成的税收制度,即复合税制,税收可以按照不同标准进行分类。

1. 按照征税对象分类

按照征税对象,税收可以分为流转税类、所得税类、财产税类、行为税类。流转税类是指以商品流转额和非商品流转额为课税对象征收的一类税。例如,增值税、消费税等。所得税类是指以所得额为征税对象征收的一类税。例如,企业所得税、个人所得税等。财产税类是指以财产为征税对象征收的一类税。例如,房产税、车船税。行为税类是指以某些特定的行为为征税对象征收的一类税。例如,印花税。有的学者将财产税类与行为税类作为一类,称为财产行为税类。还有的学者主张加上资源税类或资源环境税类。

2. 按照税收收入的形态分类

按照税收收入的形态,税收可以分为实物税、劳役税、货币税。实物税是指以实物形态缴纳的税类,是自然经济社会税收的主要税收形式。例如,以粮食缴纳农业税。劳役税是指以劳役形式代替缴纳的税类,它是自然经济的特殊形式。例如,纳税人以免费劳动建造国家公共工程。货币税是指以货币形态缴纳的税类,它是商品经济社会税收的主要形式。

3. 按税收的计税依据分类

按照税收的计税依据,税收可以分为从价税、从量税。从价税是指以征税对象的价格或金额为标准,按一定比例计算征收的税类。例如,中国现行的增值税、企业所得税。从量税是指以征税对象或计税依据的重量、数量、容积和面积等为标准,采用固定税额计算征收的税类。例如,中国现行的土地使用税。

4. 按税收与价格的关系分类

按照税收与价格的关系,税收可以分为价内税、价外税。价内税是指税款包括在商品价格中的税类。例如,中国现行的消费税。价外税是指税款不包括在商品价格中的税类。例如,中国现行的增值税。

5. 按税收收入的管辖权限分类

按税收收入的管辖权限,税收可以分为中央税、地方税、中央地方共享税。中央税是指税收归中央政府管理并支配其收入的税类。例如,中国现行的关税。地方税是指税收归地方政府管理并支配其收入的税类。例如,中国现行的车船税。中央地方共享税是指由中央与地方政府共同享有并按一定比例分成的税类。例如,中国现行的增值税。

6. 按税负能否转嫁分类

按照税负能否转嫁,税收可分为直接税、间接税。直接税是指税负不能转嫁或难以转嫁而由纳税人自己负担的税种。例如,个人所得税、财产税等。间接税是指税负能够部分或全部转嫁的税种。例如,增值税、消费税等。

（二）税收原则

税收原则是制定税收制度必须坚持的基本原则。在税收发展的历史上，在不同时期，中外不同的学者提出了不同的税收原则。对于现代税收原则，学者们主要主张公平原则和效率原则。

1. 税收公平原则

税收公平原则是指税收负担要公平，即公平税负。公平税负包括横向公平和纵向公平两个方面。横向公平是指凡有相同纳税能力的纳税人应缴纳同样多的税。纵向公平是指纳税能力不相同的纳税人应当缴纳数量不同的税。因此，对不同性质的收入以及同一收入不同的收入水平，可以实行不同的税率。

2. 税收效率原则

税收效率原则包含两方面的含义：一是经济效率，即指税收对经济资源配置和对经济机制运行的影响；二是税收本身的效率，即指税收行政管理效率。

税收的经济效率主要是考查税收制度是否促进资源配置合理，是否有利于经济的有效运行。税收作为一种重要的再分配工具，如果能够促进资源配置合理，使经济有效运行，则税收是有效率的；反之，改变资源的合理配置格局，阻碍经济正常运行，则税收无效率或效率不高。税收本身的效率主要是指税收收入与税收成本的关系。税收成本包括征税成本和纳税成本。征税成本是税务机关征税所发生的各种费用；纳税成本是纳税人为纳税而发生的各种费用。在税收收入一定的情况下，税收成本越低，税收本身的效率越高。

四、税收负担与税负转嫁

（一）税收负担

1. 税收负担的概念

税收负担是指整个社会或单个纳税人（包括法人和自然人）实际承受的税款，表明国家课税对全社会产品价值的集中程度及纳税人的税收负担水平。税收负担是税收基本理论的重要内容。

2. 税收负担的衡量指标

税收负担的大小，可以从不同层次考察。按照考察层次的不同，税收负担主要分为宏观税收负担和微观税收负担。

①宏观税收负担的衡量指标。宏观税收负担是一定时期内（通常是一年）国家税收收入总额占该国同期社会总产出或总经济规模的比重。这是从全社会的角度来考察税收负担，可以综合反映一个国家税收负担总体情况。

衡量宏观税收负担关键是选择一个社会总产出指标。目前衡量全社会总产出的指标主要有国内生产总值（GDP）或国民生产总值（GNP）、国民收入（NI）。由此，衡量宏观税收负担的指标主要有两个：一是国内生产总值或国民生产总值的税收负担率，简称GDP税负率或GNP税负率；二是国民收入税收负担率，简称NI税负率。其计算公式如下：

国内生产总值税负率=(一定时期税收收入总额/同期国内生产总值)×100%

国民生产总值税负率=(一定时期税收收入总额/同期国民生产总值)×100%

国民收入税负率=(一定时期税收收入总额/同期国民收入)×100%

国际经济组织对各国税收水平的衡量,主要使用国内生产总值税收负担率。

②微观税收负担的衡量指标。微观税收负担是指单个纳税人一定时期实际交纳税额占其收入总额或所得总额的比重。微观税收负担的衡量指标主要有综合负担率或总负担率和税类或税种负担率两种。纳税人税收综合负担率是指纳税人一定时期内实际交纳税款总额与其收入总额或所得总额的比率。其计算公式为：

纳税人税收综合负担率=(一定时期实际缴纳各种税总额/同期收入总额或所得总额)×100%

纳税人税类或税种负担率是指纳税人一定时期内实际缴纳某类税或某种税总额与该类税或该种税课税对象数额的比率。其计算公式为：

纳税人某税类或某税种负担率=(一定时期实际缴纳某税类或某税种总额/该税类或税种征税对象数额)×100%

由于税收存在税负转嫁问题,因此,衡量微观税负比衡量宏观税负复杂。简单地把企业或个人缴纳的全部税额与其收入总额相比,并不能真实地反映其税收负担水平。因此,采用不转嫁的直接税(主要是所得税类和财产税类等)税类或税种负担率指标能够较为真实地反映其税收负担水平。

(二)税负转嫁

1.税负转嫁的概念

税负转嫁是指纳税人不实际负担所缴纳的税收,而通过购入或销售商品或劳务价格的变动,将全部或部分税收转移给他人负担。税负转嫁并不会影响税收的总体负担,但会使税收负担在不同的纳税人之间进行分配,对不同的纳税人产生不同的经济影响。税负转嫁是税收制度制定时必须考虑的重要因素。

2.税负转嫁的方式

税负转嫁的方式主要有前转、后转、散转、消转。前转又称顺转,是指纳税人通过交易活动,将税款附加在课税商品或劳务价格中,按照课税商品或劳务流转方向向前转移给购买者或消费者负担。前转是税负转嫁的基本形式,也是最典型和最普遍的转嫁形式。后转也称为逆转,是指纳税人通过压低购进商品或劳务价格,将其缴纳的税款向后转移给销售者负担。后转也是税收转嫁的一种基本形式。散转也称为混合转嫁,是指纳税人将其缴纳的税款一部分前转,一部分后转,即纳税人分别向卖方和买方转嫁税收负担。消转也称为税收转化,是指纳税人因纳税而采取某些措施,使其缴纳的税款既不前转也不后转,而是自行消化。其主要措施是通过提高劳动生产率,改进生产经营管理,降低生产经营成本,从而自行消化其缴纳的税款。

第三节　公债收入

一、公债的概念及其分类

（一）公债的概念

公债是指国家或政府以债务人身份，采取信用方式，通过借款或发行债券而取得的一种公共收入，它是公共收入的一种特殊形式。

公债是特殊的公共收入范畴。公债与税收形成公共收入的特征不同，公债具有自愿性、有偿性和灵活性等特征。公债也是一个特殊的债务范畴，它不同于单位和个人债务是以单位和个人的信用或提供相应的担保物而取得债务收入，公债是依靠国家或政府的信用取得的债务收入，其信誉度更高、更可靠。

（二）公债的分类

公债包括各种借款和发行的债券。为了加强对公债的管理，可以按不同的标准对公债进行分类。

1. 按发行期限划分

按发行期限划分，公债可分为短期公债、中期公债和长期公债。发行期限在1年或1年以内的公债称为短期公债，又称为流动公债。由于短期公债流动性强，政府可以根据需要随时发行短期债券，弥补财政资金的不足。短期债券是政府执行货币政策、调节市场货币供应量的重要政策工具。发行期限在1年以上，10年以内的公债称为中期公债。由于这类公债发行期长，国家能够在较长期限内使用这笔资金。中期公债筹集的资金可用于弥补财政赤字或进行中长期投资。中期公债是许多国家的一种主要公债。发行期限在10年以上的公债称为长期公债。其中，包括永久公债和无期公债。长期公债对国家来说是最好的一类公债，国家可以长期使用这笔资金，但由于期限过长，持券人的利益会受到币值和物价波动的影响，因此，发行比较困难。

2. 按发行地域划分

按发行地域划分，公债可分为国内公债和国外公债。国内公债即内债，是指政府在本国的借款和发行的债券。发行对象是本国的公司、企业、社会团体或组织以及个人。发行和偿还都用本国货币结算，一般不会影响国际收支，但内债的发行和偿还会影响一定时期内的国内资源的配置。国外公债即外债，是指国家向其他国家政府、银行、国际金融组织的借款和在国外发行的债券。外债的发行和偿还都要使用外币，因此，外债发行量过大会影响国际收支的平衡。适量发行外债，有利于利用外资，引进国外先进技术和设备，加快本国经济的发展。

3. 按举借形式划分

按举借形式划分，公债可分为政府契约性借款和发行公债。政府契约性借款是政府和债权人按照一定的程序和形式共同协商,签订协议或合同,形成债权债务关系。例如,中国政府向世界银行的借款、向其他国家政府的借款。国家契约性借款是最原始的举债形式,具有手续简单、成本费用较低的优点,但借款范围通常受到限制,不具有普遍性。发行公债即向社会各单位、企业和个人的借债采用发行债券的形式。例如,中国国内发行的国库券和在国外债券市场上发行的政府债券。发行公债具有普遍性、法律保证性和持久性以及应用范围广等优点。因此,发行公债是公债的主要形式,但发行成本较高,需要以较发达的信用制度为基础,尤其是要求具备较为完善的证券市场。

4. 按照举债主体划分

按举债主体划分,公债可分为中央公债和地方公债。中央公债是指由中央政府作为举债主体的公债。中央公债筹集的资金形成中央预算收入,由中央政府支配管理。地方公债是指由地方政府作为举债主体的公债。地方公债筹集的资金形成地方预算收入,由地方政府支配管理。

5. 按公债是否可以上市流通划分

按公债是否可以上市流通划分,公债可分为可转让公债和不可转让公债。国家契约性借款通常是不可转让的,只有发行公债才有可转让和不可转让之分。可转让公债是指可以在金融市场上自由流通的公债。可转让公债的流动性强,变现容易,发行较顺利。不可转让公债是指不可以在金融市场上自由流通的公债。这类公债往往强制性较强。

二、公债的发行与偿还

(一)公债的发行

1. 公债的发行条件

公债的发行条件是指对发行公债本身所做的规定。公债发行条件直接关系到政府的偿债负担和认购者的收益大小,也关系到公债能否顺利发行、政府能否筹集到所需的资金。公债的发行条件主要包括以下内容。

①公债的发行额,即国家发行多少数量的公债。公债发行额一般根据国家所需资金的数量、市场承受能力、国家的信用以及债券的种类等多种因素确定。如果公债发行额确定过高,超过市场承受能力,不仅会造成发行困难,还会影响国家的信用,同时也会对债券市场产生不良影响。因此,国家应采取科学的方法确定公债发行额。

②公债期限,即从公债发行日起至公债到期日止的时间期限。公债期限要根据国家使用资金的周转期长短、市场利率发展趋势、公债流通市场的发达程度以及投资者的投资意向等多种因素确定。

③公债的发行价格,是指公债券的出售价格。公债发行价格受市场供求关系和市场利率影响,公债的发行价格不一定与公债券的票面值一致。按照公债的发行价格与公债券票面值的关系,可以分为平价发行、溢价发行、折价发行三种。公债券的发行价格与公债券票面值一致,即为平价发行。公债券的发行价格高于公债券票面值,即为溢价发行。公债券的发行价格低于公债券票面值,即为折价发行。如果公债券利率与市场利率大体

一致,国家信用良好,一般采取平价发行。如公债券利率高于市场利率,适宜采用溢价发行。如公债券利率低于市场利率,适宜采用折价发行。国家不论采用哪种公债券发行价格,公债券到期后都是按照债券面值还本付息。

④公债利率,是指公债利息与公债本金的比率。公债利率的高低既关系着认购者的收益高低,又关系着国家财政未来支付公债利息的多少,因此,国家在发行公债时,必须首先慎重确定合理的公债利率。国家在确定公债利率水平时应考虑市场利率水平、政府信用状况、公债的期限、社会闲置资金的数量、认购者的接受程度等主要因素。

此外,公债的条件还包括公债的票面金额和编号、公债的名称和目的、公债发行对象、发行与缴款时间等。

2. 公债的发行方式

公债的发行方式是指采用何种方法和形式来推销公债。国际上,公债的发行方式主要有以下三类。

①公募法。公募法是指国家向社会公众募集公债的方法。一般适用于可转让公债,通常有三种具体方法:

一是直接公募法,即由财政部门或委托其他部门直接发行公债,自行推销。优点:能免去与银行等金融机构的交涉协调工作,可以较为普遍地吸收社会上的闲置资金,一般不会引起通货膨胀。缺点:推销时间长,发行成本高。

二是间接公募法,即由政府委托银行或其他金融机构代为经销。优点:能简化发行手续,降低发行成本;能用经济手段迅速顺利地推销公债,使公债收入及时入库和运用;由金融机构经营公债,能较好地适应社会资金结构,能够较灵活地调节货币的流量和流向;金融机构本身并不认购政府债券,不会引起中央银行货币的非经济发行。缺点:与银行等金融机构交涉协调工作量大。

三是公募招标法,又叫公募投标法,即在金融市场上公开招标发行公债。公募招标法是公债购买者根据自己的判断参加投标,通过竞争,依次排列中标者名单,让其认购公债,具体包括有竞争投标与非竞争投标;价格投标与利率投标等多种形式。

②包销法。包销法又称为承售法,是指国家将发行的债券统一售与银行等金融机构,再由金融机构自由发售的方法。包销法是公债发行权的转让,在通常情况下,政府不再干预,银行可以自由执行发行权并决定发行事务。间接公募法银行只是代理发行权和发行事务并受政府的指导和监督。包销法主要有中央银行包销、专业银行包销和金融集团包销三种方法。金融集团包销方式可以保证大规模公债任务的完成,有利于广泛吸收社会资金,满足国家需要,是目前国际上比较常见的包销方式。

③公卖法。公卖法是指政府在证券市场上以公开出售的方式发行公债的方法。以公卖法发行公债,公债价格随市场资金供求状况波动。优点是:能够在证券市场上筹集大量资金,也可以为国家调节货币流通量、证券市场供求状况及利率水平提供操作工具;缺点是:公债发行受资金市场的影响较大,致使公债收入不稳定,并且会给证券市场带来较大的压力。

（二）公债的偿还

公债的偿还主要涉及偿还本息的方法和偿还资金的来源两方面的问题。

1. 公债偿还本金的方法

①一次偿还法，是指在公债到期时，按票面额一次性全部偿还的方法。优点是：公债管理工作简单易行，减少了政府筹措偿还公债资金的工作；缺点是：一次性偿还有可能给财政带来较大偿还压力。

②比例偿还法，是指政府按照公债的数额，规定几个偿还期，每期偿还一定比例，直到债券到期时全部偿清的偿还方法。优点是：在公债到期时不会给财政带来较大的压力；缺点是：偿还工作复杂，工作量大。

③抽签偿还法，是指在公债偿还期内，政府通过定期抽签确定当期应偿还公债的方法。一般是以公债券末尾号为抽签依据，中签号码一旦公布，所有末尾号码相同的公债券同时予以偿还。这种偿还方法实质上是通过抽签来确定偿还对象。

④轮次偿还法，是指政府按照公债券号码的一定顺序分次偿还的方法。通常在发行时即规定各号码公债的偿还期限，认购者可以自由选择。

⑤买销偿还法，又称为买进偿还法，是指由政府委托证券公司或其他有关机构，从证券市场买进政府所发行的公债券。优点是：认购者有了中途兑现的可能性，并会对政府债券价格起支持作用，政府能够根据证券市场情况和财政状况灵活掌握债券的偿还时间；缺点是：为买进债券要进行大量繁杂工作，且需要向委托机构支付手续费。

2. 公债利息的支付方法

①到期一次支付法，是指在债券到期时，债券利息随同债券本金一次支付，即息随本清。这种支付方法适用于期限较短或超过一定期限后随时都可以兑现的债券。到期一次支付法可以简化政府的付息工作，对债券持有者来说，在短期内一次支付利息容易接受。

②分期支付法，是指在债券存在期限内分期支付债券利息的方法，一般是一年或半年支付一次。分期支付法适用于期限较长或在持有期限内不准兑现的债券。因为在较长期限内，定期支付该持有期的债券利息，既能激发认购者认购公债的积极性，又可避免债券利息的集中支付，有利于财政负担公债利息均衡分布。

3. 公债偿还资金的来源

公债到期时，国家必须依照信用契约支付公债的本金和利息。公债偿还资金的主要来源有以下四种渠道。

①预算盈余偿还，是指以国家预算盈余资金作为支付公债券本息的资金来源。前提条件是国家必须有预算盈余。从目前世界各国公共收支状况看，这个前提条件并不具备，因而这种方法一般不具有实践价值。

②预算列支，是指公债偿债期到时，政府将当年到期的公债本息直接列入当年的预算支出中。这种以预算资金支付公债本息，可以保证债权安全，增强公债信誉。但如果公债运用低效或无效时，政府只能依靠提高税收负担的办法来筹资偿债，这就可能给社

会生产带来不利影响。

③举借新债,即政府以举借新债筹集的资金作为偿还到期公债本息的资金来源。这种方法容易使政府陷入恶性债务中,必须严格控制。这是当今世界各国政府筹集偿债资金常用的方法。

④建立偿债基金,即政府从预算收入中每年划拨一定数额的专款,作为清偿债务的专用基金。这部分专用基金逐年累积,专门管理,以备偿债之用。这种方法能为偿还债务提供稳定的资金来源,并且可以均衡各年度的还债负担,有利于将国家的正常预算与债务收支分离,更好地制定公共财政政策。

三、公债市场与公债负担

(一)公债市场

公债市场是指进行公债交易的场所。按照公债交易的阶段可以分为公债发行市场和公债交易市场。

1. 公债发行市场

公债发行市场是指公债发行的场所,又称为公债一级市场或初级市场,是公债交易的初始阶段。公债发行市场往往是一种观念上的市场而没有具体的场所。公债发行市场由政府、投资者和中介机构构成。政府作为发行者,在发行市场上主要是决定公债的发行时间、发行金额和发行条件,并引导投资者认购及办理认购手续等。投资者是公债发行市场上债券的购买者,直接影响着债券的发行。中介机构是作为发行者和购买者的中介。中介机构主要有银行、证券承购公司、信托公司等证券承销机构。如果是直接发行,直接就是政府与投资者之间的交易,就由政府自行办理证券的发行手续;如果是间接发行,首先是政府与证券承销机构之间的交易,由承销机构一次性全部买下政府所发行的公债再出售,往往由政府委托中介机构办理债券的发行手续。

2. 公债交易市场

公债交易市场是指投资者买卖、转让已经发行的公债的场所,又称为公债的二级市场或流通市场。交易市场是一种有形市场,有具体的交易场所。公债市场为债券所有权的转移创造了条件,是公债机制正常运行和稳步发展的基础和条件。

公债的交易方式主要有交易所交易和柜台交易两种。交易所交易又叫场内交易,是指在证券交易所进行的公债券的买卖,交易主体有证券经纪商和交易商;柜台交易又叫场外交易,是指在债券交易所以外的市场进行的交易。交易的债券多为未在交易所挂牌上市的证券,但也包括一部分上市证券。

(二)公债负担

公债负担是指政府发行公债所需的还本付息财力。公债最终只能用税收收入或政府其他公共收入来偿还。税收是政府的主要公共收入形式,因而公债的偿还可能导致税收的增加,从而减少社会公众的可支配收入。财政债务支出的增加可能导致财政其他支出的减少,也会造成国民负担。公债负担主要包括三个方面:一是政府的公债负担。公债最终是需要还本付息,政府借债获得了公共收入,偿债则形成公共支出。因此,政府发行公债的过程就是政府债务的形成过程,偿债过程就是政府债务的消除过程。还本付息构成政府负担,即财政负担。债务过大,就有可能发生债务危机。二是纳税人的公债负担。不论公债资金的流向和效益如何,公债的偿还最终主要来源于税收,这必然会形成纳税人的负担。因此,公债实质是一种延期税收。三是代际间的公债负担。政府常常采用"借新债还旧债"的方式筹集偿还债务资金,实质上是把公债负担转移给下一代,也就是说存在着代际间的公债负担问题,因此,政府应处理好本代人和下一代人的公债负担。

第四节　其他公共收入

一、公共收费收入

(一)公共收费与公共收费收入的概念

公共收费是指政府在实施特定的行政管理以及提供公共产品时,为体现受益原则,提高经济效率,增强公共产品的有效供给以及对某些行为进行统计和管理,按照一定标准向企业或个人收取的一定费用。公共收费具有有偿性、灵活性特征。公共收费体现了受益原则,即谁受益谁交费。政府通过公共收费形成的公共收入即为公共收费收入。公共收费收入是公共收入的重要组成部分。

(二)公共收费的原因

1. 弥补公共收入的不足

税收收入是各个国家公共收入的主要来源,各国税收收入取得都是要通过法律程序制定法律制度实施,致使税收制度具有较强的稳定性。随着经济社会的发展,公民的公共需要不断增加,常常会出现政府的公共收入不能满足公共支出的现象。由于公共收费具有较强的灵活性,能够及时、有效地弥补公共收入的不足,因此,公共收费已经成为各国弥补公共收入不足的重要形式。

2. 减少某些负外部性

在现代社会,微观主体为了追求自身利益最大化的活动可能会损害他人利益,由于私人成本与社会成本的不一致,从而产生负外部性。为了矫正私人成本与社会成本的不一致,规范私人行为,减少其经济活动的负外部性,就有必要采取惩罚性收费形式予以纠正,如排污费、交通违规罚款等。这类收费就可根据私人成本与社会成本之差进行确定。

3. 有利于公共物品的有效供给

由于公共物品具有非竞争性和非排他性特征,人人都可以消费而不必承担相应成本,这就可能出现两种情况:一是公共物品供给过度,造成资源浪费;二是由于"搭便车"的人过多,在超过一定的限度("拥挤点")后出现"拥挤"现象,这就有必要按照"受益原则"采取收费形式以促进某些公共物品的有效供给。例如,对高速公路通行车辆收取通行费就属于这种情况。

（三）公共收费收入的分类

1. 规费收入

规费是指政府部门为社会成员提供某种特定服务或实施行政管理所收取的手续费和工本费。通常包括两类：一是行政规费。它是政府部门的各种行政活动而收取的费用。行政规费的名目多、范围广。例如，外事规费（如护照费）、内务规费（如户籍费）、经济规费（如商标登记费、商品检验费等）、教育规费（如毕业证书费）、其他行政规费（如执业执照费）等。二是司法规费。司法规费可分为诉讼规费和非诉讼规费两种。诉讼规费，例如，民事诉讼费、刑事诉讼费等。非诉讼规费，例如，财产转让登记费、婚姻登记费等。政府以规费形式取得的公共收入即为规费收入。

政府收取规费的数额，在理论上通常有两个标准：一是所谓的填补主义，即根据政府部门提供服务所需的费用或成本数额确定规费收取标准。二是所谓的报偿主义，即以居民从政府部门服务中所获得效益的大小确定规费的收取标准。在实践中，由于两个标准都难以准确计量，政府规费数额很难按照理论标准确定。政府收取规费，除取得一部分公共收入外，还有助于对某些行为进行统计和管理。

2. 使用费收入

使用费是指政府或其他公共部门在提供特定的公共设施或服务后，按照一定标准向使用者收取的费用。例如，高速公路通行费、垃圾处置费等。国家收取使用费的目的是弥补公共产品的成本，并增强公共产品的有效供给，避免浪费。

此外，还有一种惩罚性收费，例如，交通违规罚款、环保违规罚款等。其目的是产生负外部性的企业或个人负担其应承担的某些社会成本，并对其行为进行修正、限制和监督。

二、国有资产收入

（一）国有资产的内涵

国有资产是与国家紧密联系的经济资源。各个国家都拥有国有资产。不同国家和同一国家不同时期，国有经济的地位不同，国有资产的规模也不同。

广义的国有资产是指属于国家所有的一切资产。主要包括：依照国家法律取得的应属于国家所有的资产；国家行使行政权力而取得的应属于国家的资产；国家以各种方式投资形成的各项资产；接受各种捐赠所形成的应属于国家的资产；国家已有资产的收益所形成的应属于国家所有的资产；无主资产等。具体包括：自然资源、行政事业单位所占有的国有资产以及国家投资所形成的经营性国有资产等。狭义的国有资产是指属于国家所有并能为国家带来经济利益的各种经济资源的总和，即经营性国有资产。

（二）国有资产的分类

国有资产按照不同标准有不同分类，主要有以下分类。

1. 按照经济用途分类

国有资产按照经济用途可分为经营性国有资产和非经营性国营资产。经营性国有资产是指以盈利为目的并参与生产经营活动的国有资产,包括企业性单位的经营性资产和非企业性单位的经营性资产。例如,国有独资企业中的国有资产、国有股份制企业中的国有股份资产等属于企业性单位的经营资产;机关事业单位及军事单位等拥有的国有资产中用于经营的国有资产部分属于非企业性单位的经营性国有资产。非经营性国有资产是指不参与生产经营活动的国有资产。如机关事业单位、军事单位等拥有的不参与生产经营活动的国有资产。

2. 按照是否具有实物形态分类

国有资产按照是否具有实物形态可分为有形国有资产和无形国有资产。有形国有资产是指具有实物形态的国有资产。如企业单位的厂房、机器设备及机关事业单位办公大楼、公务用车等固定资产以及企业单位的原材料、产成品等流动资产。无形资产是指不具有实物形态的国有资产。如专利权、商标权、土地使用权等。

3. 按照形成方式分类

国有资产按照形成方式可以分为自然资源资产和人类自身加工、改制、开发利用形成的资产。自然资源,一般包括土地资源、矿产资源、森林资源、水资源、水产资源、草原资源、野生动植物资源等。绝大部分野生资源属国家所有,也就是属于国家所有的自然资源即为自然资源资产,它是国有资产的重要组成部分。人类自身加工、改制、开发利用所形成的资产,一般包括机器设备、工具、器具、房屋建筑物、技术和知识产权等。

(三)国有资产收入

国有资产收入是指国家以资产所有者的身份取得的收入。国家取得国有资产收入的过程,是经营和使用国有资产的企业、单位和个人把经营和使用国有资产获得的收入交给资产所有者即国家的过程。广义的国有资产收入,包括经营性国有资产收入和非经营性国有资产收入。经营性国有资产收入是指国家以所有者身份取得的经营性国有资产的收入;非经营性国有资产收入是指国家以所有者身份取得的非经营性国有资产的收入。狭义的国有资产收入是指经营性国有资产收入。

第五节　中国公共收入实践

一、中国税收收入实践

(一)中国税收的发展历程

税收收入作为中国公共收入的主要来源经历了一个长期曲折的发展历程。按照经济体制的变化,中国税收发展历程可分为三个阶段。

第一阶段,1949—1978 年,计划经济体制下税收制度的建立阶段。1949 年 10 月 1 日宣告中华人民共和国成立,实现了国家的统一,这就要求建立统一的政治经济制度,其中最重要的经济制度就是要建立统一的财政与税收制度。1949年9月中国人民政治协商会议第一届全体会议通过了《中国人民政治协商会议共同纲领》,其中第四十条规定:"新中国的税收政策,以保障革命战争的供给,照顾生产的恢复和发展为原则,简化税制,合理负担。"我国1949年11月便制定了《全国税政实施要则》,并于1950年1月实施,这标志着新中国税收制度的建立。《全国税政实施要则》规定中央和地方设立14种税,即工商业税、盐税、关税、薪给报酬所得税、存款利息所得税、印花税、遗产税、交易税、屠宰税、房产税、地产税、特种消费行为税、车牌使用牌照税、农业税。该税收制度包含了流转税类、所得税①类、财产税类、行为税类所构成的复合税收制度。1952年年底,我国已经完成了国民经济恢复任务,原税收制度已不能很好适应国民经济发展需要。1952年12月,中央政务院财经委员会颁发了《关于税制若干修正及实施日期的通告》,决定依照保证税收收入和简化手续的原则,将税制进行了若干修正,并于1953年1月1日实施。这是中国税收制度的第一次改革。这次改革的主要内容是试行商品流通税;简化货物税;修订工商营业税;取消特种消费行为税;整顿交易税。1953年8月,在中共中央召开的财经工作会议上,周恩来总理明确指出了过渡时期税制建设的主要任务是:"一方面要更多地积累资金以利于国家重点建设;另一方面要调节各阶级的收入以利于巩固工商联盟,并使税制成为保护和发展社会主义及半社会主义,有步骤、有条件、有区别地利用、限制和改造资本主义工商业的工具。"1953—1957年,实施了新中国第一个五年计划,同时期我国还完成了社会主义改造,并建立了社会主义公有制和计划经济体制。随着社会主义公有制和计划经济体制的建立,由于国家可以直接控制国有企业和通过价格机制间接获取集体经济的利润,而且受到苏联"非税论"思想的影响,税收组织收入和调节经济的功能大大弱化。1958年9月,全国人大常委会公布试行《工商统一税条例(草案)》,将原来实行的货物税、商品流通税、营业税和印花税四种税合并为工商统一税。这样,减并了征收环节,简化了纳税手续。这是新中国税收制度的第二次改革。到1966—1976年,"非税论"思想已演变为"税收无用论"思想,税收制度建设遭到极大破坏,1968年开始研究第三次税制改革,一直到1973年完成,历时五年。这次改革的指导思想是"合并税种,简化税制,改革不合理的工商税收制度②"。主要改革内容是:将工商统一税及其附加、车牌使用牌照税、盐税、屠宰税等"五税"合并为工商税,合并后,税种数大大减少。这次改革后,国有企业只缴纳工商税,集体企业缴纳工商税和工商所得税。至此,我国税收制度几乎近于单一税制。

第二阶段,1979—1994年,有计划的商品经济下的税收制度重建阶段。1978年12月,党的十一届三中全会召开,开启了中国的改革开放时代,中国经济进入了有计划的商品经济时期。在这一时期,为适应对外开放的需要,1980年9月中华人民共和国第五届全国人民代表大会第三次会议通过了《中华人民共和国中外合资经营企业所得税法》与

---

①② 赵恒.1949—1977年税制演变的启示[J].中国税务,2019(10):12-14.

《中华人民共和国个人所得税法》，并于当年 10 月公布实施。1981 年 12 月，中华人民共和国第五届全国人民代表大会第四次会议通过了《中华人民共和国外国企业所得税法》，并于 1982 年 1 月 1 日实施。与此同时，在"放权让利"改革指导思想下，对国有企业分两步实行利改税试点。第一步，实行利税并存。1983 年 4 月 29 日，财政部下发了《关于对国营企业征收所得税的暂行规定》，确定从 1983 年 1 月 1 日起，正式开征国营企业所得税。第二步，1984 年，完成全部企业利改税。国营企业向国家缴纳的利润，改按缴纳税收，实现了由税利并存过渡到以税代利。在改革过程中，国家还将原来的工商税再一分为四，即分为：产品税、增值税、营业税、盐税。同时，恢复了出口退税、印花税等部分老税种，也新建了一些其他税种，如房产税、车船使用税、城市维护建设税等。中国在这一时期已经重新建立了由流转税类、所得税类、财产税类、行为税类构成的较为完善的税收制度。

第三阶段，1994 年至今，是社会主义市场经济体制下税收制度的改革与完善阶段。1992 年，党的十四大提出了建立社会主义市场经济体制的目标，原来的税收制度已经不适应市场经济发展要求，中国对税收制度进行了全面改革，并于 1994 年 1 月 1 日实施。这次税制改革的指导思想是统一税法、公平税负、简化税制、合理分权、理顺分配关系，保证财政收入，建立符合社会主义市场经济要求的税收体系。这次税收制度的实施标志着社会主义市场经济体制的税收制度的建立。之后，随着社会经济的发展，中国对税收制度进行不断改革完善，比较突出的有：2006 年，实现了全面取消农业税；2008 年，实现了统一企业所得税改革；2009 年，全面实现了增值税转型改革；2016 年，全面实现了"营改增"改革；多次进行了个人所得税、消费税、资源税的调整改革。2013 年 11 月，党的十八届三中全会审议通过了《中共中央关于全面深化改革若干重大问题的决定》，提出全面深化改革的总目标是完善和发展中国特色社会主义制度，推进国家治理体系和治理能力现代化。同时明确指出：财政是国家治理的基础和重要支柱，并提出了建立现代财政制度的要求。以现代税收制度为主体的现代财政收入制度，是现代财政制度的重要组成部分。全面深化改革时期，税收制度改革的目标是建立现代税收制度，实现税收法制现代化。2013 年以来，不断建立以税法为核心的税收制度，至 2021 年，已审议通过的税法有环境保护税法、烟叶税法、船舶吨税法、车辆购置税法、耕地占用税法、资源税法、城市维护建设税法、印花税法等，因此，适应社会主义市场经济体制要求的税收制度已得到了较好的改革与完善。

（二）中国税收收入规模

由于在不同时期中国财政收入统计口径存在差异，为了更好地分析财政收入规模，本节以一般公共预算收入规模作为财政收入规模。由表 8-1 可知，中国税收收入的绝对规模不断增长，但其相对规模随着中国税收发展历程有不同变化。计划经济体制时期，因经济水平低，发展缓慢，税收增长较慢。1950—1978 年，税收收入从 48.98 亿元增加到 519.28 亿元，历经 28 年，税收收入仅增长 470.3 亿元，平均每年增长 16.8 亿元。改革开放后，随着经济体制的改革，税收制度的重建及经济的发展，税收增长加快。到 1994 年，中国税收收入已经增加到 5 126.88 亿元,16 年时间税收收入增长了 4 607.6 亿元,平均每年增长 287.98 亿元。市场经济体制时期,税收增长加快。到 2019 年全年税收收入总额已经达到 158 000.46 亿元,分别为 1950 年、1978 年和 1994 年税收收入的 3 225.8 倍、304.3 倍和 30.81 倍。从税收收入占财政收入的比重看,1950 年税收收入占财政收入比重为 78.78%;经过计划经济时期三次税制改革后,1973 年税收收入占财政收入比重仅为 43.1%;改革开放后,中国进入有计划的商品经济时期,到 1990 年税收收入占比已达到 96.18%;1994 年,实施了适应市场经济体制的税收制度,税收收入占比达 98.25%。随着税收制度的深化改革,在"减税降费"思想指导下,从 2006 年开始,我国税收收入占比又呈现小幅下降趋势,具体见表 8-1。

表 8-1 1950—2019 年中国部分年份税收收入及其占比

年　份	税收收入/亿元	财政收入/亿元	税收收入占财政收入比重/%
1950	48.98	62.17	78.78
1955	127.45	249.27	51.13
1957	154.89	303.20	51.09
1960	203.65	572.29	35.59
1965	204.30	473.32	43.16
1970	281.20	662.90	42.42
1973	348.95	809.67	43.10
1978	519.28	1 132.26	45.86
1984	947.35	1 642.86	57.66
1990	2 821.86	2 937.10	96.08
1994	5 126.88	5 218.10	98.25
2 000	12 581.51	13 395.23	93.93
2006	34 804.35	38 760.20	89.79
2010	73 210.79	83 101.51	88.10
2012	100 614.28	117 253.52	85.81
2016	130 360.73	159 604.97	81.68
2019	158 000.46	190 390.08	82.99

资料来源:根据《中国统计年鉴》(1999—2020 年)数据整理(国家统计局官网)。

二、中国公债收入实践

（一）中国公债的发展历程

当前,公债收入已是中国公共收入不可或缺的重要来源,公债在中国的发展过程可分为四个阶段。

第一阶段,1950—1980 年,国债起步阶段。新中国成立后,为了恢复和发展国民经济,巩固国家政权,中央在 1950 年发行了总额 1.48 亿份的人民胜利折实公债,这是新中国的第一批国债,标志着中国国债的起步。同时,苏联向中国提供 3 亿美元低息贷款援建 156 个项目。"一五"规划时期,中国在 1954—1958 年发行了五期总额 30 亿元的国家经济建设公债。但随着国民经济的恢复,1968 年国家债务清偿完成后,国债便停发了。1968—1980 年,中国一直处于"既无内债、又无外债"的状态。此阶段,中国实行高度集中的计划经济体制,宏观经济的调控主要依靠国家计划,财政的重要目标是实现收支平衡,发债只是特殊状态下的应急行为。

第二阶段,1981—1991 年,国债恢复并逐步发展阶段。改革开放后,为了调动各方面积极性,国家在 20 世纪 80 年代初对企业实行了放权、让利的系列改革措施,导致财政收入逐年下降,出现了财政赤字。为弥补财政赤字,1981 年中国重启国债发行,即发行国库券。当时,国库券的发行是以政治动员和行政摊派为主,禁止自由买卖,这在 20 世纪 80 年代前期确保了国债资金的顺利募集。到 20 世纪 80 年代末,由于国债期限长、无法变现的弱点逐步显现,国家又适时而变,于 1988 年开始试点国债流通转让,并于 1991 年开展国债承购包销。自此,中国国债一级、二级市场逐步建立,从而推动国债逐步发展。

第三阶段,1992—1997 年,国债快速发展阶段。1992 年,党的十四大正式确立了中国社会主义市场经济体制的改革目标,明确了市场在资源配置中的基础性作用。1995 年,《中华人民共和国中国人民银行法》规定财政不得向银行透支,国债成了弥补财政赤字的唯一手段。在此背景下,国债发行规模从 1993 年的 300 多亿元陡增至 1994 年的千亿元以上,之后,国债规模仍逐年快速增长,为满足国债规模快速增长的要求,在 1997 年建成了现代意义上的国债市场体系。

第四阶段,1998 年至今,国债有序发展阶段。亚洲金融危机后的 1998 年至今,国债市场化体系建设持续推进,管理机制更加灵活,宏观调控功能逐步凸显。具体表现为:一是多渠道、透明化、多样化的国债市场机制不断完善。形成了以银行间市场为主体,交易所、柜台债券市场并行发展的格局;定期公布国债发行计划的信息披露机制,稳定了市场预期;15 年到 50 年长期国债的发行,进一步实现了期限品种的多样化。二是实施了"国债余额管理制度"。2006 年开始实行的国债余额管理制度,有利于财政部主动把控发债节奏,多发短债,降低了融资成本;便于央行开展公开市场操作,促进了财政与货币政策的配合;强化了国债的流动性,促进了国债收益率曲线的完善。三是国债成了积极财政政策的有力工具。1998 年亚洲金融危机蔓延态势下,中国增发 1 000 亿元长期建设国债,发行 2 700 亿元特别国债补充四大国有银行资本金,强化了银行抗风险能力,有力地拉动了经济增长。2008 年国际金融危机发生后,次年国债发行规模突破 1.6 万亿元,同比翻番。2020 年新冠肺炎疫情冲击下,1 万亿元抗疫特别国债的发行,对防控新冠疫情、救助困难群众、提振市场信心、稳定经济运行起到了积极作用。

(二)中国公债收入规模

中国公债收入规模随着公债的发展历程发生变化。从表 8-2 可知,1950—1958 年,中国债务总规模仅 92.77 亿元。1979—1985 年,每年债务规模不足 100 亿元,1994 年开始每年债务规模突破 1 000 亿元,1995 年达到 1 549.76 亿元,1997 年实现国债市场化后,债务规模扩大更快,2019 年已经达到 168 038.04 亿元。

表 8-2　1950—2019 年中国部分年份中央财政债务规模情况

单位:亿元

年　份	总债务	国内债务	国外债务	其他债务
1950—1958	92.77	38.47	51.62	2.68
1979	35.21		35.21	
1985	89.85	60.61	29.74	
1990	375.45	93.46	178.21	103.78
1995	1 549.76	1 510.86	38.9	
2000	4 180.10	4 153.59	23.10	3.14
2005	32 614.21	31 848.59	765.52	
2010	67 548.11	66 987.97	560.14	
2015	106 599.59	105 467.48	1132.11	
2019	168 038.04	166 032.13	2 005.91	

资料来源:根据《中国统计年鉴》(1999—2020 年)数据整理(国家统计局官网)。

三、中国公共收费收入实践

(一)中国公共收费发展历程

中国公共收费也经历了一个曲折的发展过程。这里对中国公共收费发展历程分两个阶段进行说明。

第一阶段,1958—1978 年。新中国成立初期,中国实行高度集中的财政收费管理体制。当时公共收费项目很少,资金数额也不大。经过三年国民经济恢复时期,国家实现了财政经济状况的根本好转,针对预算外资金(基本是收费收入)管理混乱的状况,除特殊单位外,将其收费收入一律纳入预算管理,并对农村收费进行整顿,这次整顿对稳定经济秩序,制止乱收费和减轻农民负担起到了重要作用。但不利于灵活、及时、因地制宜地解决地方、部门、单位的特殊需要,不利于调动各方面积极性。为了解决这一问题,国家决定把行政事业单位的一些零星分散的收费收入作为预算外收入,实行自收自支,如工商税附加、养路费、育林费等。1958 年,国家又将部分预算内收费收入转为预算外收入管理,因此,收费收入作为预算外收入不断增加,预算外收入占预算内收入比重不断提高。1961 年,中央决定调整体制,加强中央的集中统一,对收费进行了清理整顿,收费规模大大缩小,预算外收入占预算内收入比重大大下降。1966—1976 年,各项财政制度遭到破坏,财政管理工作相当混乱,擅自设立收费项目,乱收费、乱摊派、划预算内为预算外的现象相当普遍,收费规模也随之扩大。

第二阶段,改革开放后至今。改革开放后,随着各项放权及包干制财政体制的实施,进一步扩大了地方和企业的自主权,政府收费收入项目和规模不断扩大,并且为了调动地方和企业积极性,缓解财政压力,政府收费收入收缴实行分散管理。在放权让利思想指导下,很大部分预算外资金由各部门和单位自收自支自行管理。随着经济的发展和改革的深入,政府收费收入规模迅猛增加,但制度不完善、管理不到位等原因,许多问题逐渐暴露出来,特别是一些地方和部门从局部利益出发,超越权限乱设基金、乱收费、乱摊派,加重了企业和个人负担,有的把预算内资金转到预算外,划大公为小公,甚至违反财经纪律,私设小金库,导致国家财政收入流失。为了加强收费收入的管理,国家相继制定了一系列政策。1986 年,国务院颁布了《关于加强预算外资金管理的通知》,并提出了预算外资金要实行"财政专户管理";1996 年,国务院颁布了《关于加强预算外资金管理的决定》,明确预算外资金的所有权、使用权不再是部门、单位,而是政府,预算外资金是财政性资金,必须纳入财政管理。1999 年,财政部发布了《关于行政事业性收费和罚没收入实行"收支两条线"管理的若干规定》,并且提出政府非税收入纳入财政专户管理并逐步纳入预算管理的目标。

2002 年,开始试点收费收缴改革,通过设立新的收缴账户、规范收费收缴程序、加强健全票据监管等对非税收入进行全面改革。2007 年,中国实施新的政府收支分类改革和国家预算管理改革,将预算外收入逐步纳入国家预算,并且对行政事业性收费在一般公共预算收入主要项目中单列。2012 年开始,中国在一般公共预算之外单独编制政府性基金预算,构成政府预算体系的重要组成部分。政府性基金是收费的一种形式。自此,政府收费收入全部纳入国家预算,实行预算管理。同时,2007 年后,中国不断加强对收费的清理整顿,取消部分不合理收费,并不断降低一些收费标准,同时实行了政府收费项目清单制。此外,不断探索实行费改税改革。近年来,中国收费项目不断减少,收费越来越规范合理,收费管理越来越完善,并实现了全部收费收入纳入预算管理目标。

(二)中国收费收入规模

中国公共收入中一直存在公共收费收入,但在不同时期、不同阶段,由于政府对公共收费收入的管理不同,公共收费收入在公共收入构成中极不稳定,也无统一口径的统计数据。尽管如此,公共收费收入在中国公共收入中仍是不可忽视的重要来源之一。由于中国公共收费收入从 2007 年开始才逐步纳入国家预算管理,也才开始有其较完整的统计数据,且当前中国收费收入主要是行政事业性收费和政府性基金两大类,从两大类收费收入规模可知中国收费收入规模情况,具体见表 8-3。

表 8-3　2007—2019 年中国行政事业收费收入及政府性基金收入

单位:亿元

年　份	行政事业收费收入			政府性基金收入
	合计	中央	地方	
2007	1 897.35	353.66	1 543.69	
2008	2 134.86	372.88	1 761.98	
2009	2 317.04	359.54	1 957.5	
2010	2 996.39	396.02	2 600.37	
2011	4 039.38	404.02	3 635.36	
2012	4 579.54	377.2	4 202.34	
2013	4 775.38	278.48	4 997.35	52 268.75
2014	5 206	365.63	4 840.37	54 113.65
2015	4 873.02	460.94	4 412.08	42 338.14
2016	4 896.01	479.51	4 416.5	46 643.31
2017	4 745.27	440.07	4 305.20	60 968.59
2018	3 925.45	404.56	3 520.89	75 479.00
2019	3 888.07	404.69	3 483.39	84 517.72

资料来源:《中国统计年鉴》(2008—2020 年)(国家统计局官网)。

四、中国国有资产收入实践

中国国有资产收入一直是中国公共收入的重要来源,在体制改革前,国有资产收入是中国公共收入的主要收入来源。按照国有资产的经济用途,中国国有资产收入分为经营性国有资产收入和非经营性国有资产收入。经营性国有资产收入是指国家以所有者身份取得的经营性国有资产的收入,也叫国有资产经营收入。非经营性国有资产收入是国家以所有者身份取得的非经营性国有资产的收入,包括国家机关、事业单位、军事单位以及人民团体等所拥有的国有资产有偿转让、租赁、拍卖等所取得的收入。由于中国非经营性国有资产收入的管理制度相对稳定,且国有资产收入主要来源于经营性国有资产收入(即狭义国有资产收入),本节以经营性国有资产收入对中国国有资产收入进行说明。

(一)中国国有资产收入发展历程

中国经营性国有资产收入主要来源于国家以国有资产所有者身份参与国有企业利润分配而取得的收入,而中国国有企业利润的分配制度经历了一个曲折的发展历程。

1. 体制改革前的统收统支利润分配制度时期

体制改革前,由于实行高度集中的计划经济体制,中国国有企业利润分配制度尽管实施了多种,但总体来说是属于统收统支的利润分配制度,具体可以四个阶段。

第一阶段,1949—1957 年,奖励基金制与超计划分成阶段。在这个阶段,为了国民经济的恢复和第一个五年计划的完成,国有企业利润主要由中央财政统收统支,企业只留很少一部分奖励基金,作为职工奖金与福利,并对超额完成国家计划利润部分,实行国家与企业分成,且大部分归属国家。

第二阶段,1958—1960 年,利润全额留成阶段。这个阶段是中国的"大跃进"阶段,国民经济遭到了破坏,原利润分配制度难以执行,于是,从 1958 年开始取消原奖励基金制与超计划分成制的利润分配制度,实行利润全额留成制度,即企业与地方主管部门以企业利润全额按照规定比例实行留成的制度。这个制度的实施,扩大了企业和地方政府的自主权。

第三阶段,1961—1965 年,企业奖励基金制度阶段。这个阶段是国民经济的恢复调整阶段。为了恢复和调整遭到破坏的国民经济,中央决定实行统一计划管理国有企业,从 1961 年开始取消了国有企业原全额留成制度,而实行奖励基金制度,即企业利润按规定比例提取奖励基金后统一上交中央财政。这个时期的奖励基金制度不同于第一阶段实施的奖励基金制度,比较突出的是降低了提取比例,这样有利于加强中央集权。

第四阶段,1966—1977 年,紊乱的利润分配阶段。这个时期国民经济遭到了极大破坏,原有的利润分配制度或被取消,或被简化,或遭到破坏,国家与国有企业的利润分配关系处于极度紊乱状态。

2. 体制改革后利润分配制度逐步完善时期

体制改革后,随着中国市场经济体制的逐步建立,国有企业利润分配制度也随之进行了不断改革完善,具体可以分五个阶段。

第一阶段,1978—1982 年,国有企业放权让利阶段。改革开放后,国家开始对国有企业实行放权让利改革。从 1978 年 11 月开始,对一部分国有企业利润分配实行基金制,即企业可以按利润提取一定比例的基金,用作奖励基金。1979 年开始,又对部分国有企业实行利润留成制度,即企业利润一部分上缴财政,一部分企业留成。企业利润留成部分,一部分用于奖金,一部分用于生产。但总体来说,企业利润大部分上缴财政,小部分作为基金或留成。

第二阶段,1983—1985 年,利改税阶段。对国有企业实行进一步放权让利阶段。为进一步放权让利,激活国有企业活力,从 1983 年开始,中国对国有企业利润分配制度开始实行利改税改革。利改税是指国有企业原来向国家缴纳利润的形式改为缴纳税收的形式。利改税改革分两步实施:第一步,实行税利并存,即对部分国有企业,主要是盈利型国有大中型企业,将其向国家缴纳的利润改为缴纳税收,其他企业仍缴纳利润。第二步,以利代税,即对所有企业都实行以税收形式向国家缴纳,税后利润企业留存。自此,国有企业不再向国家缴纳利润。

第三阶段,1986—1993 年,利润承包责任制阶段。这是国有企业所有权与经营权相分离的改革阶段。为进一步激活国有企业活力,国有企业能够更好地独立经营,从 1986

年开始,国家对国有企业利润分配实行利润承包责任制,即国有企业依法取得法人资格,厂长或经理是法人代表,并以合同的形式执行国家赋予的经营权并承担生产任务,同时,按照"包死基数,确保上缴,超收多留,歉收自补"的要求,实行多种形式的利润承包责任制。

第四阶段,1994—2006年,税利分流制度建立阶段。随着市场经济体制的建立,为理顺国家与国有企业的利润分配关系,从1994开始,对国有企业实行税利分流的利润分配制度。税利分流的原则是将国有企业的税收与利润完全分开,也就是国有企业实现的利润总额,国家先要以社会管理者身份对其与其他非国有企业一样依法征收企业所得税后,再以其国有资产所有者身份按国有资产所占比重参与其税后利润分配。开始实施时,国家为照顾老国有企业,实行其税后利润不上交国家,后来,所有国有企业税后利润都不再上交国家。

第五阶段,2007年至今,税利分流制度完善阶段。随着市场经济体制的逐步完善,2007年开始对中央本级国有企业试行国有资本经营预算,并对其税后利润实行分类按不同比例上缴的办法。2010年试行阶段结束后,又根据具体情况对国有企业分类和利润上缴比例进行相应调整,同时,国家对国有股份制企业实行以股利、股息形式参与其税后利润的分配。这样,国家与国有企业的利润分配关系逐步理顺,税利分流制度得到逐步完善,实现了国家以国有资产所有者身份并以多种形式取得国有资产收入。当前,中国经营性国有资产收入主要有五种形式。一是利润收入,是指国家以国有资产所有者身份取得的企业上缴利润的收入;二是股利、股息收入,是指国家以国有资本所有者身份参与国有股份企业的税后利润或税后所得的分配并以股利、股息形式所取得的收入;三是产权转让收入,是指国家有偿转让经营性国有资产的产权而取得的收入;四是清算收入,是指国家以国有资本所有者身份取得的企业资产清算收入;五是其他国有资本经营预算收入,是指除以上各项国有资本经营收入形式外,国家以国有资本所有者身份所取得的预算收入。

(二)中国国有资产收入规模及其构成

自2013年开始,中国才开始有经营性国有资本收入预算与决算统计。表8-4是中国2013—2019年国有资产经营决算收入规模及其构成。可以发现中国经营性国有资本收入总体呈现增长趋势,且以利润收入形式为主。

表8-4　2013—2019年中国国有资本经营收入及其构成

单位:亿元

年份	总收入	利润	股利、股息收入	产权转让收入	清算收入	其他国有资本经营收入
2013	1 713.36	1 288.08	123.67	141.83	6.11	153.67
2014	2 007.59	1 700.15	117.02	94.86	3.23	92.33
2015	2 550.98	2 033.89	269.17	136.90	3.03	107.99
2016	2 608.95	1 961.62	205.87	224.72	6.76	209.98

续表

年份	总收入	利　润	股利、股息收入	产权转让收入	清算收入	其他国有资本经营收入
2017	2 580.90	1 823.78	286.66	236.41	8.72	225.33
2018	2 905.79	2 138.49	344.38	259.65	11.66	151.61
2019	3 971.82	2 614.81	543.61	495.50	54.53	263.37

资料来源:《中国统计年鉴》(2014—2020 年)(国家统计局官网)。

内容小结

1. 公共收入是政府为履行其职能而取得的所有社会资源或资金的总和。公共收入的形式主要有税收收入、收费收入、公债收入、国有资产收益等。

2. 不同的公共收入形式在不同条件下会产生不同的经济效应,对其经济效应的分析可以借助无差异曲线和预算线两个分析工具,从替代效应和收入效应两方面进行。

3. 影响公共收入规模的经济因素主要有经济发展水平、科学技术水平、分配体制与分配政策、价格水平等。不同国家在不同的历史阶段,由于政府的职能和社会发展的需求不同,公共收入规模也必然不同。一个国家公共收入适度规模的确定应考虑一定时期的社会经济发展水平、政府职能范围的大小、国家的宏观经济政策、社会传统习俗、公民的公共需要等多方面的因素。

4. 税收是现代国家政府公共收入的主要形式和主要来源。税收收入与其他收入相比较,具有强制性、无偿性和固定性等基本特征。

5. 税收制度由纳税人、征税对象、税率、纳税环节、纳税期限、减税免税和违章处理等多个税制要素构成。税收按照不同标准可以分为不同税类。

6. 现代税收原则主要有公平原则和效率原则。税收公平原则强调税收负担要公平,即公平税负,包括横向公平和纵向公平两个方面;税收效率原则包含经济效率和税收本身的效率两方面的内容,前者是指税收对经济资源配置和对经济机制运行的影响;后者是指税收行政管理效率。

7. 税收负担是整个社会或单个纳税人实际承受的税款。税收负担按照考察层次可分为宏观税收负担和微观税收负担,税收负担有多种衡量标准。税负转嫁是纳税人不实际负担所缴纳的税收,而是通过购销价格的变动,将全部或部分税收转移给他人负担;税负转嫁的方式主要有前转、后转、散转、消转等。

8. 公债收入是公共收入的一种特殊形式。公债可以按不同标准进行分类;公债市场可以分为公债发行市场和公债交易市场;公债负担可以从政府、纳税人、代际间的公债负担三方面进行分析。

9.公共收费收入是公共收入的一个重要组成部分。公共收费收入有规费收入和使用费收入两大类。政府公共收费的缘由是:弥补公共收入不足,减少某些外部性,促进公共物品的有效供给。

10.国有资产收入是指国家以资产所有者的身份取得的收入,国有资产收入包括经营性国有资产收入和非经营性国有资产收入。

11.税收收入已成为中国公共收入的主要来源。中国税收收入的绝对规模不断增长,相对规模随中国税收的发展历程呈现不同变化。公债收入是中国公共收入不可忽视的重要来源,在经历曲折发展过程后,公债规模不断扩大且增长快。中国公共收费收入与国有资产收入,由于不同时期、不同阶段政府的管理制度不同,其收入规模不稳定,但仍是中国公共收入不可忽视的重要来源。

复习思考题

1.公共收入有哪些分类?

2.阐述税收效应、公债效应、公共收费效应。

3.如何确定公共收入的适度规模?

4.税收具有哪些特征? 税制要素及税收原则有哪些?

5.公债有哪些种类、哪些发行条件和发行方式?

6.公债偿还方法与偿还资金来源有哪些? 如何理解公债负担?

7.公共收费有哪些分类? 公共收费缘由有哪些?

8.什么是国有资产收入?

9.阐述中国税收收入、公债收入、公共收费收入和国有资产收入实践。

第九章　政府间财政关系

政府间财政关系重点关注的是财政职能的政府间配置,是公共经济学的重要内容之一。采用多级政府体制的国家都需要建立一套适合本国国情的财政体制,以便在分工与合作的基础上有效地处理政府间财政关系。本章在对政府间财政关系源起及要素进行介绍的基础上,对财政集权与分权、纵向与横向财政关系、财政竞争与转移支付等进行分析,最后探讨中国政府间财政关系在历史演变中的实践。

第一节　政府间财政关系概述

政府间财政关系是对财政体制上中央政府和地方政府以及地方各级政府之间财政职责权限划分及协调公共服务提供、收支划分和资金往来关系的统称。它具体规定了各级政府筹集资金、支配使用资金的权力、范围和责任,使各级政府在财政管理上有责有权。

一、政府结构与财政体制

政府财政职能的分工源于多级政权结构的政治体制,本质上是一个财政集权与分权的关系问题。政府间财政关系分析的核心是如何在各级政府中合理有效地分配政府职责和财政资源。

(一)单一制与联邦制

单一制①与联邦制是现代国家中政府结构的两种基本形式,其差别主要体现在中央与地方的相互关系方面。单一制国家只有一部宪法,中央政府代表国家的所有主权,且除宪法规定了公民基本权利的限制之外具有无限权力,地方政府由中央政府领导,不具备宪法保障的自治权力。联邦制国家的中央政府与地方政府,在行政管理和政治上互不

---

① 　与复合制国家相对应。复合制国家是指由若干相对独立的政治实体或几个国家,通过一定的协议联合组成的统一国家或国家联盟。复合制分为邦联制和联邦制两种形式,实行邦联制的有独联体、欧盟等。

统属,相互间的权利和义务关系以及由此形成的政府间财政关系,由具有契约性质的联邦宪法进行规范。

美国属于联邦制国家,纵向政府序列分为联邦、州和地方三级政府。在历史上形成了州保留主权,其宪法规定没有明确授权给联邦政府或未禁止各州行使的权力都属于各州。授权给联邦政府的权力采取列举方式,比如提供国防、印制钞票和设立邮局等,因此,在美国诸如教育、警察和消防、道路和高速公路等大部分公共服务提供的责任在各州及地方政府。

在宪法意义上,中国是中央、省、市、县、乡五级政府的单一制国家,也是世界上拥有政府层级最多的国家之一。农村的"村"虽然没有课税权,但事实上承担了许多传统上属于政府职责范围的公共事务,如提供基础教育、基本卫生保健、计划生育、扶贫、兴修道路等,于是经济分析中常常将其当作"半级"地方政府对待,中国在财政意义上形成了"五级半"政府的格局。政府层级越多,政府间财政关系越复杂。

实践中,除新加坡、摩纳哥、安道尔和梵蒂冈等国土面积与人口极少的国家只有一级政府外,绝大多数国家除中央政府以外,无论采用单一制或联邦制政府结构,通常都存在着一级或多级地方政府。

(二)财政联邦制

处理多级政府间财政关系这一复杂而重大问题涉及的经济学原理相同,财政联邦主义发端于联邦制国家,但对于单一制国家政府间财政关系的分析仍然适用。单一制国家在政治框架上明显不同于联邦制国家,但即便政治和行政事务上高度集权的单一制国家,也在某种程度上实施某种形式的财政分权,允许地方政府征集收入并将部分服务职责下放给地方政府。联邦主义的经济定义[1]为:一个同时具有中央和地方决策过程的政府部门,通过它提供相关公共服务水平的选择,基本上是根据相关辖区居民(以及其他可能涉及经营活动的人)对这些服务的需求决定的。关键之处在于,有关某个特定辖区的特定公共服务供给水平的决定(无论它们是由被任命的或者民选的官员作出,还是直接由居民自己通过某种投票机制作出)是否确实反映了那个辖区选民的利益所在。

财政联邦主义是一套阐述政府间职责划分及其相互关系问题的经济理论,是对多级政府结构进行经济分析的有效工具,其核心内容是对财政集权分权的相对利弊进行经济分析。财政联邦制根据供给地方公共产品的受益性及高效性论证了地方分权,但是,财政联邦制并不排斥在职责划分的某些方面采取集权性安排的必要性。比如,在国家公共产品提供、宏观经济稳定、收入再分配职责以及为履行这些职责而必须拥有的课税权方面,财政联邦制强调相对集权性财政安排的相对优势。

二、政府间财政关系的基本构成要素

政府间财政关系由事权、支出责任、财权和财力四个基本要素构成。

---

① 华莱士·E.奥茨.财政联邦主义[M].陆符嘉,译.南京:译林出版社,2012.

从政府行政角度来看,事权是指各级政府基于不同的公共职能而应拥有的处理社会公共事务和经济事务的权利。事权主要包括行政决策权、行政立法权、行政执行权、行政监督权、行政管理权、人事行政权以及其他事项的办理权等。从国民角度来看,事权主要是指各级政府应该承担的由本级政府提供基本公共服务的职能和责任,各级政府事权的划分不再依据行政管理关系,而是公共服务的层次。由此,财政事权是指一级政府应承担的运用财政资金提供基本公共服务的任务和职责。

支出责任是指政府履行财政事权的支出义务和保障。通常情况下,要求事权与支出责任一致,拥有什么样的事权就要承担什么样的支出责任。但在某些特殊情况下,出于政治、管理、成本等原因,某一级政府需要委托其他级次政府承担相应的开支,由此形成了事权在一级政府,支出责任在另一级政府的情况。

狭义的财权是指国家(不包括国民)在财政方面所享有的权力或权利的统称。财权通常是指各级政府为履行提供公共服务职责而拥有的财政资金筹集权和支配权,包括征税权、收费权、国有资产收益权和发债权等,其中最基础的是征税权。从法律角度来看,财权可分解为财政立法权、执法权与司法权三个要素,这三大要素在中央与地方之间的不同组合,便形成了三种类型的财政体制,即各级政府均拥有相对独立的财政立法权、执法权和司法权的分权型财政体制;立法权集中、执法权分散的适度集权型财政体制;财政立法权和执法权主要集中于中央政府,地方政府只拥有较小调整权限的集权型财政体制。

财力是指一级政府一定时期内为履行职责而拥有和支配的财政资金,是政府间财政资源分配的结果。

三、政府间财政关系理论

1. 蒂布特的分权理论——"用脚投票"理论

蒂布特[1]提出了地方公共产品经由"用脚投票"表达偏好,从而达到最优配置的一种可能机制,这对"公共产品须由'以手投票'(政治程序)取代市场机制作用"的传统观念,提出了强有力的挑战。该理论模型假设:有充分多的可供选择辖区;人们可以自由流动,可以无代价地迁移到最能满足自身效用最大化的辖区;人们完全了解各辖区之间公共产品和税收的差异;公共产品和税收在辖区间不存在任何外部效应等。在上述假设下,财政因素在各辖区间的差异会直接或间接地影响到居民的迁移行为,地方政府为应对迁移压力,在公共服务水平、税收及其组合上相互学习模仿和创新竞争,从而提高服务效率。

2. 斯蒂格勒的分权理论——地方自治理论

乔治·斯蒂格勒在《地方政府职能的合理范围》中对为什么需要地方政府和地方财政给出了解释:第一,由于地方政府比中央财政更接近辖区的居民,因此,能更好地识别本地居民对公共产品的偏好;第二,地方居民有权对公共产品进行投票表决,有权自己选

---

① TIEBOUT C M. A pure theory of local expenditures[J]. Journal of Political Economy, 1956, 64(5): 416-424.

择公共服务的种类和数量。这被称为地方分权的两条公理。

3.布坎南的分权理论——俱乐部理论

布坎南①把地方政府比作提供公共产品的俱乐部,提出最优地方政府管辖范围形成的理论。随着俱乐部成员的增加,现有成员承担的公共产品成本将由更多的成员分担,但也会产生公共设施拥挤等外部不经济,最佳规模是使外部不经济所产生的边际成本等于由新成员分担成本带来的边际收益点上。

4.奥茨的分权理论——地方供应有效理论

基于受益原则,倘若在不同群体之间的消费者可能是不一样的情况下,强迫所有人都消费相同水平的地方公共产品和服务,将造成资源配置无效率;经济效率是通过提供最能反映社会成员偏好的产出组合实现的,除非地方政府提供这些物品和服务赔本。华莱士·奥茨在《财政联邦主义》中指出,大多数为解决效率问题而从事的政府经济活动都集中在外部性、成本递减及自然垄断情形中。现实中,大多数自然垄断在地方或者区域级别上停止成本递减,如公共设施、桥梁和隧道以及诸如公园和海滩这样的休闲设施。因而资源配置主要改善外部性,通过分析社会福利最大化时一般均衡模型的限制条件,奥茨提出了财政分权定理,即在不造成辖区间外溢的情况下,公共服务责任应尽可能下放到规模最小的地理辖区,因为这样做的效率最高。

5.特里西的分权理论——偏好误识理论

特里西(Richard W. Tresch,1981)在《公共财政》中提出,存在信息不完全与偏好误识情况下,地方政府比中央政府更能清楚地了解当地居民的偏好,只有地方政府提供公共服务才有可能实现社会福利的最大化。

6.鼓励政府间竞争说

罗森(Rosen)、麦金农(Ronald I. Mckinnon)等认为,实行多级政府结构及财政分权能够强化政府本身,尤其是地方政府本身的激励机制,鼓励地方政府之间的竞争。诸如投资区位抉择、公民社区选择的威胁会为政府管理者更有效地执政带来激励,使其更加关心公民的意愿,减少不恰当的干预。由于地方财政收入与支出挂钩,这会促进地方政府努力繁荣本地区经济。总之,政府尤其是地方政府的活动,能够在相当程度上与经济当事人(企业)形成一种激励——风险上分享或共担的关系。

四、财政集权与财政分权

中央和地方各级政府都要执行各自的职责,也就需要拥有法律允许范围内的税收及其他收入的征管权和资金支配权、管理权,由财力分割引发集权与分权关系。从历史上来看,任何一个国家在其发展过程中都普遍存在集权与分权问题,同一国家在不同历史时期,集权与分权的关系也在根据政治体制和国情进行适时调整。

---

① BUCHANAN J A. An economic theory of clubs[J]. Economics,1965(32):1-14.

(一) 财政集权

财政集权是指财政权力集中在中央政府,地方政府仅具有少量的财政权力,地方政府财政对中央政府具有较强的依赖性。

主张财政集权的理由主要有:

第一,宏观经济稳定。集权比分权更有助于实施有效的宏观经济政策,确保宏观经济对内、对外平衡。为控制财政赤字,管理对外债务,抑制通货膨胀,提高就业率,改善国际收支和促进经济增长,财政政策和货币政策一律由中央政府集中控制。

第二,再分配和地区平等权利。随着经济发展和收入水平的提高,人们越来越关注公共服务在各区域间的均等提供,较高层级政府能够更好地发挥作用。较低层级政府的再分配会拉大各地财政因素和生活水平的差异,要素流动性和税收竞争限制了地方政府执行再分配职能的有效性。

第三,区位效率和公平竞争。集权由于限制辖区间的财政竞争、消除国内地区间的贸易壁垒和各种形式的地方保护主义,有利于实现共同市场的整体效率,有助于在法律和制度性规则方面形成国家层次上的基本框架,更好地保证不同辖区的个人和企业之间公平竞争,有助于充分利用地区间主体功能的潜在分工优势,提升区位效率。

第四,资源动员和区域发展政策。集权有助于制定和实施有针对性的区域发展政策(如特区)和全社会范围内的资源动员,有助于解决区域发展的不平衡问题。

第五,外部性与规模经济。集权使外部性和规模经济在宏观层次上得到更有效的考虑。

(二) 财政分权

财政分权是指给予地方政府一定的税收权力和支出责任范围,并允许其自主决定预算支出规模与结构,使处于基层的地方政府能自由选择其所需要的政策类型,并积极参与社会管理,其结果是使地方政府能够提供更多、更好的服务。

主张财政分权的理由主要有:

第一,更有效地提供公共服务。分权使地方政府可以更好地了解当地居民的愿望与需求,从而能制订出更好的有关地方公共服务方面的决策。越是人口众多、地域广阔和多民族的国家,对地方公共产品的需求量和需求类型越是呈现出多样性,实施分权对提升效率越显著。

第二,降低公共服务成本。低层级政府易于掌握现场信息,降低计划费用。由于在管理过程中官僚习气较少,不需要花费很多成本就能得到居民的监督,地方政府可以削减可能妨碍提供公共服务的环节,降低服务成本。

第三,责任感提升。提供某些服务的某级政府如果以较小的单位存在,有利于明确责任单位,增强责任感。Bennett(1990)指出,在区域经济发展方面,地方政府能更好地利用广泛的措施,例如,建立信息咨询机构、改善环境和基础设施、为新产业提供场所以及培训计划等,最好地将产业及时吸引到本辖区。

第四,降低改革风险和鼓励创新。低层级政府比高层级政府更清楚哪些事情对所在地方是有益的,分权有利于增进公共部门的"实验乐趣",鼓励创新精神,打破高层级政府过于严格的控制,可在冒较少风险的情况下改革政府体制,激励地方在经济、社会和政治方面的首创精神,提高改革的效益。

20 世纪 80 年代以来,受多种因素的共同影响和推动,发展中国家和经济转轨国家启动了财政分权化改革的进程,目前这一进程仍在持续中。需要强调的是,分权化改革不能走向极端。从财政分权化改革中的教训来看,财政分权的程度并非越高越好,也不是范围越广越好。由此就提出了政府间职责分配最为关键的问题:寻求集权和分权的最佳结合。基本的规则是该集权的必须集权,该分权的必须分权。一般而言,最优的分权或集权程度主要取决于低层级政府受托责任的强弱和决策能力的高低。在受托责任脆弱和决策能力低下的情况下,分权本身所具有的内在优势无法发挥出来,很容易出现种种问题。因此,分权化改革必须与地方政府的责任建设和能力建设同步推进。

第二节　政府间纵向财政关系

多级政府之间的关系错综复杂,既包括中央与地方政府间纵向的财政关系,又涵盖不同层级地方政府之间纵向与横向的财政关系。其中,纵向财政关系是指上下级政府之间发生的财政关系,主要涉及支出划分、收入划分和转移支付。

一、中央与地方间的财政比较

(一)中央财政与地方财政的差异性

中央财政与地方财政的差异性主要表现在四个方面:

第一,财政职能的重心差异。地方财政职能重在资源配置,地方政府虽然也以某种形式参与分配职能(如承担社会保障和社会福利的部分职责),但更重要的作用是向当地居民提供地方公共服务。中央财政重在稳定和再分配,中央政府通常在诸如社会(养老、医疗、就业、救济等)保障和收入再分配(累进税制和转移支付)方面,以及其他具有较浓厚再分配特征的公共服务方面,承担更多的责任。但地方财政和中央财政的职能经常会相互交织,如在基础设施、教育、医疗保健甚至社会保障等关键性公共服务领域。

第二,融资体系的差异。中央财政和地方财政筹措资金的主要工具是税收、收费和举债,此外还有罚款、没收、资产销售收入等。但中央财政更高程度地通过税收筹措资金,地方财政在更高程度上通过服务收费筹集资金;中央财政主要通过"中央税"融资,地方财政主要通过"地方税"融资;多数情况下中央财政更高程度上使用债务融资方式,来自中央财政的转移支付构成许多国家地方财政收入的重要来源。

第三,征税与支出权力的差异。征税与支出权力通常由中央政府和地方政府共同分享,但形成"征税相对集权,支出相对分权"的分工格局,即征税权力主要被分派给中央政府,支出权力大多被分派给地方政府。财政联邦主义认为地方政府有信息优势,分权可以提高公共服务效率。经济的开放性使辖区间具有流动性,若将主要的征税权下放给地方政府,容易造成恶性的税收竞争,扭曲资源配置,威胁宏观经济稳定并破坏财政公平。因此,征税权的相对集中是必要的。实践中,几乎所有国家都把最重要的征税权(尤其是全国性税种的征税权)分派给了中央政府,同时对地方的征税权施加各种限制。

第四,受益原则与能力原则的运用。受益原则既适合中央财政也适合地方财政,相对而言更适合地方财政。地方政府经济作用的重心在配置职能,主张成本分担与受益的地理边界对称、受益对象与服务成本承担者对称的受益原则,可使资源配置符合经济效率。地方财政融资遵循受益原则,首先是公共服务收费,其次是受益税,最后是一般性税收和公债。中央财政则在更高程度上依据能力原则,设计融资体系时通常将个人所得税、公司所得税等对宏观经济和再分配具有重要影响的收入工具划归中央政府。

(二)中央与地方财政的互补性

地方财政与中央财政之间的差异,并不妨碍两者之间的分工与合作关系。中央财政收入的来源依赖于各个地方辖区的经济税基,地方财政构成中央财政的基础。地方财政的行为准则在许多方面受中央财政制约(如地方财政必须提供中央规定的最低标准的地方公共服务,地方的征税不得损害中央的税基),中央财政在整个财政体系中居于主导地位。经济全球化发展加剧了地方财政的支出压力和税收融资困难,这使地方财政的收支比中央财政更加难以平衡。地方财政在借债方面的固有困难和受到的种种限制及风险存在,将进一步削弱地方财政的地位。地方财政对财政分权的愿望和呼声日益高涨,同时对中央财政转移支付的依赖进一步加剧,从而导致政府间财政关系出现某些微妙的变化。

二、政府间纵向支出划分

《关于推进中央与地方财政事权和支出责任划分改革的指导意见》(国发〔2016〕49号),将政府间纵向支出划分为两大类。

(一)中央与地方财政事权与支出责任划分

第一,将国防、外交、国家安全、出入境管理、国防公路、国界河湖治理、全国性重大传染病防治、全国性大通道、全国性战略性自然资源使用和保护等基本公共服务确定或上划为中央的财政事权,由中央财政安排经费,中央各职能部门和直属机构不得要求地方安排配套资金。中央的财政事项如委托地方行使,通过中央专项转移支付安排相应经费。

第二,将社会治安、市政交通、农村公路、城乡社区事务等受益范围地域性强、信息较为复杂且主要与当地居民密切相关的基本公共服务确定为地方的财政事权,原则上由地方通过自有财力安排。对地方政府履行财政事项、落实支出责任产生的收支缺口,除部分资本性支出通过依法发行政府性债券等方式安排外,主要通过上级政府给予的一般性转移支付弥补。地方的财政事项如委托中央机构行使,地方政府应负担相应经费。

第三,中央与地方共同财政事项区分情况划分支出责任。根据基本公共服务的属性,体现国民待遇和公民权利、涉及全国统一市场和要素自由流动的财政事权,如基本养老保险、基本公共卫生服务、义务教育等,通过制定全国统一标准,并由中央与地方按比例或以中央为主承担支出责任;对受益范围较广、信息相对复杂的财政事项,如跨省(区、市)重大基础设施项目建设、环境保护与治理、公共文化等,根据财政事权外溢程度,由中央和地方按比例或中央给予适当补助方式承担支出责任;对中央和地方由各自机构承担相应职责的财政事项,如科技研发、高等教育等,中央和地方各自承担相应的支出责任;对中央承担监督管理、出台规划、制定标准等职责,地方承担具体执行等职责的财政事权,中央与地方各自承担相应的支出责任。

(二)省以下财政事权和支出责任划分

省级政府按照财政事权划分原则合理确定省以下政府间纵向财政事权。将部分适宜由更高一级政府承担的基本公共服务职能上移,明确省级政府在保持区域内经济社会稳定、促进经济协调发展、推进区域内基本公共服务均等化等方面的职责。将有关居民生活、社会治安、城乡建设、公共设施管理等适宜由基层政府发挥信息和管理优势的基本公共服务职能下移,强化基层政府贯彻执行国家政策和上级政府政策的责任。省级政府根据省以下财政事权划分、财政体制及基层政府财力状况,合理确定省以下各级政府的支出责任,避免将过多支出责任交给基层政府承担。

三、政府间纵向收入划分

财政联邦制要求政府间收入划分受支出划分的引导,收入划分并不要求与支出完全匹配。税收是国家的主要财政收入来源,收入划分主要是指政府间的税收划分。国际上通行的分税制模式,即各级政府在分工的基础上共同分享税收收入归属权、征收管理权和税收立法权。

税收立法权和收入归属权的划分更多地服从于宏观经济稳定与财政公平、便利和效率目标的考虑,规模经济因素在征收管理权的划分中起着重要作用。为充分调动中央和地方积极性,通常将收入周期性波动较大、税基流动性较大、易转嫁的税种划分为中央税或中央分成比例更大;将明显具有受益性、区域性特征且对宏观经济运行不产生直接重大影响的税种划分为地方税或地方税分成比例更大一些。

(一)税收立法权相对集中

许多西方国家,中央不仅控制了中央税和共享税的立法权,也在相当程度上控制了地方税的立法权。换言之,虽然地方税收收入归属地方,而且大多由地方政府负责征收管理,但地方对其立法权的控制程度却要弱得多。

(二)税收收入归属权与税收征管权分离

一般来说,税收收入归属哪一级政府,税收征管就由哪一级政府负责。在许多联邦制国家,州与联邦政府都征收个人所得税和公司所得税,但州政府往往将归属于自己的那部分所得税委托联邦政府征收,以获得通常只有联邦政府才具有的税务行政上的规模经济好处。这被称为税收寄征,还表现为税收收入划归中央,但征收管理由地方负责。

例如,德国由各州负责管理中央的增值税;加拿大魁北克省既负责管理自己的增值税,也负责管理该地区缴纳的联邦增值税,但这种寄征的做法并不多见。

(三)税收收入的划分方式

中央与地方政府之间税收收入的划分方式有以下五种。

①划分税额。先统一征税,再将税收收入的份额按照一定比例在各级政府之间加以划分。这种方式无重复征税之弊,可节省征收费用,并避免中央与地方对于税源归属问题的争执,但分享比例会引起争论[①]。

②划分税种。按照税种划分收入范围,在税收立法权、税目增减权和税率调整权乃至税种的开征和停征权等税收权限主要集中于中央的条件下,针对各级政府行使职责的需要,考虑主体税和辅助税中各个税种的特征以及收入量等因素,把不同税种的收入分割为各个级次的政府财政。划分税种是确定某些税种收入的隶属关系,也就是将某些税种的收入固定地划归中央或地方,同时对某些税种的收入也可以实行共享,但地方政府并不享有等同于中央的税收立法权。一般认为,土地税、财产税等最适合作为地方税,税基流动性大的消费税、资本收益税等适合作为中央税,个人所得税、企业所得税等一般在中央政府和地方政府之间进行分享。

③划分税率。一是上级政府对某一税基按照既定比率征税并将税款留归本级财政,再由(也可同时或之前)下级政府采用自己的税率对相同税基课征且自行支配该税收款项。二是采用税收寄征方式,即上级政府在对某一税基按照自己的税率征收本级税款的同时,代替下级政府并按照下级政府的税率对同一税基课税,而后再将这笔税款拨给下级政府使用。

④划分税制。分设相互独立的中央税和地方税税收制度和税收管理体系,中央与地方均享有相应的税收立法权、税种的开征和停征权、税目的增减权和调整权,并且有权管理和运用本级财政收入。

⑤混合型。在税收划分中,综合运用两种或两种以上做法形成的一种各级政府间的税收划分方式。

需要指出的是,税收划分不仅要确定哪些税种提供的收入或哪些税收收入归中央政府、哪些收入归地方政府,更重要的是要确立一套约束机制,保证不同级别财政的相对独立性。因此,许多国家都赋予地方政府一定的税收立法权,保证地方政府收入的相对弹性。同时,地方政府还有一定的发行公债权力,当收不抵支时,作为相对独立的财政主体,在相关法律作为保证的前提下,可以通过发行公债弥补其赤字[②]。

(四)纵向税收竞争

税收的纵向竞争是指不同层级政府之间的税收竞争博弈。主要体现在两方面,一是不同层级政府对相同的税基分别征税所产生的竞争;二是不同层级政府共享同一税种的

---

① 平新乔.财政原理与比较财政制度[M].上海:格致出版社,2018.

② 邓子基,陈工,林致远.财政学[M].5版.北京:高等教育出版社,2020.

收入所产生的竞争。Keen[1]在财政分权的框架下,对仁慈政府与利维坦政府分别展开了税收外部性的研究,认为在不同政府类型假设下,中央政府与地方政府之间税收决策的相互影响程度是不同的。

Keen&Kotsogiannis[2]认为不同层级政府对相同税基征税时,会产生一种类似于"公地悲剧"的共同资源问题,此时次级政府会倾向于征收更多的税,高于最优税收水平,产生过度征税的问题。然而在中国的实践中发现,具有充分和稳定税收管辖权的各级政府由于共享税基而产生的税收竞争问题并不突出,这是因为中国的地方政府不具有独立的税收立法权,中央和地方之间的税收竞争更多的是因为中央政府基于政治和行政权威,向地方政府施加具有利维坦特征的税收驱赶和"挤压"影响[3]。此时税收垂直竞争制度能够消除税收竞争带来的负外部性,提高公共支出的水平,兼顾效率与公平,是一种较合理的税收分权方式。

第三节　政府间横向财政关系

政府间横向的财政关系是指没有统属关系的政府之间的财政关系,主要涉及辖区间外溢、财政竞争和辖区间财政协调。

一、辖区间外溢

辖区间外溢是指政府在某一辖区内提供公共服务或设施时所产生的利益或损害会外溢到邻近辖区,但这些辖区却没有为这些服务或设施支付税收或获取补偿。辖区间外溢分为利益外溢和损害外溢。利益外溢能以各种不同的方式出现。如河流上游辖区植树造林、采取的洪水控制措施对中下游地区带来利益;某地区港口开发对于毗邻地区的经济发展带来利益;等等。利益外溢还可以通过人力投资和移民来实现,如某地区提供的教育服务可能会通过受教育者的外移而流失到另外的地区。损害外溢如某辖区加强保安可能会使肇事者到邻近辖区去惹事;上游大量修建灌溉设施可能会使下游地区灌溉用水紧张;等等。这种损害外溢可以在狭小的地区范围内,也可以在全国范围内(如河流控制),甚至还可以在全世界范围内(如核污染废水的海洋排放)。

辖区间外溢表现在税收方面是税负输出,即一个辖区的税收负担通过一定的途径转嫁给其他辖区居民的现象。比如,一个辖区企业的产品大量销售到其他辖区,但来自这家企业的税收归属于所在辖区,从而一些辖区可能会通过输出税负对其他辖区居民实施间接征税。商品、资本、劳动、技术和其他资源的辖区间流动使享有对流动性税基课税权

① KEEN M. Vertical tax externalities in the theory of fiscal federalism[J]. Staff Papers,1998,45(3):454-485.

② KEEN M J,KOTSOGIANNIS C. Does federalism lead to excessively high taxes? [J]. American Economic Review, 2002,92(1):363-370.

③ 汪冲.资本集聚、税收互动与纵向税收竞争[J].经济学(季刊),2011,11(1):19-38.

的地方政府将税负转嫁到其他辖区的居民和企业身上,这是一种外部性的表现。

税负输出会产生很多问题,首先是违反财政公平原则,公共服务的受益辖区和负担税负的辖区发生了分离,负担税收的人不再是享受财政支出利益的人。另外,与贫困辖区相比,富裕辖区输出税负的能力大得多,会加剧地区间的财政差异。其次是违反效率原则,能够输出税负的辖区面临一个"软预算约束"的环境,可以用其他辖区居民负担的税收资助本辖区受益的服务,服务成本被大大低估,由此会导致公共服务水平不适当的膨胀。

二、政府间财政竞争

财政竞争主要是指地方政府间为了增强本辖区的经济实力、提高本辖区内的社会经济福利,以财政手段进行的各种争夺经济资源的活动。地方财政竞争理论最初是与财政联邦主义理论一同发展起来的,财政竞争以财政分权为基础,同时又促进了财政分权。关于财政竞争有增进效率说和降低效率说的不同观点,虽然两者都注意到财政竞争调动地方政府积极性的重要作用,但现实中需要最大限度地降低财政竞争成本,适当地规制地方政府间的财政竞争,以促进有效率的良性竞争。

(一)财政支出竞争

财政支出竞争是指地方政府通过提供不同的公共产品数量和类别来开展竞争。

支出竞争的较早检验是 Case,Rosen&Hines(1993)[①]基于 1970—1985 年美国各州数据的研究,发现一个州的人均财政支出和相邻州的人均财政支出显著正相关,相邻州人均财政支出每增加 1 美元,本州人均支出会增加 70 多美分,说明美国各州之间存在财政支出的策略互补。

在降低效率方面,Wildasin(1989)放弃蒂布特模型中相邻辖区政府互不影响的假设,运用博弈论分析发现,当政府存在战略行为时,具有正外部性的辖区政府不考虑外溢性只提供低于最优水平的公共产品,公共产出缺乏效率。基于资本具有良好的跨区流动性而居民的跨区流动性较差,Keen & Marchand[②] 以及尹恒和朱虹[③]指出,辖区间的财政竞争不仅会导致地方公共服务处于低水平的状态,还会导致地方支出结构的扭曲——地方政府会更加注重基础设施等生产性支出以吸引资本,忽略与本地居民福利密切相关的教育、医疗等社会性公共服务,不利于经济的长期可持续发展。在增进效率方面,Gordon & Wilson(2001)认为人员和资源流动不仅取决于辖区税率变化,还取决于公共支出情况,资源流动性提高将强化财政支出竞争,有助于提高整体效率。

---

① CASE A C,ROSEN H S,HINES J R. Budget spillovers and fiscal policy interdependence:evidence from the states [J]. Journal of Public Economics. 1993,52(3):285-307.

② KEEN M,MARCHAND M. Fiscal competition and the pattern of public spending[J]. Journal of Public Economics,1997,66(1):33-53.

③ 尹恒,朱虹. 县级财政生产性支出偏向研究[J]. 中国社会科学,2011(1):88-101.

(二)财政收入竞争

地方政府间财政收入竞争主要是横向的税收竞争,是指具有某种独立征税权或税务管理权的辖区,通过降低税率或采取其他税收优惠措施,吸引其他辖区税基流入的财政行为。

1.政府间税收竞争的原因

第一,市场经济是地方政府间税收竞争的制度基础。市场化改革为地方政府间的税收竞争提供了现实背景,而且硬预算约束意味着地方政府有可能破产,完善的金融市场意味着地方政府的失信会给公共物品融资带来极大的困难,从而激励地方政府增强责任感,不断创新竞争,提高公共服务效率;同时,财政竞争会提高政府寻租和维护低效率企业的机会成本,促使政府提供更友好的营商环境,从而形成高效率的市场经济。

第二,地方政府间税收竞争的制度动因是财政分权。地方政府作为相对独立的经济主体和理财主体,拥有本级财政收入和支出,这不仅可以在地方上制造出多个可供选择的权力中心来制衡中央政府的掠夺倾向,更重要的意义在于多个权威中心的存在使得要素所有者能够真正获得类似市场的退出权,从而引发辖区间竞争①。

第三,政绩考核为强化地方政府间税收竞争提供了制度激励。"政治晋升锦标赛"认为,特定历史时期以 GDP 及税收为核心的官员考核、选拔和升迁机制,将辖区的经济利益与官员的政治利益捆绑在一起,加剧了地方政府间的税收竞争。

2.政府间横向税收竞争的影响

政府间横向税收竞争既有积极影响,也有消极影响。

税收不仅是政府筹集收入的手段,而且通过税收竞争可以建立约束机制,促进地方政府提高公共服务效率;税收也是公共产品的价格,高的税收收入不一定就是好的,通过政府间的竞争能够实现财政支出与税收的最优匹配;政策制定者因追求自身利益而具有高税率的内在压力,在其他制约不充分的情况下,税收竞争成为一种制度性约束的补充;税收竞争能促使税收制度的趋同和税收压力的减轻,降低公共服务的成本。

但是,当各辖区为吸引外地税源流入而竞相采取税收优惠等措施时,若缺乏有效协调将会产生系列消极影响。税收竞争造成各辖区财政收入损失;被迫卷入税收竞争的贫困辖区在税收竞争中很难获胜,由此会加剧地区间的财政差距和公共服务水平的差距;税收竞争以非市场导向的方式引导资源流入税负相对较轻而非资源使用效益相对较高的辖区,会扭曲资源配置;税收竞争会分散地方政府发展经济的注意力,削弱地方政府改善当地公共服务、营造良好"硬件"(如基础设施)和"软件"(如法律服务)环境的努力;税收竞争会造成税制更加不公平,流动性大的资本所负担的税负将减少,流动性弱的劳动的税收负担将增加;税收竞争建立在地区间非合作均衡的基础上,忽略了对其他地区的外部效应。

传统的区域经济学建立在新古典经济学规模报酬不变、完全竞争、无交易成本和地

---

① 杨其静,聂辉华.保护市场的联邦主义及其批判[J].经济研究,2008,43(3):99-114.

区同质性基础上,认为经济活动是均匀分布的,辖区间税收策略互动方向与表现形式受到地区差距、经济一体化程度、基础设施、技术和知识的外溢程度、贸易成本等多重因素影响。新经济地理理论打破了规模报酬不变和完全竞争假设,运用中心——外围模型将经济的集聚效应与税收竞争结合起来,认为只有流动要素不能得到集聚时,税收竞争才会表现为各辖区间施行差异化税率①。斯蒂格利茨(2020)认为培育本地企业的经济园艺(Economic Gardening),通过投资支持现有企业和新企业以取代"逐底竞次"(Race to the Bottom)的税收竞争,越来越流行②。

三、政府间财政协调

分权型分税制体制容易导致财政不公平、资源配置扭曲以及管理上的复杂性,但考虑到财政分权体制在总体上的巨大优点,大多数人认为能够忍受,而且可以通过政府间税收协调等加以解决。协调的方法主要包括:由各地方政府之间签订有关的税务协议;由中央政府强制执行统一的基本准则(如统一定义和在各辖区间分配公司所得税的税基);中央政府的课税由地方政府征收附加税;协调课税权的形式及范围等。实践中,许多国家针对竞争外部性导致的地方税收不足问题,出台了各类税收协调计划,如欧盟规定了间接税的最低税率水平(Keen & Marchand,1997)③。

第四节　政府间转移支付

一、政府间转移支付的含义和特点

政府间转移支付,是指一个国家的各级政府之间,在既定的职责、支出责任和税收划分框架下财政资金的无偿转移。包括上下之间的纵向转移和地区之间的横向转移,一般以纵向转移为主。

政府间转移支付具有三个基本特点:一是转移支付的范围只限于政府之间,即政府间转移支付只在财政纵向各级次政府之间或横向各层级政府之间进行财政资金的转移,各级政府间财政资金的分配活动范围不包括政府对企业和个人的支出,只限于各级政府之间,即无论是横向转移还是纵向转移,政府间财政资源转移支付的方向是由富向穷转移。二是转移支付是无偿的支出。即政府间转移支付不与商品或劳务相交换,是一种不以取得商品或劳务作为补偿的支出,转移支付资金不按照等价交换的原则进行分配,而

---

① BORCKA R,PFLÜGER M. Agglomeration and tax competition[J]. European Economic Review,2006,50(3):647-668.

② 约瑟夫·E.斯蒂格利茨,杰伊·K.罗森加德. 公共部门经济学[M].4版.郭庆旺,译.北京:中国人民大学出版社,2020.

③ 唐为.分权、外部性与边界效应[J].经济研究,2019,54(3):103-118.

是按照均等化原则进行分配,是一种无代价的补助。三是转移支付是协调中央和地方各级政府,以及地方各级政府之间财政关系的主要工具。公共财政条件下,要实现公共服务目标及各项政策意图,必须借助政府间转移支付这一财政政策工具。

二、政府间转移支付的类型

转移支付可分为一般性转移支付和专项转移支付两种类型。一般性转移支付是指中央政府对有财力缺口的地方政府,按照规范的办法给予的补助,地方政府可以按照相关规定统筹安排和使用。一般性转移支付资金按照客观、公正的原则进行分配,财政越困难的地区一般性转移支付程度越高,具有明显的均等化效果。专项转移支付指中央政府对承担委托事项、共同事务的地方政府给予的具有指定用途的资金补助,以及对应由下级政府承担的事务给予的具有指定用途的奖励或补助。例如,基础设施建设、农业、教育卫生、社会保障以及环境保护等方面均设有专项转移支付项目以配合实现中央宏观政策目标。

转移支付按是否附加条件分为无条件转移支付和有条件转移支付。无条件转移支付又称为分类转移支付,是指不附带任何条件的补助,不规定转移支付资金的具体使用项目和使用方式,由受补助政府自主决定和支配。有条件转移支付又称为专项转移支付,是指附带条件的补助,比如专门用于教育、环保等项目,受补助者必须按指定的条件使用补助金,有时甚至有配套资金的要求。有条件转移支付进一步分为无配套转移支付和配套转移支付。无配套转移支付不要求受补助政府为某一公共支出项目提供配套资金,只要求将款项用于约定项目,专款专用。配套转移支付要求受补助政府不仅需要按指定用途使用资金,还需要提供一定数额或比例的配套资金,才可以得到相应的转移支付。配套转移支付还可细分为限额配套转移支付和非限额配套转移支付。前者规定了转移支付的最高数额,后者不做规定。

三、政府间转移支付的经济影响

(一)政府间转移支付的积极影响

政府间转移支付的积极影响主要表现在四个方面:一是弥补财政缺口。大部分国家通过转移支付实现纵向财政平衡,即弥补不同级次政府支出与自身收入之间的差距。尽管这些财政缺口原则上可以通过其他方式予以弥补,比如赋予地方政府更多的征税权,将更多的支出责任移交给中央政府,或者减少地方政府支出,提高地方政府收入。但是,在大多数国家中,各级政府收入与支出的不匹配仍然需要政府间财政转移支付发挥平衡作用。二是实现财政均等化。要实现基本公共服务均等化,必须实现区域间和政府各级次间财政能力的均等化,转移支付以平衡财力的方式促进财政均等化,对由公共服务水平差异、税收竞争等带来的资源配置扭曲起到抑制作用。三是弥补辖区间利益外溢。当地方公益服务溢出至其他地区时,为使地方政府提供合理数量的该类服务,有必要提供某种形式的配套拨款,以使单位补助等于溢出收益的边际价值,提高社会资源的配置效率。同时,配套拨款也有利于缓和地方需求与中央政府不易监控的支出偏好等方面的差异,使更多的资金流向中央政府所希望的领域。四是增强中央政府的政治控制。作为财政体制的构成要素,转移支付在很多情况下首先遵从政治方面的需要,比如,以国家整体利益为重,加强国家凝聚力、提供重大灾害或战争的特殊援助等政策意图,其次才是经济效率的考虑。转移支付从财权上使下级政府对上级政府形成依赖,转移支付的份额越大,上级政府对下级政府的影响力就越大。

(二)政府间转移支付的消极影响

对政府间转移支付的争议,主要集中在转移支付对地方政府行为进而对经济发展的影响上。一是粘蝇纸效应。大量实证研究表明,地方政府以转移支付形式取得的收入要比地方政府自有收入带来更多的地方支出,即转移支付和税收收入并不等效,政府得到转移支付后并不是依据公共物品和私人物品的收入弹性进行重新分配,而是倾向于直接扩大支出,即转移支付对地方政府公共支出的扩大效应更明显,这被称为"粘蝇纸效应"[①],会造成地方福利性支出效率下降。二是转移支付中的预算软约束。财政领域的预算软约束是指地方政府指望中央政府对其救济以缓解财政压力。虽然中央政府可能会承诺不会提供任何形式的救济,但基于政治利益和社会稳定的考虑,通常这种承诺不可信。连续博弈模型论证了该现象,说明不正当的财政行为内生于整个体制,需要对政治和财政制度进行改革,进而改变预算决策的激励机制。三是公共池效应。较高层级的政府会掌握大部分财政资源而赋予较低层级的政府较大的支出自主权,然后通过转移支付来弥补其财力不足。这类似于将财政资源集中在一起共同使用,由此会引发公共池问题——财权与事权不匹配,导致地方政府出现纵向财政失衡,更加依赖财政转移支付和地方债务等公共池资源,由此弱化地方政府的预算约束,割裂地方公共服务的成本与收益联系,促使地方政府更多地将本地区公共服务成本通过公共池渠道转嫁给其他辖区居民。

(三)转移支付经济影响的形式化分析

如图 9-1 所示,假设没有转移支付情况下的原均衡点为 E_0;非限额配套转移支付情况下的均衡点则为 E_1,显示特定公共品上的支出水平更高,但存在无谓损失;因为基于相同效用水平,无条件转移支付的均衡点 E_2(即平行于 AB 的预算线与 E_1 所在无差异曲线的切点)只需更少的预算收入;在限额配套转移支付情况下,预算线从 AB 变为 AGB'',其中 AG 段表示中央政府提供 BB'' 限额的配套转移支付,GB'' 段表示中央政府不再提供转移支付,若新的均衡点为 E_3,即特定公共品支出大于原 E_0 均衡点的数量,但小于配套转移支付时 E_1 均衡点的数量,说明地方政府用完转移支付金额后,失去了增加特定公共品支出的激励。

---

① 解释粘蝇纸效应成因的理论主要有财政幻觉理论、官僚行为模型和利益集团游说模型。

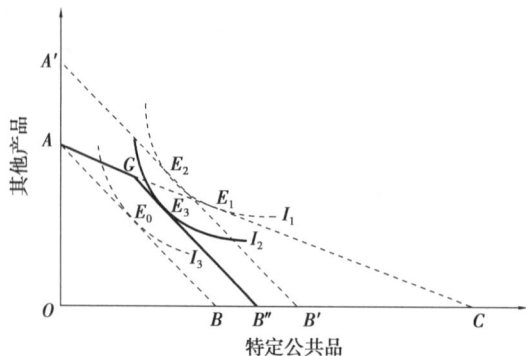

图 9-1　有条件限额配套转移支付前后地方政府的资源配置选择

　　注意,若均衡点处于 AG 段,即地方愿意消费的特定公共品低于限额配套转移支付的最高限额,即使在 GB'' 段得不到转移支付也不影响公共品支出。

第五节　中国政府间财政关系的演变

一、中国政府间财政关系的沿革

　　在中华人民共和国成立初期的国民经济恢复时期,中国实行高度集权的统收统支财政体制,主要收入全部集中上缴中央金库,地方开支由中央核准,统一拨付,只给地方留下少许机动财力。这为调度集中全国财力、遏制恶性通货膨胀、打赢抗美援朝战争起到了关键性作用,同时也产生了中央统得过死的负面影响。

　　1953—1979 年,中国财政体制逐步过渡到不同程度的"统一领导、分级管理"体制。主要做法是由中央核定地方收支指标,全部收入分为各级固定收入和比例分成收入,凡收入大于支出的地方上解收入,凡支出大于收入的地方由中央补助,中央另设专项拨款,由中央集中支配。

　　改革开放后,中国于 1980 年开始实行"划分收支、分级包干"体制,简称财政包干体制,具体做法经过几次调整。1985 年,基本上按第二步国有企业上缴利润改为上缴所得税设置的税种划分收入范围,财政体制实行"划分税种、核定收支、分级包干"的办法,但"利改税"后仍按行政隶属关系划分中央支出和地方支出,1988 年形成了对不同地区实行收入递增包干、总额分成、总额分成加增长分成、上解额递增包干、定额上解、定额补助六种包干方法[①]。

　　财政包干体制调动了地方政府的积极性,但随着经济体制改革的深化和经济的快速增长,其弊端越来越明显。一是包干体制实际上是"包盈不包亏",使中央财政收入低弹

---

　　① 李萍,徐宏才,李承.财政体制简明图解[M].北京:中国财政经济出版社,2010.

性增长,造成财政收入占 GDP 的比重、中央财政收入占全国财政收入的比重达到历史极低值①,这成为政府间财政关系不稳定的根源。二是各地区包干方法多种多样、留成比例不一、央地逐省谈判、人为因素过大,在制度上缺乏规范性,在中央财政收入得不到充分保证情况下,不得不调高上解比例或逆向转移支付,出现"鞭打快牛"的现象。地方政府通过规定免税部分及征管权等方式"藏富于企业"以减少收入上解,再通过收费及分摊等手段满足自身财力需求,中央缺乏有效纠正手段,客观上存在着较为严重的财政危机。三是当预算内收入无法满足正常支出需要时,中央政府不得不利用收费筹措资金,中央掌握的专款过多,引起地方"跑部钱进"。与此同时,地方政府也采取各种摊派和收费获得大量预算外甚至体制外收入,以增强可支配财力,直接导致 20 世纪 80 至 90 年代末期中国各地乱收费、乱摊派、乱集资之风盛行,严重干扰了正常的财政分配秩序和经济社会的健康有序发展。四是财政承包制采取按行政隶属关系划分财源和财力,是围绕纵向的财力切割和财权的集散而展开,很少考虑横向间的财政分配关系,没有形成完整的财政调控机制,助长了地方保护主义,妨碍了全国统一市场的形成和产业结构的优化,导致低水平重复建设和投资膨胀,对经济持续平稳运行造成不利影响②。五是包干体制侧重收入划分,事权划分以及由此决定的支出划分基本不变,由此带来事权交叉和重叠问题。

二、分税制分级财政体制改革

(一)1994 年分税制改革

分税制分级财政体制框架与市场经济相适应,按照"存量不动,增量调整,逐步提高中央的宏观调控能力,建立合理的财政分配机制"的原则设计,建立起了我国目前财政体制的基本框架。

分税制改革的主要内容包含四个方面:划分中央与地方的财政支出范围;划分中央与地方收入,将所有收入划分为中央固定收入、地方固定收入以及中央与地方共享收入;建立中央对地方税收返还制度;按照分税种,分开征收的原则,组建中央和地方两套税务机关。

分税制改革取得了明显成效。一是抛弃按照企业的隶属关系划分中央与地方的收入,而是以税种为基础来界定中央与地方之间的收入,有利于全国统一市场的形成。二是分税制改革的本质是财政分权视角下激励与约束的平衡,调动了中央与地方的"两个积极性"。三是分税制财政体制扭转了中央财政积弱的局面,增强了中央政府的政治控制力和宏观调控能力,有利于从体制与制度上保证国家政令统一,维护国家的稳定与安全。

(二)财政体制的后续改革

中共十八届三中全会通过的《中共中央关于全面深化改革若干重大问题的决定》中,

---

① 1991—1995 年的整个"八五"时期,财政收入占 GDP 的比重平均为 11.6%,最低的 1995 年仅为 10.2%,远低于 1979 年的 28.4%;中央财政收入占全国比重在实行分级包干体制前为 60% 以上,最低的 1993 年仅为 22%。

② 王振宇,等.优化分税制财政管理体制研究[M].北京:经济科学出版社,2019.

首次提出了财政是国家治理的基础和重要支柱,最终目标是建立现代财政制度。中共十九大确定未来中国财政体制的改革方向:建立权责清晰、财力协调、区域均衡的中央和地方财政关系。首先,建立事权和支出责任相适应的制度。适度加强中央事权和支出责任,国防、外交、国家安全、关系全国统一市场规则和管理等作为中央事权;部分社会保障、跨区域重大项目建设维护等作为中央和地方共同事权,逐步理顺事权关系;区域性公共服务作为地方事权。其次,中央和地方按照事权划分相应承担和分担支出责任。中央可通过安排转移支付将部分事权支出责任委托地方承担。最后,对于跨区域且对其他地区影响较大的公共服务,中央通过转移支付承担一部分地方事权支出责任。保持现有中央和地方财力格局总体稳定,结合税制改革,考虑税制属性,进一步理顺中央和地方收入划分。

(三)省以下的财政改革

1996 年 3 月 26 日,财政部印发《关于完善省以下分税制财政管理体制意见的通知》,对规范省以下分税制财政体制进行明确和补充,要求各地区参照中央对省级分税制模式,结合本地区的实际情况,将分税制体制落实到市、县级,有条件的地区可落实到乡级。同时,明确提出省级财政承担辖区内地区间财力差距的职责。

2004 年以来,在安徽、河南、吉林和江西等地区陆续实行省直管县试点;2005 年 10 月 11 日,中共十六届五中全会通过的《关于制定国民经济和社会发展第十一个五年规划的建议》中明确提出,完善中央和省级政府的财政转移支付制度,理顺省以下财政管理体制,有条件的地方可实行省级直接对县的管理体制。2009 年 6 月,财政部印发《关于推荐省直接管理县财政改革的意见》,在全国推行省直接管理县。省直管县是指政府间收支划分、转移支付、资金往来、预决算、年终决算等方面,省财政与市、县财政直接联系,开展相关业务工作。

乡财县管是指通过县级财政部门直接管理和监督乡镇财政收支,规范乡镇的财政收支行为、强化乡镇依法组织财政收入、合理安排支出,严格控制乡镇财政供养人员的不合理膨胀,防范和化解乡镇债务风险,进而维护农村基层政权的稳定。2006 年 7 月 28 日,财政部《关于进一步推进乡财县管工作的通知》,县级财政部门在预算编制、账户设置、集中收付、政府采购和票据管理等方面,对乡镇财政进行管理和监督。

针对部分县乡财政困难的情况,探索构建了县级基本财力保障机制,加强了省市财政向基层进行转移支付的力度,2005 年 11 月 17 日,财政部印发《关于切实缓解县乡财政困难的意见》的通知,建立缓解县乡财政困难的激励约束机制"三奖一补",2010 年,《财政部关于建立和完善县级基本财力保障机制的意见》,以实现"保工资、保运转、保民生"为目标,中央财政根据工作情况对地方进行奖励。

三、进一步深化财政体制改革

在保持分税制财政体制框架基本稳定的前提下,进一步深化财政体制改革,围绕推进基本公共服务均等化和主体功能区建设,健全中央和地方财力与事权相匹配的体制,着力推进省以下财政体制改革,促进地区协调和城乡统筹发展。

(一)深化税收制度改革

建立现代财政制度进程中,国家"逐步建立综合与分类相结合的个人所得税制,加快房地产税立法并适时推进改革,加快资源税改革,推动环境保护费改税",在完善税收制度方面明确规定"完善地方税体系,逐步提高直接税比重"。税收制度需要从传统的基于财富创造转向基于促进所有人全面平等发展的理念来谋划改革。从中期来看,税收制度需要按照新发展理念进行结构性改革,为今后改革奠定基础;从长远来看,税收制度需要系统性重构。

城镇化趋势意味着税源的空间配置将发生大的改变。随着市民比例的不断提升,中心城市和都市圈、城市群日渐成为发展的主体形态,税收制度的全国统一性和区域差异性协调难度加大,增值税与地方分享的实施成本高,在税源与税收日益背离的趋势下,区域协调发展越来越困难,体现区域特点的地方税建设变得日益紧迫。从中期来看,增值税应是中央税,地方税应以消费为税基,增强税制及地方行为与扩大内需战略、人口流动的适配性。在行业边界模糊、制造与服务融合、生产者与消费者一体(消费行为数据成为生产要素)、就业虚拟化(非岗位化)、远程化、非组织化等数字场景下,税源分布和税基确认以及纳税人、征税对象等都需要重新定义,税收制度将面临重构。

(二)充分发挥省级财政的调节能力

我国幅员辽阔、人口众多、各地的资源禀赋、技术水平和经济实力差异较大,特别需要省级政府根据各自的特殊情况对所辖区域的经济和财政进行调控。省级政府作为地方最高权力行政机构,拥有对省域内行政事务、经济运行以及公共产品和服务提供的管理和调节职责,应把较多的资源投入促进省域经济增长和促进省内基本公共服务均等化方面。

(三)省以下财政体制改革与优化

省以下地方财政体制方面推进了"省直管县"和"乡财县管"等改革,在交通基础设施日益完善、通信信息技术运用的基础上,要积极探索和推进财政扁平化改革,在处理好与现行行政管理体制关系的基础上减少财政层次,形成中央、省、市县三级架构,合理明确与各级政府事权相对应的财权、税基,建立并完善自上而下的财力差异调控机制,使省以下实质性地贯彻分税制财税体制。

内容小结

1.财政管理体制是规定政府各科层组织应承担的职责及相应的财权财力的基本制度,中国目前实行分税制分级财政管理体制。

2.政府间财政关系的本质是财政集权与分权的关系问题,其理论基础是财政联邦主义及各种财政分权理论。

3.纵向政府间财政关系主要涉及事权划分、支出和收入划分、转移支付;横向财政关系的主要内容有辖区间外溢、财政竞争和辖区间财政协调。

4.事权划分遵循受益范围、事权与财权相称、效率、法律规范等原则。政府间支出责任划分的框架主要包括:全国居民享用的公共产品和服务完全由中央政府来提供;地方政府提供适合本地居民享用的地方性公共产品和服务;对具有跨地区外溢性的公共项目和工程,主要由地方政府之间协调解决,但中央政府可以在一定程度上参与;调节地区间和居民间的收入再分配在很大程度上是中央政府的职责。

5.税收划分方式主要有:划分税额、划分税种、划分税率、划分税制、混合型。一般而言,具有再分配性质、税基具有流动性、税基分布不平衡、发生周期性波动时有自动稳定经济作用或者税负易转嫁的税种应为中央税。

6.财政竞争分为财政支出竞争和财政收入竞争,具有促进财政分权等积极影响,蒂布特模型之后的财政竞争研究主要局限于地方税收竞争理论,辖区间需要财政协调以进行有秩序的竞争。

7.政府间转移支付有不同的类型,如一般性转移支付和专项转移支付。政府间转移支付产生不同的经济影响,积极影响在于弥补纵横向财政失衡、实现财政均等化、鼓励地方政府提供外溢性服务、作为经济周期经济增长政策的工具、政治控制等,消极影响体现在粘蝇纸效应、预算软约束和公共池效应上。

8.中国财政体制改革目标是建立现代财政制度,需着力推进省以下财政体制改革。

复习思考题

1.中央政府和地方政府在财政基本职能中应如何分工,相关理论依据是什么?

2.简述市场经济条件下政府间事权、支出责任及收入划分的基本内容。

3.简述税收竞争的原因及经济后果。

4.简述财政转移支付的不同类型及其经济影响。

5.试述1994年以来中国实行"分税制"的主要内容及现行分税制财政体制的问题及对策。

6.试述改革中国现行省以下分税制体制的总体思路。

第十章 公共经济政策概述

在经济学领域,与私人部门追求利益最大化的经济目标不同,作为经济主体的政府部门更多地关注社会公平和公正。对于公共经济政策的分析,公共选择理论明确提出:政策制定者应关注约束公共经济政策制定过程的规则,而不是公共经济政策的具体内容。本章从定义、历史、评价三个维度对公共经济政策进行概述。首先,分别从公共经济政策的目标与原则、分类及主要工具,从定义维度阐释公共经济政策的含义;其次,梳理公共经济政策的演变阶段,从历史维度梳理公共经济政策的发展与创新;最后,基于评价维度分析公共经济政策效果。

第一节 公共经济政策的目标和原则

政府部门在实际经济活动中迫切需要使用一些手段和工具来调控经济活动,而最常用的方式就是制定、实施一系列相关政策,从而影响经济利益的分配。从管理角度来说,公共经济政策就是在经济意义上的国家治理①,通过制定新的经济政策不断修正现行的经济制度和体制,调节经济利益格局,从而形成适应时代发展变化的经济发展方式,达到管理社会的目标。

公共经济政策是指公共部门基于一国现行政治经济制度,为解决特定经济问题、实现特定经济目标、发展公共经济、调节公共活动而制订的准则和内容,包括对经济活动进行干预所采取的一系列制度、措施,如财政政策、货币政策、税收政策等。与其他政策有所不同,公共经济政策主要聚焦于经济领域,经济问题、公共经济目标、公共经济利益是公共经济政策的三大要素。

具体而言,公共经济政策涵盖以下几点:首先,作为公共政策的一种表现形式,公共经济政策也是经由政治过程而进行初拟、优化和择定的结果,是一种权威性的价值分配方案;其次,公共经济政策作为一个政策活动过程,涉及多方主体利益,是公共性与偏好

---

① 齐守印.公共经济政策理性及其增进路径研究[J].经济研究参考,2017(40):3-21.

性的矛盾体,这一本质蕴含于公共权力机关为具有公共性、阶级性或自利性的政策目标而进行社会资源的配置和社会价值的分配中。另外,公共经济政策的深层逻辑是维护公共利益,因而其目标也是围绕这一点出发。

一、公共经济政策的目标

公共经济政策所具有的特定目标是经济决策的出发点和落脚点,对于经济活动的运行具有指导性意义。所谓特定目标,是指公共部门根据特定时期的经济发展情况,通过将各经济主体的经济利益、公民愿望和要求聚合,从他们所理解的公共利益出发所界定的政策目标。在政策框架下,公共经济政策的目标是合理分配与协调经济资源、维护公共利益,以实现社会经济资源优化配置。西方经济学派一般认为,公共经济政策具有四个重要目标:充分就业、物价稳定、经济持续均衡增长、国际收支平衡[1]。

(一)充分就业

"充分就业"一词源于凯恩斯的《就业、利息和货币通论》,是指在一定的工资水平下,愿意就业的劳动者都能够就业,失业率达到自然失业率的情况。经济学家们最初认为自然失业率降至2%~3%即为充分失业,随着20世纪70年代中期以后发生的经济和技术变革,自然失业率水平也有所上升,国际劳工组织(ILO)提出的参考值为4%~5%。此外,当代经济学家们还提出实现社会充分就业的其他三个特征:一是劳动力供求基本平衡;二是劳动关系相对稳定;三是劳动者素质得到充分开发和有效提高。

在资源与环境的双重约束下,经济动力由要素驱动、投资驱动转为创新驱动,推动了就业形势的改变。生产节奏的快速提高对劳动者的知识技能提出了更高层次的要求,很多劳动者面临再学习、再培训、再就业的过渡[2]。从个体层面而言,"充分就业"是劳动者与工作岗位实现"能岗匹配",人力资源与其他资源达到配置高效的最优状态;从公众层面而言,"充分就业"是个体公民实现收入最大化所追求的理想预期;从国家层面而言,"充分就业"使得劳动力与生产资料相结合,创造出社会运行所需要的物质条件,减少了社会动荡、冲突、摩擦等不安定事件的发生,成为保障和改善民生的前提。

(二)物价稳定

"物价稳定"是指保持物价总水平在一个相对稳定的幅度内波动。如果物价总水平大幅持续上涨,必然会导致货币贬值、通货膨胀,严重影响人民生活,加剧社会分配不公,助长流通领域的过度投机行为;同时,物价大幅度上涨也容易导致总供求的失衡,严重制约经济的稳定与增长。如果物价总水平大幅度持续下降,必然会导致通货紧缩,进而加速经济衰退,导致社会财富缩水、分配负面效应显现甚至可能引发银行危机,严重抑制经济可持续增长。一般认为,年率3%~5%的物价上涨幅度,可视为基本稳定。

稳定物价的重点之一就是保障生活必需品的供给。一般而言,政府部门可以积极采

① 黄恒学.公共经济学[M].2版.北京:北京大学出版社,2009.
② 刘长庚,江剑平.充分就业:宏观调控首要目标[N].中国社会科学报,2015-07-15(4).

取发展生产、加大吞吐调节力度、保障市场供应等多种经济手段,稳定居民生活必需品价格;采取发放临时价格补贴等方式,保障低收入群体基本生活。物价稳定措施变化幅度的上限和下限取决于一国的经济增长和公众对物价稳定措施的心理承受能力。物价稳定不仅要抑制通货膨胀,还要避免通货紧缩。物价稳定的最终目的,是让企业和消费者对未来形成稳定预期,从而保障生产和消费的连续性和稳定性,促进经济平稳运行和社会和谐稳定。

(三)经济持续均衡增长

经济持续均衡增长有两层含义:一是经济持续增长;二是经济均衡增长。奉行稳定发展的经济政策,历来是各国政府所追求的经济目标。经济持续增长并不意味着一国经济要永远保持一个不变的或越来越快的增长速度,而是要保持一个与不同发展阶段相适应的、含常规波动的、可持续的、稳定的经济增长速度。

保持经济持续均衡增长,不仅有助于对调整经济结构和管理通货膨胀预期创造有利环境,而且对于保障民生意义重大,是国家经济社会发展的顶层设计。稳增长意味着经济在保持一定发展速度的同时,还推动了经济结构更趋优化、民生保障不断改善。保持经济均衡增长的主要目的是要避免经济大起大落,使经济运行保持在合理区间。

(四)国际收支平衡

在当前资源能源环境瓶颈约束增强的国际背景下,生产社会化与国际分工的发展,使得各国之间的贸易日益增多,国际交往日益密切,从而在国际间产生了货币债权债务关系,这种关系必须在一定日期内进行清算与结算,由此产生了国际间的货币收支。

国际收支平衡也称为外部平衡,是指一国国际贸易(包括商品和劳务)的平衡和国际资本流动的平衡。国际收支是由一个国家对外经济、政治、文化等各方面往来活动而引起的。具体而言,一国国际收支的状况主要取决于该国进出口贸易和资本流入、流出状况,所以国际收支平衡也就是国际收支净额即净出口与净资本流出的差额为零。当一国国际收支处于不平衡状态时,市场机制可以进行某种程度的调节,但这种调节力度有限,特别是在固定汇率制度下。政府作为宏观经济的管理者,在很多情况下要实施不同的宏观经济政策,以弥补市场对国际收支平衡调节力度的不足。

充分就业、物价稳定、国际收支平衡等目标虽然各有自身衡量标志,但它们都体现了在资源有效利用的条件下,经济系统的稳定发展,在宏观领域最直接的表现就是社会总供给与总需求是否平衡。如何促进经济增长,以及如何优化分配结构,是公共经济政策制定的出发点;效率、公平、稳定依然是公共经济政策所追求的目标。以上四大目标相互之间既存在互补关系,也有交替关系。

(五)其他目标

此外,公共经济政策的目标还包括收入公平分配、控制人口、改善环境、合理配置资源等。收入在生产和消费中公平分配是分配秩序形成过程中对立统一的两个方面,供给与需求的均衡格局形成则要求经济能够持续平衡增长,有序收入分配能够服务于经济运行;人与自然的和谐发展是以人口在数量和质量上与自然环境的承载力保持着适当关系为前提的,统筹解决人口问题、改善环境始终是社会进步和可持续发展面临的重大而紧迫的战略任务;合理配置资源,指的是资源在各种可能的生产用途之间所做出的合理选择和配置,是各种资源在不同使用的方向上的合理分配。

二、公共经济政策的原则

公共经济政策既要保持连续性和稳定性,考虑与原有政策的衔接或过渡,避免朝令夕改;又必须随环境的变化而做出相应调整与变动,在政策制定时要从长远出发,给政策留有余地。因此,在公共经济政策的制定过程中,要关注其系统性、预测性、协调性、多样性、层次性等原则。

(一)系统性原则

公共经济政策是政策各元素之间与政策环境相互作用的有机集合体,具有特定的要素、结构、层次、功能。每个子系统都要服从整体系统要求,追求整体最优性。在漫长的历史进程中,不同国家在制度安排、经济运行和维护社会稳定的应对举措上有着显著的差异,发展出了一系列的治理机制和稳定持续的制度安排。对于公共经济调控的更多情形下是随制度惯性、制度空间应势演变所致,但它们的产生和运作不是任意的、互无关联的,而是建立在一个国家长期形成的稳定的制度设施之上的。这就需要从整体视角出发,以政策系统整体目标的优化为准绳,在整体政策框架下注重各个子部分之间的互动,考察公共政策系统的整体结构和功能。在宏观层面制订系统性的方案,在微观层面更加细致与精准,做到从顶层设计到政策执行协调一致,使政策系统完整、平衡,避免政策失误,为市场失灵雪上加霜。

(二)预测性原则

公共经济政策实质上是为解决社会问题而存在的,如果不能客观地反映出社会信息的特征,那么在政策的执行过程中,政策实施往往会受到外界因素的干扰,从而使政策执行与政策目标偏离。因而,公共经济政策的制定应该基于过去和现在的有关行为变量,通过分析各个政策阶段的需求情况、发展趋势以及变化规律,对未来行为进行预测。如此一来,不仅需要分析政策实施的总体环境和具体条件,还需要对政策系统内各部分之间的互动、配套和协调情况进行分析,不断拉近问题与政策、政策与目标的距离。

(三)协调性原则

协调性原则要求对各政策要素进行统筹安排和全面调度,使政策要素均衡配置,各政策环节相互衔接,为公共经济政策系统运行创造良好的条件和环境,既包括公共经济政策系统内部的协调,也包括政策系统同外部环境的协调。

一方面,从政策制定层面来看,公共经济政策是一个政治过程,涵盖了多个利益主体,而各个主体之间的利益冲突与博弈后的妥协最终影响并形成了公共经济政策。公共经济政策是调整不同社会主体利益的平衡器[1]，既要关注公共经济政策与其他公共政策的横向联系，又要认识到公共经济政策内部的纵向发展，并从中寻找最优的政策组合。如果不加以协调，一些在从局部来看是正确的政策放到整体层面来看就有可能是失误的。另一方面，从政策执行层面来看，公共经济政策的执行及目标的实现，需要不断加强政策过程中制定、执行以及监督各环节之间的协调，各部门之间相互配合，使整体平衡，各局部步调一致，形成政策合力，避免发生事权冲突，造成"政策断面"。

（四）多样性原则

一方面，公共经济政策的多样性原则来源于其多样化的目标。公共经济政策是政府部门为解决公共问题、实现公共经济利益最大化而制定的，因此政策目标包括社会公平、民主程度和公共需要的满足等。另一方面，公共经济政策的制定需要掌握多样化的信息。政策系统存在于一定的环境中，政策系统随环境的变化而不断调整或修改。外部环境提供公共经济政策所必需的工具和资源，影响政策系统的经济目标取向；不同的经济形态对政策系统提出不同的要求，间接地影响政策导向、政策调整的范围、政策运作的方式以及政策质量。因而在公共经济政策的制定过程中，必须要协调多方信息，不断设计、修改、实践、完善，避免政策单一或政策缺位。

（五）层次性原则

公共经济政策的层次性是就政策的纵向关系而言的，既包括政策问题的层次性，也包括政策主体的层次性。从纵向结构来看，政策体系从高层到低层分为若干等级，高层级政策是低层级政策的基础，低层级政策是高层级政策的具体化[2]。从横向结构来看，政策体系内部分为不同类别的子系统，它们之间相互补充、配合、协调，使政策体系得以保持自身的有机整体性。层次性原则要求政府部门在制定和执行公共经济政策时，不能忘记全局的战略目标，要注意制定出具体的政策措施，以形成一个从高层次政策到低层次政策的完整政策系统。

第二节　公共经济政策的分类与主要工具

基于不同的标准探讨公共经济政策的分类方法，可以促进公众对政府在不同时期政策选择的理解，了解政策意图。而政策工具讨论的则是如何将政策意图转变为具体政策行动的问题，也就是实现政策目标的手段。

一、公共经济政策的分类

由于公共经济本身的复杂性及其政策目标的多元化，关于公共经济政策分类的争论

---

① 诸大建，王明兰.系统性原则下的公共政策过程[J].同济大学学报（社会科学版），2006（1）：102-106，124.
② 谢明.公共政策概论[M].北京：中国人民大学出版社，2010.

引起了广泛而长久的关注,目前学术界关于公共经济政策的分类大致有四种分类方法:

第一种,基于政府经济管理的不同领域,可以将公共经济管理政策分为财政政策、货币政策、产业政策、收入分配政策、土地政策、对外经济政策、公共规制政策。

第二种,按照公共经济政策的最终目标,将公共经济政策分为四类:实现充分就业的政策,即就业政策;实现物价稳定的政策,包括财政政策和货币政策、收入分配政策;实现经济增长的政策,包括产业政策、投资政策、消费政策;为实现公平分配目标的政策,收入分配政策。

第三种,以经济政策核心作用为划分基准,关注经济政策是调节国民经济的总需求还是总供给①,将经济政策分为三类:调节总需求的经济政策,包括财政政策和货币政策;增加总供给的经济政策,包括提高生产率的政策和促进资产形成的政策;协调供求结构平衡的协调政策,包括产业结构政策和投资政策。

总体而言,公共经济政策包含了宏观与微观两个层次,因而从逻辑上按照经济政策所属的不同层次提出公共经济政策的第四种分类方法,即宏观经济调控政策和微观经济规制政策:宏观经济政策包括财政政策和货币政策,以及收入分配政策和对外经济政策,除此之外,政府对经济的干预都属于微观调控,采取的政策都是微观经济政策。

鉴于前三种分类方法内容繁杂,故主要选择第四种分类方法加以介绍。

(一)宏观调控政策

宏观经济政策是指国家依据客观经济规律的要求,有意识、有计划地运用一定政策工具,以达到总需求和总供给基本平衡,实现经济总体平稳增长的一系列政策②。与此相关联,宏观经济政策主要从整个国民经济体系中寻求经济资源的优化配置,运用各种经济手段对国民经济发展的方向、规模、速度和比例进行调节。

财政政策是指政府通过运用预算、财政投资、财政补贴、税收和国债等调整财政收支规模,使经济结构均衡的政策;货币政策是指国家货币当局或中央银行管理货币供应,并以之保证信贷资金在数量和利率等方面与国家特定目标相适应的各种举措③。由于货币政策的变化会带来价格水平、资本流量与流向、经济增长速度的变化乃至整个社会经济结构的变化,因此,货币政策的正确使用对促进国民经济良好运行与结构优化具有重要意义。

除此之外,收入分配政策、产业政策、土地政策、对外经济政策等都属于宏观经济政策的范畴。收入分配政策是指国家针对居民收入水平高低、收入差距大小在分配方面制定的经济政策④;产业政策是指政府根据特定时期内本国的产业发展现状及趋势,为优化产业结构、协调产业发展而采取的政策措施;土地政策是指政府在土地资源开发、利用、治理、保护和管理方面规定的行动准则;对外经济政策是指在一定时期对进出口贸易进行管理的原则,方针和措施手段的总称。

① 温来成.政府经济学[M].北京:北京大学出版社,2013.
② 刘颖,李吉,姜永文.政府经济学[M].北京:中国人民公安大学出版社,2014.
③ 龚秀国.经济全球化与我国货币政策改革[D].成都:四川大学,2005.
④ 刘儒,李超阳.新中国成立以来收入分配政策的历史变迁与基本经验[J].当代经济研究,2020(4):32-45.

(二)微观规制政策

公共规制又称为"管制",是指具有法律地位的、相对独立的公共部门,为了实现特定的经济目标,依法对企业、个人或其他相关利益主体所采取的一系列规范与制约活动,或对企业市场活动的介入[①]。公共规制政策的经济作用体现在资源配置和收入分配上,其中以资源配置最重要。

微观经济规制政策的分析枢纽是需求和供给曲线,是对经济的微观变量发生作用以求达到一定经济目标的经济政策。微观经济政策主要有收入政策,即工资——物价政策、福利、信贷政策等[②]。公共规制一般分为经济管制和社会管制[③],见表10-1。

表 10-1　公共规制分类

分类	经济规制		社会规制
	针对所有产业,具有普适性	针对特定产业	
内容	以反垄断法为基础,针对企业垄断与不正当竞争加以制约,如对公共事业中进入、退出、价格等的制约	针对自然垄断产业的进入限制及其供给产品或服务的价格、质量等义务的规定	与国民生命健康及经济、社会、环境协调发展密切相关的各种规范与制约

(三)宏观、微观经济政策的区别与联系

就经济层面而言,宏观调控政策和微观规制都是政府消除市场失灵的重要手段。根据吴振球[④]对宏观经济政策和微观经济政策之间关系的论述,表10-2梳理了两者之间的区别。

表 10-2　宏观、微观经济政策的区别

	宏观经济调控政策	微观经济规制政策
经济学依据	外部经济、非公平分配导致的市场宏观失灵	自然垄断、"过分竞争"、信息不对称造成的市场微观失灵
调节对象	经济总量	经济个量
政策目标	充分就业、价格稳定、经济持续均衡增长、国际收支平衡	资源配置效率与分配效率的最优结合
常用政策工具	财政政策、货币政策、外贸政策、收入政策、人力政策、产业政策、投资政策	进入和退出规制、价格规制、产量规制、投资规制

---

① 谢地.从"规制"到"规制放松":西方国家微观经济干预政策的走势与我国公共经济政策选择[J].当代经济研究,1998(2):29-34.

② 莫童.公共经济学[M].北京:北京大学出版社,2008.

③ 王雅莉,毕乐强.公共规制经济学[M].北京:清华大学出版社,2005.

④ 吴振球.论宏观经济调控政策与微观经济规制政策的关系[J].兰州学刊,2007(9):64-66.

国家在宏观调控上的主要措施包括制定经济和社会发展战略、方针,制定产业政策,以控制社会总供给和总需求的平衡,规划和调整产业布局;制定财政政策、货币政策、财政与信贷综合平衡政策,控制货币发行,调节积累与消费之间的比例关系,实现社会财力总供给和总需求的平衡;制定收入分配政策,引导消费需求的方向,改善消费的结构,防止通货膨胀的产生。国家在微观管制上的政策能够确保微观经济的有序运行,纠正经济活动所引发的副作用。事实上,政府对公共经济的调控并非只采用某类单一政策,各种政策之间具有互动关系,是相互补充的。无论是宏观经济政策还是微观经济政策的缺位,都会增加政府对公共经济的调控难度。

二、公共经济政策的主要工具

古人云:"工欲善其事必先利其器",公共经济政策的执行过程中还需要借以一定的措施和手段,这就是公共经济政策的政策工具。政策工具可以传递政府的政策意图,也就是政府对于某些社会问题的总体看法可能作出的回应。政策工具总会体现出对于社会资源的调节,不同的工具类型分别构造了政策活动,也衍生出不同的问题和效果。政策执行过程本质上就是政策工具选择的过程,政策工具选择是决定政策成败的关键①。公共经济政策工具主要包括财政工具、金融工具、直接管制工具和制度工具。

(一)财政政策工具

财政工具是政府为实现财政政策目标,在调节经济运行时最常使用的工具,主要通过调整财政收入与财政支出来实现对宏观经济的调控作用。财政支出主要涵盖政府投资、政府购买、政府转移性支付等内容;财政收入主要包含税收、政府债务等内容。

1. 财政支出

财政支出是指国家为了履行其为市场提供公共服务而进行的一种强制性的分配活动。根据支出的性质,可以将财政支出分为三大类:一类是政府投资,表现为政府对道路、水利设施、医院、学校等设施的建设;另一类是政府购买,表现为政府对商品和劳务的需求,如政府对国防物资、办用品的购买,对各类人员的雇用;第三类是政府的转移性支出,包括失业救济养老金、退休金等各种社会福利保障支出以及政府对居民的其他各类补贴。

2. 财政收入

财政收入是指政府为履行其职能、实施公共政策和提供公共物品与服务需要而筹集的一切资金的总和。财政收入表现为政府部门在一定时期内(一般为一个财政年度)所取得的货币收入,主要包括税收和国债。

税收作为一种财政收入形式,将民间的一部分资源转移到政府部门,由政府重新配置,以弥补市场机制的不足。良好的税收制度可以最大限度地促进分配公平,同时又可以将税收导致的效率损失限制到最低。税收收入的变化对经济影响具有乘数效应,也就

---

① 陈振明. 政策科学:公共政策分析导论[M]. 2版. 北京:中国人民大学出版社,2003;193.

是税收的增加或减少,会引起国民收入更大幅度的变化。

当税收等经常性财政收入不能满足日益增长的财政支出时,通过国债弥补财政收支"缺口"就成了各国政府的必然选择。与税收不同,国债是政府通过信用形式筹集财政资金的特殊形式。国债的发行,既可以弥补财政赤字,也可以通过在资金市场的流通来影响货币的供求,从而调节社会的总体需求水平。

（二）金融工具

金融工具是指中央银行通过调节利率和控制货币供应量,以达到影响投资和整个经济的政策工具。具体细分,金融工具又可分为一般性政策工具、选择性政策工具、直接信用控制工具、间接信用控制工具。

一般性金融政策是指经常被运用且能对整体经济运行发生影响的工具,常用的政策手段有三种:①再贴现率。通过对票据贴现资格的审定和再贴现率的变动,影响商业银行的借入资金成本和资金运用方向;②存款准备金率。通过存款准备率的升降,影响商业银行的超额准备和货币创造乘数;③公开市场业务。通过在金融市场上公开买卖政府证券,控制货币供给和利率。

此外,还有选择性措施、直接作用控制工具、间接作用指导工具等金融工具。选择性措施是指中央银行针对某些特殊领域的信用加以调节和影响的措施,包括消费者信用控制、证券市场信用控制、房地产信用控制以及优惠利率等;直接信用控制工具是指中央银行以行政命令或其他方式,直接对商业银行及其他金融机构的信用活动进行管制,主要包括:最高利率限制、信用配额、流动性比率、直接干预、特别存款等;间接信用指导工具则是指银行通过发表正式声明或私下谈话,表明其对经济形式的判断,从而间接影响银行的业务活动并使其符合经济政策目标的要求。

（三）直接控制工具

直接控制是指政府通过行政手段或立法方式对经济社会生活实行的直接干预。政府采用直接控制工具的出发点大都是要纠正市场失灵时所出现的资源误置,但有时也会出于非经济考虑而使用,包括对内经济管理和对外经济管理。

对内经济管理包括价格管制、非价格管制、投资管制。价格管制是指政府直接制定、调整某些重要商品或生产要素的价格和服务收费标准。在物品或资源短缺的情况下,政府往往会采取一些非价格手段分配物资,比如配给制,就是一种独立于价格体系之外的非价格手段。有时为了保持社会总需求和总供给的价值总量和实物结构的平衡,就需要通过投资管制,对经济主体的投资活动增加一些附加条件。

对外经济管理包括外贸管制、外汇管制。外贸管制是指政府对国际贸易实施的干预,最典型的措施是通过补贴刺激出口,通过设置壁垒限制进口;外汇管制则是指一国政府对黄金外汇买卖、国际资本移动和国际结算所实行的限制性措施。

（四）制度工具

制度是管束人们行为的一系列规则,制度的变迁对于约束经济关系、引导社会经济的运行有着重要的作用。制度工具是指政府通过立法的形式确定或调整经济运行的制度框架、契约关系或行为规范准则①。如果制度工具运用得当,就可以把有限的公共资源配置在社会真正需要的方面,并在相互竞争的用途中进行有效的配置,同时可以获取广泛的社会支持,取得公众信任。相对于其他工具而言,制度工具一般不是以直接实现特定政策目标为目的,而是提供政策或政策工具发生作用的前提条件或背景。因此,在更多的分析中,制度往往被视为一种既定的环境,而重点在于其他政策工具。

在公共政策过程中,政策工具的选择与设计是一项具有关键意义的工作②,在选择政策工具时,不仅应考虑政策工具的"实际效能",还应关注其"象征性因素③"。作为连接政策目标和政策结果中间的中介变量,政策工具是将政策目标转化为具体行动的路径和机制,直接影响了政策的执行效果。选择与公共经济政策执行相匹配的政策工具,不仅可以提升公共经济政策的质量和执行效率,还能增进与拓展公共政策过程的公共性与民主性。此外,需要指出的是,在不同政策工具之间还存在着共时互动的作用。任何单一的政策工具都无法有效解决某一公共问题,多种工具的组合运用是政策工具选择的主要形式。

第三节　公共经济政策的发展和创新

随着经济体制的深刻变革,社会结构产生深刻变动,利益格局深刻调整,政府管理工作也从行政管理到公共行政,进而发展到以公共经济政策为核心的公共经济管理的演变历程。作为市场经济实践和民主政治制度安排的产物,公共经济政策具有深刻内涵,只有厘清了其发展逻辑,才能找到研究的关注重点和方向,进而预测未来公共经济政策的发展趋势,推进公共经济政策的创新与应用。

一、公共经济政策的缘起及演进

现代西方公共经济学是在20世纪60年代发展起来的,但却具有十分久远的理论渊源。从现有研究来看,早期对公共经济政策研究的解读主要聚焦在两方面:其一是英国古典经济学家关于财政和税收的讨论;其二是19世纪80年代意大利、挪威和瑞典学者关于公共支出方面的一系列论述。由此,以税收理论、公共物品理论等为代表,以政府为中心的公共经济问题、公共政策问题,逐渐成了经济学研究的重心。

从成熟市场经济制度的演进来看,公共经济政策是围绕"政府—经济—市场"框架展开。从守夜人职能到政府投资、公共产品、收入分配再到以福利化导向转变,公共经济范围不断扩大④。自由竞争时期,公共经济政策主要体现在社会秩序和物质性的公共产品

---

① 张光,曾明.公共经济学[M].武汉:武汉大学出版社,2009.
② HOOD C. The tools of government[M]. London:Macmillan,1983.
③ 顾建光.公共政策工具研究的意义、基础与层面[J].公共管理学报,2006(4):58-61.
④ 唐任伍.公共经济学[M].北京:北京师范大学出版社,2009.

方面,而垄断竞争时期,则扩展到了充分就业、政府投资、收入分配等方面。人们生活水平大幅度提高,对福利和再分配的要求愈加突出,政府支出结构重心发生根本转移,支出规模也不断扩大。

（一）重商主义时期

重商主义时代,国家最重要的经济任务是促进贸易,因而当时的公共经济政策主要表现为对外经济政策。在重商主义者看来,如果没有国家的保护和扶持,想要贸易"出超",完成财富积累,几乎是不可能的,这种思想使得国家在经济贸易中的作用和地位迅速上升。15世纪末的一些西欧国家在中央政府的集权下,采取统一关税的政策,取消国内关卡、增加生产、鼓励出口、减少进口,以此大力发展工商业,增加社会资本供给,使金银源源不断地流入国内。

（二）自由放任主义时期

随着产业革命的兴起,国家干预的重商主义严重阻碍了社会经济的发展。18世纪新兴资产阶级开始兴起,逐步登上政治舞台。亚当·斯密等人所创立的古典经济学开始倡导,让政府承担起"守夜人"的角色,主张最好的政府便是最少的干预。在《国富论》中,亚当·斯密提出两个不同的目标:其一,给人民提供充足的收入;其二,给国家或社会提供充分的收入,使公务得以进行。总之,其目的在于富国裕民。其中第一个目标属于国民经济问题,第二个目标属于财政问题。由此,亚当·斯密认为要进一步解除封建束缚,实行自由经营、自由竞争和自由贸易。

（三）凯恩斯主义时期

20世纪30年代的资本主义经济危机使得西方国家陷入恐慌中,迫使资本主义国家做出公共经济政策在内的一系列转向:国家采用扩张性的经济政策,通过增加需求促进经济增长,即扩大政府开支,实行财政赤字,刺激经济,以期达到社会充分就业、稳定社会经济的目的。在凯恩斯的"大政府、大银行"政策框架下,西方发达国家在20世纪50—60年代经济繁荣。

（四）新自由主义时期

经历20世纪30年代大萧条后,美国几百万人在短期内失业很难说是市场有效配置资源,随着时间的推移政府干预的弊端也越来越明显,20世纪70年代末,资本主义经济出现"滞胀"现象。在新自由主义时代,西方国家推进市场化、全球化、金融自由化。由于整个社会基础设施建设趋于完备,政府投资逐步让位给私人投资,政府主要发挥弥补市场失灵的作用,对社会公众关心的教育、保健、社会福利等民生方面加大投资力度,支出结构发生变化。

20世纪60年代中后期,经济金融自由化思潮占主导地位,带来的主要问题是资产泡沫、金融危机、贫富分化。公共经济政策的重点从税收转到政府支出。由于经济发展所需的基础设施建设落后,政府需要投入大量资金进行经济发展环境硬件和软件的建设,政府投资在社会总投资中所占比重较大。当时的经济政策大多是围绕养老金、失业保险、劳工补偿、对老人提供资助等。

（五）新凯恩斯主义时期

从1980年代开始，一直到2008年的全球金融危机，逐渐形成了以下几个方面组成的主流的宏观政策框架。第一，财政政策强调维护中长期的可持续性，降低财政短周期需求管理的作用。第二，财政和货币政策分开，财政赤字不能货币化在很多国家成为法律，中央银行的独立性大幅提升。第三，货币政策的主要目标是控制物价，操作的机制是央行调控短期利率，传导到中长期利率，达到管理总需求，实现低通胀的目标[①]。

通过对公共经济政策演进、发展过程的梳理和分析，可以看到大多数公共经济政策在制定初期往往取得了一定的效果，而后期随着经济结构的不断调整，部分经济政策的实施结果不尽如人意，导致了资源错配、企业寻租等一些扭曲现象[②]。因而，公共经济政策的发展一直在历史时期的制度框架下逐渐演变。公共经济政策必须适应并促进政府和市场边界的动态调整。这一过程必然伴随着政府在市场机制要求过程中其本身职能的公共化取向[③]。

二、公共经济政策的创新及趋势

纵观国外公共经济政策研究的发展进程可以发现：公共经济政策的着力点不断扩展到了涉及教育、卫生、社会环境等在内的各个社会领域，日益关注经济社会发展对人民生活水平和质量的影响。随着西方资本主义经济的成熟，必将使在政府与市场中寻求经济发展平衡点的公共经济政策更加大有所为。展望未来，公共经济学研究呈现三个主要的发展趋势：

一是对传统公共经济学理论的继续深入挖掘与拓展。公共经济政策研究的内容，即政府做该做的事，弥补市场失灵，提供公共产品和服务。研究如何平稳、持续、快速推进转轨的政策是公共经济政策永远在探讨和追寻的命题，在经典命题的探讨基础上，结合社会发展趋势，不断发生优化。

二是对现代社会发展普遍关切问题的探讨和回应、更加突出公共经济政策预测原则。未来公共经济政策的政策范围将进一步拓展，包括影响可持续发展的难点和热点问题，更加突出制度规范政府和市场边界。公共经济政策的着力点更加关注以下问题：私人部门的增长与发展；投资环境政策特别是中小型公司的投资环境；公众参与中公共部门、非政府部门、社区之间的制度性互动等问题。对于中国而言，则会在准公共产品边界、公共产品多元化提供、国有土地、国有企业、公共事业单位改革等重要领域，继续突出公共经济政策的作用效果。此外，经济增长面临多方面的风险挑战，经济环境更趋复杂

---

① 彭文生. 从经济周期到金融周期[J]. 金融市场研究,2017(10):1-14.

② KRUEGER ANNE O,TUNCER B. Growth of factor productivity in Turkish manufacturing industries[J]. Journal of Development Economics,1982,11(3):307-325.

③ 黄新华. 政府经济学[M]. 北京:北京师范大学出版社,2012.

严峻,在此特定形势下,更加考察公共经济政策制定时的协调性。只有站在系统发展的视角上,更加注重预测性原则,才不至于造成政策瘫痪。

三是公共经济政策更加关注政策之间的连续性、稳定性、可持续性,保证政策衔接顺畅,保持经济运行在合理区间。对本国国情的理解、民意的判断、经济目标的确定、经济政策实行的统筹安排、矛盾和冲突的控制与化解,都是政策协调的应有之义。

第四节　公共经济政策的效果评价

政策效果评价一直以来是学者们研究的重点,对公共经济政策有多元化的理解,就会做出多样化的评估。公共经济政策最本质的目标还是经世济民,而每一项经济政策都可能会对一国的经济产生重大影响,对公共经济政策评估需要注重政府对资源生产和分配的影响以及政府政策的社会效果和政治效果。

一、公共经济政策效果评价的内涵

评估公共经济政策效果,首先应该明确公共经济政策的作用范围:韦革[①]认为,人们对经济政策的评价主要是看经济政策能否促使各生产力要素达到最有效的配置状态和最佳运行状态,从而提高社会生产力。齐守印[②]认为,公共经济的风险来自三个方面:违背经济规律导致的社会矛盾激化、收支严重失衡、国民经济崩溃;制度、政策、法制等核心公共物品供给失误导致的政局混乱;以及国防和外交失误也会导致的国际关系崩溃。张春花[③]认为,公共经济政策理性水平高低直接决定着公共经济效率和实施效果,决定着国家治理的质量;因此,评估指标体系的设定往往依赖于对公共经济政策视角的解读。

公共经济政策的效果评估是指根据一定的标准或价值原则,对公共经济政策的产出以及影响进行测量和评价,从而判断政策目标的实现程度。公共经济政策效果评价不仅是技术性的科学分析,也是一种政治和社会过程,这个过程不仅包括公共资源的筹集、分配和管理,而且包括公共资源的配置、使用和对公共产品的供给与管理。评价手段和工具会充分利用数理经济学和计量经济学的分析技术进行定性分析与定量分析,使分析结果更加准确。

二、公共经济政策效果评价的标准

受到传统观念的影响,公共经济政策的评估往往需要找准基点。基于不同的公共经济政策概念,即使采用的方法一样,但是所评估的对象、内容存在差异,评估的重点、角

---

①　韦革.关于经济政策评价的几个标准[J].华中理工大学学报(社会科学版),1994(3):35-39.
②　齐守印.公共经济学视角下的贞观之治[J].社会科学论坛,2016(9):145-152.
③　张春花.公共经济政策理性及其增强策略研究[J].产业与科技论坛,2020,19(8):188-190.

度、层次也会有所不同。在现实的公共政策过程中,由于公共经济政策涉及利益相关者众多,变量因素复杂,因此,设定统一的、能为绝大多数学者共同认可的评价标准显得较为困难。国外对于政府经济管理绩效已开展多年,经过实践的检验,"3E"指标,即经济(Economy)、效率(Efficiency)、效果(Effectiveness)成为绩效分析最好的出发点,被西方学者认为是绩效分析最好的"新正统学说"。而以效率作为衡量指标,仅适用于那些可以量化或货币化的公共产品或服务,而公共经济政策在性质上很难界定,因此,在对公共经济政策进行评价时,更多的考虑效果评价。对于公共经济政策的效果评价可以基于三个维度:经济效果、社会效果、政治效果[1]。

(一)经济效果

公共经济政策的效果评价不能以政府组织活动是否盈利做出衡量。社会需要政府组织,是基于维护社会经济发展环境、条件及其公众利益的愿望。简言之,公共经济政策的目的是使社会盈利,而非政府盈利。在公共经济政策效果评价中,经济效果是其主要内涵和外在表现,在整个体系中发挥基础作用。对于普通民众而言,经济效果最能直观反映公共经济政策的优良,如果通过某项公共经济政策的实施,经济效益大幅度提高,并且能普惠公众,那么这项经济政策在公众的心中就是好政策。经济效果表现在经济结构合理均衡条件下,量和质上的提升。当然,在考虑经济效果的同时,还应关注到公共经济政策所占用和消耗的资源及程度。

(二)社会效果

社会效果是指公共经济政策在执行过程中所带来的社会全面进步。社会效果是在经济效果基础上的更高层次的标准。在保证经济基础的情况下,体现出对于公民生活水平和质量的普遍改善和提高、社会公共供给产品供应及时到位、社会治安效果良好、社会和谐有序。公共经济政策的目标依然是保证均等的就业机会、公平的分配制度、经济稳定与发展。

(三)政治效果

公共经济政策的政治效果最经常地表现为制度安排和制度创新[2]。从政治意义上来讲,政府能具有广泛的社会支持,就会拥有较高水平的合法性,并因此获得较高水平的政治能力。这种政治效果是通过公共经济政策的有效执行,从而产生的公众对于政府政治能力的信任以及政府制度安排能力的提高。政治效果体现在政府行政管理的每一个层面和领域,是层层渐进的。这种效果既不是政府短期投入的回报,也不是政府终端产品的积累,而应当是国家长期发展过程中经济发展、社会进步、政治文明的总成果。

经济政策的研究和评估需要有科学方法为前提。但是方法本身是工具性的,方法论的发展都是中性的。当前,国内学者对公共经济政策效果的评估往往是通过选取某些构

[1] 刘瑞.国民经济学[M].北京:首都经济贸易大学出版社,2009.
[2] 季燕霞.政府经济学[M].北京:首都经济贸易大学出版社,2014.

成要素来进行考察,同时设定某些考察项目,又分别划分等级加以测量,以分数的高低来体现公共经济政策效果的优良。对于评估方法的选择,范子英①将公共经济政策分为三类:"先行先试"政策、"一刀切"政策、"一次推开"政策。前两种经济政策是可以用科学评估方法对政策效应进行合理估计的,而"一次性推开"政策可以从因果推断的效率来看,断点评估法是最优的,其次是双重差分,最后是合成控制法。在一些更为复杂的应用中,还可能将双重差分和断点评估法结合使用。此外,工具变量(IV)法和倾向匹配得分法(PSM)也广泛应用于公共经济政策的分析。

三、公共经济政策效果评价的功能

总的来说,公共经济政策的评价具有双重功能:从学术层面上来看,政策评价的信息可以将某一政策评估中所获得的经验性知识作为政策案例体现出来,丰富政策研究的知识理论;从实务层面来看,公共经济政策可以为决策者提供更充分的政策信息,优化政策制定及执行②。

（一）校正政策导向偏差,提升经济政策质量

公共经济政策的效果评价可以为政府提供未来行动的努力方向,因为效果评价方向取决于社会价值取向及公众社会偏好,因此,效果评价有利于评估主体、评估对象和社会公众之间构建良好的公共关系,规定未来行动的基本目标。作为公共经济主体的国家机构,其核心职能就在于向社会公众提供公共产品。因此,评判古今中外所有国家治理绩效的直接标准,就是政策的适时性、适度性和有效性的高低。公共经济政策在评价时会通过使用科学的方法,对照政策目标,当出现政策偏差时,能够及时提供信息,从而修正公共经济政策执行轨道。

（二）提供政策建议依据,增强经济政策可行度

通过对政府的公共经济政策进行评估,可以明确政府制定的经济政策的可行性程度。根据评估结果得出公共经济政策是否继续执行或是立即停止,这样既可以保证公共经济政策的效益最大化,又可以使不完善的政府经济政策带来的损耗最小化。通过对政府经济政策评估的完善,进一步增强经济政策的可行性。此外,对于政府行为在效率、公平等方面产生的不同效果的评价还有助于我们进行政策选择。

（三）传达公众政策意见,构建良好公共关系

公共经济政策的评价能增进政策系统与公众的沟通。对政府的经济政策进行评估是一个与市场相关各方进行信息交流的过程。它是政府、公民、投资者和媒体等自由表达意见,为评估对象提供信息交流的渠道,评估的结果能够反映目标群体对政策的意见和反馈,从而提高政府经济政策的执行度,提高政策执行的效率与效益。

① 范子英.如何科学评估经济政策的效应?[J].财经智库,2018,3(3):42-64.
② 李允杰,丘昌泰.政策执行与评估[M].北京:北京大学出版社,2008.

内容小结

1. 公共经济政策具有公共性,其政策目标为充分就业、物价稳定、经济持续均衡增长、国际收支平衡等。为了保证政策目标的实现,在制定公共经济政策时,需要关注系统性、预测性、协调性、多样性和层次性原则。

2. 公共经济政策可以按照政府经济管理的不同领域、公共经济政策的最终目标、经济政策核心作用、经济政策所属的不同层次等划分为不同的类型。

3. 按照经济政策所属的不同层次,公共经济政策可以分为宏观调控政策和微观管制政策两个层次。财政政策、货币政策、对外经济政策、收入分配政策属于宏观调控政策的范畴;微观规制政策则分为经济规制政策和社会规制政策。

4. 宏观调控政策和微观规制都是政府消除市场失灵的重要手段,但是两类政策在经济学依据、调节对象、政策目标和常用政策工具等方面存在差异。

5. 公共经济政策的实施,需要有一定的政策工具与之配合。常见的政策工具包括财政工具、金融工具、直接管制工具和制度工具。

6. 公共经济政策的发展经历了重商主义时期、自由主义时期、凯恩斯主义时期、新自由主义时期和新凯恩斯主义时期,随着发展阶段的演变,公共经济政策的政策要点和关注点逐渐由最初以财政政策为核心扩展到了充分就业、政府投资、收入分配等方面。

7. 公共经济政策的效果评估是根据一定的标准或价值原则,对公共经济政策的产出以及影响进行测量和评价,以判断政策目标的实现程度。对公共经济政策效果的评价可以从经济效果、社会效果、政治效果三个维度进行。

8. 公共经济政策效果评估,需要有科学方法作为前提。公共经济政策效果的评估方法除经典的科学评估方法外,还可以根据公共经济政策实施类型的差异,采用断点回归法、双重差分法、合成控制法、工具变量法和倾向匹配得分法等。

9. 公共政策效果评估具有三方面的主要功能:校正政策导向偏差,提升经济政策质量;提供政策建议依据,增强经济政策可行度;传达公众政策意见,构建良好公共关系。

复习思考题

1. 公共经济政策的具体目标和原则有哪些?
2. 公共经济政策的分类及常用工具有哪些?
3. 宏观经济政策与微观管制政策有什么区别和联系?
4. 公共经济政策的发展大概分为了哪些阶段?各阶段公共经济政策的政策要点和关注点是什么?
5. 公共经济政策的发展有哪些趋势?
6. 公共经济政策工具与手段有哪些?
7. 经济公共政策分析的方法有哪些?不同方法的适用前提是什么?
8. 公共经济政策效果评价的功能有哪些?

第十一章 财政政策

财政政策是政府能够直接运作的、用于管理宏观经济的最基本的政策工具,是公共经济学的重要内容之一。本章在对财政政策的含义、特征、类型等基本概念进行介绍的基础上,对财政政策工具、财政政策的作用机制、财政政策效应进行分析,最后探讨中国的财政政策实践。

第一节 财政政策概述

一、财政政策的含义

政策二字源于政府的"政"和对策的"策",是指政府为了达到特定目标而制定、实施的各种方针、对策与措施。财政政策则是各项政策在财政领域的具体体现。国内学者陈共(2017)[①]认为:"财政政策是指一国政府为实现一定的宏观政策目标而调整财政收支规模和收支平衡的指导原则及其相应的措施";张志超和倪志良(2015)[②]指出:"财政政策就是指政府在使公共财政所有不同要素完成其基本任务的情况下,共同地用于实现各种经济政策目标的方式、方法。"可见,财政政策的定义至少包括财政政策主体、财政政策目标、财政政策形式等要素。

鉴于此,本书将财政政策定义为,一国政府为了实现充分就业、经济增长、物价稳定等宏观目标而在财政预算、税收收入、政府购买、转移支付、政府债务等领域制定的各种行动原则、运行策略、实施手段、调控措施的总和。显然,该定义明确了四个方面的内容:一是财政政策的制定与执行的主体是政府;二是财政政策的主要目标有充分就业、经济增长、物价稳定等;三是财政政策的主要工具包括财政预算、税收收入、政府购买、转移支付、政府债务等;四是财政政策的表现形式有行动原则、运行策略、实施手段、调控措施

---

① 陈共.财政学[M].9版.北京:中国人民大学出版社,2017.
② 张志超,倪志良.现代财政学原理[M].5版.天津:南开大学出版社,2015.

等。总之,财政政策是一个系统工程,在执行和实施过程中,需要全盘统筹考虑。

在实践中,财政政策的制定主体和执行主体包括中央政府和地方政府。改革开放以前,中国实行的是统收统支的财政体制,财政政策的制定主体是中央政府,财政政策的执行主体是地方政府;改革开放后,地方政府拥有的自主权增加,具有财政政策制定者和执行者的双重身份(陈共,2017;李汉文、徐艺,2016)[①]。就目前的情况来看,在财政政策的制定与执行层面,中央政府与地方政府的关系可以划分为以下三种类型:

第一,中央政府是制定者、地方政府是执行者。比如,2021年3月,李克强总理在国务院的《政府工作报告》中要求:"继续执行制度性减税政策,延长小规模纳税人增值税优惠等部分阶段性政策执行期限,实施新的结构性减税举措,对冲部分政策调整带来的影响。"在这一财政政策中,中央政府制定减税政策,地方政府执行减税政策。

第二,中央政府对地方政府进行特别授权,地方政府负责政策制定和具体执行。例如,2011年1月,根据国务院第136次常务会议有关精神,上海市人民政府印发了《上海市开展对部分个人住房征收房产税试点的暂行办法》(沪府发〔2011〕3号)。显然,上海市政府制定该政策的依据是国务院第136次常务会议同意在部分城市进行对个人住房征收房产税改革试点。

第三,中央政府对地方政府进行一般授权,地方政府负责政策制定和具体执行。比如,为巩固新冠肺炎疫情的防控成果、减少春节期间的人员流动,重庆市人力资源和社会保障局等13个部门制定了《关于支持企业2021年春节期间稳岗留工的通知》(渝人社发〔2021〕4号)。

需要说明的是,特别授权与一般授权的区别在于:特别授权是中央政府对地方政府"一事一议"式的授权,比如,目前仅同意上海市和重庆市对个人住房进行征收房产税的改革试点;一般授权是中央政府对地方政府的常规授权,地方政府在其职能和职责范围内,根据当地的实际情况,自行判断并制定财政政策即可,无须中央政府"一事一议"单独授权。

二、财政政策的特征

(一)财政政策的宏观性与微观性

财政政策的宏观性要求财政政策关注宏观背景,财政政策的制定与实施必须与全国的宏观形势相契合,很好地服务于经济社会的发展。2020年,为支持各地更好地为新冠肺炎疫情防控提供经费保障,财政部发布了《关于新型冠状病毒感染肺炎疫情防控有关经费保障政策的通知》(财社〔2020〕2号),该财政政策基于新冠肺炎疫情防控的宏观背景,构建了中央财政与地方财政的经费适度分担机制,从财政经费保障方面很好地服务于疫情防控工作。

---

① 陈共.财政学[M].9版.北京:中国人民大学出版社,2017;李汉文,徐艺.财政学[M].2版.北京:科学出版社,2016.

财政政策的微观性要求财政政策重视微观基础,财政政策的执行与落地,最终会涉及微观主体。例如,部分老旧小区在建造时未安装电梯,随着国民经济的发展和社会的进步,人们的生活条件不断改善,对加装电梯的需求越来越强烈。但是,电梯的加装涉及经费问题,需要小区业主进行分摊。由于一楼业主与顶楼业主对电梯的需求程度不同,故全体业主较难就经费分担达成一致。实践中,有的小区采取分担经费随楼层增加而递增的办法,一定程度上实现了成本分摊与受益程度的匹配,但由于搭便车以及隐藏偏好行为的存在,仍有部分老旧小区的电梯加装遥遥无期。考虑到电梯加装的这些微观现实,政府可以利用财政政策进行支持和激励。

（二）财政政策的阶段性与过渡性

财政政策的阶段性是指财政政策并非一成不变,而是在不同阶段具有不同的内容。以鼓励节能减排的车辆购置税政策为例,财政部、国家税务总局在颁布的财税〔2015〕104号文件和财税〔2016〕136号文件中分别规定"自2015年10月1日起至2016年12月31日止,对购置1.6升及以下排量乘用车减按5%的税率征收车辆购置税。""自2017年1月1日起至12月31日止,对购置1.6升及以下排量的乘用车减按7.5%的税率征收车辆购置税。自2018年1月1日起,恢复按10%的法定税率征收车辆购置税。"可见,我国对排量在1.6升及以下的乘用车,先后适用了5%、7.5%和10%三种税率。这三个阶段的财政政策制定与落实,是国家结合当下具体情况做出的与时俱进的决策。

财政政策的过渡性是指部分财政政策的退出是渐进的、过渡的。以全年一次性奖金的税收优惠为例,2018年修订后的《中华人民共和国个人所得税法》让全年一次性奖金的优惠政策失去了存在价值,但考虑到人们的接受过程,财政部、国家税务总局在财税〔2018〕164号文件中规定,全年一次性奖金的税收优惠政策可以延续至2021年年末。随后,该税收优惠政策再次延续至2023年12月31日。

三、财政政策的类型

李汉文和徐艺(2016)[①]、安秀梅(2017)[②]、陈共(2017)[③]、张志超和倪志良(2015)[④]等经济学者将财政政策具体划分为如下四组类型。

（一）自动稳定的财政政策与相机抉择的财政政策

自动稳定的财政政策是指财政政策具有自我修复的功能,类似于"自动稳定器"。以个人所得税为例,工资、薪金等综合所得适用3%～45%的七级超额累进税率。当经济萧条时,人们的综合所得偏低,处于较低的税率档次,缴纳的个人所得税也较低;当经济过热时,人们的综合所得偏高,处于较高的税率档次,缴纳的个人所得税也较高。再如,在

① 李汉文,徐艺.财政学[M].2版.北京:科学出版社,2016.
② 安秀梅.财政学[M].2版.北京:中国人民大学出版社,2017.
③ 陈共.财政学[M].9版.北京:中国人民大学出版社,2017.
④ 张志超,倪志良.现代财政学原理[M].5版.天津:南开大学出版社,2015.

低保支出中,当经济衰退时,需要扶持的低收入群体较多,财政会自动加大低保支出;当经济繁荣时,需要扶持的低收入群体较少,财政会自动减少低保支出。可见,在个人所得税和低保支出中,无须财政政策的刻意调整,就能达到自动调控经济的目的。相机抉择的财政政策是指政府根据当前的宏观经济形势和社会发展态势,采取逆周期的财政政策,有意修正经济的过冷与过热,促进经济的持续、健康发展。

(二)积极财政政策、消极财政政策和中性财政政策

积极财政政策通常包括扩大财政支出、减少财政收入等方式,一般会导致财政赤字,故被称为赤字型财政政策,也被称为扩张型财政政策、膨胀型财政政策或宽松的财政政策。消极财政政策通常包括减少财政支出、增加财政收入等方式,一般会导致财政盈余,故被称为盈余型财政政策,也被称为紧缩型财政政策或收缩型财政政策。中性财政政策介于积极财政政策与消极财政政策之间,也被称为平衡型财政政策。

(三)收入型财政政策、支出型财政政策与混合型财政政策

基于财政收入角度实施的财政政策就是收入型财政政策,比如,税收收入、非税收入、国债收入等;基于财政支出角度实施的财政政策就是支出型财政政策,例如,税式支出、政府购买支出、政府转移支付等。在实践中,收入型财政政策与支出型财政政策一般同时运用,就形成了混合型财政政策。

(四)总量型财政政策和结构型财政政策

总量型财政政策是指会导致财政收入或财政支出总量发生变化的财政政策,意味着财政收入或财政支出的"蛋糕"大小发生了变化。结构型财政政策是指使财政收支结构发生变化的财政政策。《中华人民共和国国民经济和社会发展第十四个五年规划和2035年远景目标纲要》(简称"十四五"规划)提出"优化税制结构,健全直接税体系,适当提高直接税比重"的规划目标。由于税收收入是财政收入的重要组成部分,直接税与间接税的结构调整,势必会导致财政收入结构的变化,这就是收入结构型财政政策。《国家中长期教育改革和发展规划纲要(2010—2020年)》要求:"保证教育财政拨款增长明显高于财政经常性收入增长。"这属于支出结构型财政政策。

四、财政政策的功能与目标

基于《字典》对"功能"和"目标"的释义[1],并将其引申至财政政策领域,可将财政政策的功能定义为"财政政策所发挥的有利的作用或效能",将财政政策的目标定义为"财政政策想要达到的境界或目的"。现实中,财政政策的功能与目标具有相似性,以促进经济增长为例,既可以说是财政政策应发挥的有利效能,也可以说是财政政策想要达到的境界。为便于全面、系统地阐释相关知识,本书参考安秀梅(2017)[2]、张志超和倪志良

---

[1]　在线汉语字典.
[2]　安秀梅.财政学[M].2版.北京:中国人民大学出版社,2017.

(2015)①对财政政策目标或功能的分析,在介绍财政政策功能时强调一般功能,在介绍财政政策目标时强调具体目标,做到一般与具体的有机结合。

(一)财政政策的一般功能

1.实现充分就业

充分就业是指在一定工资水平下,客观上具有工作能力和工作条件且主观上愿意工作的人,均能找到合适的工作。充分就业是社会安定团结和经济不断增长的重要保障。充分就业不等于失业率为零,出于实际中的各种原因,失业率为零是不现实的。充分就业通常是指失业率保持在可接受的低水平。参考"十四五"规划的相关内容,城镇调查失业率在5.5%以内,即认为是充分就业。

2.确保物价稳定

根据马克思主义的观点,价格是由价值决定的,并围绕价值上下波动。价格为什么会出现上下波动呢? 一般认为,供需关系变化是价格波动的重要原因。当供给大于需求时,物价下跌;当供给小于需求时,物价上涨。物价出现大的上涨或下跌,都不利于经济的健康发展,因此,政府有必要进行宏观调控。比如,当供给小于需求导致粮食产品价格较快上涨时,政府一方面可以制定鼓励生产的财税政策,增加粮食产品的供给;另一方面,也可以出台价格补贴政策,降低粮食产品的零售价格。

3.促进经济增长

经济增长是人民生活水平不断提高的经济基础。衡量经济增长的指标有很多,常见的总量指标有国内生产总值增长率、国民生产总值增长率等;常见的人均指标有人均国内生产总值增长率、人均国民生产总值增长率等。经济增长包括经济数量的增长和经济质量的提高两方面。近年来,我国越来越注重经济质量的提高,即经济的高质量发展。财政政策作为重要的宏观调控手段,在促进经济高质量发展方面发挥了重要作用。

4.优化资源配置

习近平总书记在党的十九大报告中指出:"我国社会主要矛盾已经转化为人民日益增长的美好生活需要和不平衡不充分的发展之间的矛盾。"我国幅员广阔,各地的经济发展存在差异。如果没有财政政策对资源配置的优化,可能会出现发达地区越来越发达、落后地区越来越落后的"马太效应"。目前,东部沿海地区的经济发展水平领先于中部地区、东北地区和西部地区。鉴于此,我国实施了"中部地区崛起战略""东北地区振兴战略"和"西部大开发战略",这些战略为优化资源配置起到了积极作用,促进了资源向中部地区、东北地区和西部地区的聚集。

5.调节收入分配

2021年8月,习近平总书记在主持召开中央财经委员会第十次会议并研究扎实促进共同富裕问题时强调:"共同富裕是社会主义的本质要求,是中国式现代化的重要特征,要坚持以人民为中心的发展思想,在高质量发展中促进共同富裕。"共同富裕的实现需要

---

① 张志超,倪志良.现代财政学原理[M].5版.天津:南开大学出版社,2015.

收入分配调节。一般而言,收入分配按先后顺序分别包括第一次分配、第二次分配和第三次分配。在三次分配中,财政政策可以直接或间接的发挥重要作用。

(二)财政政策的具体目标

"十四五"规划为我国未来若干年的发展提供了具体目标(陈共,2017)[①]。这些目标也是财政政策要完成的具体目标。表 11-1 节选了"十四五"规划中关于"十四五"时期经济社会发展主要目标的相关内容。

表 11-1 我国"十四五"时期的经济社会发展主要目标

主要目标	具体内容
经济发展取得新成效	发展是解决我国一切问题的基础和关键,发展必须坚持新发展理念,在质量效益明显提升的基础上实现经济持续健康发展,增长潜力充分发挥,国内生产总值年均增长保持在合理区间、各年度视情提出,全员劳动生产率增长高于国内生产总值增长,国内市场更加强大,经济结构更加优化,创新能力显著提升,全社会研发经费投入年均增长 7% 以上,力争投入强度高于"十三五"时期实际,产业基础高级化、产业链现代化水平明显提高,农业基础更加稳固,城乡区域发展协调性明显增强,常住人口城镇化率提高到 65%,现代化经济体系建设取得重大进展
改革开放迈出新步伐	社会主义市场经济体制更加完善,高标准市场体系基本建成,市场主体更加充满活力,产权制度改革和要素市场化配置改革取得重大进展,公平竞争制度更加健全,更高水平开放型经济新体制基本形成
社会文明程度得到新提高	社会主义核心价值观深入人心,人民思想道德素质、科学文化素质和身心健康素质明显提高,公共文化服务体系和文化产业体系更加健全,人民精神文化生活日益丰富,中华文化影响力进一步提升,中华民族凝聚力进一步增强
生态文明建设实现新进步	国土空间开发保护格局得到优化,生产生活方式绿色转型成效显著,能源资源配置更加合理、利用效率大幅提高,单位国内生产总值能源消耗和二氧化碳排放分别降低 13.5%、18%,主要污染物排放总量持续减少,森林覆盖率提高到 24.1%,生态环境持续改善,生态安全屏障更加牢固,城乡人居环境明显改善
民生福祉达到新水平	实现更加充分更高质量就业,城镇调查失业率控制在 5.5% 以内,居民人均可支配收入增长与国内生产总值增长基本同步,分配结构明显改善,基本公共服务均等化水平明显提高,全民受教育程度不断提升,劳动年龄人口平均受教育年限提高到 11.3 年,多层次社会保障体系更加健全,基本养老保险参保率提高到 95%,卫生健康体系更加完善,人均预期寿命提高 1 岁,脱贫攻坚成果巩固拓展,乡村振兴战略全面推进,全体人民共同富裕迈出坚实步伐
国家治理效能得到新提升	社会主义民主法治更加健全,社会公平正义进一步彰显,国家行政体系更加完善,政府作用更好发挥,行政效率和公信力显著提升,社会治理特别是基层治理水平明显提高,防范化解重大风险体制机制不断健全,突发公共事件应急处置能力显著增强,自然灾害防御水平明显提升,发展安全保障更加有力,国防和军队现代化迈出重大步伐

---

① 陈共.财政学[M].9 版.北京:中国人民大学出版社,2017.

第二节　财政政策工具

财政政策工具是指财政政策发挥作用、实现目标所需要使用的方法与手段。首先，财政政策工具具有与时俱进的特点。比如，以前政府和社会资本合作主要采取 BOT（Build-Operate-Transfer）模式，现在主要采用 PPP（Public-Private Partnership）模式；以前营业税是财政政策工具的组成部分，现在营业税退出了历史舞台。其次，财政政策工具具有多样性，许多学者从不同的视角进行了归纳，比如，陈共（2017）认为，财政政策工具主要有税收、一般公共支出、政府公共投资、公债等[①]，安秀梅（2017）认为，主要包括政府预算、税收、国债、政府购买、财政补贴等[②]。参考这些文献，本书重点介绍税收、政府债务、财政购买支出、财政转移支付、政府预算、PPP 模式六类财政政策工具。限于篇幅，对非税收入、政府性基金等其他财政政策工具不做详细介绍。

一、税收

财政部公布的数据显示，2020 年，中国一般公共预算收入 182 895 亿元，全国税收收入 154 310 亿元，税收收入占一般公共预算收入的比重约为 84.38%。可见，税收收入是财政收入的重要组成部分。为了调控经济和促进发展的需要，政府可以对税制类型及结构进行调整。以营业税改征增值税（简称"营改增"）为例，由于增值税具有抵扣链条完整、避免重复征税、便于征收管理等优点，我国于 2012 年 1 月 1 日开始在上海市交通运输业和部分现代服务业试点"营改增"，经过四年多的试点区域扩大和试点行业扩围，2016 年 5 月 1 日全面完成了"营改增"。此外，为了实现特定的财政政策目标，政府既可以减少税收，也可以增加税收。

二、政府债务

对个人而言，如果收入不能满足支出，可以通过借贷的方式进行弥补。对政府而言，也可以采取同样的方式。比如，当经济处于衰退或过缓时，政府需要通过积极的财政政策刺激经济，积极财政政策通常具有减收增支的特点。减少收入和增加支出会使得政府收入小于支出，于是需要为财政支出寻求收入来源。在这种情况下，政府债务就是重要的收入来源。政府债务根据发债主体的不同，可以分为中央政府债务和地方政府债务。之前，部分地方政府通过融资平台间接举债，承担了隐形债务、增加了财政风险。于是，国务院在《关于加强地方政府性债务管理的意见》（国发〔2014〕43 号）中规定："赋予地方政府依法适度举债融资权限。地方政府举债采取政府债券方式。经国务院批准，省、自

---

①　陈共.财政学[M].9 版.北京：中国人民大学出版社,2017.
②　安秀梅.财政学[M].2 版.北京：中国人民大学出版社,2017.

治区、直辖市政府可以适度举借债务,市县级政府确需举借债务的由省、自治区、直辖市政府代为举借。"

三、财政购买支出

财政购买支出是财政支出的重要组成部分,根据支出效果的作用方式不同,可以划分为消费性财政购买支出和投资性财政购买支出。在消费性财政购买支出中,可以由"政府购买、政府提供",也可以由"政府购买、社会提供"。比如,政府出资建设医院大楼、购买医疗设备、聘请医护人员,为社会提供医疗服务,提升卫生服务水平。再如,政府通过购买"劳务派遣"服务的方式,为市政道路两旁的绿植提供养护服务,美化城市环境。在投资性财政购买支出中,支出的受益期限通常较长,例如,修建高铁地铁、桥梁隧道等。从财政政策的效果视角看,财政购买支出至少具有四方面作用:一是促进经济增长。由于消费、投资、政府购买、净出口是构成 GDP 的四个因素,通过增加财政购买支出,势必会促进经济增长。二是有利于充分就业。例如,在桥梁隧道的修建过程中,能创造出更多的就业岗位。三是优化资源配置。以修建高铁为例,缩短了运输时间,拉近了空间距离,有利于资源在空间的配置与转移。四是提升公共服务。在公共服务领域的政府购买,有助于提升公共服务的数量和质量。

四、财政转移支付

财政转移支付是调节收入分配的重要手段,与财政购买支出不同的是,财政转移支付通常是单方面的价值转移,没有对等的价值给付。财政转移支付既存在于财政支出领域,也存在于财政收入领域。财政收入领域的转移支付是税收优惠,也称为税式支出或税收支出。税收优惠存在于诸多税种之中,一般对特定行业、特定区域、特定群体、特定行为等进行税收减免,达到税收鼓励和税收扶持的目标。财政支出领域的转移支付包括对企业、个人等的各项补贴。

五、政府预算

政府预算是经全国人民代表大会或地方各级人民代表大会审查批准的政府年度财政收入及财政支出计划。政府预算对经济活动的调节体现在:当社会总需求小于总供给时,政府预算通过扩大财政支出规模的方式刺激经济增长;当社会总需求大于总供给时,财政预算通过缩减财政支出规模的方式来抑制经济过热;当社会总需求等于总供给时,财政预算通过适度的财政支出规模平衡经济(安秀梅,2017)[①]。现实中,政府预算是按年度编制的,随着经济形势的变化,为调控经济的需要,年中可能会对政府预算进行调整。需要强调的是,政府预算的审查、批准、调整,均有严格的法定程序,这有助于财政政策相关收支项目的规范实施。

---

① 安秀梅.财政学[M].2版.北京:中国人民大学出版社,2017.

六、PPP 模式

政府和社会资本合作(Public-Private Partnership,PPP 模式)是财政资金与社会资本通过项目运营方式合作提供公共产品、公共服务、基础设施的一种模式。政府提供公共产品、公共服务、基础设施等需要资金保障,在财政资金不足的情况下,可以通过政府和社会资本合作的方式提供。比如,甲地与乙地之间拟修建一条高速公路,以方便甲、乙两地之间的联系,促进经济发展。由于财政资金不足,政府与社会资本商议,共同出资修建该高速公路,修建完成后社会资本拥有该高速公路若干年的收费权,若干年后该高速公路移交政府。在实践层面,财政部和国家发改委分别印发了《关于在公共服务领域深入推进政府和社会资本合作工作的通知》(财金〔2016〕90 号)和《传统基础设施领域实施政府和社会资本合作项目工作导则》(发改投资〔2016〕2231 号)等文件,便于实际操作。

第三节　财政政策的作用机制

财政政策的作用机制,既可以基于财政政策的不同工具进行分析,也可以基于财政政策的作用对象进行解析。考虑到前面在介绍财政政策工具时,已相应分析了财政政策工具的作用发挥,故本节从财政政策的作用对象视角进行分析。财政政策是进行总需求管理的重要工具,总需求包括消费需求、投资需求、政府购买需求和净出口需求,这四个方面的需求构成了财政政策进行总需求管理的作用对象。

一、财政政策对消费需求的作用机制

财政政策作用于消费需求的路径主要有四条:

第一,通过调整个人所得税税制影响人们的消费。个人所得税税制包括税制模式、征税项目、扣除金额、适用税率、减免优惠等内容,这些内容的调整将影响人们的个人所得税应纳税额。在个人收入总额不变的情况下,应纳税额的变化,将影响个人的可支配收入,进而影响居民的消费需求。以降低个人所得税税率或提高个人所得税综合所得免征额为例,传导机制为:个人所得税税率降低或个人所得税综合所得免征额提高→个人所得税应纳税额减少→个人可支配收入增加→消费需求增加→总需求增加→国民收入增加。反之,如果个人所得税税率提高或个人所得税综合所得免征额降低→个人所得税应纳税额增加→个人可支配收入减少→消费需求下降→总需求减少→国民收入减少。

第二,通过调整商品税制影响人们的消费。税收是零售价格的组成部分,为了鼓励人们对某些消费品的消费,政府可以降低该消费品的税负,税负的下降会在一定程度上拉低商品价格,从而提升居民的消费需求,增加社会总需求。传导机制为:商品税负下降→商品价格下调→居民消费需求增加→总消费需求增加→国民收入增加。当然,政府为了限制对某些消费品的消费,可以适当提高商品税负,其传导机制为:商品税负提高→商

品价格提升→居民消费需求下降→总消费需求降低→国民收入减少。

第三,通过价格补贴增加人们的消费需求。现实中,价格补贴的方式多种多样,政府既可以对销售方进行补贴,也可以对购买方进行补贴。不管采用哪种价格补贴方式,都能降低消费者实际承担的价格,进而提升居民的消费需求,其传导机制类似于直接减少税收,即政府实施价格补贴→消费者实际承担的价格下降→居民消费需求增加→总消费需求增加→国民收入增加。

第四,通过转移支付增加转移支付获得者的消费需求。以政府对低收入群体的转移支付为例,低收入群体获得转移支付后,增加了可支配收入,在其他因素不变的情况下,可支配收入的增加会导致消费需求的增加,作用机制为:政府对居民转移支付增加→获得转移支付群体的可支配收入增加→转移支付获得者的消费需求增加→总消费需求增加→国民收入增加[①]。

二、财政政策对投资的作用机制

财政政策可以通过财政贴息、财政补贴、税收优惠、税负提升等方式作用于投资需求。

在财政贴息中,政府对满足条件的借贷资金进行财政支持,降低了企业的实际利率和资金成本,提升了企业的利润空间和投资积极性,进而增加投资需求,其作用机制为:财政贴息→资金的实际利率下降→资金的使用成本降低→企业利润增加→企业的投资积极性增加→企业投资增加→总投资需求增加→国民收入增加。在财政补贴中,新能源补贴是一个典型的例子。

在税收优惠中,以区域或行业税收优惠为例,其传导机制为:区域或行业税收优惠→区域或行业内企业的税负降低→区域或行业内企业的利润提升→区域或行业内企业的投资积极性增加→总投资需求上升→国民收入增加。在税负提升中,政府出于宏观经济调控的需要,可能提升特定行业的税收负担,其作用机理的方向与税收优惠相反,传导机制为:行业税率上升→行业内企业的税负增加→行业内企业利润下降→行业内企业投资积极性下降→总投资需求减少→国民收入降低。

三、财政政策对政府购买的作用机制

政府购买既是财政政策工具之一,也是总需求的构成部分,财政政策作用于政府购买有两个方向:一是若增加政府购买支出,会提高政府的购买需求,进而提高总需求,从而提升国民收入。二是若减少政府购买支出,会降低政府购买需求,进而拉低总需求,从而减少国民收入。两个方向的具体选择取决于政府的相机抉择。

《中华人民共和国政府采购法》第十条规定:"政府采购应当采购本国货物、工程和服务。但有下列情形之一的除外……"可见,扩大政府购买会增加对本国货物、工程和服

---

① 为了分析的简洁,此处未考虑转移支付支出方的消费支出减少。

务的需求,在政府采购总量既定的情况下,会相应减少对进口产品的需求,由此导致净出口增加,两方面作用共同促进总需求增加,进而带来国民收入增加。其作用机制为:对本国货物、工程和服务的政府采购增加(或对进口产品的政府采购减少)→对本国产品的政府购买需求增加→净出口需求增加→总需求增加→国民收入增加。

四、财政政策对净出口的作用机制

在关税方面,理论上有出口关税、进口关税和过境关税,实践中进口关税是最常见的情况。增加进口关税会提高进口产品的价格,从而减少本国居民对进口产品的需求,进而增加净出口需求,增加国民收入。其作用机制为:进口关税增加→进口产品价格上涨→对进口产品的消费减少→净出口需求增加→国民收入增加。相反,进口关税减少→进口产品价格下降→对进口产品的消费增加→净出口需求下降→国民收入减少。

在出口是否退税方面,理论上有出口征税、出口不征税但不退税和出口不征税且退税三种情况,现实中最常见的是出口不征税且退税。在出口退税时,不同的退税率意味着不同的退税力度,若提高出口退税率,会增加出口产品的竞争力,从而提升国民收入。其作用机制为:出口退税率提高→出口退税额增加→出口产品价格下降→出口产品竞争力提高→产品出口额增加→净出口需求增加→国民收入增加。若降低出口退税率,其传导机制为:出口退税率降低→出口退税额减少→出口产品价格上涨→出口产品竞争力下降→产品出口减少→净出口需求下降→国民收入下降。

第四节　财政政策乘数及其效果

一、财政政策的乘数效应

财政政策通过乘数效应作用于经济增长,衡量经济增长最常用的指标是 GDP,GDP由消费 C、投资 I、政府购买 G 和净出口 NX 四部分构成。参考陈共(2017)的分析思路,具体推导如下的财政政策乘数效应和各类财政政策乘数[①]。

乘数效应的推导过程为:

$$Y = C + I + G + NX \tag{11-1}$$

式中,Y 表示 GDP 或国民收入。

$$C = C_0 + bY_d \tag{11-2}$$

式(11-2)为消费函数,其中 C_0 是自主性消费,即人们在收入流量为零时也必须进行的消费;b 为边际消费倾向,$0 \leq b < 1$,表示当收入每增加一元时消费支出的增加额;Y_d 为可支配收入。

---

① 陈共.财政学[M].9 版.北京:中国人民大学出版社,2017.

$$Y_d = Y - T_{ax} + T_r \tag{11-3}$$

式中，T_{ax} 为税收，T_r 为转移支付。

将式(11-3)代入式(11-2)可得：

$$C = C_0 + b(Y - T_{ax} + T_r) \tag{11-4}$$

将式(11-4)代入式(11-1)可得：

$$Y = C_0 + b(Y - T_{ax} + T_r) + I + G + NX \tag{11-5}$$

$$Y = C_0 + bY - bT_{ax} + bT_r + I + G + NX \tag{11-6}$$

$$Y - bY = C_0 - bT_{ax} + bT_r + I + G + NX \tag{11-7}$$

$$(1 - b)Y = C_0 - bT_{ax} + bT_r + I + G + NX \tag{11-8}$$

$$Y = \frac{C_0 - bT_{ax} + bT_r + I + G + NX}{1 - b} \tag{11-9}$$

以式(11-9)为基础，通过求导数可得各类财政政策乘数。

（一）税收乘数（K_T）

式(11-9)对税收 T_{ax} 求导数，可得税收乘数：

$$K_T = \frac{\partial Y}{\partial T_{ax}} = \frac{-b}{1 - b} \tag{11-10}$$

税收乘数为负，即在其他条件不变的情况下，增加税收会减少国民收入，减少税收会增加国民收入。在其他条件不变的情况下，增加一元税收会减少 K_T 元的国民收入，减少一元税收会增加 K_T 元的国民收入。b 是决定税收乘数的关键参数，随着 b 的增加，税收乘数的绝对值不断增加；当 b 为 0 时，税收乘数为 0，当 b 趋近于 1 时，税收乘数趋近于无穷大。

（二）转移支付乘数（K_{TR}）

式(11-9)对转移支付 T_r 求导数，可得转移支付乘数：

$$K_{TR} = \frac{\partial Y}{\partial T_r} = \frac{b}{1 - b} \tag{11-11}$$

转移支付乘数为正，在其他条件不变的情况下，增加转移支付会增加国民收入，减少转移支付会导致国民收入减少。在其他条件不变时，增加一元的转移支付会增加 K_{TR} 元的国民收入，减少一元的转移支付会减少 K_{TR} 元的国民收入。

（三）政府购买乘数（K_G）

式(11-9)对政府购买 G 求导数，可得政府购买乘数：

$$K_G = \frac{\partial Y}{\partial G} = \frac{1}{1 - b} \tag{11-12}$$

政府购买乘数为正，即在其他条件不变的情况下，增加政府购买会增加国民收入，减少政府购买会导致国民收入减少。在其余条件不变时，增加一元的政府购买会增加 K_G 元的国民收入，减少一元的政府购买会减少 K_G 元的国民收入。

（四）平衡预算乘数（K_B）——税收与政府购买等量

当政府将增加的税收全部用于政府购买时，税收乘数为 K_T、政府购买乘数为 K_G，由于 $K_T+K_G=1$，税收与政府购买保持的平衡预算乘数恒等于 1。假设政府增加税收 1 亿元，国民收入减少 9 亿元，若增加的税收全部用于政府购买，会导致国民收入增加 10 亿元，最后国民收入净增加 1 亿元。

（五）平衡预算乘数（K_B）——税收与转移支付等量

当政府将增加的税收全部用于转移支付时，税收乘数为 K_t、转移支付乘数为 K_{TR}，由于 $K_T+K_{TR}=0$，税收与转移支付的平衡预算乘数恒等于 0。假设政府增加税收 1 亿元，同时将其全部用于转移支付，国民收入水平保持不变。

（六）其余乘数

式（11-9）对投资 I 和净出口 NX 求导数，可得投资乘数和净出口乘数：

$$K_I = \frac{\partial Y}{\partial I} = \frac{1}{1-b} \tag{11-13}$$

$$K_{NX} = \frac{\partial Y}{\partial NX} = \frac{1}{1-b} \tag{11-14}$$

投资乘数（K_I）、净出口乘数（K_{NX}）与政府购买乘数（K_G）完全相同。

二、财政政策效果的 IS-LM 模型分析

IS-LM 模型是希克斯和汉森在凯恩斯的宏观经济理论基础上提出的经济分析模型，通常也被称为"希克斯-汉森模型"。IS-LM 模型是分析财政政策效果的重要工具，描述的是产品市场和货币市场同时均衡时国民收入与市场利率的决定。在 IS-LM 模型中，横轴表示国内生产总值（用 Y 表示），纵轴表示市场利率 i。IS 曲线从左上方向右下方倾斜，意味着产品市场均衡时，国内生产总值 Y 与市场利率 i 反方向变化；LM 曲线从左下方向右上方倾斜，意味着货币市场均衡时，国内生产总值 Y 与市场利率 i 同方向变化。本书参考李汉文和徐艺（2016）的分析思路，从财政政策的挤出效应、IS 曲线斜率与财政政策效果、LM 曲线斜率与财政政策效果三个方面对财政政策效果进行分析[①]。

（一）财政政策挤出效应

财政政策挤出效应是指政府财政支出增加导致利率上升，从而挤出私人投资，进而对国民收入增加产生一定程度的抵消作用的现象。当实施积极的财政政策时，若 LM 曲线没有变化，即货币供给不变，会导致均衡市场利率的提升，市场利率的提升会降低私人投资，抵消积极财政政策的部分功效，这就是财政政策的挤出效应。在图 11-1 中，IS_1 曲线与 LM 曲线相交于均衡点 A，均衡点 A 对应的市场利率为 i_1、国内生产总值为 Y_1。假设政府实施积极的财政政策，使 IS 曲线的位置由 IS_1 移动至 IS_2，在市场利率保持为 i_1 不变的情况下，国内

---

① 李汉文,徐艺. 财政学[M]. 2 版. 北京:科学出版社,2016.

生产总值会达到 Y_3 的水平。但实际上由于货币政策没有变化,即 LM 曲线没有移动,积极的财政政策会使市场利率由 i_1 上升为 i_2,上升的市场利率会抑制投资需求,使得实际的国内生产总值低于 Y_3,仅为 Y_2。从图 11-1 可以看出,积极财政政策的最终均衡市场利率为 i_2、国内生产总值为 Y_2,Y_2 低于 Y_3 的部分即为积极财政政策的"挤出效应"。

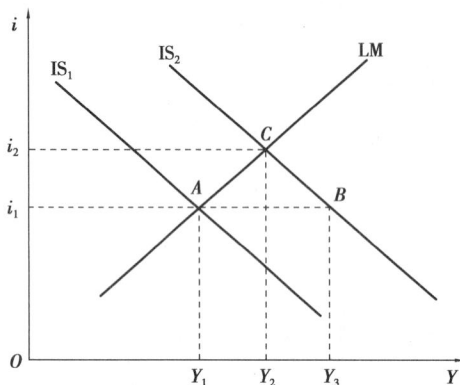

图 11-1　财政政策的挤出效应

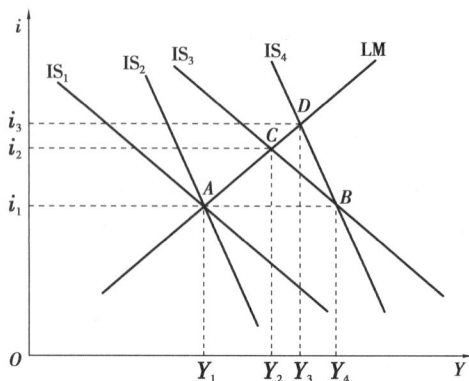

图 11-2　IS 曲线斜率与财政政策效果

（二）IS 曲线斜率与财政政策效果

如图 11-2 所示,LM 曲线保持不变,若 IS 曲线为比较陡峭的 IS_2,实施积极的财政政策后,IS 曲线的位置由 IS_2 移动至 IS_4,国内生产总值将由 Y_1 增至 Y_3;若 IS 曲线为比较平坦的 IS_1,实施同样的积极财政政策后,IS 曲线的位置将由 IS_1 移动至 IS_3,国内生产总值将由 Y_1 增至 Y_2。结合图 11-2 可知,Y_3 大于 Y_2。因此,在 LM 曲线保持不变的情况下,实施同样的积极财政政策,IS 曲线越陡峭,财政政策的效果越明显。

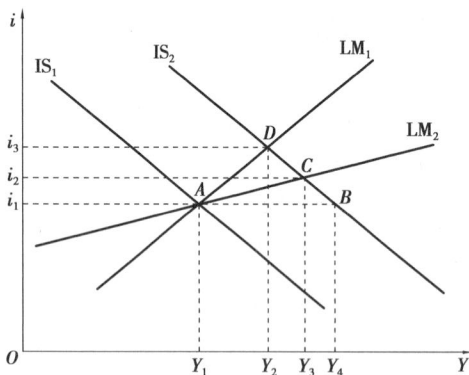

图 11-3　LM 曲线斜率与财政政策效果

（三）LM 曲线斜率与财政政策效果

如图 11-3 所示,若 LM 曲线为较为平坦的 LM_2,实施财政政策前的 IS 曲线为 IS_1,实施积极财政政策后,IS 曲线由 IS_1 向右移动至 IS_2,则国内生产总值将由最初的 Y_1 增加至 Y_3;若 LM 曲线为较为陡峭的 LM_1,实施同样的积极财政政策后,IS 曲线由 IS_1 向右移动至 IS_2,则国内生产总值将由最初的 Y_1 增至 Y_2。从图 11-3 可以看出,Y_2 小于 Y_3。因此,在 IS 曲线斜率保持不变的情况下,实施同样的积极财政政策,LM 曲线越平坦,财政政策的效果越明显。

三、财政政策的局限性

（一）财政政策的时滞性

陈共（2017）将财政政策的时滞性划分为认识时滞、行动时滞、决策时滞、执行时滞、效果时滞五种情况①。认识时滞是指经济现象的演变和发展需要一个过程,在发展初期可能很难被察觉,发展到一定程度才较易被察觉。行动时滞是指认识到某一经济现象后,财政部门需要进行讨论,并拟定具体的财政政策内容,这需要相应时间。决策时滞是指财政政策的拟定到最终成文,需要经过一定的程序和流程。执行时滞是指财政政策的实际落地执行需要一定时间。效果时滞是指具体执行的财政政策需要一定时间才能产生效果。

(二)财政政策效果较难准确预测

由于经济社会的复杂性,财政政策的实施效果不易准确预测。比如,2021年6月,中共中央、国务院在《关于优化生育政策促进人口长期均衡发展的决定》中要求:"实施一对夫妻可以生育三个子女政策……,配套实施积极生育支持措施。"若某地方政府对生育三个子女家庭实行生育补贴,该财政政策对人口的均衡发展显然具有积极作用,但作用的效果是多大? 生育补贴对生育率提升的边际效应是多大? 很难进行准确预测。实践中,需要不断观察、测算财政政策的效果,从而不断优化相应的财政政策。

第五节　中国的财政政策实践

改革开放至今的40多年中,我国的财政政策不断发展、完善。在不同的历史时期,我国根据当时的具体情况,实施了适宜的财政政策。本书在参考陈共(2017)②、安秀梅(2017)③、李汉文和徐艺(2016)④的文献基础上,结合时间维度,将我国的财政政策实践分为以下三个阶段。

第一阶段:中国财政政策的发展期(1978—1997年)。此期间,我国财政政策实践可以细分为三个时期:一是,"分灶吃饭"与"利改税"时期。1980年,国务院颁布的《关于实行"划分收支、分级包干"财政管理体制的暂行规定》明确了"分灶吃饭"。1985年,国务院制定了《关于实行"划分税种、核定收支、分级包干"财政管理体制的规定》(国发〔1982〕141号),将财政收入分为中央财政固定收入、地方财政固定收入、中央和地方财政共享收入,将财政支出分为中央财政支出、地方财政支出和不宜实行包干的专项支出。"利改税"是指将原来国有企业向国家上缴利润的方式改为国家基于政治权力向国有企业征税、基于财产权力享有国有企业税后利润的方式。这些改革充分调动了地方政府的财政积极性和国有企业的生产经营积极性。二是,紧缩财政政策时期。1988—1989年,我国居民消费价格指数分别比1987年和1988年上涨了18.8%和18%,政府通过大力压缩固定资产投资金额、控制社会的消费需求、减少中央的财政支出等方式实施了紧缩的财政政策,起到了显著效果。三是适度从紧财政政策时期。1993—1995年,我国居民消

①② 陈共.财政学[M].9版.北京:中国人民大学出版社,2017.
③ 安秀梅.财政学[M].2版.北京:中国人民大学出版社,2017.
④ 李汉文,徐艺.财政学[M].2版.北京:科学出版社,2016.

费价格指数分别比上一年上涨了 12.7%、24.1% 和 17.1%。为了确保物价的基本稳定,我国实施了适度从紧的财政政策。《中共中央关于制定国民经济和社会发展"九五"计划和 2010 年远景目标的建议》明确要求:"'九五'期间要以抑制通货膨胀作为宏观调控的首要任务,把目前过高的通货膨胀率明显降下来,实行适度从紧的财政政策……。"

第二阶段:中国财政政策的调整期(1998—2011 年)。此阶段,我国的财政政策随着宏观经济形势和社会发展需要不断调整,也可以细分为三个具体时期:一是,积极财政政策时期。1997 年,始于泰国的亚洲金融危机,很快对其他国家和地区产生了重要影响。从 1998 年开始,我国经济出现了由"过热"转为"过冷"的势头,1998 年和 1999 年,我国居民消费价格指数分别比 1997 年和 1998 年下降了 0.8% 和 1.4%。于是,我国及时将适度从紧的财政政策调整为积极的财政政策,并实施了各项切实可行的具体措施。以 1998 年为例,我国在年初就实施了增加投资、扩大内需的政策,鉴于亚洲金融危机的影响程度比预期严重,导致出口增速回落和内需拉动经济力度不足,我国又果断增发了 1 000 亿元财政债券,重点用于对基础设施建设的投资,最终确保国内生产总值比 1997 年增长了 7.8%。二是,稳健财政政策时期。2005 年,我国将积极的财政政策调整为松紧适度的稳健财政政策,并适当减少财政赤字和长期建设国债的发行规模,全面清理和规范税收优惠政策,严格控制一般性支出增长。三是,再次实施积极财政政策时期。2007 年,起源于美国的"次贷危机"开始席卷世界主要金融市场。从 2008 年开始,为进一步扩大内需、促进经济增长,我国实施了积极的财政政策,具体包括十项措施:加快建设保障性安居工程,加快农村基础设施建设,加快铁路、公路和机场等重大基础设施建设,加快医疗卫生、文化教育事业发展,加强生态环境建设,加快自主创新和结构调整,加快地震灾区灾后重建各项工作,提高城乡居民收入,实施增值税转型改革、鼓励企业技术改造、减轻企业负担 1 200 亿元,加大金融对经济增长的支持力度。

第三阶段:中国财政政策的成熟期(2012 年至今)。我国的财政政策均属于积极的财政政策,对促进国民经济的高质、高效、健康、持续增长起到了极其重要的作用。近年来,在国务院的《政府工作报告》中,对积极财政政策的要求是"加力增效""加大力度""更加积极有效""聚力增效""加力提效""更加积极有为"。其中,出现次数最多的关键字是"效",即强调积极财政政策的效果与效率。例如,面对突如其来的新冠肺炎疫情,李克强总理在《2020 年政府工作报告》中强调:"今年赤字率拟按 3.6% 以上安排,财政赤字规模比去年增加 1 万亿元,同时发行 1 万亿元抗疫特别国债……上述 2 万亿元全部转给地方,建立特殊转移支付机制,资金直达市县基层、直接惠企利民,……要大力提质增效,各项支出务必精打细算,一定要把每一笔钱都用在刀刃上、紧要处,一定要让市场主体和人民群众有真真切切的感受。"上面提到的财政资金直达机制是财政政策的创新之举,对提升财政资金实效具有重要作用。具体而言,财政资金直达机制是指,在保持现行财政管理体制不变、地方保障主体责任不变、资金分配权限不变的前提下进行,按照"中央切块、省级细化、备案同意、快速直达"的原则直接快速下达市县基层,确保资金下达和资金监管同步"一竿子插到底"。

此外,"十四五"规划为我国未来一段时间的财政政策实践指明了方向。在"十四五"规划的第二十一章中,用两节内容分别从"加快建立现代财政制度"和"完善现代税收制度"两个方面构建了我国未来若干年的财税体制。

内容小结

1.财政政策是一国政府为了实现充分就业、经济增长、物价稳定等目标而在财政预算、税收收入、政府购买、转移支付、政府债务等领域制定的各种行动原则、运行策略、实施手段、调控措施的总和。

2.财政政策具有宏观性与微观性、阶段性与过渡性等特征。

3.财政政策按照不同的标准可以划分为不同的类型;包括自动稳定的财政政策与相机抉择的财政政策;积极财政政策、消极财政政策和中性财政政策;收入型财政政策、支出型财政政策与混合型财政政策;总量型财政政策和结构型财政政策。

4.财政政策的一般功能有实现充分就业、确保物价稳定、促进经济增长、优化资源配置、调节收入分配。

5.财政政策工具主要有税收、政府债务、财政购买支出、财政转移支付、政府预算、PPP 模式等。

6.财政政策可以通过影响消费、投资、政府购买和净出口作用于总需求,进而影响国民收入的决定。

7.财政政策的挤出效应是指政府财政支出增加导致利率上升,从而挤出私人投资,进而对国民收入增加产生一定程度抵消作用的现象。财政政策的实施效果与 IS 曲线的斜率和 LM 曲线的斜率有关。

8.财政政策具有乘数效应,财政政策乘数包括税收乘数、转移支付乘数、政府购买乘数、平衡预算乘数、投资乘数和净出口乘数。

9.不同的时期具有不同的财政政策,改革开放以来,我国财政政策主要经历了发展期、调整期和成熟期三个阶段。

复习思考题

1.什么是财政政策?
2.财政政策具有哪些特征?
3.财政政策具有哪些类型?
4.财政政策的一般功能有哪些?
5.财政政策有哪些主要工具?
6.财政政策的作用机制是怎样的?
7.什么是财政政策的乘数效应?

第十二章 货币政策

货币政策是政府管理宏观经济的基本政策工具之一,在国家或经济体的宏观经济调控和宏观经济政策中处于十分重要的位置。通过调整货币政策,可以调节市场总需求、市场总供给、经济增长、经济结构、国际收支平衡、一般价格水平等,以助力政府或中央银行达到既定的政策目标。本章主要内容包括:货币政策概述、货币政策工具、货币政策的传导机制、货币政策效果及其局限性、中国的货币政策实践。

第一节 货币政策概述

一、货币政策的含义与特征

(一)货币政策的含义

货币政策是指中央银行通过运用各类货币政策工具控制货币供应量,以及通过货币供应量调节利率,进而影响投资和整个经济运行,以达到一定经济目标的行为。货币政策的经济目标通常包括经济增长、充分就业、稳定物价和国际收支平衡。

(二)货币政策的特征

货币政策作为现代市场经济国家或地区调控宏观经济运行的最重要途径之一,具有如下基本特征。

1. 影响的广泛性

货币政策的变动往往会引起市场的连锁反应。货币政策通过调节流通中的货币量,对国民经济增长、商品与劳务价格、居民就业、货币汇率、资本市场与国际收支产生作用,影响经济社会的各个方面。

2. 制定与实施的独立性

货币政策的制定与实施的独立性主要体现在两个方面:一是中央银行对政府保持一定的独立性。由于金融市场运行的特殊性、中央银行与政府目标利益的差异性以及相互制约的必要性,导致全球尤其是发达市场经济国家的中央银行与政府之间保持一定的独立性。

二是中央银行对政府的独立性是相对的。由于货币政策属于国家经济政策的一部分,货币政策的宏观调控目标与调控措施既要服从整体调控的安排,又需要与政府其他部门、其他政策有效配合,才能更好地实现调控目标,因此,货币政策不能完全独立于政府之外。

3. 来源的法定性

全球各个国家或地区的货币政策基本上均由中央银行负责制定和实施,并以法律法规的形式明文规定中央银行的这项权力。全国人民代表大会常务委员会通过的《中华人民共和国中国人民银行法》明确规定,中国人民银行是中华人民共和国的中央银行,其职责是在国务院领导下,制定和执行货币政策、宏观审慎政策,防范和化解金融风险,维护金融稳定。

二、货币政策的基本功能

货币政策是指中央银行为实现特定目标,采取的各类控制和调节货币供给量和信用量的方针、政策和措施的总和。货币政策主要包括以下基本功能。

(一)促进经济增长

低速的经济增长和较大的经济波动,对经济增长和居民生活产生不利影响。中央银行可以在经济过热时采取紧缩性货币政策,减少货币供给,减少投资与消费,抑制市场需求和物价上涨过快;在经济衰退时采取扩张性货币政策,增加货币供给,刺激投资与消费,促进经济增长。

(二)促进充分就业

货币政策可以通过调控经济增速、经济规模与经济结构,影响市场就业规模与就业结构,促进实现更充分就业。充分就业作为最基本的民生,是居民收入、消费与生活的前提与保障。充分就业不仅有利于生产要素充分利用,也有利于维护社会稳定和保障人民生活水平的提高。

(三)保持物价稳定

稳定物价是很多国家中央银行的首要目标,物价稳定的实质是货币币值的稳定,币值的稳定意味着一定条件下单位货币购买力的稳定。市场供给与市场需求的均衡是经济和物价平稳运行的重要保障,中央银行可以通过货币政策调节市场上的货币供给量,从而影响市场需求,保持稳定的物价。

(四)促进国际收支平衡

实现国际收支平衡,防止汇率大幅波动,是确保国民经济健康持续发展的必要条件。货币政策可以通过协调本外币政策、调控本币的供需、调节汇率和利率政策,保持本外币汇率平稳,确保国际收支平衡。

三、货币政策的类型与目标

(一)货币政策的类型

根据货币政策目标的不同,货币政策可分为扩张性货币政策、紧缩性货币政策和中性货币政策三类。

1. 扩张性货币政策

扩张性货币政策又称为积极货币政策或宽松的货币政策,主要表现为中央银行通过降低法定存款准备金率、降低利率、降低再贴现率、在公开市场回购有价证券等手段,以增加流通中的货币量和扩大信贷支出规模,让企业和居民更容易获得生产资金和消费资金,从而刺激投资和消费,促进经济增长。扩张性货币政策通常在社会有效需求不足、市场疲软和国民经济增速放缓时采用。

2. 紧缩性货币政策

紧缩性货币政策主要表现为中央银行通过提高法定存款准备金率、提高利率、提高再贴现率、在公开市场出售有价证券,以减少流通中的货币量和减少信贷支出规模,降低过高的社会需求,抑制投资和消费,缓解通货膨胀压力和经济过热。紧缩性货币政策通常在社会需求过高、通货膨胀压力上升、投资和消费过热时采用。

3. 中性货币政策

中性货币政策又称为稳健的货币政策,主要表现为中央银行基本保持存款准备金率、利率、再贴现率和汇率不变,确保货币投放量适度,能够满足经济增长、投资和消费的需求。中性货币政策通常在社会总供求基本平衡、经济增速平稳和物价稳定时采用。

(二)货币政策的目标

货币政策的目标是由操作目标(Operating Target)、中介目标(Intermediate Target)和最终目标(Ultimate Goal)三个渐进式层次有机组成的目标体系。图12-1为中央银行的货币政策目标体系。

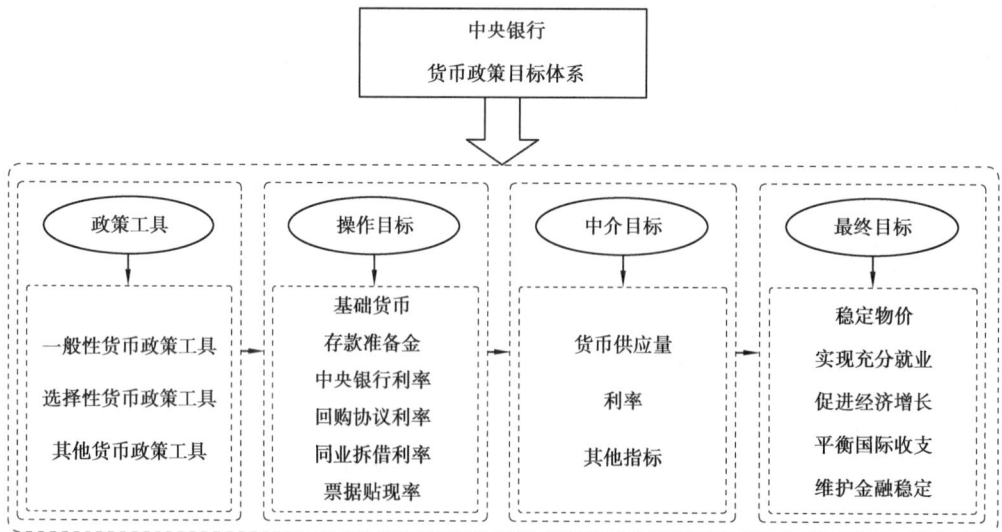

图12-1 中央银行的货币政策目标体系

1. 货币政策的操作目标

货币政策的操作目标是指中央银行通过货币政策工具操作能够有效、准确实现的政策变量。常用的货币政策操作目标有存款准备金率、基础货币量、中央银行利率、回购协议利率、同业拆借利率、票据贴现率等。存款准备金率和基础货币量是中央银行实施货币政策可选择的两个主要操作指标。

2.货币政策的中介目标

货币政策的中介目标是指货币政策作用过程中处于操作指标与最终目标之间的重要中间环节,是判断货币政策力度和效果的重要指示变量。利率和货币供给量是常用的中介目标。中央银行在实施货币政策时,通过货币政策工具调节货币供给量和利率等,进而间接影响物价、就业、产出、汇率和国际收支等最终目标变量。

在中介目标中,利率的影响面广、作用力强,能够反映货币与信用的供给状态与供求状况的相对变化。虽然中央银行能够运用货币政策工具对利率进行有效控制,但是中央银行对预期实际利率和市场主体对利率敏感性的控制较弱。货币供给量的变动会直接影响经济活动,且能被中央银行所控制,但是中央银行对货币供给量的控制能力并不是绝对的。

3.货币政策的最终目标

货币政策的最终目标是指货币政策制定者期望达到的、货币政策操作最终要实现的目标,既是制定和实施货币政策的依据,也是中央银行组织和调节货币流通的出发点和归宿。

货币政策的最终目标主要有经济增长、充分就业、物价稳定和国际收支平衡,要同时实现四个目标非常困难,目标之间会表现出矛盾性,使得货币政策的实施面临两难选择。

一是充分就业和物价稳定之间的矛盾。实施扩张性的货币政策,有利于刺激总需求,促进经济增长,扩大就业量,实现充分就业,但扩张性的货币政策可能会造成流通中货币供应量增加,由此引起物价水平上涨;紧缩性的货币政策有利于抑制通货膨胀,保持物价稳定,但常常会导致总需求萎缩,就业量下降,失业率上升。因此,稳定物价与充分就业之间存在一定的矛盾,可能是物价稳定下的高失业率或高通货膨胀率下的充分就业。

二是经济增长与物价稳定之间也存在着矛盾。扩张性货币政策有利于刺激总需求,促进经济增长,但扩张性货币政策在促进经济增长的过程中,常常带来流通中货币供给量增加,可能造成通货膨胀;紧缩的货币政策有利于抑制总需求,控制通货膨胀,保持物价稳定,但紧缩性货币政策有可能造成总需求下降,经济萎缩。因此,物价稳定和经济增长之间存在一定的矛盾,可能是物价稳定下的低速经济增长或高通货膨胀率下的经济繁荣。

三是经济增长与国际收支平衡之间可能存在矛盾。扩张性货币政策有利于刺激总需求,促进经济增长,进而促进就业增加和收入增长,收入增加使进口贸易增加,导致国际收支状况恶化。消除贸易逆差必须压缩国内需求,紧缩性货币政策有利于抑制国内总需求,减少进口,改善国际收支状况,但紧缩性货币政策会导致经济增长缓慢甚至经济衰退。

四是物价稳定与国际收支平衡之间的矛盾。紧缩性货币政策有利于减少流通中的货币供给量,抑制通货膨胀,保持物价稳定,但紧缩性货币政策通过减少总需求减缓经济增长,由此导致进口减少、出口增加,造成国际收支失衡。

总之,在实际经济运行中,同时实现宏观调控四个目标非常困难,在确定货币政策目标时,要根据具体国情,在一定时间内选择一个或两个目标作为货币政策的主要目标。

第二节　货币政策工具

货币政策工具是指中央银行可以直接控制的,为实现货币政策目标而采用的各种方法和手段的总和。货币政策工具可分为一般性货币政策工具、选择性货币政策工具、其他补充性货币政策工具和新型货币政策工具四类。

一、一般性货币政策工具

一般性货币政策工具是指对货币供给总量或信用总量进行调节和控制的政策工具,其对宏观经济运行的影响是全局性的。一般性货币政策工具主要有存款准备金制度、再贴现政策和公开市场业务三种。

(一)存款准备金制度

存款准备金制度的初始意义在于保证商业银行的支付和清算,之后逐渐演变成中央银行调控货币供应量的政策工具。存款准备金是商业银行等货币机构根据中央银行的规定,按各项存款或负债总额的一定比例向中央银行缴存的存款。存款准备金不仅包括中央银行规定的法定存款准备金,也包括超额存款准备金。实行中央银行制度的国家或地区,一般都会实行存款准备金制度。调整法定存款准备金率,是该货币政策工具发挥作用的基本方式。

存款准备金政策不仅可以让中央银行通过调整存款准备金率来调节货币供给,而且保证了商业银行等货币机构的资金拥有一定的流动性。存款准备金政策变动对货币供给的影响力度大,影响速度快,影响效果明显,但操作不当可能引起市场波动和超额准备金率较低的银行业金融机构陷入流动性困境。

(二)再贴现政策

再贴现政策是指中央银行通过制定或调整再贴现率,进而调节银行业金融机构从中央银行获得的超额准备和再贴现贷款,从而影响货币供给量的政策。

再贴现政策一般包括短期和长期两种。短期的再贴现政策是指货币当局根据市场上资金的供求,随时调整再贴现率以影响市场利率,进而影响银行业金融机构的超额准备金和借入资金成本,调节市场上的货币供求状况。长期再贴现政策分为扶持政策和抑制政策两类。扶持政策即放宽贴现条件,是指中央银行长期采取再贴现率低于市场利率的政策来放松银根,降低再贴现成本,目的是增加流通中的货币供应量。抑制政策是指中央银行长期采取再贴现率高于市场利率的政策来收缩银根,目的是降低流通中的货币供应量。

（三）公开市场业务

公开市场业务是指中央银行在金融市场公开买卖有价证券,进而调整市场货币供给量和利率的一种政策行为。有价证券主要包括政府债券和国库券,部分国家还包括地方政府债券、政府担保债券、银行承兑汇票等。公开市场业务的目标是调节货币供应量而非盈利。

公开市场业务的意义在于影响金融体系的流动性,通过调控基础货币,调节流通中的货币供应量,实现金融市场流动性总量适度、结构合理、利率稳定和变化平缓的目标。当经济低迷时,货币当局在金融市场买进有价证券,增加银行准备金和货币供给量,降低市场利率,从而刺激投资和消费,扩大总需求。当经济过热时,货币当局在金融市场卖出有价证券,降低银行准备金和货币供给量,提升市场利率,从而抑制投资和消费,降低总需求。表12-1展示了不同公开市场业务操作的影响及特点。

表12-1　公开市场业务操作方式的比较

公开市场业务操作		货币供给影响	特　点
长期性操作	买入有价证券	长期性增加	①长期内的储备调节 ②单向性的储备调节 ③用于货币政策重大变化
	卖出有价证券	长期性减少	
临时性操作	购买——回购协议	临时性增加	①短期内的储备调节 ②双向性的储备调节 ③用于维持既定货币政策
	售出——购回协议	临时性减少	

中央银行对公开市场业务的控制力较强,不仅可以进行灵活、精准、迅速的操作,而且具有极强的可逆转性。目前,公开市场业务已成为大多数国家经常使用的货币政策工具,但其他市场因素可能会抵消公开市场业务对货币市场的作用,而且实施公开市场业务需要所在国家或地区拥有较为发达的证券市场。

二、选择性货币政策工具

选择性货币政策工具是指中央银行针对某些特定的经济领域（如行业、企业）或特定用途的信贷所采用的政策工具,主要有消费者信用控制、证券市场信用控制、不动产信用控制和优惠利率。选择性货币政策工具对宏观经济运行的影响是局部性的。

（一）消费者信用控制

消费者信用控制是指中央银行对消费者购买不动产以外的耐用消费品的销售融资的管理措施,以调节消费者的支付能力。例如,为了抑制消费过热,可以规定消费者分期购买的最长期限、首期付款的最低比例、消费品种类等。

（二）证券市场信用控制

证券市场信用控制是指中央银行规定有价证券交易时的法定保证金比率，目的在于限制以信用方式（借款）购买股票、债券等有价证券。货币当局限定法定保证金比率，既可以控制证券市场的信贷资金需求，维护证券市场价格稳定，又可以调节信贷供给结构，控制进入证券市场的资金，引导资金投向实体经济生产和经营，避免资金"脱实向虚"。

（三）不动产信用控制

不动产信用控制是指中央银行对银行业金融机构向客户发放不动产抵押贷款的管理措施，主要内容涉及规定不动产贷款的最高限额、分期付款的期限、首次付款的最低额度和还款条件等。当经济过热时，货币当局需要通过加强不动产信用控制来抑制房地产投机，防止房地产泡沫出现，真正实现"房住不炒"。当经济低迷时，货币当局可以通过放松不动产信用控制，刺激社会对不动产的需求，以不动产的投资、生产和交易带动其他部门的投资和消费，促进经济增长。

（四）优惠利率

优惠利率是指中央银行对拟重点支持的行业、部门、群体、产品和企业规定较低的利率，降低融资成本和难度，促进经济结构和产品结构优化升级。发展中国家倾向于采取此类货币政策工具。主要从两种途径实施优惠利率：一是货币当局对需要重点支持的特定部门和领域实行较低的贷款利率，由银行业金融机构具体执行；二是货币当局对特定部门和领域的票据规定较低的再贴现率，引导银行业金融机构支持其融资和发展。

三、其他补充性货币政策工具

除一般性、选择性货币政策工具以外，中央银行有时还运用一些补充性货币政策工具，对信用进行直接控制和间接控制，常用的手段有直接信用控制与间接信用指导。

（一）直接信用控制

直接信用控制是指中央银行基于质与量两个方面，以行政命令或其他方式对金融机构创造信用业务进行直接干预的总称，主要包括利率最高限额、信用分配、可流动资产准备金率管理和直接干预等。规定存贷款利率是最常用的直接信用管制工具；信用分配是货币当局通过对商业银行的信用创造规模进行分配和控制，调节市场整体的信用规模；可流动资产准备金率（流动性比率）管理是指货币当局规定商业银行的流动资产与存款的比率，以控制商业银行的信用扩张和规模；直接干预则是指货币当局以"银行的银行"的身份直接对商业银行的信贷业务、放款额度和范围等进行干预。

（二）间接信用指导

间接信用指导是指中央银行采用除直接控制和一般信用控制以外的各种调控措施，主要用各种间接措施来影响金融机构的信用创造，主要包括道义劝告和窗口指导。能否有效发挥作用与中央银行的地位、威望及其法律权利有关。道义劝告是指中央银行对金融机构发出通告、指示或与金融机构负责人进行面谈，解释政策意图，促使金融机构自动遵守、落实相关政策的相应措施;窗口指导是指中央银行根据经济形势、物价变动和金融市场供求,规定银行贷款的重点和规模等。

四、新型货币政策工具

为应对复杂多变的经济形势,除上述的货币政策工具以外,全球各中央银行不断创新货币政策工具,对货币供给量、市场利率进行控制和引导。

(一)储备金利息

储备金利息是指中央银行为存款性金融机构存放在中央银行的存款提供利息。为应对金融危机,美国实施新的货币政策工具——储备金利息(Interest on Reserves,IOR),并于 2008 年 10 月实施。储备金利息适用于法定储备金和超额储备金。当银行将储备金存放在中央银行,且未获得利息补偿时,将提高存款性金融机构的运营成本,被视为对银行征收"隐性税"的法规。因此,银行会尽量减少超额储备金的持有量。美联储开始支付储备金利息成为影响银行增加或减少法定储备金和超额储备金的新工具。

(二)前瞻性指引

前瞻性指引是指中央银行引导市场对未来利率的预期,使市场预期与中央银行目标预期接近的货币政策工具。日本央行于 1999 年率先使用前瞻性指引这一货币政策引导市场。2008 年以来,美国的前瞻性指引分为两种:一种是正式的前瞻性指引,即美联储历次公布的 FOMC 利率决议中的货币政策导向;另一种是非正式的前瞻性指引,即两次 FOMC 会议之间,联储官员的相关表态。

(三)负利率

负利率是指通货膨胀率高于名义利率的场景,是一种非常规的货币政策工具。瑞典央行是第一个采取负利率的国家。2009 年 7 月,瑞典央行将隔夜存款利率下调至-0.25%。欧洲央行在 2014 年 6 月将存款利率下调至-0.1%。同时,部分欧洲国家和日本也选择了负利率政策,导致政府债券收益率为负。

(四)常备借贷便利

常备借贷便利是指商业银行或金融机构根据自身的流动性需求,通过资产抵押的方式向中央银行申请授信额度的一种更加直接的融资方式。2013 年 11 月,中国人民银行网站新增"常备借贷便利(Standing Lending Facility,SLF)"栏目,标志着这一货币政策新工具的正式使用。全球大多数中央银行采用借贷便利类的货币政策工具,如美联储的贴现窗口(Discount Window)、欧央行的边际贷款便利(Marginal Lending Facility)、英格兰银行的操作性常备便利(Operational Standing Facility)、日本银行的补充贷款便利(Complementary Lending Facility)、加拿大央行的常备流动性便利(Standing Liquidity Facility)等。由于常备借贷便利提供的是中央银行与商业银行"一对一"的模式,因此,这种货币操作方式更像是定制化融资和结构化融资。常备借贷便利有三个主要特点:一是由金融机构主动发起,金融机构可根据自身流动性需求向中央银行申请常备借贷便利;二是常备借贷便利是中央银行与金融机构"一对一"交易,针对性强。三是常备借贷便利的交易对手覆盖面广,通常覆盖存款金融机构。

（五）收益率曲线控制

收益率曲线控制是指中央银行在二级市场上买卖国债,将国债收益率控制在目标水平的货币政策工具。收益率曲线（Yield Curve Control,YCC）控制会引起市场无风险利率下降,从而导致市场利率下降。

第三节　货币政策的传导机制

货币政策的传导机制一般会经历三个环节:一是从货币当局到银行等金融机构和金融市场。中央银行执行货币政策,首先会影响金融机构的准备金、资金成本、信用能力和行为,以及金融市场上货币的供给与需求。二是从银行等金融机构和金融市场到企业、居民、政府等非金融部门的各类行为主体。银行等金融机构根据货币当局的货币政策调整自己的行为,进而对各类行为主体的投资、消费、储蓄等经济活动产生影响。三是从非金融部门行为主体到社会各类经济活动,包括总产出、总支出、物价、就业等。在宏观经济学中,货币政策的传导机制主要包括四个渠道:利率、信用、资产价格和汇率。

一、利率机制

中央银行采用的利率工具包括调整中央银行基准利率、调整金融机构法定存贷款利率、制定金融机构存贷款利率的浮动范围、制定相关政策对各类利率结构和档次进行调整等。其中,中央银行基准利率又包括再贷款利率、再贴现利率、存款准备金利率、超额存款准备金利率等。

利率传导理论是最早被提出的货币政策作用理论,凯恩斯（John Maynard Keynes,1936)的《就业、利息和货币通论》以及汉森—希克斯的 IS-LM 模型引发了对利率作用原理的研究。利率机制的作用原理有两个前提条件:投资对利率变化的反应是有弹性的,货币政策能够对长期实际利率产生影响。利率产生作用可表示为:实行扩张性货币政策→货币供应量增加→实际利率水平下降→投资增加→总需求和总产出（国民收入）增加;实行紧缩性货币政策→货币供应量减少→实际利率水平下降→投资减少→总需求和总产出（国民收入）下降。

以中央银行调整再贴现率考察利率的作用机制。再贴现利率既包括中央银行对商业银行的贴现利率,也包括中央银行对商业银行的贷款利率。中央银行通过调整再贴现利率调控商业银行在中央银行贴现的票据利率和从中央银行获得贷款的利率,进而调节商业银行在中央银行贴现的票据量和从中央银行获得的贷款量,最终影响基础货币的投放量。以扩张性的货币政策与紧缩性的货币政策分析中央银行调整再贴现政策对基础货币的影响。扩张性货币政策的传导机制:降低再贴现利率→降低贷款利率→市场利率降低→融资成本下降→借款需求提高→货币供给量增加→实际利率下降→投资增加→总需求与总产出增加；紧缩性货币政策的传导机制：提高再贴现利率和贷款利率→货币供给量减少→市场利率提高→融资成本上涨→投资需求下降→总需求和总产出（国民收入）下降。

二、信用机制

本·伯南克（Ben Shalom Bernanke）从银行借贷渠道和资产负债渠道两个方面论述了货币政策的信用机制，认为在货币政策的信用机制过程中，即使利率没有变动，也能通过信用渠道影响社会总产出。基础货币、存款准备金率和货币结构比率的变动均会通过影响货币供给量进而影响总需求和总产出。

基础货币是指处于流通中为社会公众所持有的现金及银行准备金（包括法定存款准备金和超额存款准备金）的总和，它是中央银行发行的现金通货和吸收的存款，处于中央银行资产负债表中负债方。与负债相对应的资产业务，即中央银行为政府、金融机构、居民等部门提供信贷支持，均为中央银行放出的信用。这些信用中的部分会形成活期存款、定期存款等。活期存款与货币当局发行的现金通货一起构成狭义货币供给量 M_1，M_1 再加上定期存款等一起构成广义货币供应量 M_2。中央银行调整商业银行持有的存款准备金会直接作用于狭义货币供给量 M_1，间接对广义货币供应量 M_2 产生作用。

存款准备金不仅是指中央银行规定的法定存款准备金，也包括法定存款准备金和超额存款准备金在内的实际存款准备金。一般说来，当中央银行提高法定存款准备金率时，商业银行为满足新规定，会增加自己在中央银行账户上的准备金，进而提升整体的实际存款准备金率；反之，中央银行降低法定存款准备金率，商业银行会减少在中央银行账户上的准备金，进而降低整体的实际存款准备金率。中央银行可以通过提高或降低法定存款准备金率，促使商业银行等存款机构增加或减少在中央银行的存款，进而直接抑制或增强商业银行等存款机构的信用扩张能力。鉴于商业银行自身经营的需求，法定存款准备金率的调整也会影响到商业银行的超额存款准备金，进而影响其为市场提供资金的能力。

货币结构比率是指流动性较高货币与流动性较低货币之间的比率，前者主要包括流通中的现金和活期存款等狭义货币供应量，后者主要包括定期存款等广义货币供应量。因此，货币结构比率的变动，不仅代表着狭义货币供应量占广义货币供应量比重的波动，而且影响着商业银行的信用扩张、派生存款创造的能力。

信用作用机制可表示为：扩张性货币政策→货币供应量增加→信贷供给增加→投资增加→总产出增加；紧缩性货币政策→货币供应量减少→信贷供给减少→投资减少→总产出减少。

三、资产价格机制

资产价格机制的理论基础主要是投资 Q 理论和财富效应理论。投资 Q 理论认为，在资产比再生产成本更有价值时,投资将会增加;反之,投资将会减少。其中,Q 是指现有资本的市场价值与其重置资本成本的比率,当 Q 大于 1 时,企业就有扩大投资的动机;反之,当 Q 小于 1 时,企业不愿意扩大投资。依据投资 Q 理论,资产价格作用机制为:扩张性货币政策→货币供应量增加→资产价格上涨→现有资本的市场价值与其重置资本成本的比率 Q 上升→投资增加→总产出增加。反之则相反。

财富效应是指由货币政策调整引起货币存量增加或减少对居民持有财富的影响。实施扩张性货币政策时,政府或中央银行购买有价证券,居民的现金资产增加,证券资产减少,但财富持有总额未变。同理,实施紧缩性货币政策时,政府或中央银行卖出有价证券,居民的现金资产减少,证券资产增加,财富持有总额未变。尽管如此,通过财富效应有可能影响总需求的扩大或缩小。扩张性货币政策一般会带来证券价格上涨,同时居民持有货币量增加,这种财富效应会导致对商品的需求增加。财富效应理论认为货币政策作用机制为:扩张性货币政策→货币供应量增加→实际利率水平下降→资产价格上涨→财富增加→消费增加→总产出增加;紧缩性货币政策→货币供应量减少→实际利率水平上升→资产价格下降→财富减少→消费减少→总产出下降。

资产价格作用机制强调资产相对价格与真实经济之间的关系,其作用机制可表示为:扩张性货币政策→货币供应量增加→实际利率水平下降→资产相对价上升→投资增加→总产出增加;紧缩性货币政策→货币供应量减少→实际利率水平上升→资产相对价格下降→投资减少→总产出下降。

中央银行的公开市场业务不仅包括在证券市场公开买卖有价证券,也包括买卖时的价格与数量,因此,中央银行的公开市场操作影响基础货币与市场利率。公开市场业务具有一定的主动性特征,比再贴现利率工具更让中央银行掌握主动权,比法定存款准备金率政策工具更具有弹性。中央银行买入有价证券,相当于实施扩张性货币政策,其作用机制为:中央银行购买商业银行有价证券→商业银行超额准备金增加→商业银行可贷资金增加→通过货币创造机制使流通中货币供应量增加→实际利率水平下降→投资增加→总产出增加;中央银行卖出有价证券,相当于实施紧缩性货币政策,其作用机制为:商业银行购买中央银行有价证券→商业银行超额准备金减少→商业银行可贷资金减少→通过货币创造机制使流通中货币供应量减少→实际利率水平上升→投资减少→总产出下降。

四、汇率机制

在开放经济体中,汇率是较为敏感的经济变量,购买力平价理论、利率平价理论和蒙代尔—弗莱明模型,对汇率的作用原理进行了深入阐述。汇率产生作用的机制可表示为:扩张性货币政策→货币供应量增加→实际利率水平下降→本币汇率下降→净出口增加→总需求与总产出增加;相反,紧缩性货币政策→货币供应量减少→实际利率水平上升→本币汇率上升→净出口减少→总需求与总产出下降。

第四节　货币政策效果及其局限性

一、货币政策效果的 IS-LM 模型分析

货币政策效果是指变动货币供给量的货币政策对总需求与国民收入的影响。如果增加一定的货币供给量能使国民收入有较大的增加,则货币政策效果就大;反之,货币政策效果就小。货币政策效果的大小取决于 IS 曲线和 LM 曲线的斜率。

在 LM 曲线的形状基本不变时,IS 曲线越平坦,即 IS 曲线的斜率越小,当实行货币供给量变动的货币政策使 LM 曲线移动时,对国民收入变动的影响就越大,货币政策效果越强;反之,IS 曲线越陡峭,实行货币供给量变动的货币政策使 LM 曲线移动对国民收入变动的影响就越小,货币政策效果越弱,如图 12-2 所示。

在图 12-2 中,有两条 IS 曲线,IS_0 较陡峭,IS_1 较平坦。如果实施扩张性货币政策,货币供给量的增加使 LM 曲线从 LM_0 向右移动到 LM_1,当 IS 曲线比较陡峭时,国民收入增加较少,即货币政策效果较小;当 IS 曲线比较平坦时,国民收入增加较多,即货币政策效果较大。这是因为 IS 曲线比较陡峭,表示投资的利率弹性系数较小,投资对利率变动的敏感性较低,所以,LM 曲线由于货币供给的增加而向右移动使得利率下降时,投资不会随利率的下降而增加很多,从而国民收入也不会有较大的增加。反之,IS 曲线比较平坦,表示投资的利率弹性系数较大,投资对利率变动的敏感性较高,因此,LM 曲线由于货币供给的增加而向右移动使得利率下降时,投资会随利率的下降而增加较多,从而国民收入会有较大的增加。

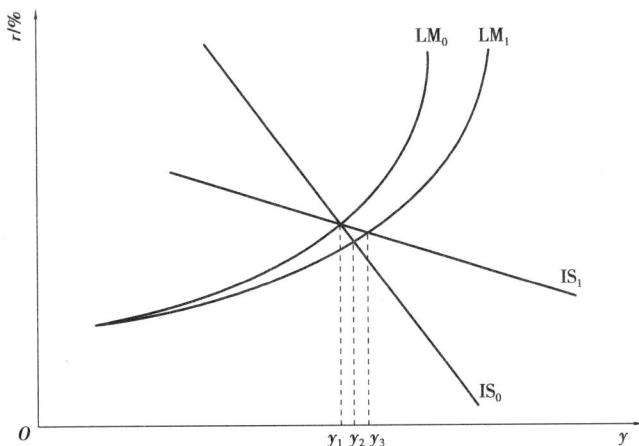

图 12-2　货币政策效果随 IS 曲线斜率变动

当 IS 曲线的斜率不变时,LM 曲线越平坦,货币政策效果越小;反之,货币政策效果越大,如图 12-3 所示。

在图 12-3 中，IS_0 和 IS_1 的斜率相同，当货币供给增加，使 LM 曲线从 LM_0 向右移动到 LM_1 时，如果 LM 曲线较为平坦，国民收入增加较少；LM 曲线较陡峭时，国民收入增加较多。这是因为，LM 曲线较平坦，表示货币需求受利率的影响较大，即利率的较小变动会导致货币需求的较大变动，因此，货币供给量变动对利率变动的作用较小，从而增加货币供给量的货币政策就不会对投资和国民收入产生较大的影响，货币政策效果较弱。反之，LM 曲线较陡峭，表示货币需求受利率的影响较小，即利率的较大变动只会引起货币需求的较小变动，因此，货币供给量变动对利率变动的作用较大，货币供给量稍有增加，将会引起利率的较大下降，从而增加货币供给量的货币政策将会使投资和国民收入有较多的增加，货币政策效果显著。

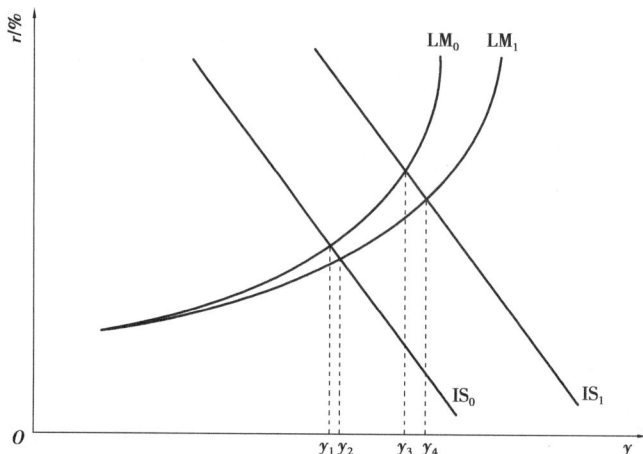

图 12-3　货币政策效果随 LM 曲线斜率变动

二、货币政策的局限性

在西方国家实行货币政策，通常是为了减少经济波动，保持经济稳定，但在实践中，货币政策作为平抑经济波动的手段，其作用是有限的。

第一，在经济周期的不同时期，货币政策效果可能不一样。在通货膨胀时期，实行紧缩的货币政策，效果可能比较明显；在经济衰退时期，实行扩张性的货币政策，效果就可能不明显。经济衰退时期，厂商对经济前景比较悲观，即使中央银行松动银根，降低利率，投资者也不一定会增加贷款从事投资活动，银行出于安全起见，也不肯轻易贷款。特别是如果存在流动性陷阱，由于人们对"流动性偏好"，货币需求弹性变得无限大，无论银根如何松动，无论中央银行增发多少货币，利息率都不会降低，此时人们更愿意以储蓄或现金的形式持有财富，而不是将其进行投资或消费。在这种情况下，货币政策作为反衰退的政策，其效果就会相当微弱。在西方国家，有些学者把货币政策制止通货膨胀的效果比喻为马用缰绳拉车前进，即效果很好；把货币政策促进繁荣的效果比喻为马用缰绳使车后退，即政策很难发生作用。其实，即使从反通货膨胀的角度来看，货币政策的作用也主要表现为抑制需求拉动的通货膨胀，对于成本推进的通货膨胀，货币政策效果就小。如果物价的上涨是由于工资上升速度超过劳动生产率上升速度引起，或是由垄断厂商为获取高额垄断利润引起,则中央银行想要通过控制货币供给抑制通货膨胀就比较困难。

第二,从货币市场的均衡来看,增加或减少货币供给影响利率的前提条件是:货币流通速度保持不变。如果货币流通速度变化,货币供给变动对经济的影响就会打折扣。在经济繁荣时期,中央银行为抑制通货膨胀需要紧缩货币供给,或者要放慢货币供给的增长率。但是,经济繁荣时期公众一般会增加支出,而且当物价上升较快时,公众不愿意把货币持有在手中,而是希望尽快花出去,从而使货币流通速度加快。此时,即使中央银行减少货币供给,也难以控制通货膨胀。相反,在经济衰退时期,货币流通速度趋于下降,中央银行增加货币供给对经济的影响可能会被货币流通速度的下降所抵消。由此可见,如果货币流通速度加快或者放慢,那么,用改变货币供给量的办法来影响利率、投资和国民收入的货币政策效果就会受到影响或打折扣。

第三,货币政策的外部时滞影响政策效果。中央银行变动货币供给量,首先要通过影响利率来影响投资,然后再影响就业和国民收入,因而,货币政策对经济的影响传导机制漫长,要经过相当长的一段时间才会发挥作用。即使在利率下降后,厂商扩大生产规模也需要一个过程,利率上升后,厂商缩小生产规模更不是一件容易的事情,已经在建的工程难以停建,否则前期投入就会成为沉没成本,已经雇用的职工要解雇也非易事。总之,货币政策尽管决策时滞很短,但在执行后要产生效果却需要一个相当长的过程。在此过程中,经济情况有可能已经发生与人们当初预料的情况相反的变化。如中央银行在经济衰退时扩大货币供给,但这一政策效果还未完全发挥出来时,经济已经从衰退阶段转入繁荣阶段,物价也开始出现较快上升,那么,原来的扩张性货币政策就不仅是反衰退,而是对通货膨胀起到火上浇油的作用。

第四,在开放经济中,货币政策的效果还要因为资金在国际上流动而受到影响。比如,一国实行紧缩性货币政策时,利率上升,会吸引国外资金流入,若该国实行浮动汇率,则本币会升值,本国出口会减少,进口会增加,从而使得本国居民对国内商品需求比封闭经济条件下有更大的下降;若实行固定汇率,则中央银行为使本币不升值,势必抛售本币,按照固定汇率收购外币,于是货币市场上本国货币供给增加,使得原先实行的紧缩性货币政策大打折扣。

第五节　中国的货币政策实践

一、中国人民银行的历史沿革

(一)中国人民银行的发展历程

《中华人民共和国中国人民银行法》规定"中国人民银行是中华人民共和国的中央银行。中国人民银行在国务院领导下,制定和执行货币政策、防范和化解金融风险,维护金融稳定""中国人民银行就利率、汇率和国务院规定的其他重要事项做出的决定,报国务院批准后执行。"认识中国货币政策的实践需要基于中国社会主义市场经济的发展历程，中国人民银行的发展可以大致分为以下四个阶段。

第一阶段：1948—1952 年，中国人民银行的创建与国家银行体系的建立。1948 年 12 月，中共中央在华北银行、北海银行及西北农民银行的基础上成立了中国人民银行。1949 年 2 月，中国人民银行由石家庄市迁入北平。1949 年 9 月，中国人民银行被纳入政务院的直属单位系列，接受财政经济委员会指导，与财政部保持密切联系，赋予其国家银行职能，承担发行国家货币、经理国家金库、管理国家金融、稳定金融市场、支持经济恢复和国家重建的任务。中国人民银行在中央人民政府的统一领导下，建立统一的国家银行体系：一是建立独立统一的货币体系，使人民币成为境内流通的本位币；二是迅速普建分支机构，形成国家银行体系，接管官僚资本银行，整顿私营金融业；三是实行金融管理，疏导游资，打击金银外币黑市，取消在华外商银行的特权，禁止外国货币流通，统一管理外汇；四是开展存款、放款、汇兑和外汇业务，促进城乡物资交流，为迎接经济建设做准备。

第二阶段：1953—1978 年，计划经济体制时期的国家银行。从 1953 年开始，建立了集中统一的综合信贷计划管理体制，即全国的信贷资金，不论是资金来源还是资金运用，都由中国人民银行总行统一掌握，实行"统存统贷"的管理办法，银行信贷计划纳入国家经济计划，成为国家管理经济的重要手段。直到 1978 年，中国人民银行是全国唯一一家办理各项银行业务的金融机构。在统一的计划体制中，自上而下的人民银行体制，成为国家吸收、动员、集中和分配信贷资金的基本手段。私营金融业纳入了公私合营银行轨道，形成了集中统一的金融体制，中国人民银行作为国家金融管理和货币发行的机构，既是管理金融的国家机关又是全面经营银行业务的国家银行。

第三阶段：1979—1995 年，从国家银行过渡到中央银行体制。1978 年，中国人民银行从财政部独立出来，各省以下的银行机构也在当年完成了财政部门分设的工作，摆脱了原来的依附地位。1979—1983 年，中国人民银行与商业银行分家，前者成为中央银行：发行货币，银行的银行，政府的银行，不能存款、贷款，人民银行分离出来的"四大专业银行"负责存款、贷款业务。1979 年 3 月，进一步恢复中国农业银行，并将中国银行从中国人民银行分离出来，作为指定的外汇外贸专业银行。1979 年 8 月，将中国人民建设银行从财政部分离出来，办理国家固定资产投资相关业务。1984 年 1 月，国务院成立工商银行，承办原来由人民银行办理的工商信贷和储蓄业务。

1983 年 9 月，国务院颁布《关于中国人民银行专门行使中央银行职责的决定》，决定中国人民银行"成为专门从事金融管理、制定和实施货币政策的政府管理机构"。从 1984 年 1 月起，中国人民银行开始专门行使中央银行的职能，集中力量研究和实施全国金融的宏观决策，加强信贷总量的控制和金融机构的资金调节，以保持货币稳定。人民银行分支行的业务实行垂直领导；设立中国人民银行理事会，作为协调决策机构；建立存款准备金制度和中央银行对专业银行的贷款制度，初步确定了中央银行制度的基本框架。

1993 年，国务院公布《关于金融体制改革的决定》，确定中国金融体制的改革目标：

建立在中央银行宏观调控之下的政策性金融与商业性金融分离、以国有商业银行为主体、多种金融机构并存的金融机构体系。中国人民银行进一步强化金融调控、金融监管和金融服务职责,划转政策性业务和商业银行业务。1995年3月,第八届全国人民代表大会第三次会议通过《中华人民共和国中国人民银行法》,中国人民银行作为中央银行以法律形式被确定下来。这期间,中国人民银行货币政策从属于财政政策,自由调整的空间小,货币政策与财政政策之间是"财政主导"。

第四阶段:1996至今,逐步强化和完善现代中央银行制度。1992年10月,中国证券监督管理委员会成立。1998年11月,中国保险监督管理委员会成立。2003年,将中国人民银行对银行、金融资产管理公司、信托投资公司及其他存款类金融机构的监管职能分离出来,并和中央金融工委的相关职能进行整合,于同年4月成立中国银行业监督管理委员会,银行业的监管职能由中国人民银行划转给中国银监会。2017年11月,国务院金融稳定发展委员会成立。2018年4月,中国银行业监督管理委员会与中国保险监督管理委员会合并成立国银行保险监督管理委员会。这个阶段,中国人民银行制定和实施货币政策的独立性大大增强,可以较为自由追求货币政策的自身目标,对财政政策的依赖性大大降低。

(二)货币政策委员会制度

中国人民银行货币政策委员会于1997年7月成立,成为中国人民银行制定货币政策的咨询议事机构,在国家宏观调控、货币政策制定和调整中发挥着重要作用。

根据国务院发布的《中国人民银行货币政策委员会条例》,货币政策委员会的职责是:在综合分析宏观经济形势的基础上,依据国家的宏观经济调控目标,讨论货币政策的制定与调整、一定时期内的货币政策控制目标、货币政策工具的运用、货币政策的重要措施、货币政策与其他宏观经济政策的协调等货币政策事项,并提出相关建议。

中国人民银行货币政策委员会设主席一人,副主席一人。主席由中国人民银行行长担任,副主席由主席指定。中国人民银行行长、国家外汇管理局局长、中国证券监督管理委员会主席为货币政策委员会的当然委员。货币政策委员会其他委员人选主要来自中国人民银行、财政部、外汇管理局、证监会、国有大型商业银行、金融专家等部门,由中国人民银行提名或者中国人民银行商有关部门提名,报请国务院任命。货币政策委员会实行例会制度,在每季度的第一个月份中旬召开例会。货币政策委员会主席或者1/3以上委员联名,可以提议召开临时会议。货币政策委员会会议有2/3以上委员出席,方可举行。货币政策委员会会议由主席主持。主席因故不能履行职务时,由副主席代为主持。

二、中国货币政策工具的发展与实践

中国人民银行是中国的中央银行,《中华人民共和国中国人民银行法》规定,央行执行货币政策可以运用的货币政策工具有:要求金融机构按照规定交存准备金;确定中央银行政策利率;为银行业金融机构办理再贴现;向商业银行、农村信用合作社、农村合作银行、政策性银行、开发性银行提供贷款;公开市场操作;国务院确定的其他货币政策工具。

中国人民银行在制定和实施货币政策过程中采用的传统货币政策工具主要包括利率政策、中央银行贷款、存款准备金和公开市场业务等。随着中国进入后工业化时代,社会主要矛盾和经济发展阶段转变,对政府和中央银行的宏观调控提出了更高要求。中国人民银行的货币政策由"大水漫灌"式的调节方式向"精准滴灌"式转型,中央银行陆续推出了常备借贷便利、抵押补充贷款、中期借贷便利和定向中期借贷便利等新型货币政策工具。

(一)利率政策

利率政策是中国调控宏观经济最早使用的货币政策工具。中国人民银行采取的利率政策工具包括调整中央银行基准利率(再贷款利率、再贴现利率、存款准备金利率、超额存款准备金利率等)、调整金融机构法定存贷款利率、制定金融机构存贷款利率的浮动范围、制定相关政策对利率结构和档次进行调整等。利率政策的决定权在不同发展阶段属于不同的主体。

1949—1978 年,在计划经济下采用高度集中的管理体制,由国务院制定利率。在计划经济时代,无法利用利率来调节货币的供求,该时期存款利率与贷款利率总体水平较低。

1979—1994 年,中国人民银行开始行使利率的决定权,专业银行拥有利率的浮动权。此期间,利率的管辖权限开始分散,国家对经济的直接干预度在降低。利率调控体系基本确立。一是央行调整再贷款利率和再贴现利率以调节市场货币供求。二是实施利率管制,央行拟定各类存款的最高利率和各类贷款的最低利率,并依据经济形势分别制定差别利率并适时调整。三是实行差别利率,央行根据贷款用途和票据性质,实施不同的再贷款利率和再贴现利率政策。四是专业银行仍具有一定的利率浮动权,浮动幅度由央行规定。1986 年,国务院允许专业银行资金相互拆借,并由借贷双方商定限期和利率。

1995 年至今,中国利率市场化改革时期。大致分为三个阶段:1996—2003 年是利率市场化的准备阶段,实现外币利率和货币市场利率市场化来为信贷市场做准备,1996 年放开银行间同业拆借利率。2004—2012 年是利率市场化发展阶段,实现了人民币贷款利率市场化,并布局存款利率市场化。2004 年,央行允许贷款利率上浮和存款利率下浮。2007 年由全国银行间同业拆借中心发布的中国基准利率"上海银行间同业拆放利率"(Shibor)正式运行。2013—2015 年是利率市场化全面开放阶段,全面放开存款利率浮动上限,实现存款利率市场化。2013 年建立贷款市场报价利率(LPR)集中报价和发布机制。2015 年 10 月,中国人民银行宣布对商业银行和农村合作金融机构等不再设置存款利率浮动上限,标志着我国基本完成利率市场化改革。表 12-2 提供了 2012 年 6 月—2015 年 10 月中国人民银行对存贷款基准利率的调整情况。

随着中国利率市场化改革的稳步推进,中国人民银行对利率调控由直接调控逐渐转向间接调控。虽然理论上商业银行可以自由设定存贷款利率,但是中国人民银行设定的基准利率仍然对市场利率有重要影响。

表 12-2　2012 年 6 月—2015 年 10 月中国存贷款利率调整一览表

公布时间	生效时间	存款基准利率/%			贷款基准利率/%		
		调整前	调整后	幅度	调整前	调整后	幅度
2015.10.23	2015.10.24	1.75	1.50	-0.25	4.60	4.35	-0.25
2015.08.25	2015.08.26	2.00	1.75	-0.25	4.85	4.60	-0.25
2015.06.27	2015.06.28	2.25	2.00	-0.25	5.10	4.85	-0.25
2015.05.10	2015.05.11	2.50	2.25	-0.25	5.35	5.10	-0.25
2015.02.28	2015.03.01	2.75	2.50	-0.25	5.60	5.35	-0.25
2014.11.21	2014.11.22	3.00	2.75	-0.25	6.00	5.60	-0.40
2012.07.05	2012.07.06	3.25	3.00	-0.25	6.31	6.00	-0.31
2012.06.07	2012.06.08	3.50	3.25	-0.25	6.56	6.31	-0.25

数据来源:中国国家统计局网站。

(二)中央银行贷款

中央银行贷款是指央行对金融机构的贷款,主要包括再贷款、再贴现两类,是中央银行早期调控基础货币的重要渠道。中国人民银行通过调整再贷款的总量与利率,调节基础货币数量、调控货币信贷总量、引导资金和信贷投向。

1.再贷款

1979—1983 年,中国人民银行实行“分级管理、差额包干”的信贷资金管理办法,通过核定中国人民银行分行和专业银行的存贷差实现对全社会货币供应总量的控制,这期间对存贷差计划的控制是再贷款货币政策工具运用的萌芽阶段。

1984—1992 年,中国人民银行开始履行中央银行职能,实行“统一计划、划分资金、实贷实存、相互融通”的信贷资金管理体制。在原先借差计划的体制下,中国人民银行对各专业银行核定借款基数,由此奠定了通过再贷款调控基础货币的基础,再贷款成为中国人民银行重要的货币政策工具。这期间再贷款主要由人民银行各分支行根据总行的计划对当地商业银行发放,再贷款成为中央银行吞吐基础货币最重要的渠道。

1993 年至今,国务院收回中国人民银行分行供应和调剂再贷款规模的权利,中国人民银行分支行再贷款管理的主要任务成为发放短期资金用于解决商业银行头寸不足。1998 年,中国人民银行取消了对商业银行贷款规模的指令性计划,再贷款开始成为真正的间接调控工具。金融宏观调控方式由直接调控转向间接调控,再贷款所占基础货币的比重逐步下降。

近年来,中国人民银行根据金融宏观调控和结构调整的需要,再贷款结构和投向发生变化,新增再贷款主要用于促进信贷结构调整,引导扩大县域和“三农”领域信贷投放。

同时,央行不定期公布再贴现优先支持的行业、企业和产品目录,并对各授权窗口的再贴现操作效果实行量化考核。

2. 再贴现

再贴现是指中央银行对金融机构持有的未到期已贴现商业汇票予以贴现的行为。中国人民银行通过调整再贴现总量与利率,明确再贴现票据选择,达到调节基础货币数量和宏观调控的目标,发挥调整信贷结构的功能。1986年中国人民银行开始试办再贴现业务以来,再贴现业务经历了试点、推广到规范发展的过程。

1986—1994年,试点阶段。针对企业之间严重的货款拖欠问题,中国人民银行在北京、上海等十个城市对专业银行试办再贴现业务。1994年,为解决部分重点行业的企业货款拖欠、资金周转困难和部分农副产品调销不畅问题,中国人民银行专门安排100亿元再贴现限额,推动"五行业、四品种"(煤炭、电力、冶金、化工、铁道和棉花、生猪、食糖、烟叶)领域商业汇票业务的发展。再贴现作为选择性货币政策工具为支持国家重点行业和农业生产开始发挥作用。

1995—2007年,推广阶段。中国人民银行规范再贴现业务操作,开始把再贴现作为货币政策工具体系的组成部分,注重通过再贴现传递货币政策信号。一是初步建立较为完整的再贴现操作体系,不定期公布再贴现优先支持的行业、企业和产品目录。把再贴现作为缓解部分中小金融机构短期流动性不足的政策措施,提出对资信情况良好的企业签发的商业承兑汇票可以办理再贴现。二是加强再贴现传导货币政策的效果、规范票据市场的发展,出台一系列完善商业汇票和再贴现管理的政策。三是改革再贴现、贴现利率生成机制,使再贴现利率成为中央银行独立的基准利率。

2008年至今,规范发展阶段。中国人民银行进一步完善再贴现管理。一是适当增加再贴现转授权窗口,以便于金融机构尤其是地方中小金融机构法人申请办理再贴现。二是适当扩大再贴现的对象和机构范围,通过票据选择明确再贴现支持的重点,对涉农票据、县域企业和金融机构及中小金融机构签发、承兑、持有的票据优先办理再贴现。三是推广使用商业承兑汇票,促进商业信用票据化。进一步明确再贴现可采取回购和买断两种方式,提高业务效率。

(三)存款准备金

存款准备金是指金融机构为保证客户提取存款和资金清算需要而准备的资金,金融机构按规定向中央银行缴纳的存款准备金占其存款总额的比例就是存款准备金率。存款准备金制度是在中央银行体制下建立起来的,中国人民银行于1984年建立存款准备金制度,其初始作用是保证存款的支付和清算,之后才逐渐演变成为货币政策工具。

中国人民银行通过调整存款准备金率调节金融机构的信贷资金供应能力,从而间接调控市场货币供应量。虽然降低存款准备金率对基础货币几乎没有影响,但可以通过作用于货币乘数来影响市场上的货币供应量。1984年以来,中国存款准备金率经历了59次调整,其中1984—2004年8次,2006年3次,2007年至2021年7月15日48次。为支持实体经济发展,促进社会融资成本稳中有降,中国人民银行决定于2021年7月15日下调金融机构存款准备金率0.5个百分点(不含已执行5%存款准备金率的金融机构)。本次存款准备金率下调后,金融机构加权平均存款准备金率为8.9%,降准释放长期资金约1万亿元。表12-3是2018年4月—2021年7月中国人民银行对存款准备金率的调整情况。

表12-3　2018年4月—2021年7月中国存款准备金率调整一览表

公布时间	生效时间	大型金融机构准备金率/%			中小金融机构准备金率/%		
		调整前	调整后	幅度	调整前	调整后	幅度
2020.07.09	2020.07.15	12.50	12.00	-0.50	10.50	10.00	-0.50
2020.01.01	2020.01.06	13.00	12.50	-0.50	11.00	10.50	-0.50
2019.09.06	2019.09.16	13.50	13.00	-0.50	11.50	11.00	-0.50
2019.01.04	2019.01.25	14.00	13.50	-0.50	12.00	11.50	-0.50
2019.01.04	2019.01.15	14.50	14.00	-0.50	12.50	12.00	-0.50
2018.10.07	2018.10.15	15.50	14.50	-1.00	13.50	12.50	-1.00
2018.06.24	2018.07.05	16.00	15.50	-0.50	14.00	13.50	-0.50
2018.04.17	2018.04.25	17.00	16.00	-1.00	15.00	14.00	-1.00

数据来源:中国国家统计局网站。

(四)公开市场业务

公开市场业务又称为公开市场操作(Open Market Operations,OMO),是中国人民银行使用较早的货币政策工具之一,包括人民币操作和外汇操作两部分。中国人民银行于1994年3月启动外汇公开市场操作,于1998年5月恢复人民币公开市场操作,于1998年建立公开市场业务一级交易商制度,并选择了一批能够承担大额债券交易的商业银行作为公开市场业务的交易对象。近年来,一级交易商的机构类别扩展至证券公司等其他金融机构。目前OMO已成为中国人民银行货币政策日常操作的主要工具之一,对于调节银行体系流动性水平、引导货币市场利率走势、促进货币供应量合理增长发挥了重要作用。

中国人民银行公开市场业务债券交易主要包括回购交易、现券交易和发行中央银行票据三种形式。

回购交易分为正回购和逆回购两种相反的操作,正回购是中国人民银行向一级交易商卖出有价证券,并约定在未来特定日期买回有价证券的交易行为,正回购是从市场收回流动性的操作,正回购到期则为央行向市场投放流动性的操作;逆回购是中国人民银行向一级交易商购买有价证券,并约定在未来特定日期将有价证券卖给一级交易商的交易行为,逆回购为央行向市场上投放流动性的操作,逆回购到期则是从市场收回流动性的操作。

现券交易分为现券买断和现券卖断两种,前者为中国人民银行直接从二级市场买入债券,一次性地投放基础货币;后者为中国人民银行直接卖出持有债券,一次性地回笼基础货币。一般而言,现券交易是长期流动性调节工具,选择现券交易为流动性收放工具需要频繁大规模债券买卖,操作成本和市场冲击不可忽视。

中央银行票据是中国人民银行发行的短期债券,通过发行央行票据可以回笼基础货币,央行票据到期则体现为投放基础货币。2013 年 1 月,中国人民银行创设"短期流动性调节工具(Short-term Liquidity Operations,SLO)",作为公开市场常规操作的必要补充,在银行体系流动性出现临时性波动时相机使用。

(五)常备借贷便利

中国人民银行于 2013 年创设常备借贷便利(Standing Lending Facility,SLF),作为正常的流动性供给渠道,其主要功能是满足金融机构期限较长(1~3 个月)的大额流动性需求,对象主要为政策性银行和全国性商业银行。常备借贷便利采用抵押方式发放,合格抵押品包括高信用评级的债券类资产及优质信贷资产等,利率水平根据货币政策调控、引导市场利率的需要等综合确定。

2015 年 2 月,中国人民银行在全国推广分支机构 SLF,向符合条件的中小金融机构提供短期流动性支持,主要解决符合宏观审慎要求的中小金融机构流动性需求,完善中央银行对中小金融机构提供正常流动性供给的渠道。这是短期流动性调节方式的创新尝试,对象包括城市商业银行、农村商业银行、农村合作银行和农村信用社四类地方法人金融机构。但 SLF 的利率一般高于银行间市场利率,因此它一般是银行业金融机构选择的最后一个资金渠道。

为对地方法人金融机构按需足额提供短期流动性支持,2020 年,中国人民银行累计开展 SLF 操作 1 862 亿元,期末余额为 198 亿元。SLF 利率发挥利率走廊上限的作用,2020 年第二季度下调 SLF 利率 30 个基点,下调后隔夜、7 天、1 个月 SLF 利率分别为 3.05%、3.20%、3.55%,降低了市场融资成本。

(六)抵押补充贷款

中国人民银行于 2014 年 4 月创设抵押补充贷款(Pledged Supplementary Lending,PSL),早期目标是为开发性金融支持"棚改"提供长期稳定、成本适当的资金来源,主要功能是支持国民经济重点领域、薄弱环节和社会事业发展而对金融机构提供的期限较长的大额融资,一般是 3~5 年的期限。PSL 采取质押方式发放,合格抵押品包括高等级债券资产和优质信贷资产。PSL 作为一种新的政策工具,有两层含义:量的层面是基础货币投放的新渠道;价的层面是通过商业银行抵押资产从央行获得融资的利率,引导中期政策利率水平。

PSL 很大程度上是直接为商业银行提供一部分低成本资金,引导资金投入这些基础设施建设、民生支出类领域,降低融资成本。2020 年,中国人民银行对政策性银行和开发性银行净收回 PSL 共 3 023 亿元,年末余额为 32 350 亿元。2021 年 4 月,国家开发银行、中国进出口银行、中国农业发展银行净归还抵押补充贷款 178 亿元。

（七）中期借贷便利

为符合宏观审慎管理要求的商业银行、政策性银行提供中期基础货币的货币政策工具,中国人民银行于2014年9月创设中期借贷便利(Medium-term Lending Facility,MLF),以引导其加大对小微企业和"三农"等重点领域和薄弱环节的支持力度,可通过招标方式开展。发放方式为质押方式,需提供国债、央行票据、政策性金融债、高等级信用债等优质债券作为合格质押品。MLF利率发挥中期政策利率的作用,通过调节向金融机构中期融资的成本来对金融机构的资产负债表和市场预期产生影响,引导向符合国家政策导向的实体经济部门提供低成本资金,降低社会融资成本。

为保证中长期流动性合理供给,2020年,中国人民银行累计开展MLF操作51 500亿元,期末余额为51 500亿元,比年初增加14 600亿元。为发挥中期政策利率信号作用和利率引导功能,MLF采取招标方式,2020年4月15日,中标利率下降20个基点至2.95%。

（八）定向中期借贷便利

为加大对小微企业、民营企业的金融支持力度,中国人民银行于2018年12月创设定向中期借贷便利(Targeted Medium-term Lending Facility,TMLF),根据金融机构对小微企业、民营企业贷款增长情况,向其提供长期稳定资金来源。定向中期借贷便利资金以1年为期,可续作2次,最长使用3年,其利率比中期借贷便利的利率低。支持实体经济力度大、符合宏观审慎要求的大型商业银行、股份制商业银行和大型城市商业银行,如符合宏观审慎要求、资本较为充足、资产质量健康、获得央行资金后具备进一步增加小微企业、民营企业贷款的潜力,可向人民银行提出申请TMLF。

与中期借贷便利相比,定向中期借贷便利具有期限更长、利率更低、投向更明确等特点:MLF是3个月至1年期,TMLF是1年期,可续作2次,资金实际使用时间可以达到3年;TMLF操作利率相对MLF优惠15个基点;MLF的操作对象广泛,具有普适性,主要目的是补充基础货币,TMLF的操作对象看重金融机构支持实体经济的力度,特别是对小微企业和民营企业贷款的潜力。2020年4月24日,我国央行再次实施TMLF操作561亿元,期限为1年,利率为2.95%,利率下调20个基点。2020年末,中国人民银行TMLF余额2 966亿元。

内容小结

1.货币政策在调控宏观经济中处于不可或缺的角色,虽然不同国家货币政策的着力点存在差异,但货币政策的最终目标主要集中在经济增长、充分就业、物价稳定和国际收支平衡方面。

2.货币政策目标体系由操作目标、中介目标和最终目标有机组成,三类目标在货币政策执行过程中属于依次递进的关系,缺一不可。

3.货币政策工具可分为一般性货币政策工具、选择性货币政策工具、其他补充性货币政策工具和新型货币政策工具。法定存款准备率、再贴现政策和公开市场业务是一般性货币政策工具的三大法宝。新型货币政策工具与时俱进、不断涌现,满足了各中央银行宏观经济调控的需求。

4.货币政策主要通过利率、信用、资产价格和汇率机制作用于总需求,进而影响实体经济增长。一般而言货币政策决策时滞较短,但作用机制较长。

5.货币政策的效果是指变动货币供给量的货币政策对总需求与国民收入的影响。如果增加一定的货币供给量能使国民收入有较大的增加,货币政策效果就大;反之,货币政策效果就小。

6.货币政策效果的大小取决于 IS 曲线和 LM 曲线的斜率。在 LM 曲线的形状不变时,IS 曲线的斜率越小,货币政策效果越显著;反之,IS 曲线的斜率越大,货币政策效果越弱。当 IS 曲线的斜率不变时,LM 曲线越平坦,货币政策效果越小;反之,货币政策效果越大。

7.货币政策作为平抑经济波动的手段,其作用是有限的。其有限性主要表现在:在经济周期的不同时期,货币政策效果可能不一样;如果货币流通速度变化,货币供给变动对经济的影响就会打折扣;货币政策的外部时滞会影响政策效果;在开放经济中,货币政策的效果还要受到资金在国际上流动的影响。

8.中国人民银行于 1948 年 12 月成立,1984 年起专门行使中央银行职能。在建设社会主义现代化国家过程中确立了建设现代中央银行制度目标。

9.中国人民银行的货币政策工具既包括国际上中央银行常用的公开市场业务、存款准备金、中央银行贷款、利率政策等工具,也包含基于中国国情创新的常备借贷便利、中期借贷便利、抵押补充贷款、定向中期借贷便利等政策工具。

复习思考题

1.简述货币政策的含义及目标。
2.简述货币政策工具的种类及主要的货币政策工具。
3.货币政策的作用机制是什么？简述其作用过程。
4.简述基于 IS-LM 模型分析货币政策的效果。
5.货币政策局限性的具体表现有哪些？
6.中国人民银行的发展历程是怎样的？
7.中国货币政策工具的种类有哪些？

第十三章　公共规制政策

公共规制(Public Regulation)是国家针对市场失灵干预经济政策的重要组成部分,主要是指以公共部门为主体对企业和个人的行为直接或间接施加影响的过程。本章四节分别介绍"公共规制概述""规制、寻租与合谋""政府间规制与公平"以及"中国的公共规制改革"。

第一节　公共规制概述

一、公共规制的定义与分类

(一)公共规制的定义

规制①(Regulation)最早是指政府根据一定的法规对于市场活动所做的限制或制约。王雅莉(2005)定义公共规制是"在以市场机制为基础的经济体制里,社会公共机构依照一定的规则对市场经济主体的活动和市场经济关系进行限制和管理的行为";丹尼尔·F. 史普博(2008)定义政府规制为"由行政机构制定并执行的直接干预市场配置机制或间接改变企业和消费者的供需决策的一般规制或特殊行为";魏陆、吕守军(2010)定义公共规制是"以公共部门为主体对经济活动的主体进行限制的行为"。

由此,公共规制(Public Regulation)的概念可定义为:以公共部门为主体,对企业和个人的行为直接或间接施加影响的行为。公共规制是对市场失灵的一种回应,因此,主要面向自然垄断行业、信息不对称领域、过度竞争领域以及公共资源稀缺领域等实施公共规制,其主要内容包括进入规制、价格规制、数量规制和质量规制,见表13-1。

---

① 规制来源于英文单词"regulation",具有规则、管制、制约的意思。日本规制经济学家植草益将"regulation"译为"规制",中国最初的规制经济学研究受日本规制经济学影响较深,直接借用了"规制"一词,此后"规制经济学"的名称也保留下来。

表 13-1　公共规制的主要内容

规制内容	规制形式	具体要求
进入规制	禁止	不允许特定的经济主体从事某种活动,如禁止毒品的生产与交易等
	特许	允许特定的经济主体从事某种活动,如采矿、驾驶汽车等
	注册	颁发经营执照,允许进入某一行业,如出租车运营规制等
价格规制	限定最高价	防止企业牟取垄断利润
	限定最低价	保护资源防止过度浪费,如防止用水过度,造成水资源的浪费等
	规定公正报酬率	当实际报酬率>公正报酬率时,指令降价；当实际报酬率<公正报酬率时,允许提价
数量规制	投资规制	规定单个企业最低或最高固定资产投资数量,防止投资过多或过少
	产量规制	多用于对农产品和自然资源的规制,如限制开采煤炭、地下水等
质量规制	颁发质量标准	确保产品安全有效,如食品和药品质量标准
	颁发技术标准	确保生产过程的安全并控制负外部效应,例如,为了降低生产过程中伤亡率而颁发生产或施工技术标准等
	提供信息	要求厂商明码标价或提供真实的产品标识等

(二) 公共规制的分类

日本规制经济学家植草益在《政府规制经济学》中按照政府对经济主体决策意志干预的程度、手段不同,将公共规制分为"直接干预"和"间接干预"两大类。直接干预具有直接干预经济主体决策意志的特征,如政府对经济主体发放许可证、直接制定各种法律限制等;间接规制不能直接干预经济主体的决策意志,通过制定有关法律限制不公平竞争,完善有序竞争的市场机制,如反垄断法、民法、商法等,见表 13-2。

直接干预的公共规制又可分为"经济性规制"与"社会性规制"两类。经济性规制是指公共部门通过价格、产量、进入与退出等方面的规定而对企业等经济利益主体的决策所实施的各种强制性约束,通常针对某一个特定行业、产业进行纵向性规制;而社会性规制是指以保障劳动者和消费者的安全、健康、卫生、环境保护、防止灾害为目的,对产品和服务的质量和伴随着提供它们而产生的各种活动制定一定标准,并禁止、限制特定行为的规制,通常针对具体企业、具体经济行为,外(内)部不经济现象。

表 13-2　广义公共规制及其分类

主要类别		主要目的	主要内容
间接干预(规制)	对不公平竞争的规制	对不公平竞争采取规制措施	以反垄断法、民法、商法为主要手段,对垄断等不公平竞争行为进行规制

主要类别		主要目的	主要内容
直接干预（规制）（狭义的公共规制）	济性规制	对特定行业、产业进行纵向性规制	对包括公益事业在内的特定行业、产业等的企业进入、退出、价格及投资行为进行规制
	社会性规制	保障劳动者和消费者的安全、健康、卫生、环境保护、防止灾害等	对妨碍健康、安全、产生社会公害的企业行为等进行规制

二、公共规制的理论依据

公共规制的产生是市场经济演进的结果,其发展历经"规制—放松规制—再规制"的动态演进过程,公共规制理论随之不断完善。

(一)市场失灵规制经济理论

当经济运行中出现"市场失灵"时,政府有必要对私人经济活动进行限制或制约,这就产生了公共规制。例如,由于自然垄断,企业往往会为超额利润而损害公众利益,这种行为大多无法通过市场进行有效调节,这就需要政府通过进入规制和价格规制等保证生产效率和资源配置效率;又如,环境污染的负外部性和基础教育的正外部性,独立于市场作用之外,这需要政府通过开征税收和发放补贴进行规制来加以调节,以保证社会偏好的资源配置状态的实现。

然而,公共规制解决市场失灵问题是以政府代表全体公众利益前提为基础,而不是社会上任何某一特定部门(包括政府本身)的代表。在这一假设前提成立时,政府为了维护公共社会的利益,会在市场失灵时通过经济和社会性规制保证市场的合理竞争,实现社会资源的高效率配置;而在需求或成本条件发生变化,市场失灵现象被排除或被减轻,市场可以较高地发挥作用时,政府会主动放松规制以充分发挥市场配置资源的效率。

(二)产业控制规制经济理论

产业控制规制理论(亦称为俘虏理论,Capture Theory of Regulation)与市场失灵规制经济理论相反,在产业控制规制理论看来,规制的提供恰好满足产业对规制的需求,即立法者被规制中的产业所控制和俘获,而且规制者也逐渐被产业所控制和俘虏。支持产业控制规制经济理论的人认为:规制方案对某个产业的规制实际上是被这个产业控制,规制实际上是提高了产业利益,而不是社会利益。

产业控制规制经济理论的研究结论与规制的发展历程变迁较为一致,因而比公共利益规制理论更具有说服力。但产业控制规制经济理论并不能很好地解释政府的规制是如何逐渐被产业所控制,对某些规制尤其是维护公众利益的产品质量规制、安全健康规制、环境规制等缺乏解释。

(三)供求决定规制经济理论

在公共规制发展历史中,规制的产生不全是以政府维护公共利益为目的,也不全是被产业规制所控制,这表明任何单一的理论都无法完备地解释公共规制,市场失灵规制经济理论与产业控制规制经济理论均存在解释局限。1971年,施蒂格勒的《经济管制论》一书从理论上系统地解释了规制的产生以及经济规制的放松、社会规制的加强等问题,弥补了市场失灵规制经济理论和产业控制规制经济理论的不足,极大地发展了规制经济理论。此后,施蒂格勒、佩尔茨曼和贝克尔等人从"大集团""小集团""搭便车"等方面对供求决定规制经济理论进行了完善和发展。

第二节　规制、寻租与合谋

一、寻租

(一)寻租的定义与特点

戈登·塔洛克在《关税,垄断和偷窃的福利成本》一书中,首次明确提出寻租(Rent-Seeking)的概念。安妮·克鲁格在《寻租社会的政治经济学》中通过构建竞争性寻租模型,分析国际贸易施加数量限制产生围绕租金的竞争,并利用印度和土耳其的数据对寻租成本进行估计,这被视为现代寻租理论的正式开端。一般来说,寻租的出现离不开政策干预,即寻租是政府干预的副产品。寻租活动通常具有以下三个特点:一是寻租造成经济资源的扭曲配置,妨碍更有效的生产方式的实施;二是寻租是一种资源浪费的活动,使得原本可以用于生产性活动的资源白白耗费;三是寻租可能还会导致其他层次的寻租活动或"避租"行动。因此,寻租活动可视为人类社会的负和博弈,即从社会整体角度来看寻租是弊大于利的竞争活动。

(二)寻租的分类

从寻租活动的来源进行分类,主要可分为政府的特许权、政府的关税和进出口配额以及政府采购三类。布坎南从寻租引致的派生层次差异将寻租活动分为三个层次:一是垄断权的潜在获取者的努力和支出;二是政府官员为获得潜在垄断者的支出或对这种支出做出反应的努力;三是作为寻租活动的一种结果,垄断本身或政府所引发的第三方资源配置的扭曲。

(三)寻租的经济成本

目前学界普遍认同寻租的经济成本包括三个部分:一是寻租的直接费用,包括搜集潜在经济租信息的成本、对政府官员进行游说的成本、贿赂有关人员的成本等;二是垄断本身造成的福利损失,即垄断的社会成本;三是寻租所导致的技术创新机会及福利的损失,在社会经济资源总量既定的情况下,用于寻租活动的资源越多,用于技术创新的资源必然相应减少。

寻租的直接费用(博弈论模型):有一笔10 000美元的奖金(垄断租金),所有博弈参与者同时将一笔钱放在桌子上并点燃(直接费用),烧钱最多的人将获得奖金。假设竞争者都是同质且风险中性。博弈结果(完全耗散定理):在一个确定性寻租博弈中,如果有两个或两个以上的竞争者,竞争者为了争夺奖金所花费的资源的总期望值为 V。由于相当于租金价值的资源在寻租过程中被耗尽,所以租金的存在并不会使社会整体上获益。

垄断的社会成本:如图 13-1 所示,私人垄断厂商边际成本曲线 MC 与边际收益曲线 MR 的交点为 C,则垄断所造成的直接福利损失为哈伯格三角形 ABC 的面积。因为从私人最优的产出水平到社会最优的生产规模,每生产一个单位产品的边际收益 MR,都将超过生产的边际成本 MC,因而产出不足将造成福利损失。但此时垄断厂商将获得高额的垄断利润 P_0BCP_1,即是莱宾斯坦意义上的价格数量扭曲的配置非效率。进而为了攫取或维护市场上的这种垄断势力所

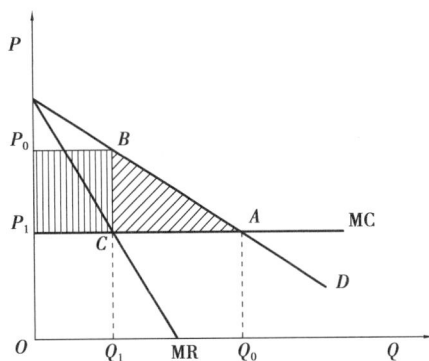

图 13-1 垄断的社会成本

带来的垄断租,垄断企业将耗费部分资源游说政府,从理论上说,如果此时寻租市场竞争完善,则垄断企业为获取垄断权利所支付的寻租成本应该刚好为垄断租的大小,即塔洛克四边形 P_0BCP_1 的面积。这背后暗含的基本道理是:充分竞争的寻租市场最终保证所有行业或企业只能获得平均利润。从社会角度看,寻租过程中所耗费的贿赂等支出并没有创造出任何新的价值,但产生了社会福利的净损失。

二、设租

(一)设租的定义与特点

设租(Rent-Setting)是指权力拥有者利用权力获取非生产性经济利益的行为。设租行为可以分为两大类:一类是政治创租,是指政府官员利用行政干预手段来增加私人企业的利润,人为地创造租金,诱使私人企业向他们贿赂以得到这种租金;另一类是抽租,是指政府官员故意提出某项会使私人企业利益受损的政策作为威胁,迫使私人企业割舍一部分既得利益与之分享。

寻租与设租紧密相连,没有设租行为也就不可能有寻租活动,但两者又有所不同。设租是政府利用所控制的政府权力对经济活动的干预和在行政管理过程中有意阻止供给的增加,形成某种生产要素的人为的供给弹性不足,造成某些特殊利益集团获取非生产性利润的环境和条件。寻租是政府和特殊利益集团通过合法或非法的手段获得这种对自己有利的环境、条件或特权以达到占有租金目的的活动。设租的产权实质是政府官员有意将资源价值纳入"公共领域"的过程;而寻租的产权实质是政府官员与特殊利益集团分享"公共领域"中租金的过程。分享租金份额的大小则是依据各利益集团的谈判力量的强弱而进行的产权博弈。

(二)设租的治理

设租者的初始薪水为 W_0,设租收益为 B。设租活动受到查处的概率为 $P(0<P<1)$,

当设租活动受到查处后:设租收益 B 遭到剥夺;被开除公职(假设其再就业后的收入为 W_1);设租者还会遭到监禁、丧失名誉并受到社会歧视(该损失用 M 表示)。不设租的收益为 W_0,设租的收益为 $(1-P)(W_0+B)+P(W_1-M)$,选择不设租的充分必要条件是: $W_0>(1-P)(W_0+B)+P(W_1-M)$,可整理为: $W_0-W_1+M>B(1/P-1)$。式子左边为设租的私人成本,包括薪水损失 W_0-W_1 和惩罚损失 M;式子右边为设租的私人收益,与设租收益正相关,与查处概率负相关。

在其他条件一定的情况下: W_1 越小,设租成本越高; W_0 越高,设租成本越高; M 越高,设租成本越高; B 越低,设租收益越低; P 越高,设租收益越低。因此,对于设租活动的治理,应当减少官员以公权谋利的机会(降低 B);将政府职能范围限定在最小范围,凡是能通过私人部门承担的事务,公共部门尽量不要承揽;限制特定官员的权力,让多数官员共同进行公共决策。权力制衡,强化监督并对设租者予以严厉惩处;以法律形式明确规定公务员的权责范围(降低 B,提高 M);提高设租者受查处的概率(提高 P)。

三、合谋

(一)合谋的定义及特点

目前对合谋的定义较多,普遍认为合谋具有以下三个特点:一是合谋基于信息的不对称;二是合谋是以损害第三方利益为代价的;三是合谋是基于合谋双方或多方共同的合作。针对寻租与设租问题上,合谋是指制定规制的政府部门或官员与利益集团为了共同的私利而结成联盟,并且对社会净福利带来损失的行为。寻租活动与设租活动相结合就形成了一种"钱权交易"的合谋关系,寻租者与设租者的目标是一致的,即实现某种既得利益的取得或重新分配,但这种利益再分配往往会损害到社会净福利。

根据前面的分析,寻租产生的一个重要环境因素就是公共生产对经济管制的结果,进而企业将围绕这种管制寻求垄断租的保护或创造新的垄断租。对此塔洛克曾指出公共决策程序的改变可能有利于寻租活动的下降,包括用受限制的多数投票原则替换原来的简单多数原则、尽可能多地采取全民公决、让政府尽可能保持预算平衡等。在治理设租行为时,要尽量减少官员以公权谋私利的机会、将政府职能范围限定在最小范围、限制特定官员的权力,让多数官员共同进行公共决策、强化监督并对设租者予以严厉惩处。

(二)合谋的实证分析——以官员考核制度变化为例

毕睿罡和王钦云(2019)从政企合谋视角考察官员考核标准变化带来的环境影响。2007 年,国务院颁发的《国务院关于印发节能减排综合性工作方案的通知》(简称《通知》)首次提出,要把节能减排指标完成情况纳入各地经济社会发展综合评价体系,作为政府领导干部综合考核评价的重要内容,实行"一票否决制"。

首先,从理论层面来看,在以往"GDP 锦标赛"背景下,地方官员主要通过努力发展本地经济来提高晋升概率,这就使地方官员有动机刺激当地企业生产、投资活动,而如果严格执行环保监管,虽然有利于环境保护,但会增加企业生产成本,降低企业利润,这些都不利于企业的扩大再生产。在这样的矛盾中,企业逐利,而环境问题作为地方政府的次要任务且难以被上级完全监督,也会成为地方政府策略性忽略的因素。地方政府与企业之间就很容易形成合谋关系。这种政企合谋一方面使企业利润增加;另一方面,也会使地方官员获得晋升,甚至获得更大的"寻租收益"。不过,随着《通知》的正式发布,官员考核制度发生了重大变化,地方官员的激励也随之改变。在新的官员考核制度中,"环保一票否决"进入官员晋升考核标准,一旦没有完成上级制定的环保任务将无法获得晋升,这从根本上改变了地方政府官员的激励,官员无法再将环保问题作为一项可以忽略的因素,而是作为必须完成的政治任务。这将会使得地方政府和企业处在对立面,进而降低了政企合谋的可能。考核制度变化后,加强环境监管力度,甚至以牺牲经济发展为代价换取环保任务"过关"成为地方官员的头等大事。

其次,从实证分析来看,基于2004—2015年全国31个省份338个地级市环保行政处罚案件数据,利用断点回归,发现在控制经济指标和环境指标后,地方环保行政处罚案件的数量发生了跳跃式增加,环保一票否决制进入官员考核标准导致地方政府每年的环保行政处罚案件平均增加约30次。这进一步反映出,在《通知》颁布之前,确实存在着政企合谋的现象。而《通知》颁布后,对官员考核标准产生变化,"环保一票否决"进入官员晋升考核标准后降低了政企合谋的可能,增强了地方官员的环保执法力度。

第三节　政府间规制与公平

一、政府规制的目的是维护社会公平

公平与效率是人类社会发展过程中的一个永恒命题,更是人类经济活动中时时刻刻面临着的一个问题。一般来说,效率的提高有助于实现社会公平,社会公平的实现也有助于效率的提高。党的十九大报告对效率与公平的关系做了创新性调整,没有把效率与公平的关系作为分配制度内的关系,而是将效率放入生产领域的范畴,包括劳动效率、生产效率;将公平放入分配领域,包括分配的公平性、分配的合理性。生产重效率,分配重公平。在政府规制的制定和实施中,政府规制的基础是市场经济和法治的制度环境,其逻辑起点是修正市场机制的结构性缺陷,避免市场经济可能给社会带来的弊端。政府规制有利于矫正市场机制的内在问题,其目的包括防止过度竞争、避免形成垄断、维护市场主体或经济主体在社会生活中的起点、机会、过程和结果的公平。正由于政府规制目的强调公平正义的这一性质,进一步凸显了公共规制本身的正当性。

二、政府规制如何维护社会公平

在政府规制领域内,公平意味着"各得其份、各得其所,给予每个人他所应得的部分";公平也可以是指"一种公正的体制","意味着对关系的调整和对行为的安排,以使人们生活得更好,满足人类对享有某些东西或实现各种主张的手段,使大家尽可能地在最少阻碍和浪费的条件下得到满足"。经济发展的历史经验告诉我们,政府规制的首要目的就是创建公平的竞争环境,引导市场主体公平竞争,打破垄断,实现市场要素的自由流动。

（一）经济性规制——以环境税为例

庇古最早提出了环境税的"双重红利"思想,即环境污染带来了负外部性,而环境税在纠正负外部性并改善环境的同时能够协调社会公平与经济效率。2018年1月1日起,中国环境税正式实施,以此取代了施行近40年的排污收费制度。在中国国情背景下,环境税在保护环境的同时,是否能够起到维护社会公平、提高经济效率、促进社会就业的多重红利?

结合中国当前国情背景来看,环境税所涉及的领域大多与资源、能源、交通、建筑、造纸等行业相关,从税负转嫁角度上来讲,具有累退性,即纳税人的税负随着收入的增加负担变小。环境税与现代人生活中必不可少的御寒取暖、用电和交通等生活成本密切相关,其税负转嫁对低收入家庭不利,而对高收入家庭影响不大。能源支出一般分为交通能源和生热能源,不同收入阶层的家庭在生热能源上的支出差别不大,但在交通能源上的支出差别较大;对交通能源征环境税具有轻微的累进性,对生热能源课征环境税具有较强的累退性,因而对能源征收环境税从整体上讲呈现累退性。中国基于税负公平以及结构性减税的需要,可通过两个方面降低或消除环境税的累退性:其一,借助于结构性减税的总体设计,在开征环境税的同时,减少其他扭曲性税收以增强整体税制累进性;其二,通过环境税税制要素(如税率、税收优惠等)的差异化设计以增强自身税种累进性。

（二）社会性规制——以机动车限行为例

机动车限行是指政府通过行政、法律手段等对机动车的使用进行限制和控制,其目的在于缓解交通压力,减少交通拥堵,减少机动车使用造成的环境污染等。自20世纪90年代起,我国不少城市陆续实施机动车限行政策,其中,比较典型的是上海、北京和杭州(丁芝华和李燕霞,2020)。

中国城市政府实施机动车限行政策的依据在于克服因机动车使用活动产生的负外部性,同时也能够减少其产生的社会不公平和控制其产生的危害公众的健康、财产和安全的风险。机动车是交通风险的制造者,但在很多情况下承担该风险的却是行人与自行车等非机动车的使用者,道路交通的不公平问题主要由此产生。与此同时,道路资源几乎被机动车垄断,城市交通拥堵成为常态,行人与自行车等非机动车的使用者深受其苦。这显然也是不公平的。因此,从总体上适当控制机动车的数量,减少机动车的使用,是政府维护道路交通领域中的社会公平的重要措施之一。从实践来看,机动车限行政策的实施对于保障交通弱势群体的权益起到了明显作用。

第四节　中国的公共规制改革

一、中国公共规制的现状与问题

从公共规制主体来看,目前中国从中央到地方几乎所有政府机关都拥有规制权力,包括中央和地方的综合管理部门和行业主管部门。不同的规制主体将导致规制权力被分散。因此,对同一行为的政府规制,往往涉及多个规制机关,这一特点在经济体制改革后变得更加显著。规制主体众多导致的规制权力分散,不但不能为行业的发展增添力量,甚至还会对社会福利带来损害。由于中国规制主体众多,因此,中国公共规制的法律依据也来源于多个层次,如正式法律、行政规章、地方性法规等。在公共规制的实际执行过程中,往往还会遵从规制机关所制定的具有普遍约束力的决定、命令等,有时会出现与公共规制相抵触的情况。

由于规制主体和规制依据的特殊性,中国公共规制在发展过程中主要具有三个问题。第一是规制过度。公共规制广泛存在于传统的自然垄断领域,包括公用事业中的电力、城市供水、城市燃气与热力等。第二是规制越位。规制权力的分散,导致垄断部门利用规制权力为自己打造生存和谋利的空间,导致不同层级的行政力量进入市场,造成不同垄断部门之间的垄断力量彼此对立,限制了公平竞争,恶化了市场的竞争秩序。第三是被规制企业内部低效率。在公共规制过度管制下,往往会导致企业难以感受到市场竞争的外在压力,组织管理效率低下,企业实际达到的生产成本远远超过按企业能力可实现的最小生产成本,即出现非效率现象。

二、中国公共规制的改革历程:以环境规制为例

改革开放以来,中国经济取得了前所未有的成就,但在取得经济成就的背后却付出了一定的环境代价:大气污染、水污染等事件相继爆发,反映出中国环境污染出现了一些较为严重的问题。由于环境资源的稀缺性、外部性、产权不明晰和交易费用昂贵等特点,单靠市场机制无法实现环境保护,因此,环境规制便应运而生(孙玉阳,2020)。

1. 1973—1992 年,环境规制建立

1973 年,中国环境保护方面首部具有法规性质的文件——《关于保护和改善环境的若干规定》的出台,揭开了中国环境保护事业的帷幕。在资金短缺、技术落后的背景下,决策层普遍认为中国很多的环境问题是由于管理不善造成的,只要加强管理,许多环境问题就能够得到有效解决,于是强化环境管理,以行政命令督促环境治理,促进环境保护成为这一时期环境政策的主导思路,内容上以治理工业“三废”污染为主,手段上以行政干预为主,形式上以行政法规、纪要和批文为主。1979 年,国家颁布了《中华人民共和国环境保护法(试行)》,1982 年,国务院根据环境保护法发布了《征收排污费暂行办法》等

文件。1982年末公布的国民经济与社会发展第六个五年计划第一次将环境保护纳入其中,环境保护已开始被当作国民经济和社会发展的问题来对待。1983年,中国把环境保护作为一项基本国策,确定了环境保护在经济和社会发展中的重要地位。

同年第二次全国环境保护会议,确立了环境保护的三大政策,即"强化环境管理""谁污染,谁治理"和"预防为主,防治结合",同时制定了环境保护的"三建设""三同步"和"三统一"总方针。1989年,第三次全国环境保护会议提出了环境管理的五项新制度,即"限期治理""集中控制""排污申请登记与许可证""城市环境综合整治定量考核"和"环境保护目标责任",与传统的"排污收费""三同时"以及"环境影响评价"三项制度共同组成了环境管理基础。同年12月,《中华人民共和国环境保护法》正式颁布,标志着中国环境保护的法律体系初步建立,为环境管理提供法律依据。这一阶段,确立了中国环境保护的基本地位、基本政策、总体方针和管理制度,从而构建起环境保护的基本框架,进而推动了环境规制的发展。

2. 1992—2002年,环境规制发展

1992年以来,在现代化战略的基础上,中国逐步形成了强调环境与经济同步、协调、持续发展的可持续发展战略。1992年,中国公布了环境与发展十大对策和措施,除继续重视污染治理外,生态环境也被纳入了保护的范畴,同时强调运用经济手段来保护环境。2000年,《中华人民共和国环境影响评价法》的颁布,标志着中国环境管理方式从"先污染后治理"向"先评价后建设"方向转变,从源头上遏制污染产生。此后,环境问题得到进一步重视,环境保护的指导理念得到升华,环境保护已从治理工业污染为主转变为综合环境管理为主,环境政策的保护对象已经把防治环境污染、环境破坏和保护、改善生活环境以及生态环境结合在一起,完成了从保护自然环境个别因素的片面观点向保护整个自然环境的整体观点转变。然而我国环境管制政策体系尚不健全,突出表现为缺乏一部真正的综合性环境政策文件,各种政策文件之间不够协调,环境管理体制没有完全理顺,管理职能交叉、重复,冲突等现象比较常见,甚至有些政策规定还不够合理,缺少可操作性。

3. 2002—2012年,环境规制调整

在这一时期,伴随着经济体制的改革,中国环境规制进行了调整阶段。对一些环境规制的法律法规政策进行了进一步的修订,2003年,国务院颁布了《排污费征收使用管理条例》,标志着从1982年到2003年排污收费制度实现了从超标排放收费模式向按照污染物的种类、数量收费与超标收费并存的模式转变。在可持续发展战略背景下,2005年,国务院先后发布了《促进产业结构调整暂行规定》和《关于落实科学发展观加强环境保护的决定》,后者首次提出地区发展应坚持环境优先、保护优先,分别实行优化开发、重点开发、限制开发和禁止开发,这显示了中国扭转重经济、轻环境的决心。2006年,《环境影响评价公众参与暂行办法》颁布,是中国国家层面第一部规定公众参与环境保护的规范性文件,也是中国环境保护领域公众参与制度建设的一个新的里程碑。此阶段在可持续发展战略指导下,中国环境规制逐步向源头治理,多方参与以及综合治理转变,注重经济与环境协调的发展。

4.2012 年至今,环境规制深化

整体上来看,党的十八大以来中国环境规制更加注重改善环境质量,更加重视制度建设,积极促进环境共治。2015 年被称为史上最严环保法的《中华人民共和国环境保护法》实施,强化了企业污染防治责任,突出了可执行性和可操作性。新环保法在中国正式实施,也是中国政府协调环境保护同经济和社会发展的新举措。2015 年,中共中央、国务院印发的《党政领导干部生态环境损害责任追究办法(试行)》,标志着中国生态文明建设正式进入实质问责阶段。2016 年,国务院印发了《"十三五"生态环境保护规划》,首次提出了生态环境质量总体改善的目标。党的十九大提出,要构建政府为主导、企业为主体、社会组织和公众共同参与的环境治理体系。2018 年通过的《中华人民共和国环境保护税法》,正式结束了排污费的使用,用税法的形式加强对环境的治理。在生态文明建设的指导下,中国环境规制进入深化阶段。

三、中国公共规制的改革趋势

转型时期公共规制的改进,既要注重适度规制,也要结合能力提升。一是放松经济性规制。政府规制是为了"补充"而不是"替代"市场机制、破除行政性垄断,引入竞争机制。二是引入激励性规制。改变传统的"限制进入"的行政审批模式、采取特许投标、价格上限等方式,诱导企业提高经营效率,对于符合政策导向、环保得力、经营效率高、价格低廉的企业予以更多的投资激励。三是强化社会性规制。加强环境保护、消费者保护、产品质量、工作场所安全、劳动保护等方面的政府规制,通过一些新的规制机构和规制方式加强对环境、生态、食品、医药、生产安全方面的监督和查处。四是提升规制能力。规制政府规制权力、人大决定规制、行政执行规制、企业接受规制,加强政府规制与行业自律的协同,利用行业协会的作用与政府沟通,将行业信息传递给政府,通过行业自律加强行业内部管理、与消费者沟通、不断完善行业内部管理制度。

内容小结

1.公共规制是指以公共部门为主体对企业和个人的行为直接或间接施加影响的行为,可分为直接干预和间接干预两大类,直接干预的公共规制又可分为经济性规制与社会性规制。

2.目前主要的公共规制理论有市场失灵规制经济理论、产业控制规制经济理论以及供求决定规制经济理论。

3.寻租是政府干预的副产品,并与设租紧密相连。寻租是指政府和特殊利益集团通过合法或非法的手段获得对自己有利的环境、条件或特权以达到占有租金目的的活动。设租是指政府利用所控制的政府权力对经济活动的干预和在管理过程中有意阻止供给的增加,造成某些特殊利益集团获取非生产性利润的环境和条件。

4. 政府规制有利于矫正市场机制的内在问题,其目的主要包括:防止过度竞争、避免形成垄断、维护市场主体或经济主体在社会生活中的公平等。

5. 中国公共规制发展具有自身的特殊性。总体来看,转型时期公共规制的改进,既要注重适度规制,又要结合能力提升。

复习思考题

1. 简述公共规制的发展过程,试以出租车公共规制为例进行研究。

2. 怎样认识产业控制规制经济理论(俘虏理论)? 为何规制者被被规制者所控制?试以物价局审批价格为例进行分析。

3. 简述寻租、设租、合谋的含义。

4. 简述寻租的经济成本。

5. 基于环境保护分析为何会形成政企合谋。

6. 结合近年来环境、卫生、食品安全等事件,分析社会性规制的加强。

第十四章 中国公共经济政策的特色与实践

中国实施的是社会主义市场经济体制,在此过程中形成了丰富的公共经济政策理论与实践,并具有鲜明的特色,为中国经济的高速发展和高质量发展提供有力的制度保障。本章在对中国公共经济政策的特色进行梳理的基础上,借助两个典型案例对中国公共经济政策的实践进行分析。

第一节 中国公共经济政策的特色

在进行中国特色的社会主义建设过程中,公共经济政策在促进经济发展和社会进步发面发挥了重要作用,中国公共经济政策的制定、实施和执行过程具有如下特色。

一、人民代表大会制度下的公共经济政策决策机制

中国的公共经济政策制定后需经由代表人民大众利益和意志的人民代表大会依照规定程序审议批准,而后由作为行政机关的狭义政府贯彻执行,最后还需向立法机关报告执行结果。

例如,我国宪法规定,财政预算支出等重要的公共经济决策权配置和运作是在人民代表大会制度下的决策机制下进行的。其中,各级人民代表大会及其常委会掌控公共经济政策的最高决策权和监督权,按照少数服从多数原则运作。而狭义的政府部门则作为执行机构负责多数公共经济政策的具体实施,并实行行政首长负责制。政府部门虽然处于领导公共经济事务的核心地位,负责总体公共经济政策的谋划,但不能代替人民代表大会行使法定职能。我国的公共经济决策权力配置体制和运作机制,在本质上排斥个人独裁专断公共经济政策行为,从而能够使公共经济政策具有较高的理性以及为保障全社会福利与公平提供制度支撑①。

---

① 齐守印.公共经济政策理性及其增进路径研究[J].经济研究参考,2017,4(40):3-21.

在该公共经济政策决策机制下,作为终极主人的公民对公共经济政策制定有较多表达自己偏好的参与渠道,对公共经济政策的实施也有相对多的监督权利。公民对公共经济政策的制定不仅可以通过其选举产生的代表间接参与,还可以通过参加专题听证会、网络建议等途径直接参与,对公共经济政策的执行过程拥有依法实施监督的权利,对公共经济政策实施效果可以充分表达意见。

二、公共经济政策的实施环境更加稳定

(一)我国公共经济政策实施的制度环境更加稳定

总的来说,由于受到政治体制与政治周期的影响,西方国家的公共经济政策会随着不同党派的轮流执政而发生巨大的改变,从而容易出现政策转急弯的现象。我国的政党制度是中国共产党领导的多党合作和政治协商制度,是具有中国特色的社会主义政党制度①,是一种接力棒式的、朝着"社会主义现代化强国"目标前进的执政方式。在这种制度下,主要的公共经济政策通常不容易受到政党轮替的影响,并通过各民主党派的政治协商、参政议政和民主监督,从而使得公共经济政策实施的连续性更加稳定。

(二)公共经济政策实施的经济环境更加稳定

改革开放以来,中央对于公共经济政策的制定逐步形成了强调以"稳"的经济环境。例如,党的十八大以来,我国实施了积极的财政政策,不仅为市场运行注入了确定性,减少了实体经济内部、虚拟经济内部以及实体经济与虚拟经济之间的不确定性,起到了稳定国民经济环境的良好作用;还为社会运行注入了确定性,即降低了消费、就业和社会心理的不确定性,从而起到了保障民生、稳定民心的强大作用。而且,供给侧结构性改革使得市场活力持续释放,我国公共经济政策实施的经济环境也将更加稳定。

(三)公共经济政策实施的社会环境更加稳定

经济增长并不是人类当今社会发展的全部,尤其是在经济、社会关联日益紧密的新形势下,只着眼于经济、割裂经济与其他方面的联系是难以解决经济本身的问题的。维护经济与社会"双稳"局面需要综合施策,更加注重对基本民生保障等社会重点领域的投入,打造良好的社会环境。稳定的社会发展环境,也为公共经济政策的实施提供了坚实的基础。

三、多元目标、手段和主体的公共经济政策制定体系

(一)公共经济政策的目标多元性

一是我国公共经济政策的总量目标要多于西方国家。宏观经济调控的总体目标不仅包括经济增长、充分就业、稳定物价、国际收支平衡,还包括提高人民生活水平、节能减排、压缩产能过剩、调控房地产、防范金融风险、脱虚向实等具有中国特色、符合中国国情

---

① 韩永文.浅析我国积极财政政策的实施效果[J].价格理论与实践,2000(3):17-19.

的总量目标。

二是中国的公共经济政策还包括经济结构优化等目标。在五年规划纲要、政府经济工作报告当中,涉及的公共经济政策目标还包括产业结构优化、区域发展协调、贫富差距缩小等结构性目标。随着供给侧结构性改革的持续深入推进,尽管我国经济结构不断优化调整,但是一些深层次的结构性问题依然较为突出。因此,在制定公共经济政策时,不仅要注重经济增长等总量目标,还要兼顾调节和优化经济结构的目标,实施结构性财政政策、货币政策、收入分配政策、产业政策、区域政策等来促进结构性的公共经济政策目标的实现。

(二)公共经济政策调控的手段和工具多样化

与西方国家不同,我国政府在宏观调控中采取了"三箭齐发"的策略,综合运用市场手段、行政命令、体制改革三种方法调节和稳定宏观经济。政府利用"看得见的手"适当地帮助市场"看不见的手",通过宏观调控平滑周期波动,改善经济总福利,从而规避"微观个体理性导致总体福利损失"的陷阱。当经济出现过"热"状况时,政府通过宏观调控限制过度投资和重复建设,控制基础设施建设规模以遏制通货膨胀;当经济出现过"冷"状况时,政府通过宏观调控加快落后产能退出以促进市场出清,同时扩大基础设施建设以刺激总需求,帮助经济走出通缩[①]。因此,公共经济政策的调控工具要根据经济形势变化态势,合理确定和及时调整宏观调控的方向、重点,采取超常规的、有力度的宏观调控手段,发挥国家规划、计划、产业政策在宏观经济调控中的导向作用。这些多元化的公共经济政策工具包括财政、货币、产业、汇率、土地等政策。

(三)公共经济政策制定的主体多元化

在我国公共经济政策制定过程中,参与的主体包括中央政府、中央部委、各级地方政府、专家和智库以及部分企业和公民代表等。中央政府与中央部委是制定全国性公共经济政策的主要主体,对全国经济的运行起着全局性的调控作用。比如,经济面临过热风险时,中央各部委在中央统一领导下发挥制度优势,进行一盘棋地宏观调控。其中,央行通过紧缩银根实行紧缩性货币政策进行调控;财政部通过压缩财政支出、增加税收以及减缓国债发行等紧缩性财政政策的方式进行调控;国家发展和改革委则通过压缩基建等项目经费、减少审批等方式进行调控;国土部门通过减缓土地项目审批的方式来进行调控;环保部门通过减缓环保项目的审批进程进行宏观调控。地方政府则是在中央和部委的相关政策和文件指导下,认真贯彻落实相关的宏观调控精神,使得公共经济政策更好地落地。

随着我国社会主义市场经济改革的持续推进,企业和个人在经济中发挥着更大的作用。公共经济政策的制定过程需要个人和企业等部门参与建议和听证,这样有利于加深公众对公共经济政策的理解以及后续政策的执行。专家、学者和智库拥有领域专业知识

---

① 李稻葵,等.中国的经验:改革开放四十年的经济学总结[M].上海:三联出版社,2020.

的优势,能够为精准性的公共政策制定提供一定的咨询和建议。中共十八届四中全会《关于全面推进依法治国若干问题的决定》明确地将"公民参与"作为重要环节嵌入依法决策机制。2015 年 1 月,我国政府印发了关于建设新型智库的文件,要求各级党委和政府高度重视由专家、学者构成的新型智库建设,充分发挥智库在公共经济政策设计、咨询、论证、评估和舆论引导方面的积极作用。

四、重视平衡好政府与市场之间的关系

我国公共经济政策的制定和实施重视平衡好政府与市场之间的关系。通过厘清政府与市场在资源配置中的关系,合理地界定两者在资源配置中的边界,激励市场与政府的行为,以达到个人利益和社会利益的最大化。从某种意义上来说,改革开放以来中国经济发展取得伟大成就的重要经验之一,即较好地处理和平衡了政府与市场之间的关系。通过平衡健全的市场机制与有效的政府安排,合理进行宏观调控,使得社会主义市场经济体系越来越完善。真正的市场化改革是坚持市场化机制改革和政府宏观调控的有机统一。既尊重市场规律,千方百计激活市场潜力,又充分发挥我国社会主义制度决策高效、组织有力、集中力量办大事的优势。

总体来看,我国公共经济政策制定过程中,政府与市场的关系不断优化,市场在资源配置中的作用越来越大。主要表现在:政府对市场的直接干预不断下降,市场的作用不断加强;政府对市场环境的建设不断加强;劳动力的市场化程度不断深入。

五、正确处理好央地关系并形成内部激励机制

中国作为幅员辽阔、人口众多、地区发展不平衡的大国,中央与地方的良好关系一直是成功实行公共经济政策的关键点之一。在公共经济政策的制定和实践中,要探索并逐渐明晰中央与地方政府之间的职能界限,并形成中国特色的激励机制。国家体制中纵向上政治层面的领导与被领导关系即对应中央与地方关系,这种关系在法律层面是不成立的,在法律上中央与地方一切平等;这种关系仅涉及政治层面的权力与资源配置,体现出中央集权的特点。在实践层面,央地关系具有更复杂的表现,其中一大特征就是中央决策权力的下放,在保持政治稳定与经济发展的基础上,中央政府会默许地方政府根据地方特征执行不同的公共政策。

根据朱旭峰与吴冠生(2018)[①]的研究,中央与地方在立法、财权、事权和人事权上形成职责分明的界限和激励机制。其中,立法权与公共经济政策有间接关联的关系,财权、事权和人事权则与公共经济政策制定直接关联。

首先,在立法权上,2000 年颁布的《中华人民共和国立法法》中明确界定了中央和地方的立法权限划分。地方政府制定法规的立法范围权限,包括执行性地方政府规章和创制性地方政府规章两个方面,这会间接影响公共经济政策的制定和执行。

---

① 朱旭峰,吴冠生.中国特色的央地关系:演变与特点[J].治理研究,2018,34(2):50-57.

其次,在财权上,这里的财权主要衡量的是财政收入在各级政府间分配的情况,在1994年中国实行分税制改革之后,税收按税种划分为中央税、地方税和中央与地方共享税,这样的财权分配既能保证中央对地方的有效控制,又可以较大程度地激励地方政府依据地方需求制定公共经济政策。

再次,在事权上,中央和地方政府间通常依据公共物品的层次性理论来对两者的事权进行分配。属于中央政府的事权通常涉及国家整体利益,例如,全国性公共服务、全国性基础设施以及参与提供的国际性公共产品服务;地方政府通常负责地方性和区域性的公共物品。

最后,在人事权上,中国的干部人事制度是在中国共产党管理干部(即"党管干部")的根本原则指导下建立起来的。中央与地方政府之间干部任免权的调整主要通过三个方面实现:在管理幅度中,主要通过"下管一级""党管干部"的干部人事制度提高政府管理效率;在选任标准中,主要包括以经济绩效为基础的晋升锦标赛的政治选拔;在干部交流中,各级党委及其组织部门可以按照干部管理权限,通过调任、转任对党政领导干部的工作岗位进行调整。有效的人事权体制是激励机制的基础,也是中国通过干部任免来实现公共经济政策治理成功的关键所在。

六、试点先行、逐步推广的公共经济政策理念

试点推广是基于中国国情的、具有一定特色的公共经济政策的改革方法。中国地大物博,不同地区在资源禀赋、人口规模、经济发展水平和公共治理水平等方面存在众多差异,公共经济政策的试点突破现有单一体制和中央集权的制度刚性,增强了政策的灵活性和适应性,推动了各地区因地制宜的政策创新与治理改革[①],为中国社会的发展做出了重要贡献。这种"摸着石头过河"的试点方法为探索中国公共经济政策的盲区提供了一个有效的洞察窗口。

在不断推进的改革进程中,公共经济政策先试点再推广的改革方法具有降低改革风险、减少改革阻力、确保改革成功的重要特点,对改革的顺利实施和公共经济政策的推进发挥了重要作用。在试点的实践过程中,有的公共经济政策试点经过一段时期的执行和落实,达到了预期的政策效果,便扩大试点范围甚至在全国推广,例如,新型合作医疗政策。但是并非所有的公共经济政策试点都能推广,由于公共经济政策制定存在漏洞或是不能笼统适应所有地区,便会对政策进行进一步修订或者取消政策的试点与实施。

七、坚持稳中求进的工作总基调

中国特色公共经济政策的另一个特色是坚持稳中求进的工作总基调。稳中求进不仅是做好社会工作的方法论,也是制定和实施好公共经济政策的方法论。面对严峻复杂的经济困难和挑战,各项工作都要突出一个"稳"字,稳中求进,要在"稳"的基础上努力

---

① 杨宏山. 双轨制政策试验:政策创新的中国经验[J]. 中国行政管理,2013(6):12-15.

实现质量、结构、效益等各方面的"进"①。通过稳中求进的基调,公共经济政策的避风险、稳经济作用才能最大程度发挥效能。中国能够在短期内完成防控新冠疫情的同时,又实现经济基本恢复,并达成"全面小康"的目标,靠的就是稳中求进的公共经济政策总基调。

八、国有企业在公共经济政策的落实中发挥重要作用

中国特色公共经济政策包含公共企业政策。我国实行以公有制为主体、多种所有制经济共同发展的基本经济制度,不断巩固和发展集中力量办大事的经济基础②,因此,能够通过公共企业政策的制定和实施来更好地落实公共经济政策。国有企业是公有制经济的核心,在发挥公共政策实施的效果中起到了重要作用。

一方面,国有企业在市场经济中起主导作用,使得公共经济政策能够通过市场的资源配置效应发挥一定程度的作用。当国家发布的金融、财政、货币和产业等公共经济政策进行调控时,相应的国有企业一般是最先进行响应和坚决实施的。国有企业依据政策在市场中做出资源调配等反应时,市场中的其他企业也会做出相应的调整,从而使得公共经济政策的效力在市场中得到更好的保障。

另一方面,国有企业能够在一定程度上实现公共经济政策中的保障民生目标。国有企业主要在水、电、气、基础设施建筑等重要的民生方面占据主导地位。各种大型水利工程、全覆盖的国家电路设施、全国公路铁路的建设与维护无一不是由国有企业主导。国有企业能够结合政府支持和市场筹资的规律,降低获得资金的成本,从而降低工程成本,使得中国的广大人民享受到价廉质优的饮用水、覆盖范围广的公路、铁路和电力运输网、更好的通信信号,从而实现中国公共经济政策的民生目标。

第二节 中国公共经济政策的实践

公共经济政策作为现代国家治理体系中的重要组成部分,对国家治理能力有重要的影响。在中国特色社会主义发展道路的探索中,国家不断改革和完善现有的公共经济政策,并发挥自身公共经济政策的特有优势,取得了理论和实践上的重大突破。

案例:应对 1998—2000 年通货紧缩的公共经济政策③

(一)1998—2000 年通货紧缩的特征表现

1997 年爆发的亚洲金融危机,对亚洲地区乃至全球经济产生了严重负面影响。受亚洲金融危机影响,一些国家的经济增速下滑、居民财富受损、收入持续下降,直接影响了中国对外出口的增长。金融危机导致的中国外部需求疲软,加深了中国的供给过剩。为

---

① 稳中求进,推动高质量发展行稳致远[N].新华日报,2021-12-23(1).
② 陶文昭.中国何以办成这么多大事:充分发挥社会主义制度优势[J].理论导报,2019(8):12-14.
③ 本案例节选于:龙少波.中国结构性通缩形成机制及调控体系研究[M].北京:中国社会科学出版社,2020.

应对亚洲金融危机对经济的负面冲击,东南亚大部分国家采取货币竞相贬值的政策。为避免货币危机扩大,减轻国家经济贬值的压力,维持东南亚经济秩序,中国作为一个负责任的大国,承诺三年内保持人民币币值稳定。人民币币值不变而外币贬值,导致中国出口商品价格竞争优势下降,进一步减缓了中国出口需求的增长速度。

1998—2000 年,中国通货紧缩特征明显,表现为中国工业品出厂价格指数(PPI)和消费价格指数(CPI)增速在持续下跌后出现持续性负增长,且 PPI 和 CPI 同时负增长的状况持续达到两年以上。1997 年 5 月至 2000 年 1 月,PPI 出现持续了 31 个月的负增长;1998 年 3 月至 2000 年 5 月,中国 CPI 出现持续 27 个月的负增长,如图 14-1 所示。中国经历了生产领域与消费领域价格指数同时持续下滑的全面通货紧缩。

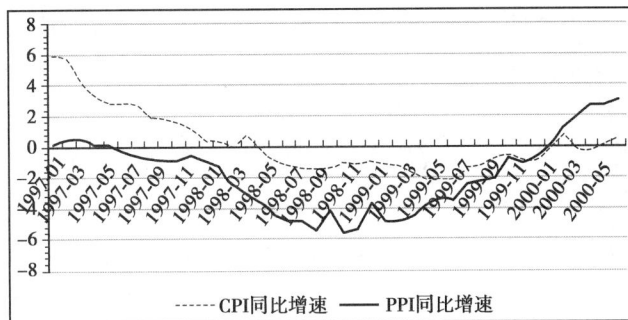

图 14-1　1997—2000 年中国 CPI 与 PPI 同比增速变化趋势

资料来源:中经网统计数据库。

在亚洲金融危机引发通货紧缩之前,中国信贷规模增速已经出现明显的收缩态势。1996 年初,中国金融机构人民币各项贷款同比增速呈现明显的下降态势;1997 年 11 月,各项贷款增速出现断崖式下降,由 1997 年 11 月的 22.9% 下降至 1997 年 12 月的 9.7%,降幅超过一半。1996—1997 年,贷款增速年均值在 30.0% 左右;1998—2000 年,贷款增速年均值降为 14.7%,增速降幅超过一半,信贷收缩趋势明显。

1998—2000 年,中国实际 GDP 年均增长率为 8.0%,相对于 1992—1997 年下降了近 4 个百分点,实际经济增长呈现趋势性下滑特征。

(二)1998—2000 年通货紧缩的形成原因

1998—2000 年,中国经济出现通货紧缩主要有以下原因。

第一,亚洲金融危机导致外部需求不足,中国出口需求大幅降低,造成中国总体价格水平下跌。1997 年,中国出口总额同比增速高达 35%;1998 年 10 月,中国出口增速下降为 -17.3%,降幅高达 52%。20 世纪 90 年代,中国经济出口依存度高达 20%,出口的疲软直接导致出口部门发展萎缩,国内产品供给大于需求,导致国内总体物价水平下跌。

第二,亚洲金融危机前,劳动收入占国民收入的比重过低,居民收入增长缓慢,由此导致国内消费需求不足。由于传统的体制机制,政府通过对工资水平和价格水平的直接控制,将相当一部分国民收入在初次分配时转化为资本积累,相对较少地转化为居民收入,由此导致居民收入增长缓慢。加之中国居民储蓄率一直居高不下,消费能力不足和高储蓄,共同限制了消费需求的增加。

第三,自 1992 年以来,持续的投资热潮和重复建设的不断累积,导致国内出现阶段性的产能过剩。在 1992 年的投资热潮中,全国上下盲目建设和重复建设之风盛行,企业投资热情高涨,生产规模不断扩大,生产能力不断累积,由此导致总供给能力大量过剩。1998—2000 年,国内外需求大量收缩,国内外市场需求无法完全消耗积压的产品库存,造成总体价格水平不断下跌。

第四,政府对银行坏账处理硬化了企业预算约束,导致企业有效投资需求下降。亚洲金融危机前,国内银行积累了大量的坏账和呆账,金融体系中不良资产比重过高导致金融风险持续上升。为降低金融风险,自 1996 年开始,中国政府采取严厉的行政措施以处理银行不良贷款所积累的金融风险。政府强化了银行负责人和贷款负责人的信贷责任,明确了银行坏账和呆账增加对负责人的处罚条款。由此大幅提升了银行以及贷款负责人的风险防范意识,对贷款人的信用审查更严格,对经营不良企业的贷款进行严格限制,整个银行业“惜贷”现象明显,由此导致企业投资需求下降。

(三)应对 1998—2000 年通货紧缩的公共经济政策

为应对亚洲金融危机对中国经济造成的冲击,中国政府采取稳健的货币政策、积极的财政政策等需求管理政策,并推进住房和教育制度改革,使中国经济走出了通货紧缩的困境,促进了经济以较快的速度平稳增长。

1. 实施稳健的货币政策

在货币政策方面,中央银行多次下调存贷款利率、降低法定准备金率、取消国有银行指令性贷款计划规则,以刺激经济增长和物价总水平回升。

1998—2000 年,中央银行先后三次下调存款和贷款基准利率,以降低企业的融资成本,鼓励企业增加投资,扩大投资需求。表 14-1 显示,1997 年 10 月,中央银行将活期存款利率由之前的 1.98% 下调至 1.71%,下降了 0.27 个百分点;不同期限的定期存款利率平均下调近 2 个百分点。1998 年 7 月,央行再一次下调存款利率,活期存款利率下调0.27 个百分点;定期存款利率除 3 个月存款利率有轻微变动外,平均降幅保持在 2 个百分点左右。1996 年 6 月,央行第三次大幅下调银行存款利率,活期存款利率下调后不足1%,定期存款利率也大幅下降。存款利率的下降,降低了储户的预期收益率,在一定程度上有利于鼓励其增加消费,减少储蓄,从而扩大消费需求。

表 14-1 1996—2002 年中国活期和定期存款基准利率调整变化

时间	活期存款利率/%	定期存款利率/%				
		3 个月	6 个月	1 年	2 年	3 年
1996.8—1997.10	1.98	3.33	5.40	7.47	7.92	8.28
1997.10—1998.7	1.71	2.88	4.14	5.22	5.58	6.21

时间	活期存款利率/%	定期存款利率/%				
		3个月	6个月	1年	2年	3年
1998.7—1999.6	1.44	2.79	3.33	3.78	3.96	4.14
1999.6—2002.2	0.99	1.98	2.16	2.25	2.43	2.70

资料来源:中经网统计数据库。

其间,央行还不断下调贷款基准利率,以期达到降低企业融资成本、刺激企业投资需求的目的。表14-2显示,1997年10月,央行制定的短期贷款基准利率和长期贷款基准利率均大幅下降。短期贷款利率由之前的10.08%降至7.92%;1—5年期中长期贷款基准利率由之前的11.70%降至9.72%;5年期以上长期贷款基准利率由之前的12.42%下调至10.35%,下降幅度超过2个百分点。1998年7月,央行第二次下调各类贷款的基准利率,短期贷款基准利率下调1.53个百分点,中长期贷款利率下调幅度均超过2个百分点。为进一步降低融资成本,1999年6月,央行第三次下调贷款基准利率,短期贷款基准利率下降0.54个百分点;1—5年中长期贷款基准利率下降1.17个百分点,5年以上长期贷款基准利率下调至6.21%,下降了1.35个百分点。

表14-2　1996—2002年贷款基准利率变化

时间	短期贷款利率/%	中长期贷款利率/%	
		1—5年	5年以上
1996.8—1997.10	10.08	11.7	12.42
1997.10—1998.7	7.92	9.72	10.35
1998.7—1999.6	6.39	7.20	7.56
1999.6—2002.2	5.85	6.03	6.21

资料来源:中经网统计数据库。

为应对亚洲金融危机造成的通货紧缩,央行还降低了法定存款准备金率,重新整顿准备金管理制度。1998年3月,央行对存款准备金制度进行改革,将各金融机构法定存款准备金账户和备付账户合并为准备金账户,法定存款准备金率从13%下调至8%,并取消金融危机前实行的7%的备付金率。降低法定存款准备金率和取消备付金率,有利于商业银行释放更多的流动性,方便企业获得更多的贷款支持,增加企业投资需求,进而扩大总需求,促进总体价格水平回升。

其间,国家取消了国有银行下达指令性贷款计划规则,改为按年(季)下达指导性计划,给予商业银行更大程度的自主权。自1998年1月1日起,央行对商业银行贷款增加量不再按年分季下达指令性计划,改为按年(季)下达指导性计划。中央银行以指导性计划作为宏观调控的监测目标,并供商业银行执行自编资金计划时参考。各商业银行所筹集的资金,在依法上交一定比例后可自行使用,自主合规地发放贷款。商业银行获得更大程度的放贷自主权,有利于增加对企业的贷款,刺激企业的投资需求。

2. 采取积极的财政政策

中国政府通过增发国债、扩大赤字、减免税收等积极的财政政策手段,增加政府投资,以弥补私人投资的不足,从而扩大总需求。

第一,政府通过增发国债筹集资金以增加政府投资。1998 年初,增发 1 000 亿元长期国债,所筹资金用作国家预算内的基础设施建设专项投资,重点投资六个方面:增加农田水利和生态环境建设投资;加快铁路、公路、电信和一些重点机场的建设;扩大城市环保和城市基础设施建设规模;建设 250 亿千克仓容的国家储备粮库;实施农村电网改造和建设工程,同时抓紧进行城市电网改造;扩大经济适用住宅规模。后期,将年初预算中原用于基础设施建设的 180 亿元调整为经常性项目支出,用于增加科技教育投入、国有企业下岗职工基础生活费保障、离退休人员养老金的按时足额发放和增加抢险救灾支出。上述措施从改善供给质量、提高社会保障等方面刺激了消费需求。

1999 年,国家决定调整国债发行规模,以支持政府投资的实施力度。在 1999 年初原定的 500 亿元长期国债发行规模的基础上,追加了 600 亿元国债发行。国债筹措的资金主要用于基础设施建设、一些重点行业的技术改造、重大项目装备国产化和高新技术产业化、环保与生态建设和科教基础设施建设等方面[①]。

2000 年,政府继续扩大国债发行规模,在年初确定的 1 000 亿元国债发行规模的基础上,追加了 500 亿元国债发行。新增的 500 亿元国债主要用在 5 个方面:水利和生态项目建设;教育设施方面的建设;交通等基础设施建设;企业技术改造、高新技术产业化、城市轨道交通、环保等设施的国产化,国防军工企业技术改造以及生物芯片、同步辐射等重大科技项目;城市环保项目建设[②]。

国家增发国债大力兴建基础设施,投资环保、生态、教育、高新技术等重点项目,一方面可以直接拉动投资增长,并通过乘数效应扩大有效需求;另一方面,基础设施的改善,为中国后续的经济发展奠定了坚实的物质基础,积累了优质的劳动力要素和资本要素,对经济持续增长与内需持续扩大发挥了重要作用。

第二,扩大财政赤字和财政支出。1998 年,中央财政赤字由年初预算的 460 亿元扩大到 960 亿元,增加了 500 亿元。1999 年,中央财政赤字继续扩大 300 亿元,以保持投资持续增长。政府扩大财政赤字、增加政府支出,直接刺激社会总需求增长,并带动相关产业销售增长,由此拉动物价总水平上涨。各产业链条上的企业,因利润增加而增加投资,一方面增加了就业岗位,缓解了失业问题,另一方面提高了职工和居民的可支配收入,增强了居民的消费能力,扩大了消费需求。

第三,调整国民收入分配政策和税收政策,增加总需求。一是调整收入分配政策,重

---

① ② 贾康. 我国 1998 年以来的积极财政政策及其效果评价[J]. 天津财税,2002(5):4-10.

点增加中低收入者的收入和提高社会保障,包括提高国有企业下岗职工基本生活保障、失业保险金和城镇居民最低生活费[①]。二是调整部分税收政策,支持外贸出口,包括:提高出口商品退税率,增加国内产品的国际竞争力,促进出口需求增加;减半征收固定资产投资方向调节税,通过减轻企业投资负担以刺激投资需求;减免房地产行业营业税、契税和土地增值税,扩大居民住房投资需求;规定高新技术产业方面的税收减免政策,鼓励高新技术产业发展,优化产业结构,提高供给质量;明确涉外税收相关规则,吸引外商投资需求;对居民存款利息所得,恢复征收个人所得税,降低居民储蓄收益,扩大居民消费需求和私人投资需求。

3. 推进住房和教育制度改革的政策

第一,1998 年启动住房商品化改革,扩大房地产建设投资需求,并通过上下游产业链的联动效应拉动总需求增长,提升物价总水平。通过住房商品化改革解决居民住房问题,不仅能快速地改善居民住房紧张状况,还能有效释放庞大的住房需求。此外,房地产从开发、投资建造到装修和家电采购,涉及上下游数十个行业,产业间的联动效应拉动了上下游的投资需求和消费需求。房地产及其关联行业的发展,为社会提供了更多的劳动岗位,缓解了就业压力,增加了居民消费,有利于扩大消费需求,对改善通货紧缩具有重要作用。

第二,实施大学招生制度改革,通过大学扩招缓解短期内就业压力,并在长期内增加人力资本投资和人力资本积累,提升后续的经济增长潜力。首先,通货紧缩与国企改革导致大量工人下岗失业,国内就业压力巨大。大学扩招在短期内能够推迟就业时间,降低就业压力。其次,大学扩招是大力发展教育事业的重要手段,增加了人们对教育行业的投资和消费,可以有效拉动内需。最后,让更多的人接受高等教育,不仅有利于提高国民的整体素质,为科技创新积累更多的人才,而且有利于改善劳动力市场的供给质量,为经济持续健康增长奠定人力基础。

(四)应对通货紧缩的公共经济政策效果和经验

1. 应对通货紧缩的公共经济政策效果

为应对亚洲金融危机对经济的冲击,中国政府实施的积极财政政策刺激,辅以宽松的货币环境,再加上经济体制改革,使有效需求不断扩大,供给质量得以提升。从相关指标的变动情况看,到 2000 年,中国已经逐渐走出通货紧缩的阴霾,迎来了经济复苏的良好态势。

第一,主要的宏观价格指数 PPI 和 CPI 实现正增长,生产领域和消费领域均走出了亚洲金融危机引发的通货紧缩困境。2000 年 5 月,CPI 恢复正增长,此后一直保持稳定正增长态势。PPI 增速相对 CPI 呈现更为强势的复苏势头,到 2000 年 7 月,PPI 同比增速达到阶段性高峰的 4.5%。

第二,经济增长实现起底回升。2000 年第一季度,实际 GDP 增速明显回升,达到

---

① 贾康.我国 1998 年以来的积极财政政策及其效果评价[J].天津财税,2002(5):4-10.

8.7%;第二季度,实际 GDP 上升到 9.1%。2000 年实际 GDP 年均增速达到 8.5%,有力证明了中国经济恢复景气。

第三,投资需求、消费需求和出口需求均有所提高。1999—2000 年,全社会固定资产投资完成额名义增速由 5.1% 上升至 10.26%,表明中国投资需求得到充分激发。1998年社会消费品零售总额同比增速达 7.2%,1999 年同比增速虽然降至 6.5%,但 2000 年增速又回升至 9.7%,消费需求明显扩大。1998 年,中国出口增速在有近半年为负增长的情况下,全年出口同比增速仍达到 1.6%。1999 年上半年出口增速处于负增长阶段;下半年出口增速为负的情况有所缓解,增速在 2.1% ~ 28.8% 呈较大幅度波动的态势。2000 年,中国加入 WTO 后,出口状况得到极大改善,出口实现快速增长,当年出口增速高达 29.5%。

第四,货币供应和信贷收缩情况得到缓解。一是货币供应量 M1 的增速有所提高。1999—2000 年,M1 增速由 14.5% 提高至 19.8%,提高了 5.3 个百分点,反映出中国经济回暖的趋势。二是信贷增速缓慢回升。2000 年 3 月,贷款增速突破 13%,达到 13.4%,比 1999 年 11 月的阶段性低点(12.3%)上升了 1.1 个百分点,且增速持续提高;2000 年 7月,贷款增速进一步上升至 14.1%。虽然贷款增速上升速度偏缓,但信贷放松的趋势已经形成。

2. 应对通货紧缩的公共经济政策经验总结

第一,采取以财政政策为主、货币政策为辅的需求调控政策。从实际效果看,宽松的货币政策对亚洲金融危机造成的通货紧缩调控作用相对有限,财政政策发挥的调控效果相对较好。受国有企业制度和银行体制的影响,货币政策对通货紧缩的调控效果被削弱。同时,银行内部存在的大量坏账尚未得到彻底解决,严重影响了银行贷款规模的扩大。加之,国家对银行新增信贷坏账的责任追查和行政处罚,即使央行降低利率以增发贷款,商业银行依然谨慎放贷,由此难以实现企业贷款的较快增加。1998—2000 年,虽然中央政府致力于增加贷款,中央银行也出台了一系列鼓励性政策,但贷款规模仍然没有明显扩大[1],货币政策的效力难以发挥。

在货币政策效果不明显的情况下,中国政府采取积极财政政策拉动总需求增长,以缓解价格下行的压力。一方面将银行的储蓄存款转化为政府的投资,直接扩大社会总需求,以防止私人投资的下滑;另一方面,积极的财政政策通过投资基础设施建设,不仅能拉动上下游的需求,还能增加社会就业机会,提高居民可支配收入,进而提升居民消费能力,增加消费需求。在银行资金沉淀和私人贷款需求不足的情况下,政府增发国债资金,通常不会挤占私人资金需求而造成挤出效应。此外,国债资金的主要投向是基础设施建设,其投资不仅不会造成后续的重复建设和加剧产能进一步过剩,而且对后续企业生产效率的提升具有正外部效应。因此,在 1998—2000 年的通货紧缩期间,相对于稳健的货币政策,积极财政政策对通货紧缩的治理效果更好。

---

① 樊纲. 通货紧缩、有效降价与经济波动:当前中国宏观经济若干特点的分析[J]. 经济研究,2003(7):3-9.

　　第二,市场和行政手段双管齐下治理通货紧缩。一是在货币政策调控方面,利用市场化利率政策与信贷控制政策同行的方式进行调控。由于中国金融市场市场化程度较低,尽管实施了"价格型"的利率政策,但是市场主体对利率的敏感度不高,利率政策不能很好地发挥其调控作用。为了防止坏账、呆账所造成的金融体系风险累积,国家同时实施了贷款审批等行政方式进行贷款额度、贷款方向的调控。二是利用市场和行政手段相结合的方式淘汰重复、低效的过剩产能。一方面,综合运用行业准入审批、银行贷款审批、土地审批、城市规划审批、环境评价审批等行政手段,淘汰落后企业以减少滞销产品;另一方面,运用市场化竞争机制,使落后企业因为缺乏竞争力而自然淘汰,减少低端供给,缓解物价总水平的下降。

　　在经济体制转轨和市场经济培育的初期,由于市场发育不完全,市场机制对供给和需求失衡的自发调节能力有限,依靠市场机制的自发调节实现市场出清需要较长的时间。而且市场机制本身也并非万能,即使在发达市场经济国家,也经常会因为市场失灵而造成经济危机。当市场失灵时,政府必须发挥其对经济的调控作用,采取强制性的行政手段严格控制市场秩序,在短期内较快地淘汰落后产能,优化供给结构,以实现供需平衡,使经济尽快走出通货紧缩。

　　第三,抓住契机推动住房和教育制度改革,缓解通货紧缩造成的负面效应,为未来经济发展奠定基础。在治理通货紧缩时,政府不仅要关注表面特征,更应该解决深层次的体制机制问题。在亚洲金融危机诱发通货紧缩期间,国家进行的住房和招生制度等改革,在消除制约总需求增长障碍的同时,改善了市场供给的环境,为提高供给质量和供给效率奠定了基础。例如,住房体制商品化改革,通过房地产行业的开发和投资,拉动相关行业的投资和消费,进而扩大总需求;大学招生制度改革,不仅缓解了经济通货紧缩背景下的短期就业困难,也为未来经济持续发展积累了人力资本。

内容小结

　　1.中国公共经济政策具有如下特点:人民代表大会制度下的决策机制;稳定的实施环境;多元目标、手段和主体的指定体系;重视平衡政府与市场关系;良好的央地关系及内部激励机制;试点先行、逐步推广的理念;稳中求进的工作基调;重视国有企业的市场作用。

　　2.稳定的制度环境、经济环境和社会环境是中国稳定的公共经济政策实施环境。

　　3.中国公共经济政策目标不仅包括经济增长、充分就业、稳定物价、国际收支平衡,还包括提高人民生活水平、节能减排、压缩产能过剩、调控房地产、防范金融风险、脱虚向实、经济结构优化等具有中国特色、符合中国国情的总量目标。

　　4.中国公共经济政策综合运用市场手段、行政命令、体制改革等方法调节和稳定宏观经济;参与中国公共经济政策制定的主体包括中央政府、中央部委、各级地方政府、专家和智库以及部分企业和公民代表等。

5.中国公共财政政策具有响应迅速,中央与地方分工明确、权责清晰,注重民生目标,政策手段灵活多样化,人民代表大会决策机制的优势,注重发挥市场决定性作用与政府引导性作用等特点。

复习思考题

1.中国公共经济政策的特色有哪些?

2.中国公共经济政策包括哪些目标?

3.如何理解中国公共经济政策制定体系的多元化和多样化?

4.为应对1998—2000年的通货紧缩,中国政府采取了哪些公共经济政策?取得了哪些显著效果?

参考文献

[1] SMITH A. The theory of moral sentiments[M]. London:Penguin Classics,2010.

[2] BRIXI H P,马骏. 财政风险管理:新理念与国际经验[M]. 梅鸿,译. 北京:中国财政经济出版社,2003.

[3] BATOR. F. M. The anatomy of market failure[J]. Quarterly Journal of Economics,1958,72(3):351-379.

[4] BAUMOL W J,OATES W E. The theory of environmental policy[M]. 2nd ed. Cambridge:Cambridge University Press,1988.

[5] BOADWAY R,SHAH A. Fiscal federalism:principles and practice of multi order governance. Cambridge:Cambridge University Press,2009.

[6] CAIDEN N. Patterns of Budgeting[J]. Public Administration Review, 1978,38(6):539-544.

[7] CLAPHAM J H. Of empty economic boxes[J]. The Economic Journal,1922,32(127):305.

[8] COTHRAN D A. Entrepreneurial budgeting:an emerging reform? [J]. Public Administration Review,1993,53(5):445.

[9] FRIEDLAND S C. What can regulators regulate? The case of electricity[J]. Journal of Law and Economics,1962,5:1-16.

[10] HOOD C C. The tools of government[M]. London:Macmillan Education UK,1983.

[11] YINGER J. Capitalization and the theory of local public finance[J]. Journal of Political Economy,1982,90(5):917-943.

[12] 约翰·伊特韦尔,默里·米尔盖特,彼得·纽曼. 新帕尔格雷夫经济学大辞典:第2卷[M]. 北京:经济科学出版社,1996.

[13] KNIGHT F H. Some fallacies in the interpretation of social cost[J]. The Quarterly Journal of Economics,1924,38(4):582-606.

[14] KRUEGER A O,TUNCER B. Growth of factor productivity in Turkish manufacturing industries[J]. Journal of Development Economics,1982,11(3):307-325.

［15］MA J,NI X. Toward a clean government in China：Does the budget reform provide a hope？［J］. Crime,Law and Social Change,2008,49（2）:119-138.

［16］R. 科斯,A. 阿尔钦,D. 诺斯,等. 财产权利与制度变迁[M]. 上海:生活·读书·新知三联书店上海分店,1994.

［17］罗纳德·H. 科斯,等. 财产权利与制度变迁:产权学派与新制度学派译文集[M]. 刘守英,等译. 上海:格致出版社,2014.

［18］SCHICK,A. An inquiry into the possibility of a budgetary theory［M］// Irene Rubin. Eds. New directions in budget history. New York:State University of New York Press,1988.

［19］SCITOVSKY T. Two concepts of external economies［J］. Journal of Political Economy,1954,62（2）:143-151.

［20］阿尔伯特·C. 海迪,等. 公共预算经典(第 2 卷):现代预算之路.［M］. 苟燕楠,董静,译. 3 版. 上海:上海财经大学出版社,2006.

［21］罗伊·T. 梅耶斯. 公共预算经典(第 1 卷):面向绩效的新发展[M]. 苟燕楠,董静,译. 上海:上海财经大学出版社,2005.

［22］安东尼·唐斯. 民主的经济理论[M]. 姚洋,邢予青,赖平耀,译. 2 版. 上海:上海人民出版社,2010.

［23］安秀梅. 财政学[M]. 3 版. 北京:中国人民大学出版社,2017.

［24］巴利·C. 菲尔德,玛莎·K. 菲尔德. 环境经济学[M]. 原毅军,陈艳莹,译. 5 版. 大连:东北财经大学出版社,2010.

［25］萨缪尔森,诺德豪斯. 经济学 [M]. 高鸿业,等译. 12 版. 北京:中国发展出版社,1992.

［26］鲍莫尔. 福利经济及国家理论[M]. 郭家麟,郑孝齐,译. 北京:商务印书馆,2013.

［27］彼得·M. 杰克逊. 公共部门经济学前沿问题[M]. 郭庆旺,等译. 北京:北京税务出版社,2000.

［28］毕睿罡,王钦云. 政企合谋视角下的环境治理:基于官员考核标准变化的准自然实验[J]. 当代经济科学,2019(4):62-75.

［29］庇古. 福利经济学:全 2 册[M]. 金镝,译. 北京:华夏出版社,2013.

［30］蔡昌,曹晓敏. 中国税收制度的百年之变,中国财经报[N]. 2021-05-25(8).

［31］常伟,杨阳. 中国乡村发展的历史沿革:基于公共选择视角[J]. 安徽农业大学学报(社会科学版),2018,27(1):1-6.

［32］陈工. 政府预算与管理[M]. 北京:清华大学出版社,2004.

［33］陈共. 财政学[M]. 10 版. 北京:中国人民大学出版社,2020.

［34］陈柳钦. 公共经济学的发展动态分析[J]. 南京社会科学,2011(1):21-28.

［35］陈人江. 公共选择理论:新自由主义的国家观及其失败[J]. 长江论坛,2016

(6):37-42.

[36] 陈宪.市场经济中的政府行为[M].上海:立信会计出版社,1995.

[37] 陈振明.政策科学:公共政策分析导论[M].2版.北京:中国人民大学出版社,2003.

[38] 丹尼尔·F.史普博.管制与市场[M].余晖,何帆,钱家骏,等译.上海:格致出版社,2017.

[39] 王列.时间进程中的经济成效[J].经济社会体制比较,1995(6):18-23.

[40] 邓子基,陈工,林志远.财政学[M].5版.北京:高等教育出版社,2020.

[41] 丁芝华,李燕霞.社会性规制视角下城市机动车限行的合理性研究[J].交通运输研究,2020,6(4):86-94.

[42] 董礼胜.中国公共物品供给[M].北京:中国社会出版社,2007.

[43] 段小力.公共选择视域中的"官商勾结"防控机制创新研究[J].湖北行政学院学报,2016(1):26-30.

[44] 《公共财政概论编写组》.公共财政概论[M].2版.北京:高等教育出版社,2024.

[45] 樊勇明,杜莉,等.公共经济学[M].2版.上海:复旦大学出版社,2007.

[46] 范子英.如何科学评估经济政策的效应?[J].财经智库,2018,3(3):42-64..

[47] 弗雷德里克·S.米什金.货币金融学[M].郑艳文,荆国勇,译.11版.北京:中国人民大学出版社,2016.

[48] 高鸿业.西方经济学[M].7版.北京:中国人民大学出版社,2018.

[49] 高培勇.公共经济学[M].3版.北京:中国人民大学出版社,2012.

[50] 高颖,韩华为.公共经济学案例及评析[M].北京:经济科学出版社,2018.

[51] 龚秀国.经济全球化与我国货币政策改革[D].成都:四川大学,2005.

[52] 顾建光.公共经济与政策学原理[M].上海:上海人民出版社,2014.

[53] 顾建光.公共政策工具研究的意义、基础与层面[J].公共管理学报,2006,3(4):58-61.

[54] 郭庆旺,赵志耘.公共经济学[M].北京:高等教育出版社,2006.

[55] 郭小聪.政府经济学[M].3版.北京:中国人民大学出版社,2011.

[56] 侯一麟,张光,刁大明.预算平衡规范的兴衰:探究美国联邦赤字背后的预算逻辑[J].公共行政评论,2008,1(2):1-37.

[57] 华莱士·E.奥茨.财政联邦主义[M].陆符嘉,译.南京:译林出版社,2012.

[58] 黄恒学.公共经济学[M].北京:北京大学出版社,2002.

[59] 黄新华.政府经济学[M].北京:北京师范大学出版社,2012.

[60] 黄新华.公共部门经济学[M].上海:上海人民出版社,2006.

[61] 黄新华.公共经济学[M].北京:清华大学出版社,2014.

[62] 黄有光.福利经济学[M].北京:中国友谊出版公司,1991.

[63] 季燕霞.政府经济学[M].北京:首都经济贸易大学出版社,2014.

[64] 加雷斯·D.迈尔斯.公共经济学[M].匡小平,译.北京:中国人民大学出版社,2001.

[65] 蒋洪.公共经济学(财政学)[M].3版.上海:上海财经大学出版社,2016.

[66] 匡小平.公共经济学[M].上海:复旦大学出版社,2014.

[67] 拉本德拉·贾.现代公共经济学[M].杨志勇,译.2版.北京:清华大学出版社,2017.

[68] 郎佩娟.政府干预经济的原则与界限[J].中国政法大学学报,2018(4):15-24.

[69] 阿曼·卡恩,W.巴特利·希尔德雷思.公共部门预算理论[M].韦曙林,译.上海:格致出版社,2010.

[70] 李成威.公共产品理论与应用[M].上海:立信会计出版社,2011.

[71] 李春根,廖清成.公共经济学[M].2版.武汉:华中科技大学出版社,2015.

[72] 李冬妮.公共经济学[M].广州:华南理工大学出版社,

[73] 李汉文,徐艺.财政学[M].2版.北京:科学出版社,2016.

[74] 李红,陈杰,龚恩华.财政学[M].南京:南京大学出版社,2010.

[75] 李学通.国有企业利润分配制度的演进轨迹与改革路径研究[D],福州:福建师范大学,2015.

[76] 李允杰,丘昌泰.政策执行与评估[M].北京:北京大学出版社,2008.

[77] 厉以宁.西方福利经济学述评[M].北京:商务印书馆,1984.

[78] 林尚立.当代中国政治:基础与发展[M].北京:中国大百科全书出版社,2017.

[79] 刘传江,侯伟丽.环境经济学[M].武汉:武汉大学出版社,2006.

[80] 刘儒,李超阳.新中国成立以来收入分配政策的历史变迁与基本经验[J].当代经济研究,2020(4):32-45.

[81] 刘瑞.国民经济学[M].北京:首都经济贸易大学出版社,2009.

[82] 牛美丽,马蔡琛.构建中国公共预算法律框架[M].北京:中央编译出版社,2012.

[83] 刘伟忠.公共经济学[M].北京:科学出版社,2007.

[84] 刘小兵,蒋洪.公共经济学:财政学[M].3版.北京:高等教育出版社,2012.

[85] 刘颖,李吉,姜永文.政府经济学[M].北京:中国人民公安大学出版社,2014.

[86] 刘仲藜.历沧桑风雨 与时代同辉:改革发展中的中国政府债券[J].中国财政,2021(4):13-17.

[87] 卢洪友,龚锋,李凌.统筹城乡公共品供给问题研究[M].北京:科学出版社,2010.

[88] 卢荣春.我国政府预算管理:制度变迁、内在缺陷与改革动因[J].学术研究,2005(11):85-90.

[89] 罗建兵.合谋理论研究述评[J].经济学动态,2005(10):94-99.

［90］马蔡琛,陈蕾宇. 我国预算绩效指标体系的发展演进与实践探索［J］. 理论与现代化,2019(2):84-92.

［91］马蔡琛,赵早早. 新中国预算建设 70 年［M］. 北京:中国财政经济出版社,2020.

［92］马海涛,肖鹏. 全面深化财税体制改革视野下的中国《预算法》修订研究:中国《预算法》修订的背景、内容与效应分析［J］. 新疆财经,2014(6):5-11.

［93］马海涛. 财政理论与实践［M］. 北京:高等教育出版社,2018.

［94］马骏,牛美丽. 重构中国公共预算体制:权力与关系——基于地方预算的调研［J］. 中国发展观察,2007(2):13-16.

［95］马骏,王浦劬,谢庆奎,等. 呼吁公共预算:来自政治学、公共行政学的声音［M］. 北京:中央编译出版社,2008

［96］马骏,侯一麟. 中国省级预算中的非正式制度:一个交易费用理论框架［J］. 经济研究,2004(10):14-23.

［97］马骏. 中国公共预算改革:理性化与民主化［M］. 北京:中央编译出版社,2005.

［98］马骏,赵早早. 公共预算:比较研究［M］. 北京:中央编译出版社,2011.

［99］马歇尔. 经济学原理:上卷［M］. 朱志泰,译. 北京:商务印书馆,1981.

［100］曼瑟尔·奥尔森. 集体行动的逻辑［M］. 陈郁,郭宇峰,李崇新,译. 上海:格致出版社,2014.

［101］莫童. 公共经济学［M］. 北京:北京大学出版社,2008.

［102］NORTH D C,THOMAS R P. The first economic revolution［J］. The Economic History Review,1977(2):229-241.

［103］彭文生. 从经济周期到金融周期［J］. 金融市场研究,2017(10):1-14.

［104］戚聿东,肖旭. 国有企业利润分配的制度变迁:1979—2015 年［J］. 经济与管理研究,2017,38(7):35-44.

［105］齐守印. 公共经济学视角下的贞观之治［J］. 社会科学论坛,2016（9）:145-152.

［106］齐守印. 公共经济政策理性及其增进路径研究［J］. 经济研究参考,2017(40):3-21.

［107］沈满洪,何灵巧. 外部性的分类及外部性理论的演化［J］. 浙江大学学报(人文社会科学版),2002,32(1):152-160.

［108］石建勋,李海英,郝凤霞,等. 新时代中国特色社会主义公共经济学［M］. 北京:清华大学出版社,2018.

［109］石建勋,李海英. 新时代中国特色社会主义公共经济学［M］. 北京:清华大学出版社,2018.

［110］约瑟夫·E. 斯蒂格利茨,杰伊·K. 罗森加德. 公共部门经济学［M］. 4 版. 郭庆旺,译. 北京:中国人民大学出版社,2020.

［111］思拉恩·埃格特森. 新制度经济学［M］. 吴经邦,等译. 北京:商务印书

馆,1996.

[112] 韩康,等.公共经济学[M].修订版.北京:经济科学出版社,2010

[113] 孙开,许慧.公共经济学的学科定位问题研究[J].当代财经,2005(5):58-61.

[114] 孙开,等.公共产品供给与公共支出研究[M].大连:东北财经大学出版社,2006.

[115] 孙文基.公共治理和政治民主:我国政府预算透明问题研究[J].财经问题研究,2013(8):84-88.

[116] 孙玉阳.环境规制对绿色经济增长影响研究[D].沈阳:辽宁大学,2020.

[117] 唐任伍.公共经济学[M].北京:中国人民大学出版社,2018.

[118] 唐若霓.植草益《政府规制经济学》简介[J].经济社会体制比较,1992(2):44-49.

[119] 托马斯·思德纳.环境与自然资源管理的政策工具[M].张蔚文,黄祖辉,译.上海:上海人民出版社,2005.

[120] 王福重.人人都爱经济学[M].2版.北京:人民邮电出版社,2010.

[121] 王广谦.中央银行学[M].4版.北京:高等教育出版社,2017.

[122] 王敏,聂应德.农村公共产品需求偏好表达机制构建问题探析:以公共选择理论为视角[J].理论导刊,2015(4):71-75.

[123] 王宁.公共经济学:理论与案例[M].郑州:郑州大学出版社,2018.

[124] 马骏,侯一麟,林尚立.国家治理与公共预算[M].北京:中国财经出版社,2007.

[125] 王曙光.财政学[M].3版.北京:科学出版社,2018.

[126] 王雅莉,毕乐强.公共规制经济学[M].2版.北京:清华大学出版社,2005.

[127] 王雍君.公共经济学[M].2版.北京:高等教育出版社,2016.

[128] 王振宇,等.优化分税制财政管理体制研究[M].北京:经济科学出版社,2019.

[129] 阿伦·威尔达夫斯基.预算过程中的新政治学[M].邓淑莲,魏陆,译.4版.上海:上海财经大学出版社,2006.

[130] 阿伦·威尔达夫斯基,布莱登·斯瓦德洛.预算与治理[M].苟燕楠,译.上海:上海财经大学出版社,2010.

[131] 韦革.关于经济政策评价的几个标准[J].华中理工大学学报(社会科学版),1994(3):35-39.

[132] 韦小鸿.公共经济学案例教学[M].广州:华南理工大学出版社,2012.

[133] 魏陆,吕守军.公共经济学[M].上海:上海交通大学出版社,2010.

[134] 温来成,姚晨程.中国国债市场70年回顾与展望[J].经济问题,2019(10):1-9.

[135] 温来成.政府经济学[M].北京:北京大学出版社,2013.

[136] 吴俊培.公共经济学[M].武汉:武汉大学出版社,2009.

[137] 吴振球.论宏观经济调控政策与微观经济规制政策的关系[J].兰州学刊, 2007(9):64-66.

[138] 艾伦·希克.当代公共支出管理方法[M].王卫星,译.北京:经济管理出版 社,2000.

[139] 夏大慰,史东辉.政府规制:理论、经验与中国的改革[M].北京:经济科学出 版社,2003.

[140] 贾康,赵全厚.中国财政通史:当代卷[M].北京:中国财政经济出版社,2006.

[141] 谢赤.公共经济学[M].长沙:湖南人民出版社,2003..

[142] 谢地.从"规制"到"规制放松":西方国家微观经济干预政策的走势与我国公 共经济政策选择[J].当代经济研究,1998(2):30-35.

[143] 谢明.公共政策概论[M].北京:中国人民大学出版社,2010.

[144] 徐高.宏观经济学二十五讲:中国视角[M].北京:中国人民大学出版 社,2019.

[145] 徐桂华,杨定华.外部性理论的演变与发展[J].社会科学,2004(3):26-30.

[146] 徐京悦.WTO 与政府规制:适应 WTO 要求的中国政府规制改革模式探索 [M].长春:吉林大学出版社,2005.

[147] 徐仁辉.金融风暴后的预算赤字与政策及其对中国的启示[J].公共行政评 论,2010,3(3):120-139.

[148] 徐晓鹰.试论公共选择的制度性风险及防范机制建设[J].云南行政学院学 报,2018,20(2):130-134.

[149] 许彬.公共经济学[M].北京:清华大学出版社,2012.

[150] 杨柳.我国货币政策传导机制研究[J].甘肃金融,2009(12):8-10.

[151] 杨龙,王骚.公共经济学案例分析[M].天津:南开大学出版社,2006.

[152] 杨龙.公共经济学[M].北京:中国社会科学出版社,2014.

[153] 杨志勇,张馨.公共经济学[M].4 版.北京:清华大学出版社,2018.

[154] 余永定.西方经济学[M].北京:经济科学出版社,1997.

[155] 俞杰.环境税"双重红利"在我国的适用性探讨[J].税务研究,2017(6): 75-78..

[156] 约翰·利奇.公共经济学教程[M].上海:上海财经大学出版社,2005.

[157] 斯蒂格利茨.政府为什么干预经济:政府在市场经济中的角色[M].郑秉文, 译.北京:中国物资出版社,1998.

[158] 米德.效率、公平与产权[M].施仁,译.北京:北京经济学院出版社,1992.

[159] 詹姆斯·M.布坎南,戈登·塔洛克.同意的计算:立宪民主的逻辑基础[M]. 陈光金,译.北京:中国社会科学出版社,2000.

[160] 张斌.新中国税制改革历程与经验[J].中国财政,2019(21):25-29.

［161］张春花.公共经济政策理性及其增强策略研究［J］.产业与科技论坛,2020,19
　　　（8）:188-190.

［162］张光,曾明.公共经济学［M］.武汉:武汉大学出版社,2009.

［163］张岌.福利国家社会保险基金预算管理的经验和启示［J］.四川行政学院学
　　　报,2019（6）:27-37.

［164］张岌.后现代主义视角下的公共预算模式比较:申请者和审批者的对话［J］.
　　　甘肃行政学院学报,2015（6）:30-39.

［165］张守文.财税法学［M］.6 版.北京:中国人民大学出版社,2018.

［166］张思锋.公共经济学［M］.北京:中国人民大学出版社,2015.

［167］张向达,赵建国,吕丹.公共经济学［M］.大连:东北财经大学出版社,2006.

［168］张志超,倪志良.现代财政学原理［M］.5 版.天津:南开大学出版社,2015.

［169］赵恒.1949—1977 年税制演变的启示［J］.中国税务,2019（10）:12-14.

［170］赵建国,吕丹.公共经济学［M］.北京:清华大学出版社,2014.

［171］郑谦.公共物品"多中心"供给研究:基于公共性价值实现的分析视角［M］.
　　　北京:北京大学出版社,2012.

［172］郑书耀.准公共物品私人供给研究［M］.北京:中国财政经济出版社,2008.

［173］郑万军.公共经济学［M］.北京:北京大学出版社,2015.

［174］中国发展研究基金会.公共预算读本［M］.北京:中国发展出版社,2008.

［175］周义程.公共产品民主型供给模式的理论建构［M］.北京:中国社会科学出版
　　　社,2009.

［176］朱柏铭.公共经济学案例［M］.杭州:浙江大学出版社,2004.

［177］诸大建,王明兰.系统性原则下的公共政策过程［J］.同济大学学报（社会科学
　　　版）,2006,17（1）:102-106.

［178］庄序莹.公共经济与管理案例［M］.上海:复旦大学出版社,2012.